HEYNE

Hinweis:
In Originaldokumenten sowie Interviews und anderen aufgezeichneten persönlichen Stellungnahmen wurde – um die Authentizität zu wahren – die Grammatik und Rechtschreibung nicht verbessert oder verändert.

Bei sämtlichen Klarnamen, die vollständig abgekürzt wurden, wurde zusätzlich der Anfangsbuchstabe geändert.

JÜRGEN GRÄSSLIN DANIEL HARRICH
DANUTA HARRICH-ZANDBERG

NETZWERK DES TODES

BLUTIGER HANDEL – DIE KRIMINELLEN VERFLECHTUNGEN VON WAFFENINDUSTRIE UND BEHÖRDEN

WILHELM HEYNE VERLAG
MÜNCHEN

MIX
Papier aus verantwortungsvollen Quellen
FSC® C083411

Verlagsgruppe Random House FSC® N001967
Das für dieses Buch verwendete FSC®-zertifizierte Papier
Lux Cream liefert Stora Enso, Finnland.

2. Auflage 2015
Originalausgabe 09/2015

Redaktion: Thomas Bertram
Umschlaggestaltung und Motiv:
Hauptmann & Kompanie Werbeagentur, Zürich
Satz: EDV-Fotosatz Huber/Verlagsservice G. Pfeifer, Germering
Druck und Bindung: CPI books GmbH, Leck
Printed in Germany
ISBN: 978-3-453-20109-5

www.heyne.de

Für meine Eltern und Daniel Harrichs Großeltern.
Sie waren der Hölle entkommen und gaben uns mit
auf den Weg: Jeder, der Krieg erlebt hat, ganz gleich
auf welcher Seite er stand, sollte seinen Kindern erklären:
Nie wieder Krieg.

DANUTA HARRICH-ZANDBERG UND DANIEL HARRICH

Gewidmet unseren Kindern Sandra und Philipp,
die wir in Liebe gewaltfrei erzogen haben und
die uns so viel von ihrer Liebe schenken.

JÜRGEN GRÄSSLIN

Inhalt

Vorwort

Hochbrisante Rüstungsexport-Skandale

Der Sozialdemokrat Sigmar Gabriel hatte sich große Ziele gesetzt. Kriegswaffenexporte seien »kein Mittel der Wirtschaftspolitik«. Er wolle deshalb die Rüstungsexportpolitik restriktiver gestalten, erklärte Gabriel am Anfang seiner Amtszeit als Bundeswirtschaftsminister, in dessen Zuständigkeit die Bewilligung deutscher Waffenexporte fällt.

Der Rüstungsexportbericht 2014, der erste, für den Sigmar Gabriel vollumfänglich verantwortlich zeichnet, erweckt zunächst den Anschein, als habe der amtierende Wirtschaftminister Wort gehalten. »Im Jahr 2014 ging der Gesamtwert der Genehmigungen für die Ausfuhr von Rüstungsgütern erheblich zurück«. Das Gesamtvolumen der 2014 genehmigten Exporte beträgt 3,97 Milliarden Euro, im Jahr davor waren es 5,85 Milliarden Euro. 3,97 Milliarden Euro – das ist in der Tat der niedrigste Wert seit 2007. Ein Grund zur Freude, insbesondere auch weil laut Rüstungsexportbericht 2014 deutlich weniger sogenannte Kleinwaffen ausgeführt wurden. Kleinwaffen oder Kleinfeuerwaffen seien die tödlichsten aller Waffen, sagen Menschenrechtsorganisationen, sie kosteten in Kriegen viele Opfer, zivile wie miltärische. »Ich möchte nicht, dass deutsche UN-Soldaten irgendwann unseren eigenen Kleinwaffen in den Händen von Terroristen oder autoritären Regimen gegenüberstehen«, hatte Sigmar Gabriel gesagt. Nun, 2014, hat sich der Wert der Ausfuhr von Kleinwaffen gegenüber dem Vorjahr auf 47,43 Millionen Euro halbiert. Im Bericht heißt es, die Bundesregierung habe die »Genehmigungen für Klein- und Leichtwaffen für bestimmte Länder ausgesetzt und bestimmte Unternehmen einer Zuverlässigkeitsprüfung unterzogen«. Die Exporte in Entwicklungsländer seien insgesamt von 9,6 Prozent im Vorjahr auf 5,5 Prozent zurückgegangen. Die Regierung suche nach Möglichkeiten, das gegenwärtige System der Endverbleibskontrolle zu verbessern, Arbeitsplätze seien erhalten geblieben.

Nach Berechnungen des Stockholmer Friedensforschungsinstituts SIPRI ist Deutschland durch die rückläufigen Zahlen seit 2013 vom drittgrößten Waffenexporteur der Welt – hinter den USA, Russland und nun China – auf den vierten Platz gerückt. Das aber ist summa summarum nicht einmal die halbe Wahrheit. Denn in Wirklichkeit stieg der Gesamtwert der abgelehnten Rüstungsexportanträge nur minimal von 9,72 auf 10,04 Millionen Euro. Die Einbußen der deutschen Rüstungsindustrie sind folglich kaum nennenswert. Zum anderen offenbart der Bericht eine Realität, die den moralisch-ethischen Prinzipien der Bundesrepublik Deutschland sowie deren Verpflichtungen gegenüber den europäischen Mitgliedstaaten nach wie vor auf eklatante Weise widerspricht: Mit 60,5 Prozent – Kritiker halten diese Zahl noch für deutlich zu niedrig – werden immer noch deutlich mehr als die Hälfte bzw. drei Viertel aller Rüstungsexportgüter in Staaten, die nicht zur Europäischen Union und nicht zur NATO gehören und keine militärischen Verbündeten sind, exportiert. In vielen dieser Länder toben bewaffnete innere Konflikte und/oder Kriege an den Grenzen zu den Nachbarstaaten, bei denen häufig auf beiden Seiten deutsche Waffen im Einsatz sind. Die Belieferung dieser Drittländer, vielfach Diktaturen, mit Waffen erreichte in der CDU/CSU/FDP-Vorgängerregierung ihren Höhepunkt. Zuvor waren solche Exporte eher die Ausnahme gewesen.

Aus rechtlicher Sicht sind Waffenexporte in sogenannte Drittstaaten allenfalls in begründeten Ausnahmenfällen erlaubt. Eine Bundesregierung, die den Ausnahme- zum Regelfall macht, bricht damit deutsches Recht. Nicht von ungefähr spielten sich illegale Waffendeals jahrzehntelang abseits der Öffentlichkeit im Verborgenen ab. Erst die jüngste Zeit brachte ein wenig Licht ins Dunkel. Qualitativ untaugliche Waffen wurden in hohen Stückzahlen an die eigenen Streitkräfte und in die ganze Welt verkauft. Kritiker der damit verbundenen Gefahren sollen bespitzelt und mundtot gemacht werden. Von Bestechungsgeldern an Amtsträger im In- und Ausland ist die Rede. Von deutschen Waffenschmieden, die Exportgenehmigungen mit manipulierten Endverbleibszertifikaten erhalten. Von Regenten fragwürdiger Empfängerstaaten, die der Bundesregierung garantieren, deutsche Waffen nicht weiterzuverkaufen und die sich nicht an die Abmachungen halten. Von deutschen Waffen, die in den Händen von Terrormilizen, Todesschwadronen, von der Mafia beeinflussten Polizisten und Militärs landen.

Der Bundeswirtschaftminister will aus den Skandalen Konsequenzen ziehen. Nach dem Vorbild der USA und der Schweiz sollen künftig sogenannte Post-Shipment-Kontrollen vor Ort prüfen, ob gelieferte Rüstungsgüter beim Empfänger verblieben sind. Angehörige der deutschen Botschaften sollen diese Aufgabe übernehmen.

Wird das allein genügen? Sind wirklich nur gefälschte Endverbleibserklärungen die Wurzel des Übels? Wie konnten und können Kriegswaffen ungehindert in Kriegsgebiete, in miteinander verfeindete Staaten, in Länder mit jahrzehntelangen Bürgerkriegen geliefert werden – ohne ein gut funktionierendes Netzwerk im Hintergrund?

Laut Grundgesetz entscheidet der geheim tagende Bundessicherheitsrat über die Bewilligung jedes Waffenexportantrags. Bestehen Zweifel an dem vom Empfängerstaat garantierten Endverbleib, lehnt das Gremium den Antrag ab. Vorher werden die Genehmigungsanträge einschließlich Endverbleibserklärung von den zuständigen Ministerien geprüft. Doch die Praxis sieht in vielen Fällen anders aus: Ausfuhranträge werden bereits im Vorbereitungsausschuss auf Staatssekretärebene entschieden, Bedenken von Mitarbeitern in den Behörden, beispielsweise wegen eklatanter Menschenrechtsverletzungen im jeweiligen Empfängerland, wieder fallen gelassen, Argumente umgedreht, unbequeme »Bedenkenträger« in die Schranken gewiesen, Genehmigungen auf Zuruf erteilt.

Dieses Buch deckt ein System auf, das über Jahre die vermeintlich undurchlässigen Grenzen für illegale Kriegswaffenexporte in die ganze Welt geöffnet hat. Interne Dokumente legen nahe, dass Beteiligte auf allen Ebenen von den dubiosen Waffenexporten wussten. Zugleich widerlegen die Akten die Annahme, Rüstungsfirmen müssten sich problematische Ausfuhrgenehmigungen erschleichen. Im vorliegenden Fall haben alle mitgewirkt: die Ministerien, die Ämter und die Waffenhersteller. Dabei hat sich die Recherche auf Kleinwaffen konzentriert, denn entgegen der These, Kriege würden mit Panzern, Flugzeugen und Raketen geführt, sterben die meisten Menschen in Kriegs- und Unruhegebieten im Kugelhagel von Maschinen- und Sturmgewehren. »Der durch Kleinwaffen geforderte Blutzoll stellt den aller anderen Waffensysteme in den Schatten. Wir sorgen uns oft um Massenvernichtungswaffen. Aber das große Töten – ob in Darfur, im Kongo oder anderswo – geschieht durch Kleinwaffen«, sagte der ehemalige UN-Generalsekretär Kofi Annan. Sein Nachfolger Ban Ki Moon drückte es so aus: »Nuklearwaffen sorgen zwar für die Schlagzeilen. Aber es sind die konventionellen Waffen, die jeden Tag Menschen töten.«

Im Jahresbericht 2015 weist das Small Arms Survey (SAS), ein unabhängiges Forschungsprojekt am Graduate Institute of International and Development Studies in Genf, auf die Spitzenposition der Bundesrepublik hin. Deutschland rangierte 2012 nach den USA und Italien auf Platz 3 der Weltwaffenexporteure im Bereich der Kleinwaffen. Auch bei den Importen von Kleinwaffen belegte Deutschland Rang drei, diesmal nach den USA und Kanada. Bedenklich auch die Zahl der weltweit Getöteten. Laut SAS starben im Zeitraum von 2007 bis 2012 durchschnittlich 508 000 Menschen pro Jahr eines gewaltsamen Todes – die meisten von ihnen durch den Einsatz von Kleinwaffen. Ein kleiner Lichtblick: Immerhin starben jährlich damit 18 000 Menschen weniger als in der Fünfjahresperiode von 2004 bis 2009.

Kapitel 1
Globus der Kleinwaffen

Deutschland in den Top Five der Kleinwaffenexporteure

Kleinwaffen haben eine extrem tödliche Wirkung, es sind die Massenvernichtungswaffen der Neuzeit. Immer wieder gibt es Bestrebungen, den globalen Handel mit deutschen Kleinwaffen einzuschränken. Fakt ist aber: Das Geschäft mit Kleinwaffen boomt. Deutsche Kleinwaffenhersteller konnten die Exporte in den vergangenen Jahren in Rekordhöhen schrauben. Deutschland hat es zur Nummer zwei unter den europäischen Kleinwaffenherstellern geschafft und ist unter den Top Five weltweit. Allein im Jahr 2012 hat sich die Zahl der Ausfuhrgenehmigungen für Kleinwaffen im Vergleich zum Vorjahr nahezu verdoppelt. Laut Rüstungsexportbericht verkauften deutsche Waffenschmieden im Jahr 2011 34768 Maschinengewehre, Karabiner, Maschinenpistolen, Pistolen etc. rund um den Globus. Im Jahr 2012 waren es bereits 66955. Die Gründe dafür liegen auf der Hand. Zum einen genießen deutsche Waffen weltweit einen hervorragenden Ruf, zum anderen hat sich die Art der Kriegführung geändert. Straßenkämpfe und Guerillakriege erfordern Beweglichkeit und leichte Waffen. Laut BICC, dem internationalen Zentrum für Konversion in Bonn, starben in den vergangenen Jahren 90 Prozent aller Kriegsopfer durch Kleinwaffen.

Der Begriff Kleinwaffen klingt weitaus harmloser als das, was man darunter versteht. Kleinwaffen sind Kriegswaffen, wie tragbare Raketenwerfer, Handgranaten und Mörser, Maschinenpistolen und Sturmgewehre, auch Revolver und Pistolen gehören dazu. Es gibt halbautomatische und vollautomatische Waffen.

Kleinwaffen, laut UNICEF die Massenvernichtungsmittel unserer Zeit, sind unverwüstlich, überleben jeden Krieg und wandern von einem Einsatzort zum nächsten. Nach Schätzungen sollen etwa 900 Millionen Kleinwaffen weltweit in Umlauf sein. Und überall, wo gekämpft wird, in Afrika, Südostasien, im Nahen Osten, in Mittel- und Südamerika, auch dort, wo es das Gesetz verbietet, tauchen deutsche Waffen auf. Es muss also Grauzonen, Schlupflöcher, kriminelle oder zumindest halb kriminelle Geschäftpraktiken geben.

Aber wie funktioniert die Branche? Wer bestimmt die Regeln? Wer kontrolliert die globalen Waffengeschäfte? Gibt es überhaupt effektive Kontrollmöglichkeiten? Die dringlichste Frage lautet: Wie können deutsche Kleinwaffen trotz der angeblich restriktiven Kriegswaffenexportgesetze und strenger Ausfuhrkontrollen in Kriegs- und Unruheregionen gelangen?

Die Antwort könnten die Rüstungsunternehmen geben. Rheinmetall, Fritz Werner/MAN Ferrostaal, Krauss-Maffei Wegmann, Thyssen-Krupp, Heckler & Koch, Sig Sauer, Carl Walther wurden um Antworten gebeten. Keine der Firmen war zu einem Gespräch bereit. Die Branche gilt als verschwiegen. Schweigen ist, wie es scheint, Teil des Geschäftkonzepts.

Die Rechtslage: Keine Kriegswaffenexporte außerhalb von NATO und EU

Die Entscheidung für oder gegen Kriegswaffenexporte in Drittländer – Staaten, die nicht zur EU- oder NATO gehören – liegt im Ermessen der Bundesregierung. Bevorzugt werden Genehmigungen an Rüstungsunternehmen erteilt, die als »besonders zuverlässige Ausführer« gelten. Wichtige Entscheidungskriterien sind außerdem die Menschenrechtslage im Empfängerland und die Frage, ob das Land zu einer Krisenregion gehört. Wie aber können Regierungen gleich welcher parteipolitischen Couleur dann Waffenlieferungen in Staaten wie die Türkei, Algerien, die Vereinigten Arabischen Emirate, Katar, Kuwait, Oman, Saudi-Arabien, Pakistan, Indien, Indonesien befürworten?

Waffenausfuhrgenehmigungen fallen in das Ressort des Wirtschaftsministeriums. Zu den Aufgaben des Auswärtigen Amtes gehört die Beurteilung der Menschenrechtslage in einem potenziellen Empfängerland. Außenminister Frank-Walter Steinmeier rechtfertigt auf der Website seiner Behörde etwa Waffenlieferungen in den Irak zur Bekämpfung der IS-Terrormilizen mit der internationalen Verantwortung Deutschlands. Und Bundeswirtschaftsminister Sigmar Gabriel unterstützt ihn: »Ich warne davor, jeden Export von Rüstungsgütern per se zu skandalisieren.«

Georg Wilhelm Adamowitsch, Cheflobbyist der deutschen Waffenhersteller, sagt, die deutschen Unternehmen machten das, was das deutsche Gesetz erlaube. Staatsanwälte und Fahnder sagen, es sei nicht möglich, die Wege der Waffen im Ausland zu verfolgen. Dafür reichten die operativen Möglichkeiten, die bislang geltende internationale Abkommen und Regelungen bieten, nicht aus. Der Waffenhandel sei ein komplexes, unkontrollierbares Netzwerk. Außerdem sei die Waffenbranche eine verschwiegene Branche. Der Zoll sagt, wegen des riesigen Aufkommens könnten nur maximal drei Prozent der Exporte kontrolliert werden.

Interview mit Prof. Dr. Michael Brzoska

(vormals u.a. wissenschaftlicher Mitarbeiter des Stockholmer Friedensforschungsinstituts SIPRI und seit 2006 an der Universität Hamburg, Fachgebiet Friedensforschung und Sicherheitspolitik)

Wie steht die deutsche Rüstungsindustrie im internationalen Vergleich da?

BG: Ein Problem, wenn man über den internationalen Waffenhandel spricht, ist, dass wir eigentlich keine exakten Zahlen haben. Die wenigsten Länder veröffentlichen Zahlen, und selbst bei den Ländern, die Zahlen veröffentlichen, muss man oft große Fragezeichen dahinter machen. Wir wissen also nicht so ganz genau, wie viel zum Beispiel aus Russland exportiert wird. Wir wissen auch nicht so ganz genau, was aus der Europäischen Union exportiert wird. Deswegen muss man hier Schätzungen zugrunde legen, und die Schätzungen sagen, je nach Quelle, Deutschland ist in der Gruppe der Staaten, die zu den größten Rüstungsexporteuren weltweit gehören.

War es nicht so, dass nach dem Zweiten Weltkrieg keine Waffen mehr in Deutschland gebaut werden sollten?

BG: In Deutschland gab es nach dem Ende des Zweiten Weltkriegs ein Verbot der Rüstungsproduktion, es durfte also gar nichts mehr hergestellt werden. Das ist dann Stück für Stück gelockert worden zu Beginn der Fünfzigerjahre. Aber noch bis in die Siebzigerjahre hinein hat die deutsche Rüstungsindustrie, die damals auch überwiegend staatlich war, fast ausschließlich für die Bundeswehr gearbeitet. Und erst in den Siebzigerjahren hat man angefangen, in größerem Umfang zu exportieren. Das lag daran, dass man jetzt die Kapazitäten hatte, weil die Bundeswehr nicht mehr alles kaufte. Es lag aber auch daran, dass in den Siebzigerjahren der Rüstungsexport eigentlich erst zu einem großen Geschäft geworden ist, weil vor allen Dingen im Nahen Osten viele Länder mit Öl viel Geld verdienen konnten. Und ein großer Teil dieses Geldes ist dann wieder in Waffen investiert worden, man hat also ein Öl-gegen-Waffen-Geschäft aufgezogen. Es lag auch daran, dass die USA und Russland, die vorher Waffen überwiegend umsonst abgegeben hatten, auch anfingen, Geld zu verlangen, wodurch es für andere Hersteller leichter wurde, in diesen Markt zu kommen, denn diese Länder konnten nun nicht mehr sagen: Wir brauchen nicht zu kaufen, weil wir alles geschenkt kriegen.

Und wie ist die Situation heute?

BG: Heute ist es so, dass Deutschland, nach den USA, Russland und vielleicht auch China zu den größten Exporteuren gehört. Die deutsche Rüstungsindustrie ist allerdings nur in bestimmten Bereichen besonders aktiv, in anderen Bereichen ist sie nicht wirklich auf dem Weltmarkt präsent. Wir haben eine deutsche Rüstungsindustrie, die wirtschaftlich für Deutschland keinen besonders großen Faktor darstellt. Der Anteil am gesamten Export ist sehr klein. Aber natürlich ist Deutschland in einigen Regionen der Welt doch ein wichtiger Lieferant für Rüstungswaren geworden.

Es wäre also falsch zu meinen, die Rüstungsindustrie sei ein wichtiger wirtschaftlicher Sektor für Deutschland?

BG: Wir haben bestimmte Partner, wenn man so will, Länder die im größeren Umfang deutsche Waffen kaufen. Wir haben bestimmte Produkte, deutsche Produkte, die international wirklich sehr nachgefragt sind, da kann man als Beispiel etwa die U-Boote nennen. Die meisten konventionellen, also nicht atomgetriebenen U-Boote in den Seestreitkräften der Welt kommen aus Deutschland. Und Ähnliches kann man auch von bestimmten Arten von Kleinwaffen sagen. Deutsche Kleinwaffen sind nicht die meistverbreiteten in der Welt, aber sie sind doch sehr weit verbreitet, wenn man etwa an das Sturmgewehr G3 denkt oder auch an die MP5, eine Maschinenpistole, oder an die Maschinengewehre von Rheinmetall.

Wie problematisch schätzen Sie Exporte von Kleinwaffen in sogenannte Drittstaaten ein?

BG: Waffen sind Instrumente, mit denen man Gewalt ausüben kann und mit denen auch Gewalt ausgeübt wird. Insofern ist es immer dort problematisch, wo Gewalt schon ausgeübt wird oder die Androhung von Gewaltausübung sehr naheliegend ist. Das heißt, das sind Staaten, wo die Konfliktsituation schon so brisant ist, dass man befürchten muss, dass es zum Ausbruch etwa eines Krieges kommt. Das sind aber auch Staaten, wo die Konfliktsituation eher so ist, dass staatliche Behörden durch Repression, durch Gewaltanwendung versuchen, etwa die Bevölkerung davon abzuhalten, ihre politischen Rechte einzufordern, wo die Menschenrechtssituation sehr schlecht ist, wo eine ethnische Gruppe über andere ethnische Gruppen herrscht. Das heißt, die innere Lage eines Landes muss ein wichtiges Kriterium dafür sein, ob die Anwendung von Waffen wahrscheinlich ist oder nicht. Aber auch die Situation zwischen Staaten ist ein Indikator dafür, ob eine Waffenbenutzung wahrscheinlich ist. Kleinwaffen sind die Waffen, die in den letzten 20 Jahren überwiegend in innerstaatlichen Bürgerkriegen und zur gewaltsamen Unterdrückung der eigenen Bevölkerung eingesetzt worden sind. Insofern ist der Export von Kleinwaffen besonders problematisch, wenn es um Länder geht, die große Konflikte haben, wo es schwere Menschenrechtsverbrechen gibt, wo insgesamt die Konfliktlage so brisant ist, dass man befürchten muss, dass es zur Anwendung von Gewalt kommt.

Sprechen Sie von Waffen im Allgemeinen oder jetzt speziell von den sogenannten Kleinwaffen?

BG: Kleinwaffen sind die Waffen, mit denen in der Mehrzahl der Kriege und bewaffneten Konflikte in den letzten 20 Jahren Menschen getötet wurden. Kleinwaffen sind auch die Waffen, die benutzt wurden, wo immer es Aufstände gab, die dann mit Gewalt unterdrückt wurden. Insofern sind Kleinwaffen nicht unbedingt die teuersten Waffen. Kleinwaffen sind nicht die Waffen, die in großen kriegerischen Auseinandersetzungen benutzt werden, aber es sind die Waffen, die in der täglichen Gewaltanwendung eine besondere Rolle spielen. Deswegen muss man auf Kleinwaffen ein besonderes Augenmerk richten und darauf achten, dass, wenn der Export solcher Kleinwaffen überhaupt erlaubt wird, er auf jeden Fall verboten wird in Staaten, wo Repression an der Tagesordnung ist, wo schwere Menschenrechtsverletzungen geschehen, wo aber auch die Spannungen, die Konflikte innerhalb der Gesellschaft so stark sind, dass man damit rechnen muss, dass es jederzeit zu Gewalt kommen kann.

Die deutsche Kleinwaffenindustrie: Heckler & Koch, Sig Sauer, Carl Walther und andere

Die drei bedeutendsten deutschen Kleinwaffenhersteller sind Heckler & Koch, Sig Sauer und Carl Walther. Jedes der drei Unternehmen ist wiederholt in den Verdacht geraten, dass seine Produkte illegal in Länder geliefert wurden, die für Menschenrechtsverletzungen bekannt sind.

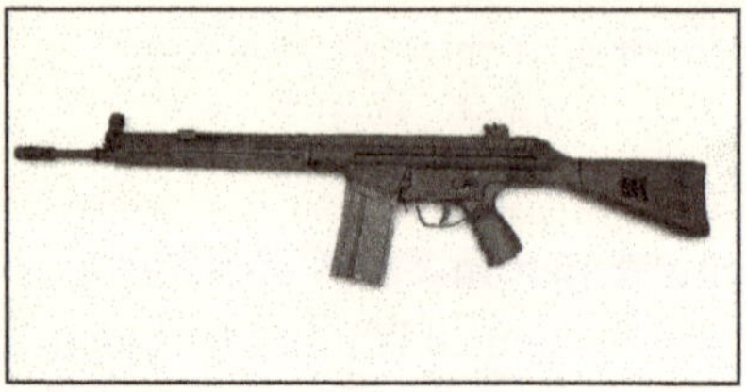

Das Sturmgewehr G3 von
Heckler & Koch

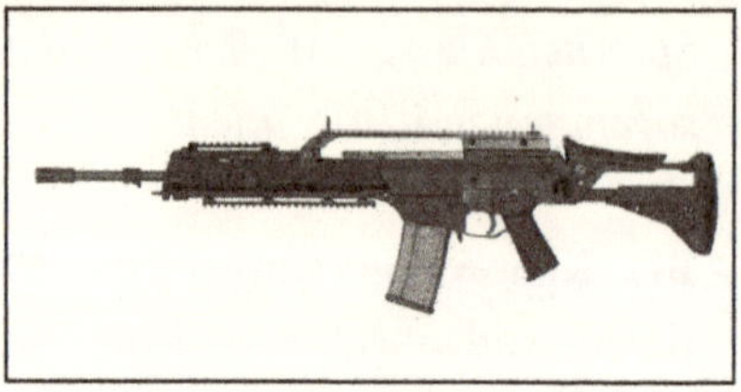

Das Sturmgewehr 36 von
Heckler & Koch

Die Pistole P99 von Carl Walther

Die Pistole SP2022 von Sig Sauer

Immer wieder Heckler & Koch

Die Waffenfirma Heckler & Koch mit Sitz in Oberndorf am Neckar hat es unter die Top Five der Kleinwaffenhersteller der Welt geschafft. Die Firma beschäftigt an die 700 Angestellten und hat Niederlassungen in Großbritannien, Frankreich und den USA.

Der Firma werden gute Kontakte zu Politikern aller großen Parteien nachgesagt. Bekennender Fürsprecher des Unternehmens ist seit vielen Jahren Volker Kauder, in dessen Wahlkreis die Firma ihren Sitz hat. Auf seiner Website schrieb der CDU-Politiker: »Ich unterstütze die heimische Industrie besonders in allen Fragen, in denen der Bund gefragt ist. Bei der Abwicklung von Exportaufträgen helfe ich gerne.«

Man fragt sich, wer hielt seine schützenden Hände über das Unternehmen, wenn Heckler & Koch seine Produkte legal in Staaten exportierte, in denen sie für Verbrechen benutzt wurden? Oder als aufgedeckt wurde, dass die Firma Waffengeschäfte über Verbindungen zur ehemaligen Stasi eingefädelt und auf diese Weise das Waffenembargo im Balkankrieg gebrochen hatte? Obwohl der Firma wiederholt Verstöße gegen das Kriegswaffenkontrollgesetz vorgeworfen wurden, kam es nur einmal zur Anklage. In dem Verfahren 1993 wurde der damalige Geschäftsführer freigesprochen. Damals stand Heckler & Koch im Verdacht, Waffen ohne Ausfuhrgenehmigung über den Umweg Großbritannien nach Dubai geliefert zu haben. Fragwürdig sind auch Produktionslizenzen von Heckler & Koch in problematischen Staaten wie Iran, Türkei, Saudi-Arabien, Pakistan, Mexiko, Thailand usw.

Sig Sauer kommt nicht aus den Schlagzeilen

Auch gegen Deutschlands älteste Waffenschmiede, das Unternehmen Sig Sauer mit Sitz im schleswig-holsteinischen Eckernförde, werden immer wieder Vorwürfe unter anderem wegen Umgehung des Kriegswaffenkontrollgesetzes laut. Sig Sauer, ursprünglich ein Familienbetrieb in Suhl/Thüringen, wurde nach dem Zweiten Weltkrieg in Schleswig-Holstein neu aufgebaut und ist heute einer der wichtigsten Waffenbauer Deutschlands mit zuletzt rund 140 Angestellten.

Die Firma stellt in erster Linie Pistolen und Gewehre her und rüstet auch große Teile der Polizei und Bundeswehr aus. Seit 2000 gehört Sig Sauer zur L&O Holding mit Tochterfirmen unter anderem in der Schweiz und in den USA. Über die US-Tochterfirma Sig Sauer Inc. in New Hampshire soll das deutsche Stammhaus Sig Sauer Tausende Pistolen ohne Ausfuhrgenehmigung in das Bürgerkriegsland Irak geliefert haben. Der Auftrag soll sich auf 1,76 Millionen Dollar belaufen haben. Gegen das Unternehmen wird bereits wegen illegaler Waffenlieferungen an die Schutztruppe des Präsidenten von Kasachstan ermittelt. Ferner ermitteln die Behörden gegen Sig Sauer wegen Korruption. Das Unternehmen soll mithilfe von Bestechungsgeldern

Aufträge von der indischen Regierung erhalten haben. Außerdem steht das Unternehmen im Verdacht, Zigtausende Pistolen illegal nach Kolumbien geliefert zu haben.

Auch Carl Walther unter Verdacht

Pistolen des Typs Walther P99 »Made in Germany« in Kolumbien. Die Videoaufnahmen findet man im Internet. Mal mit der Gravur von Indumil, der staatlichen kolumbianischen Waffen- und Munitionsfabrik, auf dem Handgriff, mal mit dem amtlichen Beschusszeichen aus Ulm als deutsche Waffen gekennzeichnet.

Die Firma Carl Walther mit Sitz in Ulm und Arnsberg gehört neben Heckler & Koch und Sig Sauer zu den bekanntesten Schusswaffenherstellern Deutschlands. Mit dem Namen verbindet man seit Jahrzehnten die Polizeipistole Walther PP. Gegründet in Zella-Mehlis, begann Carl Walther als Familienbetrieb und Hersteller von Jagd- und Sportwaffen. Während des Zweiten Weltkriegs wurde die Produktion mit Zwangsarbeitern im Konzentrationslager Neuengamme betrieben. Nach dem Krieg ging die Erfolgsgeschichte der Waffenschmiede bereits 1949 in dem neuen Werk in Ulm weiter.

Gegen Carl Walther wurde Strafanzeige wegen Verstoßes gegen das Außenwirtschaftsgesetz bzw. Kriegswaffenkontrollgesetz erstattet. Neben H&K und Sig Sauer steht damit auch der dritte große deutsche Schusswaffenhersteller im Visier der Ermittlungsbehörden.

Die besondere Rolle der Maschinen- und Werkzeugfabrik Fritz Werner

Unter Federführung der Firma Fritz Werner entstanden weltweit Produktionsstätten für Waffen und Munition. Im Zweiten Weltkrieg setzte die ursprünglich Berliner Firma Zwangsarbeiter ein. Ungeachtet dessen florierte die Firma bald nach dem Krieg wieder, expandierte und engagierte sich im Ausland. Als dem Unternehmen die Insolvenz drohte, investierten der Bund und der Berliner Senat. Bis zum Verkauf an MAN Ferrostaal 2002 war das Unternehmen zu 90 Prozent im Besitz der Bundesrepublik. Ferrostaal war in den Folgejahren in einen der spektakulärsten Korruptionsskandale der Bundesrepublik verwickelt. Fritz Werner soll eine zentrale Rolle bei den Schmiergeldzahlungen gespielt haben (Quelle: Roman Deckert).

Die Waffen- und Maschinenfirma Fritz Werner mit Sitz im hessischen Geisenheim hat eine lange und unrühmliche Tradition in der Kooperation mit sogenannten Schurkenstaaten. In einem Memorandum schrieb der langjährige Generaldirektor Dr. Rudolf Meyer, Fritz Werner sei die Heimatadresse für Militärs aus der gesamten Dritten Welt.

»Weltweite Erstellung schlüsselfertiger Produktionsanlagen« lautet der Auftrag der Firma. Den ersten großen Boom erlebte das Unternehmen im Koreakrieg von 1950 bis 1953. Produziert wurde in Berlin, exportiert aus Deutschland, obwohl eine deutsche Rüstungsproduktion laut Statuten der Besatzungsmächte illegal war. Und der Koreakrieg war nur der Anfang.

Beispiel Myanmar (Birma). Das Land galt bis vor wenigen Jahren als eine der schlimmsten Militärdiktaturen der Welt. Die Weltgemeinschaft hatte Sanktionen gegen Myanmar verhängt, Fritz Werner arbeitete jedoch mit dem Regime zusammen. Auch als die meisten anderen ausländischen Unternehmen Myanmar verließen, blieb Fritz Werner in dem Land. 1953 entstand in Myanmar die erste Fabrik unter der Ägide von Fritz Werner. Später wurden in weiteren Fabriken in Myanmar Waffen, Munition, Mörsergranaten und Landminen hergestellt. Die Fritz-Werner-Fabrik in Rangun wurde in Zusammenarbeit mit Heckler & Koch zur Fertigungsstätte für das G3-Sturmgewehr. 1960 verkaufte die Bundesregierung die Lizenz zum Nachbau des G3 an Myanmar. Mit G3-Gewehren erschoss die Armee 1988

Tausende Studenten, die gegen die Diktatur auf die Straße gegangen waren. G3-Sturmgewehre waren 2007 im Einsatz, als das Regime einen Aufstand von buddhistischen Nonnen und Mönche niederschlagen ließ. Dem militärischen Informationsdienst Jane's zufolge gehört das G3 bis heute zur Standardausrüstung der birmanischen Armee (wie übrigens auch das MG3 von Rheinmetall aus pakistanischer Lizenzproduktion).

Aktuelle Aufnahmen von Soldaten in Myanmar (Birma) ausgerüstet mit G3-Sturmgewehren.

Beispiel Sudan. Der Krieg im Sudan bedeutet jahrzehntelanges Blutvergießen. 1955 haben die Kämpfe begonnen, bis heute schweigen die Waffen nicht. Bombenangriffe, Vertreibungen, Massaker, Folterungen, Vergewaltigungen. In Darfur, im Südsudan, am Blauen Nil, in der Sahelzone. Der Sudan ist das Land mit dem längsten und wahrscheinlich blutigsten Bürgerkrieg Afrikas. Menschenrechtsorganisationen trauen den sudanesischen Machthabern jedes Verbrechen zu. Der Internationale Gerichtshof in Den Haag hat den Haftbefehl gegen den ehemaligen sudanesischen Minister Ahmed Harun unter anderem mit der Ausrüstung der als besonders gewalttätig bekannten Janjaweed-Reitermilizen mit G3-Gewehren begründet.

Kindersoldaten im Sudan.

Der Kleinwaffenexperte und Konfliktforscher Roman Deckert sagt, man baue Fabriken in Staaten, die nicht beliefert werden dürfen. Er bezeichnet diese Strategie »als Schlupfloch«, um gegenüber der Öffentlichkeit sagen zu können: »Wir exportieren keine Waffen. Wir liefern keine Munition. Wir halten uns an die Gesetze.« Dabei werde verschwiegen, »dass man statt Waffen und Munition gleich ganze Waffen- und Munitionsfabriken liefert«. Die von Fritz Werner gebaute Waffen- und Munitionsfabrik in Chechera am Stadtrand von Khartum »befeuert bis heute die Kriege in der gesamten Region«. MIC (Military Industrial Corporation) heißt die neue Produktionsstätte im Sudan für Munition, das G3-Sturmgewehr und die Maschinenpistole MP5.

Beispiel Kolumbien. Der Überfluss an Waffen ist eine Katastrophe für das Land, die ständige Hochrüstung hat zu einer Eskalation der Gewalt geführt und Hunderttausende Menschen das Leben gekostet. Kolumbien ist auch heute noch weltweit das Land mit den meisten außergerichtlichen Hinrichtungen, die Bevölkerung ist der Willkür aller an den Auseinandersetzungen beteiligten Parteien – dem korrupten Militär und der für ihre Brutalität berüchtigten Policia Nacional, den Drogenbanden, den rechtsgerichteten Todesschwadronen und der ebenso gewalttätigen linksgerichteten Guerillatruppe FARC – schutzlos ausgeliefert. Die Zona Militar, die militärische Sperrzone nahe der Hauptstadt Bogotá, ist Sitz der Waffenfabrik FAGECOR, Fábrica General Cordoba. Der Rüstungskonzern ist Teil von Indumil (Industria Militar) und gehört dem Staat. Die Geschäfte von Indumil seien völlig undurchsichtig, sagen Waffenexperten. Im Land gebe es Waffen aus der ganzen Welt. Keiner wisse, wie Indumil die Waffen ins Land bringt.

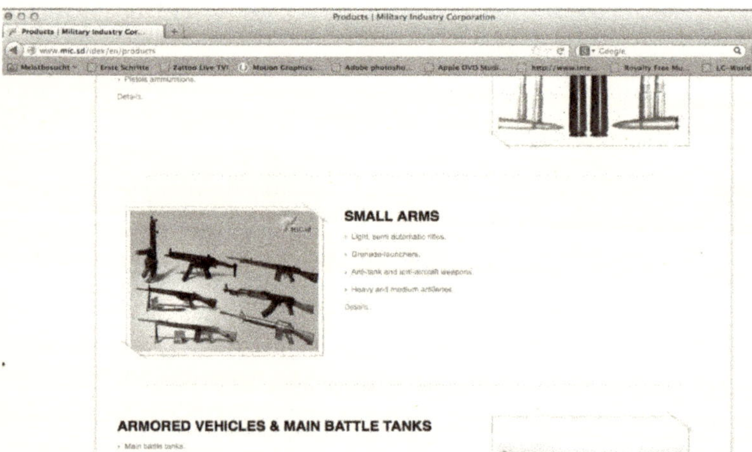

Auf ihrer aktuellen Homepage wirbt die sudanesische Waffenfabrik MIC (Military Industrial Corporation) mit Waffen aus deutscher Lizenzproduktion.

Auch die Fabrik von Indumil hat das deutsche Rüstungsunternehmen Fritz Werner gebaut – 1955, zu einem Zeitpunkt, als La Violencia, der Bürgerkrieg, bereits seit Jahren tobte. Es gebe handfeste Beweise, dass damals Schmiergelder von Fritz Werner an kolumbianische Generäle flossen, sagt Roman Deckert. In der Fabrik werden auch heutzutage noch mit der Technik von Heckler & Koch und Fritz Werner Waffen und Munition hergestellt. Roman Deckert: »Aus einem Brief von H&K an das Auswärtige Amt von 1975 geht hervor, dass Indumil auch die Lizenzen für G3, MP5 und HK21 erwarb.« Offiziell konnte die Bundesregierung ihren moralischen Grundsätzen treu bleiben, zugleich aber auch hier mithilfe der Diplomatie »das Schlupfloch im Kriegswaffenkontrollgesetz nutzen«. Gemeint ist die Waffen- und Munitionsfabrik, die mit deutscher Technologie und deutschem Know-how gebaut wurde. Kolumbien wurde dadurch vollkommen unabhängig von Waffen- und Munitionsimporten.

Der kolumbianische Militärhistoriker Colonel Carlos Ardila erklärt: »Wir haben dank Deutschland eine eigenständige Kleinwaffenindustrie. Das ist sehr gut für uns und den Export.« Kolumbien sei mit deutscher Technik und Technologie einerseits autark und könne andererseits sogar die Nachbarländer mit modernsten Waffen beliefern.

FAGECOR, die staatliche kolumbianische Waffen- und Munitionsfabrik nahe der Hauptstadt Bogotá, erbaut von der deutschen Firma Fritz Werner.

Die Liste der Fritz-Werner-Fabriken ist lang. Ob im Iran, in der Türkei, in Griechenland, Nigeria oder Argentinien – die Fritz-Werner-Fabrikationsstätten für Waffen und Munition machen unkontrollierbare Staaten zu Kriegswaffenlieferanten und Kriegswaffenkontrollgesetze zu einer Farce. Nicht nur während der Lizenzzeit, sondern auch danach. Sind die Patentrechte nach 20 Jahren abgelaufen, sind der weltweiten Verbreitung deutscher Waffenmodelle keine Grenzen mehr gesetzt. Die Waffen können dann völlig legal nachgebaut werden. Das Know-how und die Maschinen sind vorhanden, Ersatzteile liefert weiterhin Fritz Werner, denn das gehört zur Erfüllung von Altverträgen – auch in Staaten, in denen ein Waffenembargo gilt, zum Beispiel im Iran.

1967 begann die Bundesrepublik, die Armee des Schahs von Persien aufzurüsten. Fritz Werner bekam den Auftrag, in der Nähe von Teheran mehrere Fabrikanlagen zur Produktion des H&K-G3-Sturmgewehrs und des MP5 von Heckler & Koch sowie zur Herstellung von Munition zu errichten. Das Regime hatte von Westdeutschland die erforderlichen Lizenzen erworben. Die Aufträge umfassten ein Volumen von rund 700 Millionen Mark. Wie Aufzeichnungen im Verteidigungsministerium belegen, wurden damals Bestechungsgelder von bis zu 20 Prozent des Auftragvolumens gezahlt. Laut Roman Deckert gibt es Hinweise darauf, dass sogenannte Kick-Backs, verdeckte Provisionen, in die Taschen von Fritz-Werner-Managern flossen: »… und all das kontrolliert von Beamten, Spitzenbeamten des Wirtschaftsministeriums.«

Später sollten sich »die langfristigen Kundendienstverträge« als besonders gewinnbringend für die deutsche Rüstungsfirma erweisen. Nach der islamischen Revolution 1979 stellten die meisten internationalen Rüstungsunternehmen ihre Tätigkeit im Iran ein. Nicht aber Fritz Werner. Trotz der Sanktionen gegen das Land erbrachte Fritz Werner weiterhin seine Dienstleistungen aus den Altverträgen. Der Ausbruch des Iran-Irak-Kriegs wurde für das deutsche Unternehmen besonders lukrativ. Die Firma, die für beide Kriegsparteien tätig war, baute nach den Bombardements jeweils zerstörte Produktionsanlagen in beiden Ländern wieder auf.

Kritik am Bau von Fritz-Werner-Produktionsanlagen in Ländern mit einer fragwürdigen Haltung in Menschenrechtsfragen bezeichnete Werner Schoeltzke, der Geschäftsführer des Rüstungsunternehmens als »völlig übertrieben«. Für ihn sei eine Waffen- wie eine Nähmaschinenfabrik, nämlich »ein rein mechanisches Produkt«[1]. Die Bundesregierung bewilligte 2000 den Bau einer Munitionsfabrik in der Türkei durch Fritz Werner. Mitte 2008 wurde der Grundstein für eine G36-Fertigungsanlage in Saudi-Arabien gelegt, gebaut hat die Firma Fritz Werner. Die Kooperation geht nahtlos weiter: Auch in diesem Fall ist Fritz Werner als Vertragspartner für die Munition vor Ort.

Dabei nennt das Kriegswaffenkontrollgesetz klare Bedingungen für die Neuvergabe von Produktionslizenzen. Außerdem ist eine Genehmigung zum Rüstungsexport laut Gesetz nachträglich zu widerrufen, »wenn einer der Versagungsgründe offenbar geworden ist«. Die Verletzung von Menschenrechten und/oder die »negative Einflussnahme auf die sicherheitspolitische Stabilität einer Region« sind beispielsweise Gründe für den Widerruf einer Waffenexportgenehmigung. Die Realität sieht jedoch anders aus: Interessierte Kunden und deutsche Anbieter müssen nicht lange nach Lücken in der Gesetzgebung suchen. Die schlüsselfertigen Produktionsanlangen von Fritz Werner bieten die geeigneten Schlupflöcher, um die Rüstungsbeschränkungen in problematischen Regionen zu umgehen.

Fritz Werner behauptet, in den letzten Jahren ausschließlich für zivile Zwecke produziert zu haben, was Experten bezweifeln und interne Fachberichte und der Kriegswaffenexportbericht widerlegen.

Das Unternehmen Fritz Werner und der Kooperationspartner Rheinmetall AG

Rheinmetall Defence mit Sitz in Düsseldorf ist das lukrativste deutsche Rüstungsunternehmen und verkauft als Global Player weltweit Militärfahrzeuge, Munition und Kriegswaffen bzw. deren Bestandteile, zum Beispiel die Glattrohrkanone für den Kampfpanzer Leopard 2 von Krauss-Maffei Wegmann. Rheinmetall beliefert mehr als 80 Staaten mit Rüstungsgütern. Der amtierende Vorstandsvorsitzende Armin Papperger sagt: »Nicht alles, was legal ist, ist auch legitim. Wir verurteilen Waffenexporte – gerade an menschenrechtsverletzende Staaten – als unmoralisch und unethisch!«[2]

Doch mit Zustimmung der jeweiligen Bundesregierung gehen problematische Rüstungsexporte der Rheinmetall AG in Staaten außerhalb von NATO und EU. Zu den Kunden zählen unter anderem Algerien, Kuwait, Ägypten, Indien und Pakistan. Staaten wie die Vereinigten Arabischen Emirate und Saudi-Arabien wollen unabhängig von ausländischen Waffenimporten sein. Sie wollen ihre Waffen selbst herstellen. 2010 nahm Rheinmetall die erste Munitionsfabrik in den Vereinigten Arabischen Emiraten in Betrieb. Für diese Rüstungsgeschäfte holte sich das Unternehmen einen weltweit erfahrenen Kooperationspartner: MAN Ferrostaal. Gebaut wurden die Rüstungsfabriken von der MAN-Ferrostaal-Tochter Fritz Werner.

Diese unheilvolle Allianz steht in seltsamem Kontrast zu dem anspruchsvollen Bekenntnis des Rheinmetall-Vorstandsvorsitzenden Papperger. In Anbetracht der desaströsen Menschenrechts- und Sicherheitslage in den oben genannten Ländern wäre die Rücknahme der Exportbewilligungen durch die Bundesregierung juristisch gesehen nicht mehr als eine Formalie.

Deutsche Waffen in verfeindeten Ländern

Der bewaffnete Konflikt zwischen Pakistan und Indien tobt bereits seit Jahrzehnten. Grund ist der Streit um die Region Kaschmir. Seit ihrer Unabhängigkeit von der britischen Kolonialherrschaft 1947 haben Indien und Pakistan mehrmals Kriege um Kaschmir geführt. Die Regierungen der beiden Atommächte werfen sich gegenseitig vor, für die Gewalt an der umstrittenen Grenze verantwortlich zu sein. Ein seit 2003 bestehender Waffenstillstand wird immer wieder verletzt. Kaschmir ist geteilt, beide Länder beanspruchen die Region jedoch komplett für sich. Beide Länder sind aus Sicht von internationalen Menschenrechtsorganisationen überaus problematisch.

Um nur einige Beispiele zu nennen: Laut Amnesty International fallen in Pakistan zahlreiche Menschen willkürlichen Inhaftierungen und dem »Verschwindenlassen« zum Opfer, darunter auch Journalisten. Wieder freigelassene Personen berichten von Folterungen und Misshandlungen. »Die für ungesetzliche Tötungen Verantwortlichen kamen nach wie vor straffrei davon«, so Amnesty International. Auch im Nachbarland Indien ist die Todesstrafe nicht abgeschafft. Die Anwendung der Sicherheitsgesetze führt zu »willkürlichen Verhaftungen und Folterungen«. Personen, die für frühere Menschenrechtsverletzungen verantwortlich waren, »genossen nach wie vor Straffreiheit«, konstatiert die Menschenrechtsorganisation.

Im Jahr 2006 drohten die Konflikte zwischen den beiden Nachbarstaaten erneut zu eskalieren, was die CDU/CSU-SPD-Bundesregierung nicht davon abhielt, beide Seiten mit deutschen Waffen auszurüsten. Pakistan rückte laut Rüstungsexportbericht 2006 sogar um weitere drei Plätze nach oben und rangierte nunmehr auf Platz zehn der Liste der Empfänger deutscher Rüstungsgüter. Die pakistanischen Militärs erhielten unter anderem deutsche Waffen im Wert von 134,7 Millionen Euro, darunter Luftaufklärungssysteme, Kommunikationsausrüstung, Radaranlagen, Lkws und Teile für Lkws. Indien – im Vorjahr noch nicht unter den Top 20 der Empfängerländer deutscher Waffen – erhielt 2006 deutsche Waffen im Wert von 107,9 Millionen Euro und stieg damit auf Platz 13 auf.

In Indien gibt es in 17 von 29 Bundesstaaten bewaffnete Konflikte zwischen staatlichen Sicherheitskräften und verschiedenen bewaffneten Gruppen. Eine Studie von »terre des hommes« dokumentiert massive Kinderrechtsverletzungen in den Bundesstaaten Manipur und Assam in Nordostindien sowohl durch die nichtstaatlichen Gruppen als auch durch die indische Armee. Beide Seiten rekrutieren Kinder, töten Kinder in Gefechten, es kommt zu Vergewaltigungen, die Zivilbevölkerung wird gewaltsam vertrieben. Deshalb müssen Kinder monate- und jahrelang in heruntergekommenen Flüchtlingslagern leben, oft ohne Gesundheitsversorgung und die Möglichkeit, eine Schule zu besuchen. Immer wieder kommt es vonseiten der indischen Armee zu willkürlichen Verhaftungen von Kindern, die dann als vermeintliche oppositionelle Kämpfer der Öffentlichkeit präsentiert und anschließend inhaftiert werden, in manchen Fällen für mehrere Jahre.«

Ungeachtet dieser Berichte liefert Deutschland weiterhin Waffen an Länder wie Indien und Pakistan. Laut einem Bericht des UN-Generalsekretärs von 2015 rekrutieren bewaffnete Gruppen in Indien und Pakistan ebenso Kindersoldaten wie islamistische Kämpfer in Syrien, die von Saudi-Arabien mit Waffen beliefert werden. Indien und Saudi-Arabien haben 2013 Tausende moderner deutscher Sturm- und Maschinengewehre importiert.

Trotz der innen- und außenpolitisch problematischen Situation des Landes warb Verteidigungsministerin Ursula von der Leyen bei ihrem Besuch in Neu-Delhi im Frühjahr 2015 für deutsche Rüstungsexporte nach Indien. Der Hintergrund: Das Land ist der größte Rüstungsimporteur der Welt. In den vergangenen fünf Jahren gingen demnach 15 Prozent der weltweiten Waffeneinfuhren in das südasiatische Land – dreimal so viel wie nach China oder Saudi-Arabien.

Interview mit Jan Grebe vom Bonn International Center for Conversion, BICC,

Wie streng muss Waffenhandel kontrolliert werden?

JG: Waffen sind kein normales Handelsgut, das heißt, hier bedarf es einer speziellen Kontrolle, weil sie eben dafür gedacht sind, auch Menschen zu töten. Sie sind ein Gewaltmittel, und Gewaltmittel bedürfen einer speziellen Kontrolle. Von daher ist es Aufgabe des Staates, hier eine spezielle Kontrolle sicherzustellen, und diese Kontrolle muss überwacht werden.

Es gibt oftmals das Gefühl, dass Kontrolle eigentlich gar nicht möglich ist.

JG: Kontrolle ist immer schwierig, denn viele dieser Geschäfte passieren im Dunkeln, hinter verschlossenen Türen. Und viele der Händler, seien es Rüstungsunternehmen in Deutschland, in Europa oder auch Händler auf dem Schwarzmarkt in der ganzen Welt haben kein Interesse, sichtbar zu werden. Das heißt, diese Waffenströme sind schwer nachzuvollziehen, und dadurch ist die Kontrolle erschwert. Aufgabe eines Instituts wie BICC ist es, mehr Transparenz herzustellen oder die Regierung aufzufordern, mehr Transparenz herzustellen, damit eine breite öffentliche und auch politische Kontrolle sichergestellt werden kann.

Gibt es Erkenntnisse über den illegalen Markt von Waffenhändlern, Zwischenhändlern usw.?

JG: Man kennt zwar gewisse Ströme weltweit, zum Beispiel einen Strom von Mauretanien, der Sahelzone bis in den Nahen und Mittleren Osten, dort findet sich eine Vielzahl von illegalen Märkten, wo man Waffen kaufen kann, und die wirklich zu kontrollieren ist faktisch unmöglich. Viele der Waffen, die sich heute weltweit in Krisenherden oder Konfliktgebieten befinden, wurden vormals legal gehandelt. Die wurden aus Europa oder der Sowjetunion, auch aus ehemaligen Staaten der Sowjetunion nach Afrika oder Lateinamerika exportiert. Und häufig verschwanden diese legal gehandelten Waffen aus den staatlichen Beständen und fanden ihren Weg auf den illegalen schwarzen Markt. Das kann im Zuge von Konflikten passieren, wo staatliche Waffenbestände einfach geklaut und dann weiterverkauft werden, oder ein einzelner Soldat meint vielleicht, er verdient nicht genug, und versucht, über den Verkauf von legalen Waffen noch etwas hinzuzuverdienen. Auf diese Weise gelangen immer mehr Waffen auf den illegalen Markt, und die Waffenhändler orientieren sich dann an den Konfliktherden in der Welt und verkaufen dort diese vormals legal gehandelten Waffen.

G3-Sturmgewehre in einem Waffendepot im Südsudan.

Das muss für Sie doch enorm frustrierend sein, wenn Sie sehen, dass diese Waffen immer unkontrollierbarer werden?

JG: Das ist ein großes Problem […] Ein weiteres großes Problem ist, dass der Munitionshandel immer noch nicht so gut kontrolliert wird wie der eigentliche Waffenhandel. Es gab auf der Ebene der Vereinten Nationen den weltweiten Waffenhandelsvertrag, der von 50 bis 60 Staaten beschlossen und auch ratifiziert wurde und in Kraft trat. Aber Munition wird in diesem Vertrag gesondert behandelt, was sehr problematisch ist. Die Munition sollte genauso kontrolliert werden wie der Waffenhandel. Denn sie ist letztlich dafür verantwortlich, dass eine Waffe einsatztauglich ist. Erschwerend kommt hinzu, dass inzwischen neben den großen Rüstungsproduzenten auch viele Staaten über Munitionsfabriken verfügen und die Munition selber herstellen können.

Beispiel Libyen, wo eben genau das getan wurde, wo die Rebellen aufgerüstet wurden. Wie sieht man das jetzt im Nachhinein?

JG: Aus Libyen hat man sicherlich den Schluss gezogen, dass die Aufrüstung nach dem Ende des Waffenembargos 2003, 2004 schon an sich ein Fehler war, weil man dort einen Autokraten mit Waffen belieferte, von dem man nicht wusste, auf wessen Seite er letztlich steht und wie vertrauenswürdig er ist. Und nach dem Ausbruch des Konflikts sind viele Waffen dann aus den staatlichen Beständen verschwunden, entweder geklaut oder von Soldaten an verschiedene Akteure im Land verkauft, und diese Waffen finden sich heute wieder in den Konfliktgebieten.

Kapitel 2

Tatort Kolumbien – deutsche Waffen im Einsatz gegen Menschenrechte

Die Opfer

Bogotá. In einem Versteck, das Padre Alberto Franco organisiert hat, haben zwei Männer aus einem Grenzdorf im Amazonasgebiet Schutz gefunden. Ihre Familien sind tot. Ehefrauen, Kinder, Brüder, Schwestern, Eltern, Großeltern wurden von Todesmilizen der Paramilitärs erschossen. Die Familien, Kleinbauern, hatten sich geweigert, ihr Land aufzugeben. Die beiden Männer sind noch immer auf der Flucht vor den Paramilitärs. Denn solange sie leben, könnten sie eines Tages in die Heimat zurückkehren und ihren Besitz fordern. Darum stehen die Männer auf den Todeslisten.

Vertreibung ist das Kernproblem des bewaffneten Konflikts in Kolumbien. Über 85 Prozent der Opfer der bewaffneten Auseinandersetzungen in Kolumbien wurden vertrieben. Ganze Landstriche wurden im Auftrag von Großgrundbesitzern, Unternehmen, Drogenhändlern von der angestammten Bevölkerung »gesäubert«, um dann eigene Leute bzw. mit den rechten Paramilitärs zusammenarbeitende Bauern anzusiedeln. Nach UN-Angaben wurden in Kolumbien etwa vier Millionen Menschen von Soldaten, Paramilitärs oder der Guerilla vertrieben. Padre Alberto Franco, bei dem Vertriebene seit mehr als 20 Jahren Zuflucht finden, zitiert eine aktuelle Statistik: »Für 47

Prozent der Vertreibungen sind die Paramilitärs verantwortlich, für 35 Prozent die Guerilla, für acht Prozent die Armee – bei zehn Prozent der Fälle war es nicht feststellbar.« Für die Menschen, die es betrifft, sei es völlig egal, wer sie bedroht und ihnen ihre Existenz rauben will.

Sie seien ein Leben lang traumatisiert, weil sämtliche Gruppen auch vor grausamsten Massakern nicht zurückschreckten, berichtet Padre Alberto, auf den selbst immer wieder Anschläge verübt werden. Sein gepanzertes Auto weist zwei Einschusslöcher in der Windschutzscheibe auf.

Padre Alberto Franco im Gespräch mit zwei Flüchtlingen, die der kolumbianische Geistliche vor den Todesschwadronen an einem geheimen Ort nahe der Hauptstadt Bogotá versteckt.

»Nach so einem Mord ist einem alles egal,« sagt Martin. »Später, wenn man darüber nachdenkt, schämt man sich dafür. Aber wenn man gemordet hat, kann man sich nicht mehr reinwaschen. Das zeichnet dich für dein ganzes Leben.« Martin lebte in einem Armenviertel von Kolumbiens Hauptstadt Bogotá. Er war 13 Jahre alt und begeistert von der Guerillabewegung FARC. Die bewaffneten Milizen rekrutieren Kinder und Jugendliche mit Werbevideos. Das sind die Lockrufe für Kinder wie Martin, die in dem Land mit dem längsten Bürgerkrieg der Welt kaum etwas anderes kennen als Gewalt. Einmal in die Fänge der FARC geraten, ganz gleich, ob freiwillig oder von den Milizen entführt, werden die Kinder zu Kindersoldaten gedrillt, missbraucht, zum Töten und zur Prostitution gezwungen.

Kaum 13-jährig meldete sich Martin freiwillig bei der Guerillatruppe. Noch am selben Tag wurde ihm eine Waffe in die Hand gedrückt. Auch er lernte das Töten. Ohne nachzudenken drückte er ab. Fortan gehörte Martin zu einer der Milizen der FARC. Irgendwann jedoch ertrug er die Gewalt und das Töten nicht mehr. Er wollte weg und konnte entkommen.

Der ehemalige Kindersoldat Martin, 15, im Kinderschutzprojekt Benposta/Kolumbien.

Heute ist Martin 15. Doch auch in dem Kinderschutzprojekt Benposta, das von »terre des hommes« und anderen deutschen Hilfsorganisationen unterhalten wird, findet er nicht zur Ruhe. Der ehemalige Kindersoldat versteckt sich vor der FARC und fürchtet, die Guerillas könnten Rache an seiner Familie nehmen. Den anderen Kindern hier geht es nicht anders. Sie sind zwischen acht und achtzehn Jahre alt und können niemandem trauen. Sie sind traumatisiert, verletzt, haben Tag und Nacht Angst. Sie alle stehen auf Todeslisten und würden außerhalb des Projekts nicht überleben. Der Kinderschutzbeauftragte Ralf Willinger sagt, viele der Kinder denken an Selbstmord, weil sie die Erlebnisse weder vergessen noch verarbeiten können.

David ist heute elf Jahre alt. Auch er wird in Benposta versteckt. Ein Jahr zuvor musste der Junge mitansehen, wie sein Vater von Paramilitärs erschossen wurde. David kommt aus Buenaventura. Der Küstenort galt früher als aufstrebende Stadt, heute ist er vor allem für seine desolate soziale Lage und für Gewalt bekannt. Über 85 Prozent der Bevölkerung sind Afrokolumbianer. Ein Großteil der Menschen lebt in Armut. Die Stadt ist ein Zentrum von Schmuggel und Drogenhandel. Davids Vater war Kommunalpolitiker und engagierte sich für Bildung und soziale Projekte, besuchte mehrmals Veranstaltungen der FARC-Guerillas. Er und seine Familie standen darum auf den Todeslisten der rechtsgerichteten Paramilitärs. David war allein mit seinem Vater, als die Todesschwadronen kamen. Der damals Zehnjährige hatte sich unter einem Bett verkrochen und sah den Vater auf dem Boden neben sich verbluten. David entkam, irrte wochenlang zu Fuß durch die Wälder, ehe eine Familie ihn bei sich aufnahm und für ihn ein Versteck in Benposta, Tausende Kilometer von Buenaventura entfernt, fand. Der Junge steht nach wie vor auf den Todeslisten der Paramilitärs. David träumt davon, eines Tages eine Waffe zu besitzen und den Tod des Vaters zu rächen.

Für Sabas Duque war Gewalt sein Alltag. »Ich bin in einer Familie aufgewachsen, in der es nur Gewalt gab, und ich habe davon geträumt, eine Waffe zu besitzen«, erinnert sich der heute 25-Jährige. Bei der FARC war Sabas »stark und mächtig«, einer, der die Befehle gab. Er hatte sich als freiwilliger Kämpfer gemeldet, war für die Waffenbeschaffung zuständig. Er bekam Geld, verhandelte mit Kriminellen. Bereits als 14-Jähriger schmuggelte er Waffen über die Grenze. Ganze Lastwagen voller Schnellfeuergewehre, Pistolen und Munition erbeuteten er und die anderen Jugendlichen, die Sabas anführte. Weil sie klein und wendig waren, konnten die Kindersoldaten unter Stacheldrahtzäunen durchkriechen und sich mit den Waffen in Erdlöchern verstecken. Mit der Miliz, der er angehörte, bekämpften sie den Staat und die Drogenkartelle. Sie lieferten sich blutige Kämpfe mit Militärs und der verhassten Policia National. Aber sie überfielen auch Dörfer, raubten und mordeten.

»Krieg bedeutet Töten. Wenn du in den Krieg ziehst, musst du töten«, sagt Sabas Duque. Er war ein Krieger durch und durch, unkritisch, ohne Gewissensbisse und Reue. Erst nachdem Sabas sich mit seiner Truppe in einen Hinterhalt locken ließ, aus dem nur er lebend entkam, begriff er, was er getan hatte. »Stellen Sie sich vor, Sie sind ein Kind. Sie haben Waffen. Sie entscheiden. Sie können andere kontrollieren. Ein junger Kerl mit so einer Macht!«, sagt Sabas Duque heute. Bei dem Anschlag aus dem Hinterhalt wurde er querschnittsgelähmt. Er hat noch nicht viel von der Welt gesehen, aber Waffen aus Deutschland kennt der 18-Jährige: Heckler & Koch, Walther PP, Sig Sauer.

Der 18-jährige Sabas Duque hat einen Anschlag überlebt und dabei beide Beine verloren. Der ehemalige Kindersoldat war bei der Guerillaorganisation FARC für die Beschaffung von Waffen zuständig.

Interview mit Ralf Willinger von »terre des hommes«

Ehemalige Kindersoldaten mit Ralf Willinger von »terre des hommes« im Heim von Benposta/Kolumbien.

Seit wann arbeiten Sie mit Kindersoldaten? Welche Erfahrungen machen Sie in Ihrer direkten Arbeit mit den Kindern?

RW: Ich habe in den letzten 15 Jahren mit vielen Kindersoldaten und Kindersoldatinnen aus Lateinamerika, Afrika und Asien gesprochen. Manche von ihnen wirkten zerbrechlich und sensibel, so wie Chyio aus El Salvador, der schon als Achtjähriger zur Guerilla in El Salvador kam, oder Yina aus Kolumbien, die mit elf zur FARC-Guerilla in Kolumbien ging. Andere waren unsicher, verängstigt und überfordert, wie Anisa und Nila, zwei Mädchen, die Soldatinnen bei der Moro Islamic Liberation Front bzw. bei der New Peoples Army auf den Philippinen waren, als ich in einem Dorf mit ihnen sprach. Andere wirkten selbstbewusst und stark, wie Ismael Beah, der für Rebellen in Sierra Leone kämpfen musste, China Keitetsi, die mit acht von Rebellen in Uganda entführt wurde, oder Madeleine, der es mit zwölf Jahren in der Demokratischen Republik Kongo ebenso erging. Wieder andere waren verzweifelt, wie Maria aus Kolumbien, die von Paramilitärs entführt und zur Prostitution gezwungen wurde. Oder Anthony B. aus Liberia und Cliff Oase aus Uganda, denen in Deutschland jahrelang ein sicherer Aufenthaltsstatus verweigert wurde und deren Traumatisierung und Verzweiflung deswegen noch größer wurden. Cliff starb wenige Monate nach unserer Begegnung beim Schwimmen in der Donau, möglicherweise war es Selbstmord. Ehemaligen Kindersoldaten oder -soldatinnen, die nach Deutschland geflüchtet waren und einen sicheren Aufenthaltsstatus hatten, ging es meist besser, wie Michal Davies, der als Jugendlicher bei der Armee Sierra Leones kämpfen musste.

Frage: Wie erleben Sie diese Kinder?

RW: Viele dieser jungen Männer und Frauen schwankten zwischen Weinen und Lachen, zwischen Trauer und Stolz, zwischen Verzweiflung und Zuversicht. Ebenso unterschiedlich wie ihre Persönlichkeiten und Stimmungen waren die Geschichten, warum sie als Soldaten und Soldatinnen bei bewaffneten Gruppen und Armeen landeten. Manche gingen anfangs selber dorthin, weil sie sich Schutz erhofften, weil dort Familienmitglieder oder Freunde kämpften, weil sie helfen wollten beim Kampf gegen einen Feind oder für politische Ziele, weil sie der Gewalt in der eigenen Familie entfliehen wollten, oder weil sie Rache für die Ermordung von Familienmitgliedern nehmen wollten. Andere wurden einfach entführt und mit brutalen Mitteln zum Soldatsein gezwungen. Viele erzählten von Waffen, manche auch von deutschen Waffen. Waffen waren sehr wichtig für sie, »wie eine Mutter, die auf mich aufpasst«. Niemand berichtete davon, dass es schwierig war, an diese Waffen zu kommen, ganz im Gegenteil.

Carl Walther und Sig Sauer in Kolumbien?

Dass G3-Sturmgewehre von Heckler & Koch in die Hände der FARC-Rebellen gelangen, verwundert niemanden. Die Industria Militar (Indumil) stellt die Waffe seit Jahrzehnten in Lizenz her. Was später mit diesen Waffen geschieht, kann in den chaotischen Verhältnissen des vom Bürgerkrieg geplagten Landes niemand kontrollieren. Wie aber sollen Waffen von Sig Sauer und Carl Walther nach Kolumbien kommen? Das Land kann wegen seiner jahrzehntelangen bewaffneten Konflikte keine Kleinwaffen in Europa kaufen. Das würde den Richtlinien der Europäischen Union zuwiderlaufen. Waffenexporte nach Kolumbien wären schon allein deshalb auch aus Deutschland nicht möglich.

Doch ein Blick auf die Website der Waffen- und Munitionsfabrik Indumil enthüllt die Fakten: Indumil bietet tatsächlich die halbautomatische Pistole Walther P22 zum Kauf an. Im Showroom der Firma Indumil wird die Waffe als Eigenproduktion angepriesen. Wie kann das sein?

Auf der Website der staatlichen kolumbianischen Waffenfabrik von Indumil werden Pistolen des deutschen Waffenherstellers Carl Walther vom Typ P99, zum Verkauf angeboten.

Auf Nachfrage bestätigt Jorge Restrepo, der Vertreter von Small Arms Survey in Bogotá: »Die Walther PP ist die Standardwaffe der kolumbianischen Streitkräfte und der Polizeibehörden. Früher hat Indumil sie in der Tschechischen Republik gekauft. Das geht jetzt nicht mehr. Die Walther PP wird seit 2013 in Lizenz hergestellt. Diese Lizenz kommt, wie man mir sagte, aus den USA. Von einer amerikanischen Tochterfirma von Walther.«

In der Tat betreibt der deutsche Hersteller Carl Walther seit 2013 ein Tochterunternehmen in den USA. Wie auf der Website des Waffenfabrikanten zu lesen ist, »existiert die US-Tochterfirma Walther Arms in Fort Smith/Arkansas – die hohe Nachfrage nach den Produkten ›Made in Germany‹ in den Vereinigten Staaten und in anderen Ländern erforderte eine stärkere weltweite Präsenz«. Der Export von in Deutschland produzierten Waffen über den Umweg USA und die Lizenzvergabe an Kolumbien wären nach deutschem Recht illegal.

Die nächste Überraschung: Auf der Homepage eines offiziellen Indumil-Waffenhändlers wird die Pistole Walther P99 nicht als kolumbianische Lizenz-, sondern als Importwaffe beworben. Privat ins Internet gestellte Videos belegen das. Die authentischen Aufnahmen zeigen, wie Waffenkäufer Pistolen des Typs Walther P99 auspacken. Eindeutig zu erkennen sind der Eingangsstempel von Indumil sowie Beschusszeichen aus Deutschland und auf dem Handgriff die bekannte Gravur »Made in Germany«.

Es besteht kein Zweifel: Walther Pistolen werden in Kolumbien produziert, und die in Deutschland gefertigten Pistolen müssen irgendwie auf den kolumbianischen Markt gelangt sein.

Auf Nachfrage bestätigte die zuständige deutsche Behörde, das Bundesamt für Wirtschaft und Ausfuhrkontrolle (BAFA) in Eschborn bei Frankfurt am Main, dass die Pistolen des Modells Walther P99 unter Teil I A der Ausfuhrliste der Bundesregierung fielen und nur mit Bewilligung der Bundesregierung nach Kolumbien exportiert werden dürften. Das betreffe auch den Technologietransfer und das

Know-how für die Lizenzherstellung. Die Firma Carl Walther mit Sitz in Ulm und Arnsberg hätte einen Kriegswaffenexportantrag bei der Behörde in Eschborn stellen und dieser hätte dem Bundessicherheitsrat vorgelegt werden müssen. Nach Auskunft des BAFA wurde ein solcher Antrag nicht gestellt. Die Ausfuhr der Pistolen des Typs Walther P99 nach Kolumbien wäre auch nicht bewilligt worden.

Ein Videoscan zeigt eine Carl-Walther-Pistole, Typ P99. Auf der Waffe sind die beiden Markierungen »Indumil« und »Made in Germany« zu erkennen.

Nun ermitteln die Staatsanwaltschaft Stuttgart und das Zollkriminalamt gegen den Waffenhersteller Carl Walther GmbH. Der Vorwurf: Verstoß gegen das Kriegswaffenkontrollgesetz und das Außenwirtschaftsgesetz. Es wird vermutet, dass die Firma auf dem Umweg über die USA viele Waffen illegal in die Welt verkauft hat. Die Herstellerfirma wollte auf Nachfrage keine Stellungnahme zu den Vorwürfen abgeben. Die Branche vertraut auf Verschwiegenheit. Aus eben diesem Grund fliegen illegale Waffengeschäfte meist erst durch einen Zufall auf.

So geschehen im Fall des bekannten deutschen Waffenherstellers Sig Sauer. Die Pistolen von Sig Sauer sind nicht nur bekannt in Kolumbien, sondern in Polizei- und Armeekreisen auch außerordentlich beliebt. Das zeigen auf YouTube veröffentlichte sogenannte Unpacking Videos. Sie stammen mal von kolumbianischen Polizisten, mal von Armeeangehörigen, die ihre neuen Pistolen präsentieren. Es sind allem Anschein nach in Deutschland hergestellte Sig-Sauer-Pistolen – mit der Gravur von Indumil.

Sig Sauer, mit Sitz im schleswig-holsteinischen Eckernförde, ist Deutschlands älteste Waffenschmiede und zugleich einer der wichtigsten Waffenlieferanten für Polizei und Militär. Wie der Waffenhersteller Carl Walther hat auch Sig Sauer eine Tochterfirma in den USA: Sig Sauer Inc. in Exiter, New Hampshire. Seit 2006 exportiert das Stammhaus in Eckernförde fertige Pistolen sowie Bau- und Ersatzteile an das US-amerikanische Tochterunternehmen. Eine vorliegende Vertragskopie dokumentiert Lieferungen von in Deutschland hergestellten Sig-Sauer-Pistolen nach Bogotá, Kolumbien, ab 22. Juli 2009. Mit der Endverbleibserklärung vom 2. März 2010 garantiert die amerikanische Tochterfirma, die Waffenlieferungen aus Eckernförde im Wert von circa 80 Million Dollar würden nicht an Drittländer verkauft und seien nicht für militärische Zwecke bestimmt. Eine weitere Endverbleibserklärung mit Bestimmungsort USA für deutsche Sig-Sauer-Exporte vom 2. März 2011 beläuft sich auf einen Warenwert von knapp 50 Millionen Dollar. Die Geschäfte über den Umweg USA hätten wahrscheinlich beliebig lange unentdeckt weitergeführt werden können, wären nicht einem Mitarbeiter in Exiter, New Hampshire, Qualitätsmängel aufgefallen.

In einer E-Mail vom 28. Januar 2011 mit dem Betreff »TACOM SP2022 pistols« beanstandet der Mitarbeiter, die für Kolumbien bestimmten Pistolen wiesen Roststellen auf. Die darauf folgende E-Mailkorrespondenz belegt, dass zumindest Teile der Sig-Sauer-Belegschaft in Deutschland von den illegalen Waffenlieferungen an Kolumbien erfahren hatten. Der Empfänger der E-Mail, die Abteilung Produktmanagement von Sig Sauer, erklärte auf Nachfrage: »TACOM ist der Kunde in Kolumbien.« Der nachfolgenden E-Mailkorrespondenz ist

SIG SAUER

SIG SAUER, INC
18 Industrial Drive
Exeter, NH 03833
Tel: ...
Fax: ...

TO:
Sig Sauer, GmbH
SAUERSTRASSE 2-6
ECKERNFÖRDE, GERMANY D-24340

END-USER CERTIFICATE
For the presentation to the Export Control Authorities of the Federal Republic of Germany

In accordance with the regulations of the Federal Republic of Germany which states that granting of an individual export license is dependent on the presentation of an end-use certificate, we (I) certify that the goods supplied by:

Name of the Supplier:	Sig Sauer, GmbH
Description of Product:	1)Various model firearms in various calibers 2)Pistol frames for various calibers and models 3)Barrels for various calibers and models
Permit#:	10-00685
Quantity:	1)159,050 2)177,000 3)442,700
Value:	$80,605,100.00 USD / €59,247,158.99 (Exchange Rate of $1USD= €0.735)

Are intended for consumption and will remain in the UNITED STATES OF AMERICA, and will only be used resale purposes.

We (I) certify that we (I) will not re-export the goods to third countries without the approval of the Federal Office of Economics and Export Control (BAFA) of the Federal Republic of Germany. Re-exports to the following countries do not require any approval of BAFA:

Australia	Germany	Luxembourg	Spain
Austria	Great Britain	Malta	Sweden
Belgium	Greece	Netherlands	Switzerland
Canada	Hungary	New Zealand	United States of America
Czech Republic	Ireland	Norway	Cyprus
Denmark	Italy	Poland	(i.e. in the area in which
Estonia	Japan	Portugal	the Government of the
Finland	Latvia	Slovak Republic	Republic of Cyprus
France	Lithuania	Slovenia	exercises effective control)

Date March 2, 2010

International Trade Compliance Administrator

Endverbleibserklärung von Sig Sauer für Waffenlieferungen in die USA für einen Warenwert in Höhe von rund 80 Millionen Dollar.

SIG SAUER

SIG SAUER, INC
18 Industrial Drive
Exeter, NH 03833
Tel: ...
Fax: ...

TO:
SIG SAUER GmbH
Sauerstrasse 2-6
Eckernförde D24340
Germany

END-USE CERTIFICATE
For presentation to the Export Control Authorities
of the Federal Republic of Germany

In accordance with the regulations of the Federal Republic of Germany which state that granting of an individual export license is dependent on the presentation of an end-use certificate, we (I) certify that the goods supplied by:

Name of the Supplier: SIG SAUER GmbH
Permit #: 11-00074
Description of Product:
1) frames & complete firearms
2) barrels, frame subassemblies
3) small parts & components
4) magazins & mag parts

Quantity:

1) Quantity 179,150 frames & complete firearms
Value $40,999,059.00
-153,450 pcs pistols, various model and caliber with ea. 1 spare mag
-500 pcs precision rifle SSG 3000, calib. .308 Win
-25,000 pcs pistol frames
-200 pcs barrelled action for SSG3000, cal. 308 Win

2) Quantity 63,200 barrels, frames subassemblies
Value $6,193,100.00
-62,000 parts for pistols as per attached specification
-1,100 parts for rifles as per attached specification
-100 conversion kit for pistols, various model and caliber with ea 2 mag

3) Quantity 975,000 small parts & components for pistols
Value $549,349.09

4) Quantity 79,000 magazine & mag parts
Value $621,700.00
-10,000 spare magazines and parts for various model/caliber rifles
-69,000 spare magazines and parts for various model/caliber pistols

Total Value: $48,363,208.09 USD / €34,937,241.74
(Exchange Rate of $1USD=€0.722)

Endverbleibserklärung von Sig Sauer für Warenlieferungen in die USA für einen Warenwert in Höhe von rund 48 Millionen Dollar.

CONTINUATION SHEET ReferenceNo. of Document Being Continued Page 4 of 6
PIIN/SIIN W52H09-09-D-0158/0001 MOD/AMD
Name of Offerer or Contractor: SIG SAUER INC.

ITEM NO	SUPPLIES/SERVICES	QUANTITY	UNIT	UNIT PRICE	AMOUNT
011	3,000	03-JUN-2010			
012	3,000	05-JUL-2010			
013	3,000	05-AUG-2010			
014	3,000	08-SEP-2010			
015	3,000	08-OCT-2010			
016	3,000	08-NOV2010			
017	3,000	08-DEC-2010			
018	3,000	10-JAN-2011			
019	1,850	10-FEB-2011			

FOS POINT
SHIP TO:
(TC0A00) NAS NARCOTICS AFFAIRS SECTION
AMERICAN EMBASSY UNIT 5127
ATTN NAS WAREHOUSE
BOGOTA COLOMBIA

MARK FOR: NAS NARCOTICS AFFAIRS SECTION
AMERICAN EMBASSY UNIT 5127
ATTN NAS WAREHOUSE
BOGOTA COLOMBIA

CONTRACT/DELIVERY ORDER NUMBER
W52H09-09-D-0156/0001

0002 NSN: 9599-99-999-9999
SECURITY CLASS: Unclassified

0002AA PRODUCTION QUANTITY 1 PG $1,671,949,350 $1,671,949,35

NOUN: SIG SAUER 9MM SPARE PARTS PKG
PRON: JS9A0R17M1 PRON AMD:01 ACRN: AB
AMS CD: 9CI007
FMS CASE IDENTIFIER: CO-B-VCI

CONTRACTOR FURNISHED SPARE PARTS PACKAGE (CSP) IS TO SUPPORT 55,890 EACH SIG SAUER 9MM PISTOLS. THE CSP SHALL CONTAINT THE FOLLOWING COMPONENTS:

COMPONENT	QTY
SAFETY LOCK SPRING	55,890
FIRING PINS	2,795
FIRING PIN SPRINGS	55,890
EXTRACTOR	55,890

In einer Ausfuhrliste wird der Versand von Sig Sauer-Pistolen aus den USA an die kolumbianische Polizei bestätigt.

nicht zu entnehmen, dass die Sig-Sauer-Angestellten die Lieferungen hinterfragt hätten. Es geht ausschließlich darum, »die ärgerliche Sache« in den Griff zu bekommen. Denn es »hört sich so an, als seien alle SP2022 betroffen ...«.

Lediglich die für Exportkontrolle zuständige Sig-Sauer-Mitarbeiterin versucht, weitere illegale Lieferungen über die USA zu verhindern. Sie formuliert ihre Bedenken in einem hausinternen Bericht vom 2. Mai 2011: »Positive Kenntnis bei vielen Mitarbeitern. [...] Kommuniziert wird dieses Modell in Eckernförde als ›SP 2022 für Großauftrag USA/Kolumbien‹. [...] Die Weiterlieferung nach Kolumbien hat man in Eckernförde als ›Grauzone‹ und damit als legal definiert ...«

Die Sig-Sauer-Mitarbeiterin listet in dem Bericht auch Umstände auf, die im Falle von Ermittlungen für das Verschulden des Unternehmens sprächen: »Es erfolgten bereits 2010 Lieferungen mit englischen und spanischen Bedienungsanleitungen. Seit ca. Ende 2010 Einfuhr amerikanischer Griffstücke mit fertig gelaserten US-Waffennummern auf unsere Rechnung. [...] Unsere Lieferungen werden laut schriftlicher Info aus Exeter für die Abnahme durch das Government umgepackt. [...] Umpacken ist in der Exportkontrolle stets ein Hinweis auf Weiterversand – dies würde im Fall Kolumbien eine ungenehmigte Ausfuhr darstellen.«

Womöglich, so die Mitarbeiterin weiter, gehe man bei Sig Sauer davon aus, »dass die Weiterlieferung aufgrund der amerikanischen Waffennummern nicht entdeckt werden würde. Das ist wahrscheinlich auch so«. Dennoch weist die Leiterin Exportkontrolle wiederholt darauf hin: »Die positive Kenntnis und damit Unterstützung/Belieferung des Kolumbien-Auftrags würde bestraft werden. Dringend anzumerken ist, dass in Deutschland keine Ausfuhrgenehmigung für Rüstungsgüter nach Kolumbien erteilt werden würde, da dort bürgerkriegsähnliche Zustände herrschen und dieses Land bekannt ist für Drogen, Korruption und Geldwäsche. Man könnte uns unterstellen, genau dieses gewusst zu haben und daher den Lieferweg über die USA gewählt zu haben.«

Die Sig-Sauer-Mitarbeiterin erinnert in diesem Zusammenhang an »Prozesse gegen Walther und Heckler & Koch«. Und erwähnt abschließend, sie habe »am 28. April 2011 die Lieferung von 1000 Stück SP 2022 gestoppt, diesen Lieferstopp am 29.04.11 aufgrund der Bestätigung von SIG Sauer Inc., dass die Waffen im Land bleiben, wieder aufgehoben«. Die Situation sei für sie weiterhin »nicht geklärt, nicht überschaubar und nicht einschätzbar«. Darum gebe sie »die Verantwortung für die Weiterproduktion und Auslieferung von Pistolen und Ersatzteilen ab sofort an den Ausfuhrverantwortlichen Hr. Dr. G. P. ab«.

Die Lieferungen werden in den folgenden Monaten fortgesetzt, die Abwicklung verläuft reibungslos. So erreichen Zigtausende Pistolen ihre Abnehmer in Kolumbien. Das belegt folgende E-Mail: Sig Sauer Inc. vom 24. August 2011 (Betreff: »Technische Abwicklung«): »Anbei erhalten Sie unsere Abnahmeprotokolle für die normale Pistolenserie und für die kolumbianische SP2022 …« Die der E-Mail beiliegenden Dokumente vom 24. Februar 2011 und 27. Juli 2011 beziehen sich auf Lieferungen von Sig-Sauer-Pistolen nach Kolumbien. Am nächsten Tag beschwert sich der Leiter Entwicklung im Eckernförder Stammhaus schriftlich über die E-Mail aus New Hampshire: »Bitte B.A. 1x kräftig auf die 12 geben. Vereinbart waren Abnahmedokumente allgemein, nicht irgendwelche kundenspezifischen (Kolumbien) Dokumente, von denen wir gar nichts wissen sollten …«

Die Firmendokumente listen 60 000 über den Umweg USA nach Kolumbien gelieferte Sig-Sauer-Pistolen auf. Andere Quellen berichten von rund 100 000 Pistolen.

Auf Nachfrage erklärte das Bundesamt für Wirtschaft und Ausfuhrkontrolle, die Firma Sig Sauer habe keinen Exportantrag für Kolumbien gestellt. Von kolumbianischer Seite wurde der Kauf der deutschen Sig-Sauer-Pistolen inzwischen offiziell bestätigt. Mit den Pistolen wurde die Policia National ausgerüstet, die unter der Bevölkerung als besonders brutal gilt.

Das Bundesamt für Wirtschafts- und Ausfuhrkontrolle hat das Unternehmen »als unzuverlässig« eingestuft und einen Exportstopp

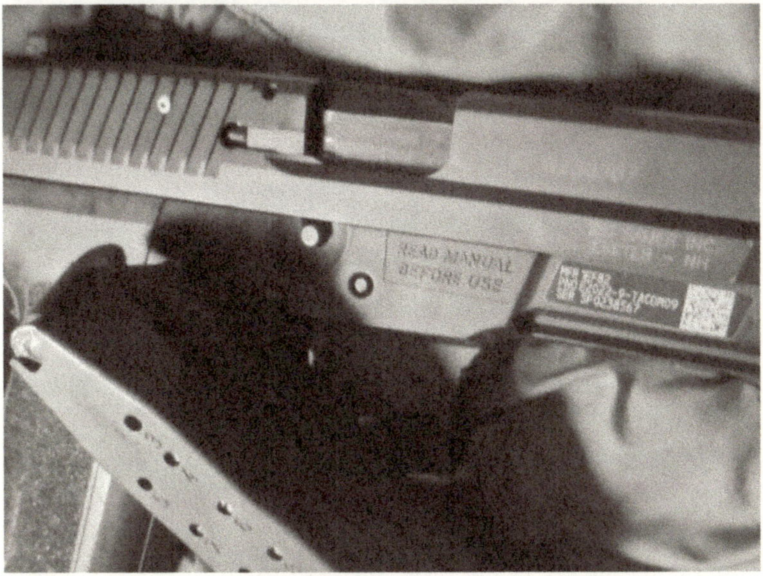

Aufnahmen von Sig Sauer Pistolen in Kolumbien. Sie sind vermutlich über die Vereinigten Staaten nach Kolumbien gelangt. Dort sind die Waffen unter anderem bei der Polizei im Einsatz.

für Sig Sauer verhängt, was zur Folge hat, dass die Firma Stellen abbauen muss. Außerdem ermittelt die zuständige Staatsanwaltschaft Kiel gegen das Unternehmen. Bei Durchsuchungen von Betriebsräumen und Privathäusern der Geschäftsführer wurde kistenweise Beweismaterial beschlagnahmt. Ein merkwürdiger Zufall sei erwähnt: Ein beschlagnahmter Computer verschwand später aus den Räumen der Staatsanwaltschaft. Wie es heißt, bestehe kein Zusammenhang zwischen dem Verschwinden des Computers und den Ermittlungen. Allerdings war die Festplatte noch nicht ausgewertet worden.

Strafanzeige: Walther-Pistolen »Made in Germany« widerrechtlich im Bürgerkriegsland Kolumbien?

Am 17. Februar 2014 reichte der Tübinger Rechtsanwalt Holger Rothbauer im Namen seines Mandanten Jürgen Grässlin und von Christine Hoffmann und Paul Russmann von der »Aktion Aufschrei« die Strafanzeige bei der Staatsanwaltschaft Ulm gegen Carl Walther ein. Als Verdächtigte angezeigt wurden die verantwortliche Geschäftsführung und die Leitung der Exportabteilung sowie alle weiteren Verantwortlichen der Firma Carl Walther GmbH – zum Zeitpunkt der Anzeigeerstattung vertreten durch den Geschäftsführer Manfred Wörz.

Die vorgeworfenen Rechtsverletzungen wiegen schwer: Verstoß gegen das Außenwirtschaftsgesetz und das Kriegswaffenkontrollgesetz sowie alle anderen in Betracht kommenden Straf- und Ordnungswidrigkeitsvorschriften. Gleichzeitig stellte Rothbauer Strafantrag gemäß § 77 des Strafgesetzbuches hinsichtlich aller in Betracht kommender Antragsstrafdelikte.

In der Sache geht es um Lieferungen mehrerer Hundert Walther-Pistolen der Typen P22 und P99 sowie um Lizenzen zur Pistolenproduktion. Empfängerland war »das Bürgerkriegsland Kolumbien mit mehreren Hundert Toten jährlich auch durch genau die von der Fa. Walther ohne Genehmigung gelieferten und in Lizenzproduktion hergestellten Schusswaffen«. Vehement verweist der Anwalt auf Daniel Harrichs TV-Dokumentation *Waffen für die Welt – Export außer Kontrolle*, in welcher der genaue Sachverhalt »unter Nennung vieler Beweismittel und Indizien detailliert in Bild und Wort dargestellt« wurde – darunter eben auch die Pistolen Walther P22 und P99.[3]

Rechtlich gesehen unterliegen P99 Pistolen der Kriegswaffenliste (KWL) des Kriegswaffenkontrollgesetzes (KWKG). Hinsichtlich des Exportes der Waffen gelte Teil 1 A der Anlage (AL) zur Außenwirtschaftsverordnung (AWV), schreibt Rechtsanwalt Rothbauer, »so dass zwingend beim Export dieser Schusswaffen oder für Technologietransfer wie z.B. Lizenzen zur Herstellung dieser Schusswaffen eine Genehmigung beim Bundesministerium für Wirtschaft bzw. Bundesamt für Wirtschaft und Ausfuhrkontrolle in Eschborn zu beantragen und einzuholen ist«.

Der mutmaßliche Waffendeal wird in der Strafanzeige präzise beschrieben: »Bei der zum staatlichen kolumbianischen Unternehmen Industria Militar de Colombia (Indumil) gehörenden Fabrik FAGECOR (Fábrica General Cordoba) ganz in der Nähe der Hauptstadt Bogotá (Kolumbien) tauchten Mitte des Jahres 2013 mehrere beim Beschussamt in Ulm aktenkundig gewordene Schusswaffen der Firma Carl Walther des Typs P22 und P99 mit der Aufschrift ›Made in Germany‹ auf.«

Eine mitentscheidende Rolle soll Walther Arms in den Vereinigten Staaten zukommen: »Diese Pistolen werden bei der Firma Carl Walther Sportwaffen in Ulm hergestellt und verkauft sowie möglicherweise zum Teil über die Walther Arms Inc. in den USA vertrieben«, heißt es in der Strafanzeige. Darin wird auf ein umfassendes Walther-Waffenarsenal bei der kolumbianischen Staatsfirma verwiesen. So hatte die dem Verteidigungsministerium in Bogotá unterstehende Indumil in einer 82-seitigen Waffenliste auch Hinweise auf zahlreiche Waffen des Bautyps Walther mit entsprechenden Lieferdaten publiziert: Carabina Walther G22, verschiedene Walther-Pistolen wie die PP, P22, PPK-E und P99, die Walther-Pistolen P99 und 9 mm 9T (M), der Karabiner Proveedor Carabina Walther, die Pistolen Proveedor Pistola Walther Cal. 22L10T, P99, Proveedor Pistola Walther P-99 und PPK-E.[4]

Zur Klarstellung: Die Bundesregierung hat ein Rüstungsexportverbot verhängt gegen Kolumbien – ausschließlich gültig für Kleinwaffen. Entgegen den selbst auferlegten Restriktionen in den Politischen Grundsätzen zum Rüstungsexport und den rechtlichen Vorgaben im Kriegswaffenkontroll- und Außenwirtschaftsgesetz wird das kolumbianische Militär bis heute mit deutschen Kriegswaffen und Rüstungsgütern unterstützt.

Im Jahr 2012 genehmigte die Bundesregierung den Transfer von Rüstungsgütern im Wert von rund 34,7 Millionen Euro an Kolumbien, darunter Teile für U-Boote, ein Materialpaket für ein Patrouillenboot, Fregatten sowie Kommunikations- und Radarausrüstung usw.[5]

Gänzlich gestoppt hat auch Wirtschaftsminister Sigmar Gabriel die Lieferungen von Kriegswaffen und Rüstungsgütern an die Militärs in Bogotá 2014 nicht. Genehmigt wurden unter seiner Ägide Exporte von Systemen zur Freund-Feind-Kommunikation, zur Funküberwachung und Ortung sowie von dafür erforderlichen Teilen, von Kommunikationsausrüstung und Teilen für U-Boote. Ein Lichtblick dennoch: Das Genehmigungsvolumen umfasste 2014 gerade einmal 4,4 Millionen Euro – nicht einmal ein Zehntel des Vorjahreswertes.[6]

Am 27. Mai 2015 beschloss der von Bundeskanzlerin Angela Merkel und ihrem Stellvertreter Sigmar Gabriel geleitete Bundessicherheitsrat eine umfangreiche Exportgenehmigung: Die kolumbianische Marine wird ein Materialpaket zum Bau eines 80-Meter-Patrouillenbootes (Offshore Patrol Vessel) erhalten.

»Strengstens verboten«: 65000 Pistolen ins Bürgerkriegsland Kolumbien – Strafanzeige gegen Verantwortliche bei Sig Sauer

Im Namen der Sprecher der Kampagne »Aktion Aufschrei – Stoppt den Waffenhandel!« Jürgen Grässlin und Paul Russmann wird auch gegen den Eckernförder Kleinwaffenproduzenten Sig Sauer Strafanzeige erstattet.

Die Strafanzeige vom 22. Juli 2014 richtet sich gegen die verantwortliche Geschäftsführung und die Leitung der Exportabteilung sowie alle weiteren Verantwortlichen der Firma Sig Sauer GmbH & Co. KG, vertreten durch die persönlich haftende Gesellschafterin Sig Sauer Verwaltungs GmbH.

Angezeigt werden zudem sämtliche Mitarbeiter/innen der Sig Sauer GmbH & Co.KG, »die für die Pistolenlieferungen nach USA/ Kolumbien zuständig waren/sind«.

Jurist Rothbauer begründet die Strafanzeige mit dem Verdacht des »Verstoßes gegen das Außenwirtschaftsgesetz, das Kriegswaffenkontrollgesetz, Urkundenfälschung und mittelbare Falschbeurkundung« sowie aller sonst in Betracht kommenden Straf- und Ordnungswidrigkeitsvorschriften. Zugleich stellt er namens der Anzeigeerstatter »STRAFANTRAG gemäß § 77 StGB hinsichtlich aller in Betracht kommender Antragsstrafdelikte«. Zuständig ist diesmal die Staatsanwaltschaft in Kiel, wo Staatsanwalt Thomas Welz den Fall betreut.

Grund der Strafanzeige ist der Verdacht der Lieferung von rund 65000 Pistolen des Typs SP2022 der Firma Sig Sauer in Schleswig-Holstein. Der Transfer soll über die US-Niederlassung bzw. Tochterfirma in das Bürgerkriegsland Kolumbien erfolgt sein, wo jährlich mehrere Hundert Tote zu beklagen sind, »auch durch genau die von der Fa. Sig Sauer GmbH & Co. KG ohne Genehmigung an Kolumbien gelieferten Schusswaffen«.

Wie sehen die rechtlichen Rahmenbedingungen dieses Rüstungsexports aus? »Diese Pistolen unterliegen der Kriegswaffenliste (KWL) des KWKG und hinsichtlich des vorgenommenen Exportes in die USA/nach Kolumbien dem Teil 1 A der Außenwirtschaftsliste (AL) zur Außenwirtschaftsverordnung (AWV), so dass zwingend beim Export dieser Schusswaffen eine Genehmigung beim Bundesministerium für Wirtschaft bzw. Bundesamt für Wirtschaft und Ausfuhrkontrolle in Eschborn zu beantragen und einzuholen ist«, heißt es in der Strafanzeige.

Im Namen der Anzeigeerstatter verweist der Tübinger Rechtsanwalt darauf, dass Verantwortliche der Firma Sig Sauer GmbH & Co. KG im Jahr 2005 bzw. 2006 ein Großgeschäft mit dem kolumbianischen Verteidigungsministerium über die Lieferung von rund 65 000 Pistolen des Typs SP2022 im Gesamtvolumen von 28,6 Millionen US-Dollar eingefädelt hätten.

Der Rechtsanwalt der L&O Holding GmbH & Co. KG, zu der die Sig Sauer GmbH & Co. KG gehört, prüfte das Kolumbien-Geschäft. Dessen Auskunft ließ an Deutlichkeit nichts zu wünschen übrig: In einer E-Mail zu diesem Geschäft schreibt der Jurist, dass »zwingend keine Lieferung erfolgen« dürfe. Auch nicht in die USA, wenn jetzt schon bekannt sei, dass dies nicht der eigentliche Zielort sei. Eine derartige Lieferung sei »strengstens verboten«.[7]

In den wöchentlichen Videokonferenzen zwischen der Sig Sauer GmbH & Co. KG Eckernförde und Sig Sauer Exeter in den USA wurden im April 2011 unter den Tagesordnungspunkten 4 und 5 die Pistolen »Sig Pro-Kolumbien (USA)« thematisiert. »Hieraus lässt sich ebenfalls deutlichst ablesen, dass das Zielland der SP2022 nicht die USA, sondern Kolumbien sind«, schreibt Rothbauer.[8] [Protokoll mit Tagesordnung einer Videokonferenz vom 18.04.2011 als Anlage A6 der Strafanzeige beigefügt] Seine Schlussfolgerung im Namen der Anzeigeerstatter: »Von Anfang an war der Export der ca. 65 000 Pistolen des Typs SP2022 nicht wie beantragt und genehmigt für das

US-Verteidigungsministerium gedacht, sondern für die Polizei und Sicherheitskräfte in Kolumbien.«

Neben Harrichs Filmdokumentation bestätigen sowohl Medienberichte – beispielsweise die kolumbianische Zeitung *El Tiempo* – als auch das kolumbianische Verteidigungsministerium den Erhalt der Sig-Sauer-Pistolen.

Interview mit Mathias John von Amnesty International, Berlin

Wo sehen Sie die besonderen Schwierigkeiten in der Thematik Kleinwaffenexporte?

MJ: Das große Problem ist, dass alle Beteiligten ein großes Interesse haben, die Wege der Waffen, so weit wie möglich im Nebel zu halten. Die Bundesregierung lässt sich von der Firma ein sogenanntes Endverbleibszertifikat geben, auf dem das Land oder die dort empfangende Stelle bestätigt, dass die Waffe im Lande bleibt, und dieses Stück Papier, das eigentlich das Papier nicht wert ist, auf dem es geschrieben steht, das reicht der Bundesregierung aus. Und da sehen wir die Regierung in der Verantwortung. Es kann nicht sein, dass die Bundesregierung einfach nur dieses Endverbleibszertifikat nimmt und dann nichts weiter tut.

Wie funktioniert das denn aufseiten der Privatwirtschaft?

MJ: Die Privatwirtschaft ist ganz einfach aufgefordert, sich an die deutschen Rüstungsexportregeln zu halten, und die wären, vernünftig umgesetzt, auch tatsächlich nicht so schlecht. Aber es gibt natürlich immer wieder kriminelle Energie, und dann sehen wir, dass plötzlich deutsche G36 in genau den Bundesstaaten auftauchen, in die ein Export nie genehmigt worden wäre, in denen die Menschenrechte wirklich katastrophal verletzt werden. Das zeigt aber auch wieder, dass die rechtliche Aufarbeitung solcher illegalen oder unerlaubten Exporte selbst hier in Deutschland einfach viel zu schlecht ist, dass wir offensichtlich auf der Seite der Justiz zu wenig Kapazitäten und Kompetenzen haben, um solche illegalen Wege von Waffen nachzuverfolgen und dort dann tatsächlich auch mit der ganzen Härte des Gesetzes zu sanktionieren, und das muss sich ändern. Und da sehen wir natürlich auch wieder die Bundesregierung in der Pflicht. Die Regierung muss endlich für Transparenz bei diesen waffenherstellenden Unternehmen sorgen.

Glauben Sie, dass sich die Politik der Unkonktrollierbarkeit der Waffenexporte bewusst ist? Dass die exportierten Waffen unter Umständen auch gegen die eigenen Streitkräfte gerichtet werden könnten?

MJ: Ich glaube schon, dass die Politik durchaus sieht, dass deutsche Waffen plötzlich gegen die eigenen Streitkräfte eingesetzt werden könnten. Das hören wir auch immer wieder, wenn wir mit Vertretern der Ministerien sprechen. Die sind aus ihrer Sicht schon bemüht zu verhindern, dass deutsche Kleinwaffen in die Hände von Aufständischen geraten. Aber sie ergreifen nicht die entsprechenden Maßnahmen, um das zu verhindern. Ein Beispiel: Ausgediente deutsche Polizeipistolen, 10 000 Stück aus irgendeinem der Bundesländer, sind nach Afghanistan geliefert worden. 5000 Stück für die Armee, 5000 Stück für die Polizei. Die 5000 für die Armee sind offensichtlich – was man so hört – immer noch tatsächlich in den Depots. Aber mit den Pistolen, die bei der afghanischen Polizei gelandet sind, ist genau das passiert, was wir immer wieder hören: Sie gelangten auf den Schwarzmarkt und von dort teilweise in andere Länder, wo sie in kriminellen Zusammenhängen verwendet wurden. Und das geht einfach nicht. Wenn die Bundesregierung eine solche Weiterverbreitung nicht verhindern kann, dann darf sie einfach nicht exportieren.

Oder nehmen Sie Mexiko. Mexiko ist seit langen Jahren ein treuer Kunde des berüchtigsten deutschen Kleinwaffenherstellers Heckler & Koch. Mexiko hat schon in der Vergangenheit das G3-Schnellfeuergewehr erhalten. Und wollte natürlich auch die angeblich modernste, neueste, schönste, schnellste, wirksamste Waffe aus dem Hause Heckler & Koch haben, das G36-Schnellfeuergewehr. Die Bundesregierung hat gesagt: »Ja, grundsätzlich soll diese Genehmigung erteilt werden, aber nicht für die vier Bundesstaaten, in denen ganz flagrante Menschenrechtsverletzungen durch die Sicherheitskräfte vorkommen.« Heckler & Koch hat gesagt: »Ja, machen wir.«

Kapitel 3

Tatort Mexiko – legal, grenzlegal, illegal

Deutsche Waffen in den Händen der Mafia

Rubi Marisol Frayre ist klug und schön und erst 16 Jahre alt, als sie von ihrem Exfreund ermordet wird. Sergio Rafael Barraza, genannt El Piwi, erklärt gegenüber der Polizei, er habe sie getötet, weil er sie mit einem anderen Mann erwischt hätte. Barraza führt die Polizei zum Versteck der Leiche. Bis zur Unkenntlichkeit verbrannt findet man Rubi in einem Müllcontainer in der nordmexikanischen Grenzstadt Ciudad Juarez im Bundesstaat Chihuahua. Der anschließende Prozess endet mit einem Freispruch für Barraza. Die Richter akzeptieren das Geständnis des Angeklagten bei der Polizei nicht, da kein Anwalt dabei anwesend war. Rubis Mörder darf den Gerichtssaal als freier Mann verlassen. Barraza alias El Piwi, Mitglied der Los Zetas, des angeblich brutalsten Drogenkartells Mexikos, taucht unter und wird zwei Jahre später in einer bewaffneten Auseinandersetzung mit Armeeangehörigen erschossen.

Für Marisela Escobedo Ortiz, Rubis Mutter, ist nichts mehr, wie es vorher war. Der Verlust der Tochter durch den grausamen Mord, das skandalöse Urteil und die Gleichgültigkeit von Justiz und Regierung gegenüber ähnlichen Frauenschicksalen haben sie zur bekanntesten Frauen- und Menschenrechtsaktivistin Mexikos gemacht.

Marisela Escobedo Ortiz (Mitte) beim Prozess gegen den Mörder ihrer Tochter Rubi. Die Tötung der 16-Jährigen ist einer der wenigen Frauenmorde im mexikanischen Bundesstaat Chihuahua, der vor Gericht verhandelt wurde, allerdings mit einem Freispruch für den Täter.

Ciudad Juarez liegt an der Grenze zu der US-amerikanischen Stadt Laredo im Bundesstaat Texas. Der Grenzübergang gilt als wichtigster Drogenumschlagsplatz in die USA und ist seit Langem zwischen den Kartellen umkämpft. Ciudad Juarez ist zugleich die Stadt mit den weltweit meisten Frauenmorden. Das Nationale Menschenrechtskomitee spricht von etwa 2000 Morden an Frauen seit Mitte der 1990er-Jahre. Genaue Zahlen gibt es nicht. Viele der Frauen sind verschwunden. Die Aufklärungsrate liegt bei zwei Prozent. Die meisten sind, wie die 16-jährige Rubi, Opfer des organisierten Verbrechens und der Drogenkartelle. Wer nicht mitmacht, für die Prostitution zu verbraucht ist, als Drogenkurier nicht taugt oder fliehen will, wird umgebracht, erklärt Rechtsanwalt Gabino Gomez, der die Akte Marisela weiterführt. In Chihuahua, wo das organisierte Verbrechen und die Drogenkartelle regieren, sei es üblich, Frauenleichen in Säure aufzulösen und so die Spuren für immer zu beseitigen.

Mütter trauern um ihre Töchter. Eine Protestveranstaltung in Cuidad Juárez/ Chihuahua, der Stadt mit den weltweit meisten ungeklärten Frauenmorden.

Zwei Jahre lang reiste Marisela Escobedo durch Mexiko und kämpfte gegen das Unrecht. Sie klagte die Politik und die staatlichen Behörden an, gab ihnen die Mitschuld an den eklatanten Menschenrechtsverletzungen. Am 16. Dezember 2010 wurde sie auf einer belebten Straße gegenüber dem Regierungspalast von Chihuahua erschossen. Es war die Strafe für Mariselas Protestzug durch das Land. Eine Überwachungskamera hat die Bilder des Mordes für immer festgehalten: Man sieht Marisela mit einem Protestplakat, den Mann, der plötzlich auf sie zukommt. Die flüchtende Frau, ihren Verfolger, der eine Waffe zieht und aus kurzer Entfernung auf Marisela schießt. Ein Komplize verhilft dem Mörder zur Flucht.

Die Aufnahmen der Überwachungskamera beweisen: Marisela Escobedo Ortiz wurde mit einer Pistole des deutschen Herstellers Sig Sauer erschossen.

Mariselas Mörder, José Enrique Jiménez Zavala, genannt »El Wicked«, ebenfalls ein Mitglied von Los Zetas, wird gefasst. Er gesteht den Mord an Marisela und 200 weitere Morde, allesamt Auftragsmorde. An einem Tag im April 2012 will er in einer Bar in Chihuahua zwanzig Menschen erschossen haben. Kriminaltechnische Untersuchungen beweisen: Mit der deutschen Sig Sauer P 239, 9 mm, hat Zavala Marisela und elf weitere Menschen erschossen. Er gesteht auch, den Auftrag für den Mord an Marisela Escobedo von Los Zetas bekommen zu haben. Zavala wird verurteilt und gilt fortan als »Verräter«. In der Neujahrsnacht 2014/15 wird Jiménez Zavala alias »El Wicked« im Hochsicherheitsgefängnis von einem anderen Mitglied der Los Zetas ermordet. Es ist die Strafe für sein Geständnis.

In der Ermittlungsakte zum Mordfall Marisela Escobedo Ortiz ist die Tatwaffe abgebildet: eine deutsche Sig Sauer Pistole P 239.

Interview mit dem Journalisten Wolf-Dieter Vogel, der mehr als sechs Jahre in Mexiko gelebt und journalistisch gearbeitet hat

Frage: Schildern Sie bitte die Situation im Bundesstaat Chihuahua?

WDV: Chihuahua liegt an der US-Grenze, hat strategisch und für die Mafia eine ganz andere Bedeutung als beispielsweise Guerrero im Süden. Das hier ist klar auch der Punkt, an dem die Ware auf die andere Seite geht, also was Drogen betrifft. Aber Chihuahua ist auch sehr bekannt für, man weiß nicht wie viele, aber mindestens 1800 bis 2000 Morde an Frauen, von denen nur ein Bruchteil ansatzweise aufgeklärt wurde. Man weiß nicht so ganz genau, was dahintersteckt, offensichtlich auch Mafiastrukturen, aber auch die Polizei, die komplett korrupt ist und diese Mafia zumindest deckt. Auch Strafverfolger, also Juristen, decken offensichtlich zum Teil diese Mafiastrukturen. Man geht davon aus, dass viele dieser Frauen von der Mafia ermordet wurden.

Ist das ein spezielles Phänomen in Chihuahua?

WDV: Feminizide gibt es auch in anderen Regionen, auch in anderen Staaten Lateinamerikas, aber Ciudad Juarez steht genau für diese Fälle. Und Marisela, die für ihre Tochter Rubi und für Aufklärung und Gerechtigkeit gekämpft hat und mit ihrem Leben dafür bezahlen musste, auch. Und sie steht für »ni una mas«, was so viel heißt wie »keine Tote mehr«. Und der Mann, der sie ermordete, trug eine Sig-Sauer-Waffe, mit der er sie auch erschoss. Chihuahua, Chiapas, Guerrero usw. Überall in Mexiko sind deutsche Waffen im Einsatz.

Polizeikräfte in Chihuahua bewaffnet mit G36-Sturmgewehren von H&K.

Sie kennen Mexiko gut. Können Sie verstehen, warum die deutsche Bundesregierung vier mexikanische Bundesstaaten für nicht belieferungsfähig erklärt hat?

WDV: 2006 begann in Mexiko der Krieg gegen die Mafia. Besonders gefährliche Regionen, in die das Militär damals geschickt wurde, waren Michuacan, Baja California, Chihuahua und Sinaloa. Dort gab es die schlimmsten Menschenrechtsverletzungen. Man wollte betonen, dass es Probleme gebe in vier Staaten, warum jetzt genau diese vier Staaten, kann ich nur begrenzt nachvollziehen. Guerrero ist einer der Staaten, die auf jeden Fall schon lange eine schwierige Menschenrechtssituation haben. Chiapas kennt man wahrscheinlich wegen der Zapatisten. Chihuahua ist ein sehr gefährlicher Staat, weil da auch Ciudad Juarez liegt. Sie gilt als die gewalttätigste Stadt der Welt. Dann sind da noch Puebla, Huajaca, Sinaloa, Durango, Tamaolipas, Veracruz, Nuevo Leon. Das sind alles Staaten, die komplett kriminell sind. In all diesen Staaten gibt es große Menschenrechtsprobleme. Und Estado de Mexico, also der Bundesstaat der um Mexiko-Stadt ist, im Süden Morelos.

Sie meinen, die Wahl der ausgeschlossenen Staaten war nicht mit realen Zahlen oder Recherchen belegt?

WDV: Was ich über die Situation in Mexiko sage, trifft auf mindestens die Hälfte aller mexikanischen Bundesstaaten zu. In Tamaolipas, da wurden irgendwo 200 verscharrte Leichen von Migranten gefunden. Die waren entführt worden und sollten wahrscheinlich als Drogenkuriere arbeiten oder vielleicht einen Tunnel bauen in die USA rüber. Wenn man sie nicht mehr braucht, schießt man sie halt tot und vergräbt sie, und weg sind sie. Die Südamerikaner oder Mittelamerikaner vor allem, die sich auf den Weg in die USA machen, um dort eine andere Perspektive zu bekommen oder Geld zu verdienen, um es ihren Familien nach Hause zu schicken, die verschwinden einfach. Die Sache mit diesen vier Bundesstaaten jedenfalls ist nicht nur absurd, weil man es nicht einhalten kann, sondern auch weil es überhaupt nicht der Realität entspricht und auch damals nicht der Realität entsprach.

Heckler & Koch – Gewehre und Maschinenpistolen für Mexiko

Der Bundesstaat Guerrero an der Südwestküste hat sich in den letzten zehn Jahren zum Zentrum der brutalen Drogenkriege im Land entwickelt. Selbst Acapulco hat seine Anziehungskraft auf Luxustouristen und Hochzeitsreisende verloren, denn auch die Küstenstadt wird in großen Teilen von Drogensyndikaten kontrolliert. Die Gewalt in Guerrero ist so alltäglich, dass ein angstfreies Leben für die Bevölkerung kaum noch möglich ist. Angesichts der ausufernden Polizeikorruption sollte seit 2006 (unter der Regierung von Felipe Calderón) eigentlich die Armee dagegen ankämpfen. Gemeinsam sollten Militär und Polizei Jagd auf Drogenkartelle machen. In Wirklichkeit aber weiß keiner, wer hier gegen wen kämpft. Auf die Polizei ist ohnehin kein Verlass, weil viele Polizisten von der Mafia angeheuert sind. Das betrifft Beamte der lokalen Polizei ebenso wie die Bundes- und Landespolizei. So kommt es, dass Opfer eines Verbrechens nur in seltenen Fällen zur Polizei gehen, um Anzeige zu erstatten. Jeder weiß, dass die Beamten für viele gewalttätige Angriffe selbst verantwortlich sind. In fast allen Regionen werden Oppositionelle, Indigene und Kleinbauern willkürlich inhaftiert, gefoltert oder verschwinden, oft verschleppt von Sicherheitskräften. Lokale Regierungen, Polizei und Militär arbeiten Hand in Hand mit den Drogenkartellen, um Machtinteressen zu verteidigen oder Aufstände niederzuschlagen. Bewaffnete Bürgerwehren haben sich zusammengeschlossen und versuchen, die Drogenbanden zu vertreiben.

Studenten des Lehramtsseminar Ayotzinapa protestieren am 12. Dezember 2011 mit einer Autobahnblockade in Chilpancingo, Hauptstadt des mexikanischen Bundesstaats Guerrero.

Ayotzinapa ist ein kleines Dorf im mexikanischen Bundesstaat Guerrero. Hier befindet sich die Ausbildungsstätte für Grundschullehrer für die gesamte Region. Das Lehramtsseminar Ayotzinapa gilt als ein Zentrum des Widerstands gegen die Politik der systematischen Menschenrechtsverletzungen und der Unterdrückung und ist der Regierung darum seit Langem ein Dorn im Auge. Es sind junge Indigene, Töchter und Söhne von armen Bauern oder Landarbeitern, die das Seminar besuchen. Die Studenten, die von überallher aus Guerrero kommen, haben hier den Vorteil, keine Studiengebühren zahlen zu müssen. Außerdem genießen sie freie Kost und Logis.

Am 12. Dezember 2011 nimmt eine Gruppe Studenten von Ayotzinapa an einer Autobahnblockade am Rande der Bundeshauptstadt Chilpancingo teil. Mehrere Stunden steht der Verkehr auf einer der meist befahrenen Autobahnen Mexikos, der Autopista del Sol (die Mexiko-Stadt mit Acapulco verbindet) still.

Die zukünftigen Lehrer fordern bessere Studienbedingungen, mehr Bücher, mehr Studienplätze, Chancengleichheit. Mit der Blockade der Autobahn wollen sie ihren Forderungen Nachdruck verleihen. »Bevor wir die Blockade aufgaben, haben wir gefordert, dass der Gouverneur kommt und mit uns spricht, und dass er uns zumindest etwas Hoffnung gibt«, sagen zwei Studenten, die damals an der Demonstration beteiligt waren. Doch der Gouverneur lässt sich nicht blicken, vielmehr rückt die Polizei an – mit schusssicheren Westen, Helmen, Tränengas und Sturmgewehren. Trotzdem sind die Demonstranten nicht zum Aufgeben bereit. Selbst als sich die Situation gegen Mittag zuspitzt, weichen sie nicht zurück. Eine Eskalation ist unvermeidbar. Polizisten feuern Schüsse in die Luft. »Bei Demonstrationen rechnen wir immer damit, dass die Polizei uns schlägt. Aber wir haben nie erwartet, dass die Polizei mit Waffen kommt und auf uns schießt«, sagen die beiden Studenten, die zusehen müssen, wie die Polizei wenige Augenblicke später zwei ihrer Kommilitonen erschießt. Ein erster Student geht blutüberströmt zu Boden. Dann bricht ein zweiter von einer Kugel getroffen zusammen. Einige Studenten filmen das Geschehen mit ihren Handykameras. Die Aufnahmen zeigen, wie nach den ersten Schüssen unter den Studenten Panik ausbricht. Wie daraufhin Demonstranten die Polizisten mit Steinen und Stöcken bewerfen. Man hört Schüsse, Schreie, Polizeisirenen.

Bewaffnete Polizisten lösen gewaltsam die Protestaktion der Lehramtsstudenten am 12. Dezember 2011 auf. Dabei werden zwei Studenten erschossen.

Einer der beiden Lehramtsstudenten, die während der Demonstration an der Autobahn in Chilpancingo/Guerrero am 12. Dezember 2011 von Polizisten erschossen wurden.

Einige Zeugen berichten, dass G36-Sturmgewehre von Heckler & Koch im Einsatz waren. Am Tatort wurden Patronenhülsen sichergestellt. Es ist Gewehrmunition, wie sie typischerweise beim Militär von NATO-Staaten verwendet wird. Die Aufzeichnungen der Polizei sind hier und da lückenhaft, aber die Namen der Polizisten, ihr Dienstrang und ihre Bewaffnung sind präzise aufgelistet. Mehrere Polizisten trugen bei dem Einsatz das deutsche Sturmgewehr G36.

Rechtsanwalt Vidulfo Rosales aus Chilpancingo vertritt die Angehörigen der Opfer und kritisiert den mangelnden Aufklärungswillen der mexikanischen Behörden. »Hier waren eindeutig G36-Gewehre im Einsatz. Offiziell heißt es, es seien zwölf G36-Gewehre vor Ort gewesen. Insgesamt waren 80 Polizisten bewaffnet. Alle Waffen wurden auf Schmauchspuren untersucht, um festzustellen, aus welchen Waffen tatsächlich geschossen wurde. Bei 16 Waffen wurden Schmauchspuren nachgewiesen«, berichtet Rosales. Es sollte ein Leichtes sein, die Waffen, mit denen geschossen wurde, zu identifizieren. Der Fall konnte jedoch nie geklärt werden, denn Patronen und Projektile sind verschwunden. Ob die tödlichen Schüsse auf die Studenten mit deutschen G36-Sturmgewehren abgegeben wurden, wird darum für immer ungewiss bleiben.

Interview mit dem Journalisten Wolf-Dieter Vogel

Sie haben vor Ort recherchiert. Was haben Sie herausgefunden?

WDV: Als ich in Guerrero war, dachte ich: So what? Hier laufen doch alle mit Waffen rum. Ich meine, die Polizisten liefen einfach mit den G36 Gewehren dort herum. Es war jetzt auch kein Geheimnis. Es war auch nicht so, dass irgendjemand ein Geheimnis daraus gemacht hätte. De facto wusste da vor Ort niemand wirklich, dass das eine Waffe ist, die da gar nicht sein durfte. Das hat dann wirklich von 2011 bis jetzt gedauert, bis das dort auch so richtig nach unten durchgedrungen ist. Als wir im April 2015 wieder dort auf Recherche waren, da war schon relativ klar, jeder wusste jetzt: G36 böse, böse. Dürfen wir nicht haben. Just als wir da waren, haben sie ja 600 deutsche Sturmgewehre abgegeben. Und in einem anderen Bundesstaat wurden noch mal 900 abgegeben. Die ganzen Recherchen und Veröffentlichungen, die wir und andere gemacht haben, führten wirklich auch in Mexiko selbst zu dieser Sensibilisierung. Natürlich insbesondere im Kontext des Einsatzes dieser Waffen in Iguala.

Konnten die Anwälte der Angehörigen der erschossenen Studenten konkret sagen, ob deutsche G36 damals im Einsatz waren?

WDV: Ja, sie haben das bestätigt, haben aber zugleich bestätigt, dass Beweismaterial verschwunden sei. Ich arbeite schon lange mit Menschenrechtsorganisationen in der Region zusammen. In verschiedenen Regionen Mexikos. Eine wichtige Region war schon immer Guerrero. Weil Guerrero bekannt dafür ist, dass es ein sehr armer Bundesstaat ist. Eine schwierige soziale Situation hat. Es gab dort schon immer auch Guerillaorganisationen. Es gibt dort auch schon lange eine andere Policia Comunitaria. Also selbstorganisierte Gemeindepolizisten/eine Bürgerwehr. Der Staat selbst tut ziemlich wenig. Und schon gar nicht würde irgendjemand zu einer öffentlichen Stelle gehen, um jetzt eine Anzeige zu erstatten: »Mein Sohn wurde auf dieser Demo erschossen.« Das würde einfach niemand tun, weil jeder weiß, die Polizisten, mit denen man spricht, sind im schlimmeren Fall selber Teil einer Mafia. Im besseren Fall sagen sie: Erzählen sie es mir ruhig, aber es interessiert mich eh nicht. So ungefähr. Passieren wird auf jeden Fall gar nichts. Das weiß man. 99 oder 98 Prozent der Fälle in Mexiko bleiben straffrei. Und die Tötung dieser zwei Studenten bei dieser Blockade, das war natürlich schon eine Sache, die war sehr präsent für die Leute dort. Man muss wissen, diese Universitäten, das sind ländliche Landlehrerschulen. Da kommen meist arme indigene junge Männer hin. Menschen, die auf dem Land in Guerrero leben, dort in einfachsten Verhältnissen aufgewachsen sind. Und auf diesen Schulen die Möglichkeit bekommen, zu Lehrern ausgebildet zu werden. Um dann wieder zurückzugehen in die Dörfer, um dort in ihren eigenen Dörfern die Kinder zu erziehen und einen Unterricht zu gestalten für die Kinder. Diese Universitäten kollidieren mit der Idee der Zentralregierung, ein Bildungssystem aufzubauen, das nach Rationalität und Effektivität organisiert ist und das jetzt ebenfalls ganz viele Konflikte in Mexiko hervorruft. Das ist der Hintergrund, warum man eigentlich versucht, diese Schulen systematisch zu schließen. Immer wenn die Studenten irgendwo auftauchen, geht es auch darum. Sie sind so ein bisschen wie Kämpfer, und sie wollen, dass ihre Schulen auch erhalten bleiben. Das war der Hintergrund dieser Blockade. Bei der zwei Menschen erschossen wurden. Da in der Nacht wurden auf jeden Fall wohl elf G36 getragen.

Mitglieder der Bürgerwehr CRAC bewaffnet unter anderem mit Sturmgewehren des Typs G36 in der Stadt Tixtla im Bundesstaat Guerrero. Hierher hätten diese Gewehre nicht gelangen dürfen. Die Waffen waren davor bei der lokalen Polizei von Tixtla.

Wie alt sind diese Studenten ungefähr?

WDV: Jung, zwischen 17 und 22. So in der Altersklasse. Die demonstrieren gehen. Die auch mal einen Stein geworfen haben. Ganz klar. Aber dass dann plötzlich Polizei kommt und dass sie mit Gewehren auf die schießen, mit Sturmgewehren, das war schon ein Schock. Das war einfach für die selbst eine neue Dimension. Auch wenn in Guerrero natürlich Tod und Schießen und die Konfrontation schon viel näher sind. Trotzdem hat das keiner erwartet.

Wie konnten die Waffen in diese Region gelangen? Wie konnte die Bundesregierung die Waffenexporte genehmigen? Der Geschäftsführer des Bundesverbands der deutschen Rüstungsindustrie Georg Wilhelm Adamowitsch sagt: »Hier ist an die mexikanische öffentliche Hand, an die mexikanische Regierung, geliefert worden mit bestimmten Auflagen. Und bei demokratisch legitimierten Regierungen und mit entsprechenden Vereinbarungen muss man sich darauf verlassen können im Grunde genommen, dass die Vertragspartner auch dafür sorgen, dass Verträge eingehalten werden.«

Ein Präsentationsvideo des mexikanischen Verteidigungsministeriums SEDENA zeigt das Militär ausgerüstet mit deutschen Waffen.

Der ehemalige General José Rodríguez Gallardo zählt zu den schärfsten Kritikern des Militärs in Mexiko. Er sagt: »Die mexikanische Armee ist meiner Meinung nach eine der korruptesten Institutionen

Mexikos. Ich halte sie für die korrupteste Institution überhaupt. Aber die Armee ist eine Institution, an die man sich nicht heranwagt. Völlig undurchsichtig. Eine Institution, die Menschenrechte schlimmer verletzt als jede andere. Die mexikanische Armee ist auch für Polizeiaufgaben zuständig. Also ist es klar, dass mit den Waffen, die sie im Ausland kauft, Menschenrechte verletzt werden. Das ist belegt und dokumentiert, und niemand hat es unter Kontrolle.« Wegen der kritischen Haltung, die Gallardo auch während seiner aktiven Zeit beim Militär öffentlich bekundete, saß er acht Jahre im Gefängnis. Er hat mehrere Anschläge überlebt, ist heute Senatsmitglied und bekämpft die Missstände in seinem Land auf politischer Ebene.

Deutsche Kriegswaffenexporte gelangten in die Hände von korrupten und gewaltbereiten Polizisten, gedungenen Killern und anderen Verbrechern in einer Region, die für schwerste Menschenrechtsverletzungen bekannt ist, in der Drogenkartelle, korrupte Politiker, Polizei und Militärs über Leben und Tod herrschen. Besteht der Verdacht, dass Waffen in Krisengebieten landen oder »zu fortdauernden und systematischen Menschenrechtsverletzungen missbraucht werden«, so sei die Ausfuhrgenehmigung grundsätzlich zu verweigern, schreibt der *Zeit*-Journalist Hauke Friederichs in einem Bericht über die dubiosen G36-Exporte nach Mexiko. So stehe es in den »Politischen Grundsätzen der Bundesregierung für den Export von Kriegswaffen und sonstigen Rüstungsgütern«. Die Bundesregierung hatte Heckler & Koch eine Auflage erteilt – die problematischen Unruheprovinzen werden nicht beliefert –, und das genügte offensichtlich. Obwohl die Produkte der Firma bereits wiederholte Male auf offiziell nicht geklärten Wegen in verbotene Empfängerstaaten gelangt waren, unter anderem auch das G36-Sturmgewehr. In seinem Bericht fragt Hauke Friederichs: Hat die mexikanische Regierung das Unternehmen Heckler & Koch hintergangen? Oder hat Heckler & Koch die Bundesregierung nicht vollständig informiert?

Interview mit Hauke Friederichs

Wie konnte das passieren? Wer könnte hier wen getäuscht haben?

HF: Also die Politiker sind in viele Entscheidungen gar nicht eingebunden bei Rüstungsexporten. Die kriegen immer schon Vorschläge präsentiert, es ist ja nicht so, dass die selber zehn Hubschrauber ausprobieren, wenn ein Hubschrauber gekauft werden soll, und die müssen das glauben, was der Inspekteur der Luftwaffe oder der Inspekteur des Heeres ihnen erzählt. Der Verteidigungsausschuss ist so unbeliebt, die meisten Mitglieder, die da reinkommen, wollten etwas ganz anderes machen. Es gibt nur wenige Leute, die sagen: »Ich will in den Verteidigungsausschuss.« Man kann im Wahlkreis nichts verteilen, es gibt keine Bauprojekte, die man dann realisieren kann. Aus Sicht der Politiker ist das ein schwieriges Feld. Spannender sind die Beamten, die Ministerialbeamten, die 30, 40 Jahre lang Rüstungsbetriebe überwachen sollen. Was sind das eigentlich für Leute, was motiviert die eigentlich, wie nahe sind die eigentlich an der Industrie?

Warum tagt der Bundessicherheitsrat geheim? Haben Sie eine Erklärung dafür?

HF: Es gibt natürlich schon gute Gründe, Sachen geheim zu halten. Wenn beispielsweise jetzt die Bundesregierung oder einzelne Mitglieder der Bundesregierung darüber streiten, wie man mit Nordkorea umgehen soll. Wie nahe man an die Diktatur herangeht, ob man mit der kommuniziert oder nicht, das ist schon etwas, das die nordkoreanischen Diplomaten dann nicht in der Zeitung lesen sollten, das leuchtet mir schon ein. Oder wenn darüber diskutiert wird, zum Beispiel dem NATO-Partner Türkei Panzer zu liefern, und es Streit in der Regierung gibt, und manche sagen, die achten die Menschenrechte nicht, denen liefern wir keine Waffen, dann ist das auch eine Sache, die nicht in der Zeitung stehen sollte, es gäbe dann diplomatische Spannungen aus Sicht der Bundesregierung.

Sagen wir, eine Waffenfirma will verkaufen. Wie funktioniert das?

HF: In der Regel ist es so, dass ein Unternehmen Mitarbeiter oder Vertreter in der Region hat, in die es verkaufen will. Nehmen wir den deutschen Panzerhersteller XY. Der hat in Saudi-Arabien, in Riad, im arabischen Raum jemanden sitzen. Der nimmt Kontakt mit den zuständigen Stellen, also meistens dem Verteidigungsministerium auf. Der liest vielleicht, dass die einen neuen Panzer brauchen, hat das über seine Kontakte, Empfänge bei Botschaften oder sonstige Kontakte mit den Herren herausbekommen, und der sagt jetzt: »Wir haben doch einen ganz tollen neuen Panzer, der ist bei der Bundeswehr eingeführt, der ist weltweit einmalig, deutsche Spitzentechnik«, der präsentiert diesen Panzer, bringt denen ein bisschen was zu lesen mit, ein, zwei Werbegeschenke und versucht, Interesse zu wecken. Dann sind die noch gar nicht bei Verhandlungen. Und wenn von der anderen Seite signalisiert wird: »Ja, wir brauchen wirklich einen Panzer, und eurer ist in der näheren Auswahl«, dann haben die sich den inzwischen vielleicht bei der Bundeswehr schon mal angeschaut – wie fährt der, wie sieht der aus, was macht der so.

Dann wird erst mal eine Voranfrage von dem Unternehmen an die Bundesregierung gestellt. Nach dem Muster: »Ich will eine Garage bauen und frage erst mal bei dem zuständigen Beamten in der Heimatgemeinde an, ob das überhaupt geht auf dem Grundstück.« Diese Voranfrage wird dann von der Bundesregierung schriftlich, recht formlos, per E-Mail meistens, beantwortet, und da legt die Bundesregierung sich fest. Sie sagt zum Beispiel: »Zum jetzigen Zeitpunkt wäre ein Panzerexport nach Saudi-Arabien unserer Meinung nach genehmigungsfähig.« Damit haben die eine Grundlage, und dann beginnen die Vertragsverhandlungen, in denen es darum geht: Was kostet denn der Panzer, was wird geliefert? Danach beantragen sie erst offiziell diesen Rüstungsexport.

In Deutschland ist alles genehmigungsfähig, die Herstellung des Panzers, der Transport innerhalb des Landes und der Export. Wir unterscheiden hier auch zwischen Kriegswaffen und anderen Rüstungsgütern, das macht das Ganze auch etwas komplizierter. Also alles, was tötet, sage ich jetzt mal platt, oder töten kann, ist eine Kriegswaffe. Alles andere, wie ein Radargerät für ein Kampfflugzeug, ist ein Rüstungsgut. Da ist es noch viel leichter. Bei den Kriegswaffen ist es dann so, dass das Unternehmen eine genehmigte Voranfrage bekommen hat und nun über eine Rechtsgrundlage verfügt. Damit kann die Regierung die Genehmigung eigentlich gar nicht mehr zurücknehmen. Es sei denn, die Sicherheitslage ändert sich gravierend, die Menschenrechtslage ändert sich gravierend, aber es ist sehr schwierig, wenn diese Voranfrage erst mal genehmigt worden ist.

Zurück zum Fall Mexiko und Heckler & Koch. Wie, meinen Sie, konnten die G36-Gewehre in die Unruheprovinzen gelangen?

HF: Dass Waffen von H&K illegal in mexikanischen Provinzen landen konnten, in die sie nicht hätten kommen dürfen, ist ja auch wieder so eine zwiespältige Geschichte, bei der die deutsche Politik ganz schlecht aussieht. Und jetzt erleben wir, welche Konsequenzen das hat. Es sind mexikanische Studenten, die Guten sozusagen, die etwas verändern wollten, die allem Anschein nach erschossen wurden, und wer möchte in der Bundesregierung, im Ministerialapparat die Verantwortung dafür übernehmen? Ja, wer möchte dafür die Verantwortung übernehmen, dass der Export zum Tod von Studenten geführt hat? Das ist eine fatale Fehlentscheidung, ein Extremfall, aber ganz typisch für die deutsche Rüstungspolitik.

Das mexikanische Militär ausgerüstet mit deutschen Waffen.

Und Heckler & Koch?

HF: Ja, an H&K kommt kein Journalist vorbei, der sich mit Rüstungs- und Kriegspolitik beschäftigt, und das liegt ja auch an den zahlreichen Skandalen, die das Unternehmen begleiten, und zwar seit Jahren. Beispiel Georgien und der Russlandkrieg. Die Bilder vom Sturmgewehr 36 in den Händen georgischer Spezialeinheiten. Die Bundesregierung sagt, sie weiß nicht, wie die Waffen dorthin gekommen sind, anscheinend hat sogar der BND Ermittlungen in dem Fall geführt, und offiziell – das ist bis heute der Stand – kann niemand sagen, wie die Sturmgewehre dorthin gekommen sind. Und so etwas finde ich dann spannend, so etwas interessiert mich als Journalist. Wie kann das sein? Wie kann es sein, dass der deutsche Auslandsgeheimdienst Bilder von der Waffe auswertet, und die Bundesregierung kann nicht sagen, welche Seriennummern diese Waffen tragen, denn diese Spezialeinheit hat ja eine Kaserne, die hat ja ein Zuhause, da kann man ja mal einen Diplomaten hinschicken, der mal bittet, auf die Waffen schauen zu dürfen. Es gebe Berechnungen von Militärfachleuten, sagte Altbundeskanzler Helmut Schmidt mir in einem

Interview, wonach die Produkte von Heckler & Koch bis heute mehr Menschen getötet haben als die Atombomben auf Hiroshima und Nagasaki zusammen. Heckler & Koch selbst sieht sich als Opfer von Verleumdungskampagnen seitens radikaler Rüstungsgegner und Friedensaktivisten.

Heckler & Koch im Porträt

Der Waffenhersteller Heckler & Koch in Oberndorf am Necker ist ein Traditionsunternehmen, das lange beispielhaft für den gesunden, familiengeführten deutschen Mittelstand war. Die Stadt Oberndorf gilt als Geburtsstätte des modernen Waffenbaus. Mit Gründung der Königlich Württembergischen Gewehrfabrik 1811 fing es an, aus denen unter Franz Andreas Mauser und seinen beiden Söhnen Wilhelm und Paul die Mauserwerke wurden. Sie lieferten im Ersten und Zweiten Weltkrieg Repertiergewehre. Nach dem Zweiten Weltkrieg sollten in Deutschland keine Waffen mehr gebaut werden. Drei Ingenieure der Mauserwerke gründeten daraufhin Heckler & Koch und übernahmen ehemalige Arbeiter. In den ehemaligen Zwangsarbeiterbaracken im Oberndorfer Stadtteil Lindenhof, wo bis heute das H&K-Werk steht, stellte die Firma zunächst Teile für Nähmaschinen und anderes Maschinenzubehör her. Das Thema Zwangsarbeiter wird in Oberndorf bis heute verdrängt.

Trotz des Rüstungsverbots der Alliierten fertigte die Firma bereits Anfang der 1950er-Jahre Waffen. Das G3-Sturmgewehr, ursprünglich eine Mauser-Entwicklung für die Wehrmacht, wurde neu konzipiert. Abnehmer waren zunächst in erster Linie Polizei und Bundesgrenzschutz. Die Produkte der Oberndorfer Waffenbauer wurden aber schnell zu Verkaufsschlagern. Insbesondere das G3 und die Maschinenpistole MP5 verkauften sich rund um die Welt. Das Unternehmen wuchs und expandierte. »Zuerst stellten sie Fahrräder und

Nähmaschinen her. Güter, die das kriegszerstörte Land wirklich brauchte. Also ist H&K erst mal ein perfektes Beispiel für gelungene Konversion. Und würde die Firma keine Waffen bauen, wäre sie ein Paradebeispiel für das deutsche Wirtschaftswunder nach dem Zweiten Weltkrieg,« sagt Hauke Friederichs.

Heckler & Koch baute aber Waffen und wollte damit Geld verdienen. Doch nach dem Ende des Kalten Kriegs begann die Abrüstung. Der Oberndorfer Firma drohte der Konkurs. H&K wurde an die British Aerospace verkauft, was Angst vor Entlassungen und Gerüchte über die Verlagerung der Produktionsstätte nach Großbritannien zur Folge hatte. Mit der Übernahme durch Finanzinvestoren um Andreas Heeschen sollte sich das ändern – Heckler & Koch sollte in Oberndorf bleiben und der Standort gestärkt werden.

Die Firma gilt als guter Arbeitgeber. Die Mitarbeiter identifizieren sich mit H&K, die Stadt Oberndorf bekundet Loyalität mit dem Unternehmen. Ein Besuch in dem Ort vermittelt den Eindruck, dass ganz Oberndorf hinter dem Label Heckler & Koch steht. Doch so prominent die großen roten Buchstaben mit dem Firmenlogo H&K über dem Werk im Stadtteil Lindenhof prangen, so zurückhaltend verfährt die Geschäftsführung mit Journalisten. Liegt es daran, dass die Firma immer wieder im Zusammenhang mit dubiosen Waffengeschäften und fragwürdigen Abnehmerstaaten in Verbindung gebracht wird? Man weiß es nicht.

Das Interesse des Journalisten Hauke Friederichs gilt in erster Linie den legalen, von der jeweiligen Bundesregierung bewilligten Waffenexporten. Diese machen den größten Teil der Umsätze von Heckler & Koch aus und sichern der Firma das Überleben. Die Entscheidung für bzw. gegen eine Ausfuhrgenehmigung hängt von der Einschätzung der geo- und innenpolitischen Situation des kaufinteressierten Staates und den Beziehungen Deutschlands zu dem Empfängerland ab. Beides sind keine zuverlässigen Kriterien, wie zahlreiche Beispiele zeigen. Jahrzehntelang lieferte Heckler & Koch das G3-Sturmgewehr rund um den Globus. »Dieses Sturmgewehr steht wie kein anderes deutsches Kriegsgerät für eine unkontrollierte Waffenverbreitung in einer globalisierten Rüstungswelt,« sagt Friederichs. Das Nachfolgemodell G36 soll die Erfolgsgeschichte fortsetzen oder gar in den Schatten stellen.

Nach für die Rüstungsindustrie schwachen Jahren verhalf der 11. September 2001 insbesondere Kleinwaffenherstellern wie Heckler & Koch zu einem unerwarteten Aufschwung. Die Terrorismusbekämpfung stand, weltpolitisch gesehen, an erster Stelle. Jeder Flughafenpolizist musste mit Maschinenpistolen und Sturmgewehren ausgerüstet werden. Die Bundeswehr ging nach Afghanistan. Auch andere schwelende Konflikte eskalierten. Die Aufrüstung war im vollen Gang. Die Kleinwaffenindustrie boomte. Besonders leichte, präzise Waffen waren gefragt. Das G36 von Heckler & Koch, die damals neue Standardwaffe der Bundeswehr, besteht zu großen Teilen aus Kunststoff und wiegt nur 3,6 Kilogramm. Es sei »optimal in der Handhabung, im Gewicht und der Feuerdichte im Nahkampf«. So heißt es auf der Homepage des Unternehmens.

Im Zeichen des Aufschwungs wollte Deutschlands größter Kleinwaffenhersteller Heckler & Koch auf dem Weltmarkt expandieren. Mit dem G36 im Portfolio waren die Chancen gut. Der neue Finanzinvestor ließ die internationalen Märkte sondieren. Besonders interessant erschien Mexiko. Das Land stand wirtschaftlich gut da, war im Begriff, Frankreichs Bruttoinlandsprodukt zu überholen, und hatte einen enormen Bedarf an Kleinwaffen.

Mit dem neuen Investor kamen personelle Veränderungen: Andreas Heeschen ist heute Miteigentümer von H&K. An Heeschens Seite in der Geschäftsführung stand anfangs Ernst Mauch, Anlagenbauchef und langjähriger Entwickler bei H&K. Mauch schied später aus dem Unternehmen aus, klagte gegen H&K. Mauch und H&K verglichen sich außergerichtlich.

Der frühere Landgerichtspräsident von Rottweil Peter Beyerle wurde Geschäftsführer und ab 18. Juli 2007 Ausfuhrbeauftragter von

H&K. Ein heikler Punkt, denn in seine frühere Zuständigkeit am Landgericht Rottweil fielen auch Verfahren gegen das Rüstungsunternehmen wegen des Verdachts illegaler Waffenexporte.

L. S. wurde neuer Vertriebsleiter von H&K. Er war zuständig für Mexiko, Kanada, Asien.

N. F. wurde Leiter des Waffenvorführteams von L. S.. Ein ehemaliger Soldat in einer Spezialeinheit, der seine Arbeit – Präsentation von Waffen – nach eigenem Bekunden nie moralisch hinterfragt hat.

B. G. lebte in Mexiko und spielte eine zentrale Rolle bei den angestrebten Waffengeschäften in dem mittelamerikanischen Land. B. G., seit vielen Jahren fest angestellter Mitarbeiter, schied aus der Firma aus, wurde Handelsvertreter von H&K – mit Exklusivvertrag.

Der mexikanische General Humberto Alfonso Aguilar, hochrangiger Armeeangehöriger und Leiter der DCAM im Verteidigungsministerium (SEDENA), später stellvertretender Verteidigungsminister, saß an der politischen Schaltstelle: DCAM ist die mexikanische Waffenbeschaffungsbehörde. Acht Jahre später wird N. F. General Aguilar in seiner Aussage gegen H&K schwer belasten (Vgl. hierzu S. 94f.).

Interview mit dem früheren H&K-Handelsvertreter in Mexiko B. G.

Wie war Ihr Verhältnis zu Ihren Kollegen von H&K im Verkauf?

BG: Das Verhältnis zu den Leuten im Verkauf, sei es Anlagenbau oder auch Verkauf, wie man das im Prinzip bei H&K nennt, kann ich als sehr gut bezeichnen: Mit den Menschen kam ich gut aus, die habe ich auch schon sehr lange gekannt. Frau R. E. habe ich seit Urzeiten gekannt, praktisch schon, als sie angefangen hat.

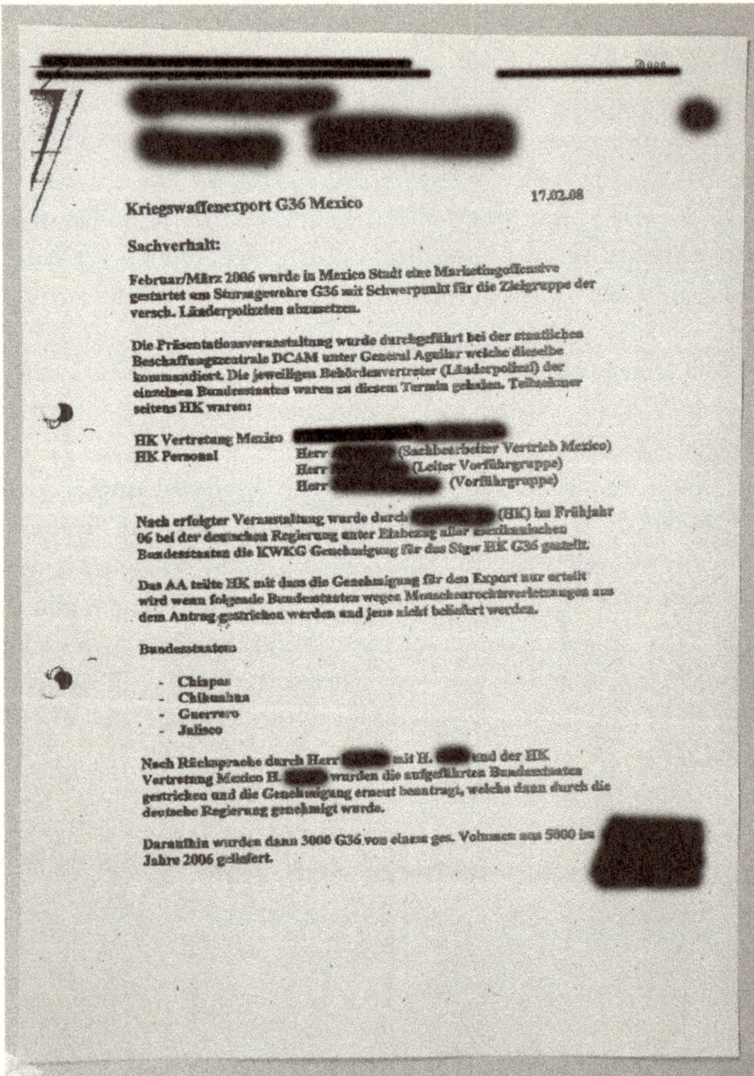

[redacted]

[redacted]

Kriegswaffenexport G36 Mexico **17.02.08**

Sachverhalt:

Februar/März 2006 wurde in Mexico Stadt eine Marketingoffensive gestartet um Sturmgewehre G36 mit Schwerpunkt für die Zielgruppe der versch. Länderpolizeien abzusetzen.

Die Präsentationsveranstaltung wurde durchgeführt bei der staatlichen Beschaffungszentrale DCAM unter General Aguilar welche dieselbe kommandiert. Die jeweiligen Behördenvertreter (Länderpolizei) der einzelnen Bundesstaaten waren zu diesem Termin geladen. Teilnehmer seitens HK waren:

HK Vertretung Mexico [redacted]
HK Personal Herr [redacted] (Sachbearbeiter Vertrieb Mexico)
Herr [redacted] (Leiter Vorführgruppe)
Herr [redacted] (Vorführgruppe)

Nach erfolgter Veranstaltung wurde durch [redacted] (HK) im Frühjahr 06 bei der deutschen Regierung unter Einbezug aller mexikanischen Bundesstaaten die KWKG Genehmigung für das Stgw HK G36 gestellt.

Das AA teilte HK mit dass die Genehmigung für den Export nur erteilt wird wenn folgende Bundesstaaten wegen Menschenrechtsverletzungen aus dem Antrag gestrichen werden und jene nicht beliefert werden.

Bundesstaaten:

- **Chiapas**
- **Chihuahua**
- **Guerrero**
- **Jalisco**

Nach Rücksprache durch Herr [redacted] mit H. [redacted] und der HK Vertretung Mexico H. [redacted] wurden die aufgeführten Bundesstaaten gestrichen und die Genehmigung erneut beantragt, welche dann durch die deutsche Regierung genehmigt wurde.

Daraufhin wurden dann 3000 G36 von einem ges. Volumen aus 5000 im Jahre 2006 geliefert. [redacted]

Erste Aussage des früheren H&K-Manns und Aussteigers N. F. vom 17.02.2008. Diese hatte er bereits zwei Jahre vor seinem Ausstieg bei einem Anwalt hinterlegt.

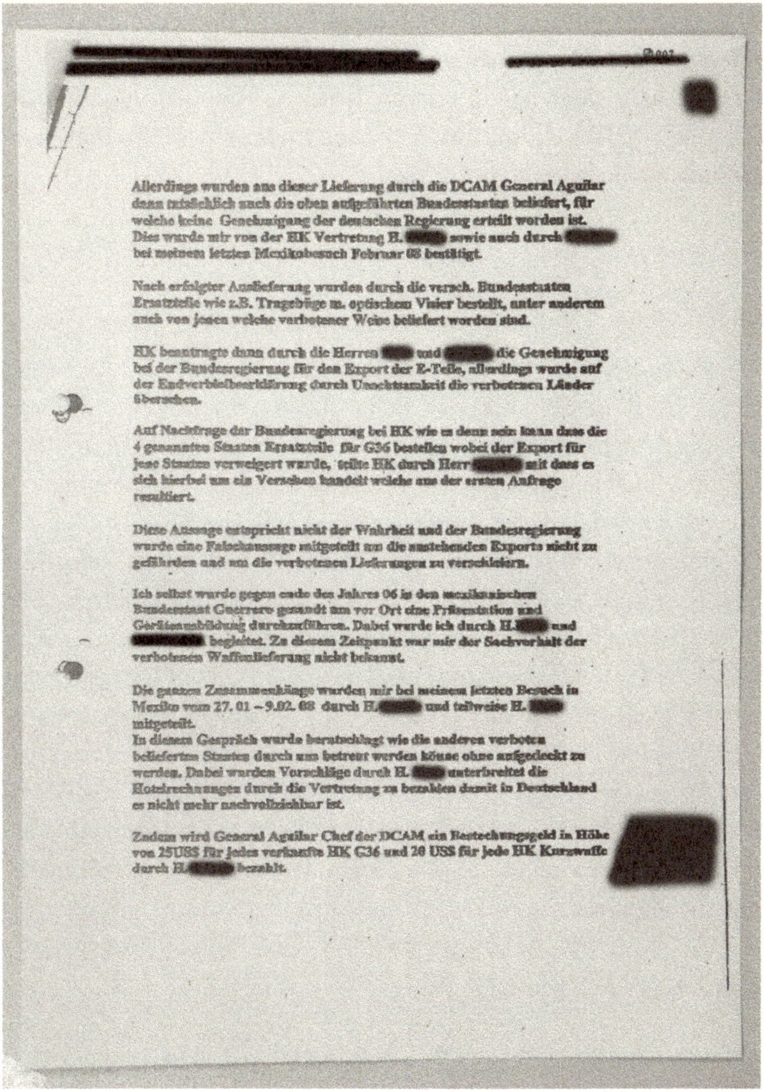

[redacted]

Allerdings wurden aus dieser Lieferung durch die DCAM General Aguilar dann tatsächlich auch die oben aufgeführten Bundesstaaten beliefert, für welche keine Genehmigung der deutschen Regierung erteilt worden ist. Dies wurde mir von der HK Vertretung H. [redacted] sowie auch durch [redacted] bei meinem letzten Mexikobesuch Februar 08 bestätigt.

Nach erfolgter Auslieferung wurden durch die versch. Bundesstaaten Ersatzteile wie z.B. Tragebüge m. optischem Visier bestellt, unter anderem auch von jenen welche verbotener Weise beliefert worden sind.

HK beantragte dann durch die Herren [redacted] und [redacted] die Genehmigung bei der Bundesregierung für den Export der E-Teile, allerdings wurde auf der Endverbleibserklärung durch Unachtsamkeit die verbotenen Länder übersehen.

Auf Nachfrage der Bundesregierung bei HK wie es denn sein kann dass die 4 genannten Staaten Ersatzteile für G36 bestellen wobei der Export für jene Staaten verweigert wurde, teilte HK durch Herr [redacted] mit dass es sich hierbei um ein Versehen handelt welche aus der ersten Anfrage resultiert.

Diese Aussage entspricht nicht der Wahrheit und der Bundesregierung wurde eine Falschaussage mitgeteilt um die anstehenden Exports nicht zu gefährden und um die verbotenen Lieferungen zu verschleiern.

Ich selbst wurde gegen ende des Jahres 06 in den mexikanischen Bundesstaat Guerrero gesandt um vor Ort eine Präsentation und Geräteausbildung durchzuführen. Dabei wurde ich durch H. [redacted] und [redacted] begleitet. Zu diesem Zeitpunkt war mir der Sachverhalt der verbotenen Waffenlieferung nicht bekannt.

Die ganzen Zusammenhänge wurden mir bei meinem letzten Besuch in Mexiko vom 27. 01 – 9.02. 08 durch H. [redacted] und teilweise H. [redacted] mitgeteilt.
In diesem Gespräch wurde beratschlagt wie die anderen verbotenen belieferten Staaten durch uns betreut werden könne ohne aufgedeckt zu werden. Dabei wurden Vorschläge durch H. [redacted] unterbreitet die Hotelrechnungen durch die Vertretung zu bezahlen damit in Deutschland es nicht mehr nachvollziehbar ist.

Zudem wird General Aguilar Chef der DCAM ein Bestechungsgeld in Höhe von 25US$ für jedes verkaufte HK G36 und 20 US$ für jede HK Kurzwaffe durch H. [redacted] bezahlt. [redacted]

Der Aussteiger N. F. berichtet von Bestechungsgeldern, die an einen hochrangigen mexikanischen General gezahlt worden sein sollen.

Ich glaube, das war so Anfang der 80er-Jahre, obwohl ich damals schon nicht mehr permanent im Stammhaus war, sondern meist im Ausland, oder dann halt in verschiedenen Abteilungen, und mit dem Verkauf kam ich sehr gut aus. L. S. habe ich bei einer Sicherheitsausstellung kennengelernt, in Mexiko.

Was waren dann die Zuständigkeiten, was hat R. E., die H&K Sekretärin, gemacht, was hat L.S. gemacht?

BG: Ja, also ich habe die ganzen Bedarfsmeldungen, die Anfragen, alle via R. E. geschickt. Die R. E. hat sich dann darum gekümmert, dass die Angebote erstellt werden. Die wurden über R. E. nach Mexiko, zunächst mal per Mail, und normalerweise auch im Original geschickt wurden, weil der Kunde verlangte ja normalerweise auch das Original irgendwann. Wenn es technische Rückfragen gab, also Unterstützung für die Fábrica de Armas ganz speziell. Wenn irgendein Maschinenausfall war, oder man eine Software brauchte, irgendwas, oder eine Steuerung ist ausgefallen, oder bestimmte Ersatzteile fehlten, hat auch die R. E. oftmals direkt Kontakt zu den Maschinenherstellern gemacht. Da hat sie mir gleich die Ansprechpartner rausgesucht, vom Service, von bestimmten Maschinenherstellern. Dann habe ich mit verschiedenen Spezialisten telefoniert, direkt. Aber sie hat das alles vorbereitet, also die Zusammenarbeit war hervorragend, möchte ich sagen.

Und was hat L. S. gemacht? Was war seine Aufgabe?

BG: L. S. – der kam ein- bis zweimal pro Jahr nach Mexiko, und hat dann ganz speziell die Generäle besucht, also die Dirección General, den [...] Generaldirektor von der Militärindustrie, dann später, als die DCAM dazukam, auch mit dem Chef von der DCAM geredet, führte Verkaufsgespräche. Das heißt, wo lag der Bedarf, was konnten wir tun, wie konnten wir unterstützen und vor allem, was würden wir verkaufen. Der L. S. war ja der, wie soll ich sagen, vom Verkauf der Chef, zuständig für bestimmte Länder, unter anderem Mexiko.

Wer hat die Verhandlungen mit der DCAM geführt?

BG: Also die Verkaufsgespräche vor Ort in Mexiko hat der L. S. zunächst mal mit dem Generaldirektor geführt, einem Divisionsgeneral. Vielleicht gleich schon in Verbindung mit den verschiedenen Abteilungschefs, oftmals gab es Sitzungen. Da war der Vorsitzende der Generaldirektor, und dazu wurde eingeladen, zum Beispiel der Direktor »Fábrica de Armas«, der Direktor der DCAM und auch andere, der Verkaufschef von der DGM, das ist ja eine andere Abteilung wie die DCAM, dann der Finanzchef, der für die Bezahlung verantwortlich war oder die Zahlungen praktisch tätigte, oder wenn das nicht ging, dann hatten wir eine separate Sitzung mit dem Generaldirektor, eine separate Sitzung in der DCAM, eine separate Sitzung beim Chef der »Fábrica de Armas«, so ist das im Prinzip abgelaufen, und das war eigentlich die Aufgabe vom L.S..

Später habe ich die Anforderungen, die Bedarfsmeldungen betreut, die Angebote abgegeben. Die Aufträge im Namen von H&K zu unterschreiben und im Original nach Oberndorf zu schicken war meine Aufgabe. Und das lief alles hauptsächlich über R. E..

Wer war der Chef?

BG: Der Chef war zunächst mal der L. S., er ist meist nach Mexiko geflogen, früher mit dem Herrn S., er war der übergeordnete Chef und Verkaufsleiter. Und später dann kam der L. S. meist alleine nach Mexiko. Unter anderem war auch mal der Martin Newton [ein Geschäftsführer] in Mexiko. Ich habe ihn dann betreut bei seinem Aufenthalt, Gespräche hat er allerdings dann meist alleine geführt, aber für mich war der Hauptansprechpartner eigentlich der L. S..

Wer hat entschieden, was wohin verkauft und geliefert werden soll?

BG: Unser Kunde in Mexiko ist eigentlich einzig und allein die DCAM, was den Waffenverkauf betrifft. Was den Industrieanlagenbau betrifft, ist eigentlich der Generaldirektor zuständig, als oberster Chef mit seinen Chefs, »Fábrica de Armas«, Einkauf und Finanzabteilung.

Was sind Waffenhändler für Typen?

BG: Was für Typen? (lacht) … Also Waffenverkäufer sind eigentlich recht freundliche Menschen, intelligente Menschen, möchte ich mal behaupten, verantwortungsbewusste Menschen, die einerseits das Geschäft suchen, nicht dem Kunden, sage ich mal, weltweit irgendetwas verkaufen wollen oder neue Kunden suchen, sondern eigentlich hauptsächlich mit seriösen Kunden arbeiten.

Gestern im Vorgespräch haben Sie aber etwas anderes gesagt.

BG: Ja, es gibt auch weniger ethische Waffenverkäufer, denen es oftmals egal ist, wohin ihre Produkte gehen und was damit letztendlich geschieht. Normalerweise sind die Kunden von H&K seriöse Kunden. Das geht los bei ganzen Armeen, die auszurüsten sind, bis zu kleineren Polizeieinheiten.

Im Jahr 2002 begann die Vermarktungsoffensive von Heckler & Koch in Mexiko, wobei die Firma an gute, langjährige Geschäftsbeziehungen anknüpfen konnte. Drei Jahre später bewilligte die Bundesregierung den Export, allerdings mit Einschränkungen für Lieferungen in als problematisch geltende Regionen. Die Genehmigung der Bundesregierung für Mexiko, ausgenommen der Transfer der Kriegswaffen in bestimmte Bundesstaaten des Landes, war 2005 eine völlig neue Form der Rüstungsexport-Genehmigungspolitik.

Das Verkaufsbüro von Heckler & Koch im mexikanischen Verteidigungsministerium SEDENA in Mexiko-City.

Raúl Benítez Manaut, Dozent an der Universität von Mexiko-Stadt und renommiertester Sicherheitsexperte Mexikos, schätzt dies folgendermaßen ein: »Wenn Mexiko einer europäischen Regierung vorschreiben würde: Wir verkaufen euch Öl, aber nicht für militärische Zwecke. Das wäre doch lächerlich! In Deutschland will man keine Skandale. Darum geht es. Sie wollen ihre Waffen verkaufen, sagen aber: Wir stellen Bedingungen und wollen die Menschenrechte wahren. Und die Mexikaner antworten: Wir achten darauf. Aber Fakt ist: Geschäft ist Geschäft.«

Das für den Waffeneinkauf zuständige mexikanische Verteidigungsministerium, SEDENA, weist die Verantwortung von sich. Raúl Manzano Vélez, Ministeriumssprecher, behauptet: »In all diesen Jahren, in denen Heckler & Koch Mexiko mit Waffen beliefert, wissen wir nichts von Auflagen. Weder seitens der Firma noch seitens der Regierung oder der deutschen Botschaft in Mexiko. Deshalb hat uns das Thema in Mexiko überrascht, weil wir weder offiziell noch inoffiziell darüber Kenntnis haben, dass es Auflagen gibt.«

Strafanzeige gegen H&K wegen des Verdachts illegaler G36-Exporte nach Mexiko

Illegale Kriegswaffenexporte nach Mexiko? Die Frage regte jahrelang kaum jemanden auf. Mexiko ist weit weg. Beweise für illegale Waffenlieferungen in die mexikanischen Unruheprovinzen gab es keine. Nur Gerüchte. Bis 2010 erste konkrete Hinweise kamen: Ein Aussteiger wandte sich an Jürgen Grässlin, Koautor dieses Buches, und brach sein Schweigen. Grässlin hatte vor vielen Jahren beschlossen, die Wege der illegalen Waffenlieferungen weltweit aufzuspüren.

Der Aussteiger unterbreitete firmeninterne Kenntnisse im Zusammenhang mit der »Marketingoffensive«, die Heckler & Koch gestartet hat, »um Sturmgewehre G36 mit Schwerpunkt für die Zielgruppe der verschied. Länderpolizeien abzusetzen«. Es sei in Anwesenheit von General Aguilar eine »Präsentationsveranstaltung« des H&K-Teams bei der staatlichen Beschaffungsstelle Dirección de Comercializacion de Armamento y Municiones (DCAM) in Mexiko-Stadt durchgeführt worden. Anwesend seien die jeweiligen Behördenvertreter der Länderpolizeien gewesen. Nach Rücksprache mit Vertriebsleiter L. S. und der H&K-Handelsvertretung Mexiko von B. G. seien die »aufgeführten Bundesstaaten gestrichen« worden. Die Firma habe daraufhin die Exportgenehmigung erhalten, die ersten 3000 Sturmgewehre seien nach Mexiko exportiert worden. »Allerdings wurden aus dieser Lieferung durch die DCAM General Aguilar dann tatsächlich auch die oben aufgeführten Staaten beliefert ...« Heckler & Koch habe dann noch »durch die Herren L. S. und Beyerle« die Genehmigung für den Export von Ersatzteilen erweitert. Trotz des Verbots sollen in den Folgejahren Waffenpräsentationen in verbotenen Bundesstaaten stattgefunden haben. Ferner sei an General Aguilar, »Chef der DCAM, ein Bestechungsgeld in Höhe von 25 US $ für jedes verkaufte H&K G36 und 20 US $ für jede KK Kurzwaffe durch Herrn B. G. bezahlt« worden. Der Informant berichtet, bereits im Februar 2008 eine schriftliche Aussage angefertigt und diese bei einem Anwalt hinterlegt zu haben. N. F. wird diese Aussage später auch gegenüber der Staatsanwaltschaft Stuttgart wiederholen.

Strategiewechsel der H&K-Kritiker – Strafanzeige wegen widerrechtlichen Waffenhandels mit Mexiko

Als der Anwalt Holger Rothbauer in Rechtsvertretung von Jürgen Grässlin im April 2010 bei der Staatsanwaltschaft Rottweil die erste Strafanzeige gegen Heckler & Koch einreichte, lagen hinter dem Freiburger Friedensaktivisten eine mehr als einjährige Zeit des Abtastens, Verifizierens, Kommunizierens, Informierens. Treffen mit Beschäftigten und ehemaligen Beschäftigen der Oberndorfer Waffenschmiede sowie zahlreiche Telefonate und E-Mails mit wechselnden Gesprächspartnern. Am Ende standen gegenseitiges Vertrauen, garantierter Informantenschutz und offener Austausch. Dokumente, Urkunden, Fotos und Filme wurden eingesehen und übergeben.

Dabei ging es zu keinem Zeitpunkt um Spekulationen und Mutmaßungen, sondern um knallharte Fakten über legale und halblegale Rüstungslieferungen sowie um den Vorwurf widerrechtlicher Waffentransfers in gleich mehreren Fällen in mehrere Länder.

Es ging um den Export von etwa 10 000 G36-Sturmgewehren an die staatliche Waffenbeschaffungsstelle DCAM bzw. an das mexikanische Verteidigungsministerium SEDENA. Illegal wurden die G36-Lieferungen in dem Moment, als die Gewehre aus Mexiko-Stadt in mehrere Unruheprovinzen gelangten, deren Belieferung aufgrund der dortigen Sicherheits- und Menschenrechtslage von den deutschen Rüstungsexport-Kontrollbehörden strikt untersagt worden war.

Holger Rothbauer gilt als einer der versiertesten Juristen Deutschlands im Bereich des Kriegswaffenkontroll- und des Außenwirtschaftsgesetzes. Er stimmte zu, im Namen von Jürgen Grässlin Strafanzeige zu stellen. Damit markiert der 19. April 2010 den Wendepunkt in den Jahrzehnte währenden Auseinandersetzungen der Friedens- und Menschenrechtsbewegung mit dem weltbekannten Pistolen- und Gewehrhersteller Heckler & Koch. Bisher hatten die Unternehmenskritiker Protestkundgebungen und Ostermärsche in der Waffenstadt organisiert, gewaltfreie Aktionen vor den Werkstoren durchgeführt, Recherchen im In- und Ausland initiiert und über Täter und Opfer von Europas führendem Kleinwaffenhersteller und -exporteur informiert. Jetzt wurden juristische Schritte eingeleitet.

Diese erste Strafanzeige richtete sich gegen die Geschäftsführer, gegen den amtierenden Vorsitzenden der Geschäftsleitung, den vormaligen Vorsitzenden der Geschäftsleitung, einen Prokuristen, einen H&K-Finanzchef, Beiratsmitglieder und andere Führungskräfte von Heckler & Koch sowie den einflussreichsten Mann des Kleinwaffenherstellers: Andreas Heeschen, Hauptgesellschafter und Mitglied im Beirat, unumstritten die Nummer eins im Unternehmen.

Die Strafanzeige erfolgte »wegen: Verstoßes gegen das Außenwirtschaftsgesetz, das Kriegswaffenkontrollgesetz sowie aller anderer in Betracht kommender Straf- und Ordnungswidrigkeitsvorschriften«. Gleichzeitig stellte Rothbauer namens und in Vollmacht des oben genannten Anzeigeerstatters »STRAFANTRAG gemäß § 77 StGB hinsichtlich aller in Betracht kommenden Antragsstrafdelikte«.

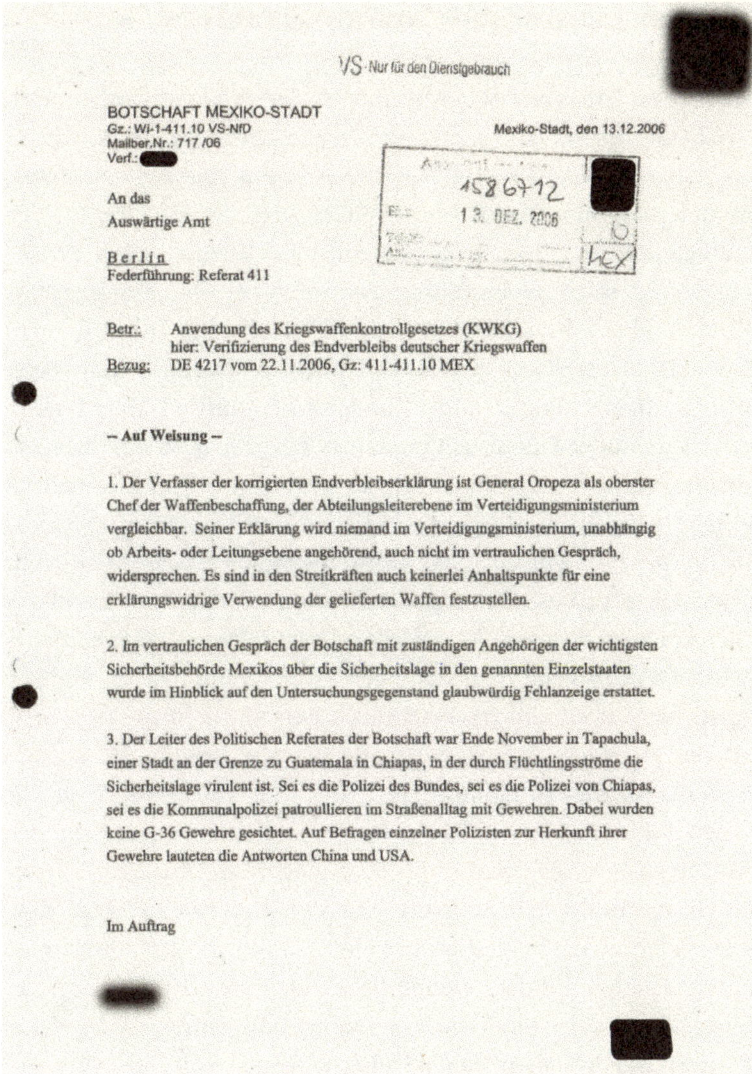

[redacted]

VS - Nur für den Dienstgebrauch

BOTSCHAFT MEXIKO-STADT
Gz.: Wi-1-411.10 VS-NfD
Mailber.Nr.: 717 /06
Verf.: [redacted]

Mexiko-Stadt, den 13.12.2006

1586712 [redacted]
13. DEZ. 2006
6
MEX

An das
Auswärtige Amt

Berlin
Federführung: Referat 411

Betr.: Anwendung des Kriegswaffenkontrollgesetzes (KWKG)
hier: Verifizierung des Endverbleibs deutscher Kriegswaffen
Bezug: DE 4217 vom 22.11.2006, Gz: 411-411.10 MEX

– Auf Weisung –

1. Der Verfasser der korrigierten Endverbleibserklärung ist General Oropeza als oberster Chef der Waffenbeschaffung, der Abteilungsleiterebene im Verteidigungsministerium vergleichbar. Seiner Erklärung wird niemand im Verteidigungsministerium, unabhängig ob Arbeits- oder Leitungsebene angehörend, auch nicht im vertraulichen Gespräch, widersprechen. Es sind in den Streitkräften auch keinerlei Anhaltspunkte für eine erklärungswidrige Verwendung der gelieferten Waffen festzustellen.

2. Im vertraulichen Gespräch der Botschaft mit zuständigen Angehörigen der wichtigsten Sicherheitsbehörde Mexikos über die Sicherheitslage in den genannten Einzelstaaten wurde im Hinblick auf den Untersuchungsgegenstand glaubwürdig Fehlanzeige erstattet.

3. Der Leiter des Politischen Referates der Botschaft war Ende November in Tapachula, einer Stadt an der Grenze zu Guatemala in Chiapas, in der durch Flüchtlingsströme die Sicherheitslage virulent ist. Sei es die Polizei des Bundes, sei es die Polizei von Chiapas, sei es die Kommunalpolizei patroullieren im Straßenalltag mit Gewehren. Dabei wurden keine G-36 Gewehre gesichtet. Auf Befragen einzelner Polizisten zur Herkunft ihrer Gewehre lauteten die Antworten China und USA.

Im Auftrag

[redacted]

[redacted]

Im Bericht der Deutschen Botschaft in Mexiko vom 13.12.2006 heißt es: Eine Vor-Ort-Kontrolle habe gezeigt, in dem nicht belieferungsfähigen Bundesstaat Chiapas seien keine G36-Sturmgewehre im Straßenbild zu sehen.

Die Strafanzeige im April 2010 löst eine Lawine aus

Am 12. Mai 2010 verfasst der Beamte H., Sachbearbeiter im Bundeskartellamt, Abteilung Exportkontrolle, auf Anfrage einen Bericht an das Zollkriminalamt Köln (ZKA). Es geht um eine Durchsuchung, die das Bundeskartellamt am 16. März 2010 bei Heckler & Koch durchgeführt hat. In dem Bericht mit dem Vermerk »vertraulich« schildert H. seine Beobachtungen während der Durchsuchung des Büros von Peter Beyerle: »Zuständig für den Bereich (Kriegswaffen) Export ist bei der Heckler & Koch GmbH in Oberndorf Herr Peter Beyerle, ehemals Präsident des Landgerichts Rottweil. Herr Beyerle war während der Durchsuchung seines Büros nahezu durchgehend anwesend und erwies sich als sehr kommunikativ. [...] Der Bereich sei sehr heikel, da es durchaus sein könne, dass in der Vergangenheit Ausfuhrgenehmigungen erteilt worden sind, diese aber nicht mehr gelten. Die aktuelle Genehmigungssituation sei oft unklar, Heckler & Koch könne es sich aber keinesfalls erlauben, insofern Fehler zu begehen. Deshalb stehe er in ständigem Kontakt mit den zuständigen staatlichen Stellen und reise viel (nach Berlin). [...] Insgesamt hatte ich den Eindruck, dass Herr Beyerle sich der Brisanz des Themas Waffenexporte als zuständiger Geschäftsführer voll bewusst war ...«

Am 4. Juni 2010 wird der Aussteiger und Hinweisgeber von den Ermittlungsbehörden vernommen. Zunächst wollen die Vertreter der Staatsanwaltschaft Stuttgart und des Zollkriminalamtes Köln eine Erklärung dafür, weshalb er bereit sei, gegen das Unternehmen auszusagen. Seine Entscheidung habe »mehrere Gründe«, sagt der Zeuge. »Zum einen ein Vorfall in Thailand. Es wurden Pistolen von unserer Tochterfirma in den USA in die Region Puket geliefert, wofür wir keine Genehmigung hatten. (...) Es gab auch weitere Vorfälle, so mit Georgien ...« Er habe befürchtet, »irgendwann einmal selbst vor der Staatsanwaltschaft zu landen«. Anfang bzw. Mitte 2008 habe er von dem Vertriebsleiter L. S. erfahren, »dass die vier Bundesstaaten seinerzeit aus dem ursprünglichen End-userzertifikat ausgenommen worden seien, weil man sonst keine Genehmigung erhalten hätte«. Daraufhin habe er den Vertriebschef an die Waffenpräsentationen in den verbotenen Bundesstaaten Guerrero und Jalisco »erinnert« und die Auskunft erhalten, »dass unser Reiseantrag und die Genehmigung auf Mexiko-Stadt ausgestellt sei, und man über alles andere nicht spreche«. Auf Nachfrage nimmt der Zeuge zu allen Punkten detailliert Stellung. Unter anderem berichtet er, die Waffen für die Präsentationen habe Heckler & Koch im Vorfeld geliefert. Er bleibt bei seiner Aussage und den Korruptionsvorwürfen gegenüber B. G., dem Handelsvertreter, und den angeblich an General Aguilar gezahlten Bestechungsgeldern. B. G. selbst soll ihm davon erzählt haben. Auf Nachfrage der Ermittler ergänzt der Zeuge, auch der für Mexiko zuständige Vertriebschef L. S. habe davon Kenntnis gehabt. Das habe er ebenfalls von B. G. erfahren. Der Zeuge ist bereit, auch zukünftig für weitere Befragungen zur Verfügung zu stehen.

Einige Tage später (7. Juni 2010) bittet der Ermittler des ZKA den Zeugen per E-Mail um eine Erklärung für den Umstand, dass die Genehmigungen auf vollautomatische G36, »aber teilweise auf halbautomatische G36« lauteten. »Können Sie sagen, welche Version dieser Waffen tatsächlich ausgeliefert worden ist?« Der Zeuge antwortet noch am selben Tag: »Grund hierfür ist das niedrige Ausbildungsniveau der Polizeikräfte (Sicherheitsrisiko)…« Dafür gäbe es spezielle Lehrgänge für Polizisten beim Militär. Für diesen Einsatz habe Heckler & Koch neben G36-Gewehren auch MP5-Maschinenpistolen geliefert, insgesamt seien dies ca. 1000 Einheiten gewesen. Ein Großteil der G36- Sturmgewehrlieferungen sei in halbautomatischer Version erfolgt, »welches technisch von der vollautomatischen Version nur dem Austausch des ansteckbaren Griffstück durch ein Griffstück mit halbautomatischer Feuerfolge ersetzt«.

L. S., der Vertriebsleiter unter anderem für Mexiko, nimmt schriftlich zu den Aussagen des Zeugen Stellung: Ihm sei »mit Sicherheit« nicht bekannt, ob sämtliche Länderpolizeien an der ersten Präsentation in Mexiko teilgenommen haben. »Uns liegt keine Teilnehmerliste vor.« Die Präsentation in Guerrero habe im Juni 2006 stattgefunden, zu einem Zeitpunkt als es »genehmigungstechnisch« keine Exporteinschränkungen gegeben habe. Für diese Präsentation habe man »G36-Musterwaffen« benutzt. Beim Export der Musterwaffen habe es keine Probleme gegeben. Darum habe man damit gerechnet, dass auch Folgeaufträge für Guerrero genehmigt würden. Im Zusammenhang mit der Endverbleibserklärung, in der der verbotene Bundesstaat Chiapas als Bestimmungsort angegeben wurde, spricht L. S. von einem sehr peinlichen Versehen. Die Aussage des Zeugen aber, der Vertriebsleiter habe gesagt, »dass wir ein riesen Glück gehabt haben und wir das End-use intern überarbeiten konnten und somit weitere Nachforschungen der Bundesregierung vermieden haben«, nennt L. S. »eine vollkommen verfälschte Darstellung«. Auch sei es »nicht korrekt«, zu behaupten, H&K habe »versehentlich bei der Beantragung der Genehmigung das ursprüngliche End-use vorgelegt«. »Das Versehen hat vielmehr beim Kunden seinen Ursprung.« Auch habe L. S. »zu keinem Zeitpunkt Manipulationen in den Reisekosten vorgeschlagen«. Bei Heckler & Koch lägen ausschließlich offizielle Reisekostenabrechnungen vor. Von gezahlten Bestechungsgeldern will L. S. zu keinem Zeitpunkt Kenntnis gehabt haben. Verbotene Zahlungen seien H&K-Vertretern untersagt. Das sei »wesentlicher Bestandteil eines jeden Vertretervertrages«.

In seiner schriftlichen Stellungnahme charakterisiert L. S. den Zeugen N. F. abschließend wie folgt: »…ich kenne Herrn N. F. als eine Person, die in der Vergangenheit sehr oft ›A‹ und ›B‹ irgendwo gehört hat und dann selbst noch ein ›C‹ hinzugefügt hat, wodurch sehr oft ein vollkommen verfälschter Eindruck von der betroffenen Sache entstanden ist.«

Am 24. August 2010 sagt Ministerialrat Claus W., Leiter des Referats VB3 im Bundeswirtschaftministerium, bei den Ermittlungsbehörden aus. Er erklärt, alle Entscheidungen im Zusammenhang mit den Heckler & Koch-Exporten nach Mexiko seien wegen »divergierender Voten der Ressorts« als Beschlussfassung auf politischer Ebene im Vorbereitungsausschuss (VBA) gefällt worden. »Das AA äußerte Bedenken bzgl. der Menschenrechte und entsprechend wurde interveniert. Die Bedenken werden nur pauschal vom AA geäußert.« Damit sei das BMWi nicht einverstanden gewesen. »Mit H&K haben wir darauf hingewirkt, dass die Anträge für die kritischen Bundesstaaten zurückgezogen werden.« Es sei auch möglich, »dass es direkte Kommunikation zwischen H&K und dem AA gab«. Das BMWi habe »eine politische Lösung angestrebt«. Der Ministerialrat räumt ein, die Möglichkeit der Überprüfung einer solchen Einschränkung sei problematisch und entziehe sich »den Einflussmöglichkeiten des BMWi und damit der Bundesregierung«. Auch die Altwaffenvernichtung (das Prinzip »Neu für Alt«) betrachtet er als problematisch, denn der Antragsteller habe im Empfängerland keinen Einfluss darauf. »Neu für Alt« sei »keine Genehmigungsbedingung« gewesen.

Auf wiederholtes Nachfragen hinsichtlich fehlender Genehmigungsunterlagen, die das BMWi den Ermittlungsbehörden übersandt hat, antwortet W.: »In den Fällen ist es denkbar, dass von vornherein feststand, dass diese Vorgänge sowieso im VBA entschieden werden müssen. Das würde auch erklären, dass hier keine Stellungnahmen des AA in der Akte vorliegen.« Aus diesem Grund würden zu diesen Vorgängen auch die Sprechzettel für den Staatssekretär in den Akten fehlen. Warum die Unterlagen über Anträge für die Lieferung von Ersatzteilen nicht in den Unterlagen seien, erklärt der Ministerialrat damit, es handle sich lediglich um AWG-Genehmigungen (Außenwirtschaftsgenehmigungen), diese fielen nicht unter das Kriegswaffenkontrollgesetz. Sofern nicht belieferungsfähige mexikanische Bundesstaaten wie Jalisco als Bestimmungsort für Ersatzteillieferungen genannt wurden, sei dies versehentlich geschehen. Nach der Wahrscheinlichkeit gefragt, ob H&K gegenüber der Behörde bewusst falsche Aussagen gemacht haben könnte, antwortet W.: »Nein, das kann ich mir grundsätzlich nicht vorstellen, da sich H&K in einem absoluten Abhängigkeitsverhältnis von uns befindet.«

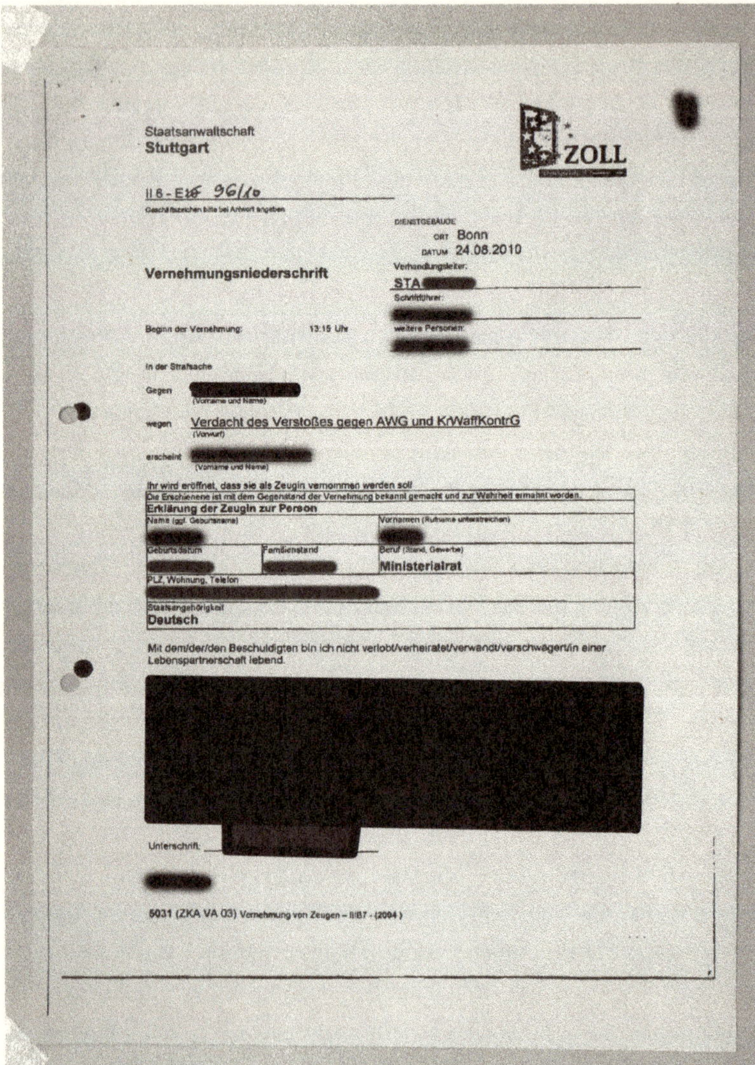

Staatsanwaltschaft
Stuttgart

ZOLL

II 8 - E 96/10
Geschäftszeichen bitte bei Antwort angeben

DIENSTGEBÄUDE
ORT Bonn
DATUM 24.08.2010

Vernehmungsniederschrift

Verhandlungsleiter:
STA [redacted]
Schriftführer:
[redacted]
weitere Personen:
[redacted]

Beginn der Vernehmung: 13:15 Uhr

In der Strafsache

Gegen [redacted]
(Vorname und Name)

wegen Verdacht des Verstoßes gegen AWG und KrWaffKontrG
(Vorwurf)

erscheint [redacted]
(Vorname und Name)

Ihr wird eröffnet, dass sie als Zeugin vernommen werden soll

Die Erschienene ist mit dem Gegenstand der Vernehmung bekannt gemacht und zur Wahrheit ermahnt worden.		
Erklärung der Zeugin zur Person		
Name (ggf. Geburtsname) [redacted]		Vornamen (Rufname unterstreichen) [redacted]
Geburtsdatum [redacted]	Familienstand [redacted]	Beruf (Stand, Gewerbe) **Ministerialrat**
PLZ, Wohnung, Telefon [redacted]		
Staatsangehörigkeit **Deutsch**		

Mit dem/der/den Beschuldigten bin ich nicht verlobt/verheiratet/verwandt/verschwägert/in einer Lebenspartnerschaft lebend.

[redacted]

Unterschrift: [redacted]

[redacted]

5031 (ZKA VA 03) Vernehmung von Zeugen – II B 7 - (2004)

Vernehmungsprotokoll der Vernehmung des BMWi-Ressortleiters Claus W.

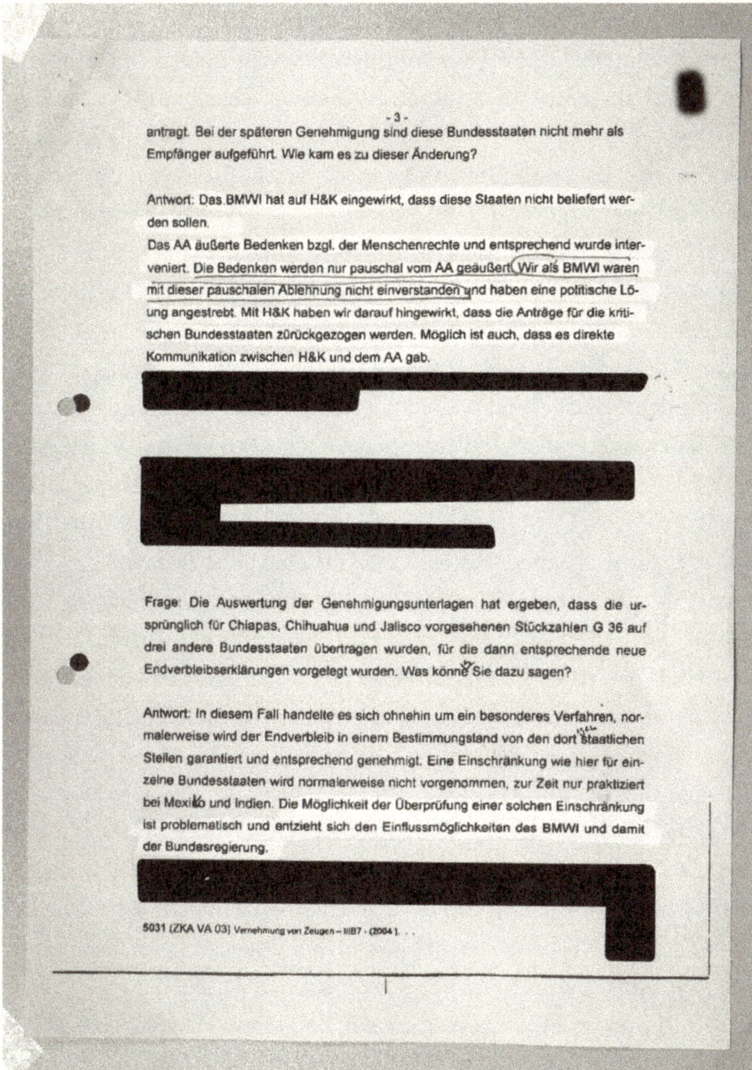

- 3 -

antragt. Bei der späteren Genehmigung sind diese Bundesstaaten nicht mehr als Empfänger aufgeführt. Wie kam es zu dieser Änderung?

Antwort: Das BMWi hat auf H&K eingewirkt, dass diese Staaten nicht beliefert werden sollen.
Das AA äußerte Bedenken bzgl. der Menschenrechte und entsprechend wurde interveniert. Die Bedenken werden nur pauschal vom AA geäußert. Wir als BMWi waren mit dieser pauschalen Ablehnung nicht einverstanden und haben eine politische Lösung angestrebt. Mit H&K haben wir darauf hingewirkt, dass die Anträge für die kritischen Bundesstaaten zurückgezogen werden. Möglich ist auch, dass es direkte Kommunikation zwischen H&K und dem AA gab.

[redacted]

[redacted]

Frage: Die Auswertung der Genehmigungsunterlagen hat ergeben, dass die ursprünglich für Chiapas, Chihuahua und Jalisco vorgesehenen Stückzahlen G 36 auf drei andere Bundesstaaten übertragen wurden, für die dann entsprechende neue Endverbleibserklärungen vorgelegt wurden. Was könne Sie dazu sagen?

Antwort: In diesem Fall handelte es sich ohnehin um ein besonderes Verfahren, normalerweise wird der Endverbleib in einem Bestimmungsland von den dort staatlichen Stellen garantiert und entsprechend genehmigt. Eine Einschränkung wie hier für einzelne Bundesstaaten wird normalerweise nicht vorgenommen, zur Zeit nur praktiziert bei Mexiko und Indien. Die Möglichkeit der Überprüfung einer solchen Einschränkung ist problematisch und entzieht sich den Einflussmöglichkeiten des BMWi und damit der Bundesregierung.

[redacted]

5031 (ZKA VA 03) Vernehmung von Zeugen – II/B7 - (2004) . . .

Auszug aus der Vernehmung des Ressortleiters im Bundeswirtschaftsministerium Claus W. vom 24.08.2010. Der Ministerialrat räumt ein, dass das Ministerium auf H&K eingewirkt hat, neue Endverbleibserklärungen zu beschaffen.

Am 24. August 2010 wird auch Oberamtsrat D. vom Genehmigungs-Referat im BMWi vernommen. Zu den geänderten Endverbleibserklärungen befragt, meint D., diese »müssen auf Intervention des AA erfolgt sein. »... Die Aktenlage scheint so zu sein, dass H&K mitgeteilt wurde, dass bestimmte Bundesstaaten nicht genehmigungsfähig sind und H&K daraufhin geänderte Endverbleibserklärungen vorgelegt hat.« Wer H&K hierüber unterrichtet hat, könne er nicht sagen. Auf den Vorhalt, er, Oberamtsrat D., habe im Februar 2007 die Ausfuhrgenehmigung für 1212 G36-Sturmgewehre in die Bundesstaaten Guerrero und Colima erteilt, Guerrero gehörte aber zu den nicht belieferungsfähigen Staaten, antwortet der Beamte: »Nach der vorliegenden Aktenlage gehe ich davon aus, dass der Vorgang wie üblich dem AA und dem BMVg zur Stellungnahme vorgelegt wurde. [...] Der Genehmigung zur Folge muss ein positives Votum« vorgelegen haben. Bei einigen Anträgen gehe er davon aus, dass neue Endverbleibserklärungen erstellt wurden. D. behauptet, den Grund für die Einreichung neuer Endverbleibserklärungen nicht zu kennen. Wie zuvor Ministerialrat W. sagt auch D., er wisse nicht, warum sich bestimmte Unterlagen nicht in den Akten befänden. Ihm seien weder Auflistungen des AA über nicht geklärte Entscheidungsfälle noch Listen mit Anträgen von H&K für Ersatzteillieferungen in kritische mexikanische Bundesstaaten bekannt. Auf Nachfrage meint auch D., er könne sich nicht vorstellen, dass Heckler & Koch gegenüber seiner Behörde bewusst falsche Angaben gemacht habe. Die Erfahrungen der vergangenen Jahre würden dagegen sprechen. Wörtlich sagt der Oberamtsrat: »Der möglicherweise entstehende Schaden für die Fa. H&K stünde in einem absoluten Missverhältnis zum Erfolg.«

Nach erneuter Durchsicht der vom BMWi vorgelegten Akten fällt dem ermittelnden Staatsanwalt das Fehlen bestimmter Unterlagen auf. Dabei könnte es um einen Ausfuhrantrag von Heckler & Koch für den »verbotenen« Bundesstaat Jalisco gehen. Davon hatte der Zeuge und Aussteiger berichtet. Um das aufzuklären, erfolgt ein Anruf bei

Ministerialrat W. im BMWi. Hier Auszüge aus dem entsprechenden Telefonvermerk des Staatsanwaltes vom 30. August 2010: »Ich habe nochmals den Genehmigungsantrag der Fa. H&K angesprochen, bei dem zunächst versehentlich ein ›verbotener‹ Bundesstaat in den dem BMWi vorgelegten Endverbleibserklärungen aufgeführt worden sein soll. [...] Ich bat daher MR W., nochmals zu prüfen, ob die Akten zu diesem Antrag beim BMWi noch vorhanden sind. OAR D. hatte in der Vernehmung vom 24.04.2010 dazu nämlich erklärt, es bestehe die Möglichkeit, dass ein AG-Antrag vollständig an die antragstellende Firma zurückgesandt wurde, wenn der Antragsteller den Antrag zurückgezogen hat.« Dieses wollte Ministerialrat W. noch einmal prüfen. »MR W. rief mich anschließend zurück und teilte mit, dass sich der Antrag der Fa. H&K vom 01.08.2006 – H&K-Referenz-Nr. 35297 – tatsächlich nicht mehr bei den Akten des BMWi befinde.« Der BMWi-Beamte wies den Staatsanwalt noch darauf hin, die »nicht mehr vorliegenden Unterlagen« seien möglicherweise in den Akten des Auswärtigen Amtes zu finden.

Hausdurchsuchung bei Heckler & Koch in Oberndorf / Neckar im Dezember 2010.

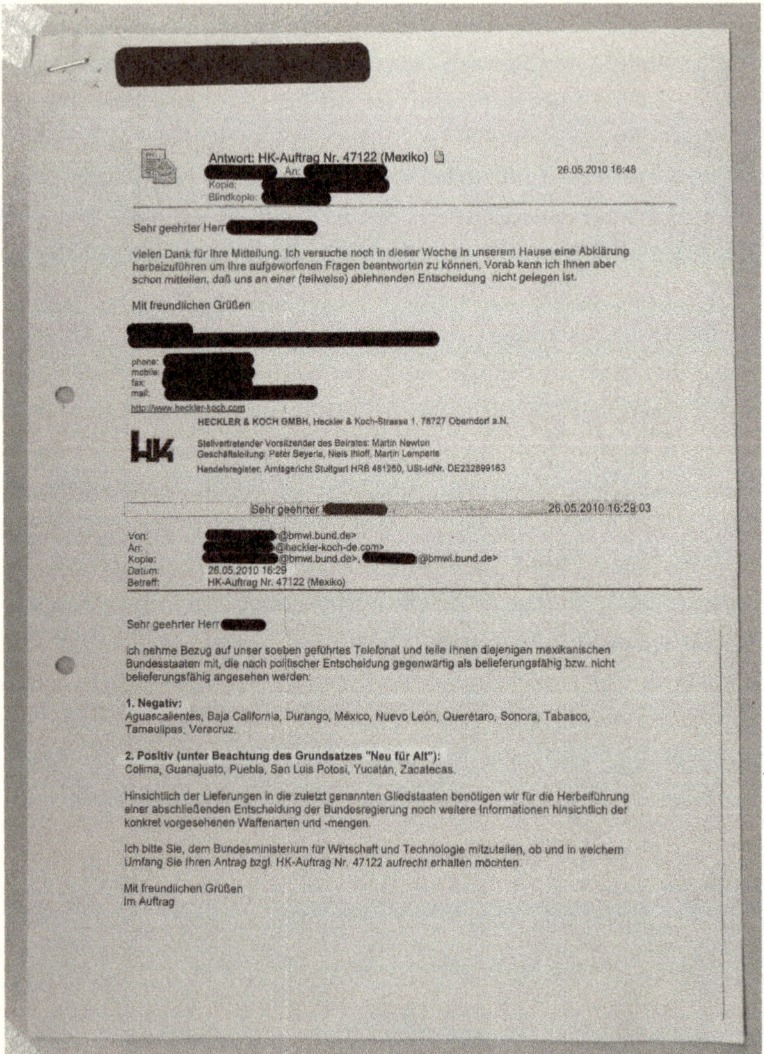

[redacted]

Antwort: HK-Auftrag Nr. 47122 (Mexiko)
[redacted] An: [redacted] 26.05.2010 16:48
Kopie: [redacted]
Blindkopie: [redacted]

Sehr geehrter Herr [redacted]

vielen Dank für Ihre Mitteilung. Ich versuche noch in dieser Woche in unserem Hause eine Abklärung herbeizuführen um Ihre aufgeworfenen Fragen beantworten zu können. Vorab kann ich Ihnen aber schon mitteilen, daß uns an einer (teilweise) ablehnenden Entscheidung nicht gelegen ist.

Mit freundlichen Grüßen

[redacted]

phone: [redacted]
mobile:
fax:
mail:
http://www.heckler-koch.com

HECKLER & KOCH GMBH, Heckler & Koch-Strasse 1, 78727 Oberndorf a.N.

Stellvertretender Vorsitzender des Beirates: Martin Newton
Geschäftsleitung: Peter Beyerle, Niels Ihloff, Martin Lemperle
Handelsregister: Amtsgericht Stuttgart HRB 481260, USt-IdNr. DE232899163

Sehr geehrter [redacted] 26.05.2010 16:29:03

Von: [redacted]@bmwi.bund.de>
An: [redacted]@heckler-koch-de.com>
Kopie: [redacted]@bmwi.bund.de>, [redacted]@bmwi.bund.de>
Datum: 26.05.2010 16:29
Betreff: HK-Auftrag Nr. 47122 (Mexiko)

Sehr geehrter Herr [redacted]

ich nehme Bezug auf unser soeben geführtes Telefonat und teile Ihnen diejenigen mexikanischen Bundesstaaten mit, die nach politischer Entscheidung gegenwärtig als belieferungsfähig bzw. nicht belieferungsfähig angesehen werden:

1. Negativ:
Aguascalientes, Baja California, Durango, México, Nuevo León, Querétaro, Sonora, Tabasco, Tamaulipas, Veracruz.

2. Positiv (unter Beachtung des Grundsatzes "Neu für Alt"):
Colima, Guanajuato, Puebla, San Luis Potosi, Yucatán, Zacatecas.

Hinsichtlich der Lieferungen in die zuletzt genannten Gliedstaaten benötigen wir für die Herbeiführung einer abschließenden Entscheidung der Bundesregierung noch weitere Informationen hinsichtlich der konkret vorgesehenen Waffenarten und -mengen.

Ich bitte Sie, dem Bundesministerium für Wirtschaft und Technologie mitzuteilen, ob und in welchem Umfang Sie Ihren Antrag bzgl. HK-Auftrag Nr. 47122 aufrecht erhalten möchten.

Mit freundlichen Grüßen
Im Auftrag

E-Mail des Bundeswirtschaftsministeriums an Heckler & Koch vom 26. Mai 2010 mit einer neuen Auflistung von »negativen« bzw. »positiven« mexikanischen Bundesstaaten.

Mehrere Journalisten nehmen sich des Falles an. Diverse Zeitungsartikel führen zu Irritationen in der Geschäftsführung von Heckler & Koch. Die Firma fordert über ihre Anwälte Akteneinsicht bei der Staatsanwaltschaft Stuttgart. Dem Fernsehbericht von Thomas Reutter und Achim Reinhardt (SWR) folgt schließlich im Dezember 2010 eine Razzia im H&K-Werk.

Doch wie die E-Mail-Korrespondenz zwischen dem Oberndorfer Unternehmen und dem Bundeswirtschaftministerium zeigt, gehen die Kriegswaffengeschäfte von Heckler & Koch mit Mexiko trotz Strafanzeige, laufender Ermittlungen und einer Reihe Unstimmigkeiten auch noch im Jahr 2010 weiter. In einer E-Mail vom 26. Mai 2010 teilt das BMWi dem H&K-Exportbeauftragten Peter Beyerle »diejenigen mexikanischen Bundesstaaten mit, die nach politischer Entscheidung gegenwärtig als belieferungsfähig bzw. nicht belieferungsfähig angesehen werden […]«. Nunmehr stehen mehr als die bis dahin vier mexikanischen Bundesstaaten auf der Negativliste der Behörden. Merkwürdigerweise werden die vier Provinzen, die bis dahin als besonders kritisch galten, nicht mehr aufgeführt. Das Ministerium bittet in der E-Mail, H&K zugleich »mitzuteilen, ob und in welchem Umfang« die Firma ihren Antrag aufrechterhalten wolle. Peter Beyerles Antwort lautet: »[…] Ich versuche noch in dieser Woche eine Abklärung herbeizuführen. […] Vorab kann ich Ihnen aber schon mitteilen, dass uns an einer (teilweise) ablehnenden Entscheidung nicht gelegen ist […]«

Interview mit dem Journalisten Thomas Reutter (SWR)

Wie kamen Sie auf das Thema?

TR: Mit der Firma H&K habe ich mich ja schon lange beschäftigt. Vorher. Ich hatte bei *Report Mainz* einen Beitrag gemacht über die Zusammenarbeit von H&K und Blackwater, dieser Sicherheitsfirma, die so ganz schlimm aufgefallen ist im Irak, die dieses Massaker angerichtet hat in Bagdad, und H&K hatte ein gemeinsames Projekt ausgerechnet mit der Sicherheitsfirma Blackwater. Die haben gemeinsam eine Pistole entwickelt, es hieß, es sei eine »unique«, eine einzigartige Zusammenarbeit, und man würde an gemeinsamen Projekten arbeiten«, und wir konnten das aufdecken, und am Tag der Ausstrahlung hat H&K uns ein Fax geschickt, sie würden diese ganze Zusammenarbeit einstellen. Wir haben den Beitrag dann gesendet, und Fritz Frey, der Moderator, hat das hinterher dann verlesen, das Fax, dass sie jetzt also diese Zusammenarbeit einstellen. Das war die erste Vorgeschichte. Und die zweite Vorgeschichte war, als der Krieg um Südossetien tobte, also Russland und Georgien um Südossetien kämpften, das war ja ein kleiner, kurzer, heftiger Krieg. Nur ein paar Tage, aber es gab viele Tote. Und da waren georgische Spezialeinheiten, ausgerüstet mit G36, und das haben wir auf Agenturfotos gefunden. Und wir konnten zeigen, hier sind G36-Sturmgewehre im Einsatz, genau da, wo sie nicht hingeliefert werden dürften. H&K hatte tatsächlich angefragt: »Dürfen wir Georgien beliefern«, und die Bundesregierung hat das verneint, man hat es abgelehnt, man hat nichts nach Georgien liefern dürfen, und die Waffen sind trotzdem dort aufgetaucht. Das konnten wir beweisen zum ersten Mal und hatten exklusiv diese Bilder. Und dann war die Frage: Wie kamen diese Waffen dorthin? Wie konnte es möglich sein, trotz dieser Verbote, dass diese Waffen dort auftauchen, und ausgerechnet im Einsatz? Und das konnten wir nicht klären, die Bundesregierung hat gesagt: »Da werden wir eine Untersuchung anordnen.« Dann kam über Parlamentarische Anfragen die Antwort: »Ja, wir werden uns darum kümmern und werden versuchen, das rauszufinden.« Aber die Bundesregierung hat gesagt, wenn wir die Seriennummern nicht haben, dann werden wir das leider nicht rausfinden können, und H&K hat auch gesagt: »Wir wissen nicht, wie die Waffen dort hingekommen sind, keine Ahnung, ohne die Seriennummern können auch wir das nicht nachvollziehen.« Und dann war also klar, Waffen kommen genau dorthin, wo sie nicht hinkommen dürfen, wo es ausdrücklich verboten war. Aber wir konnten nicht nachweisen, wie sie dort hingekommen sind.

Und dann kam dieser Mexiko-Deal. Wir hatten schon viele Hinweise, aber wir konnten es nicht gerichtsfest belegen. Aber es hat gereicht, dass die Staatsanwaltschaft diese große Razzia durchgeführt hat. Sie durchsuchten sämtliche Büros und zum Teil auch Privaträume und konnten sehr viel Material sicherstellen. Und das Witzige ist, dass unser Film ja damit aufhört, dass die Staatsanwaltschaft sich jetzt schleunigst drum kümmern müsste, und im Bild sieht man das Werkstor von Heckler & Koch, und da kommt gerade ein großer Lastwagen raus, und auf dem Lastwagen steht »Reißwolf Aktenvernichtung«. Tja, das war praktisch der Schlusssatz des Beitrags, und tatsächlich ist die Staatsanwaltschaft auch ganz schnell zu den Durchsuchungen gegangen.

Heckler & Koch im Visier der Ermittlungsbehörden

Heckler & Koch bestreitet die Anschuldigungen und spricht von einer »gezielten Diffamierungskampagne«. Diese werde von »interessierter Seite« betrieben. Ende 2010 erklären die Geschäftsführer in der Mitarbeiterzeitung: »Neid, Missgunst und erklärte Feindschaft schlug und schlägt uns fast täglich entgegen. Medien werden instrumentalisiert, eine finanzielle Schieflage wird genauso erfunden wie die Vorwürfe, gesetzliche Regeln nicht eingehalten zu haben.«

Im Januar 2011 tritt H&K-Geschäftsführer Peter Beyerle zurück. Der Jurist Beyerle, in dessen Zuständigkeitsbereich als Präsident des Landgerichts Rottweil die Firma Heckler & Koch fiel, war bei dem Unternehmen für die Ressorts Recht, Exportkontrolle und Behörden verantwortlich und somit auch für die Waffengeschäfte mit Mexiko.

Am 12. Januar 2011 bittet Heckler & Koch zu einer »Besprechung Mexiko« in ein Zürcher Hotel. In Anwesenheit des Anwalts Professor

Dr. Jürgen Wessing, den die Firma beauftragt hat, sollen unter anderem Vertriebschef L. S. und H&K-Handelsvertreter B. G. zu den Waffendeals in Mexiko Stellung nehmen. Das Protokoll dieses Treffens »nebst Anlagen« und einer juristischen Stellungnahme schickt der Anwalt am 24. März 2011 an die Staatsanwaltschaft Stuttgart.

Laut diesem Protokoll erklärt B. G., er sei mit seiner Firma keineswegs exklusiv für Heckler & Koch tätig. Auch sei die Provision »mit 15 % minus CIF (Verpackung, Versand, Versicherung)«, die er von H&K erhalte, nicht außergewöhnlich hoch. Die Bestechungsvorwürfe fanden im Protokoll keine Erwähnung. Es wird lediglich auf die Stellung von General Aguilar hingewiesen: »Ab ca. 2007 war General Aguilar Chef der Beschaffungsbehörde DCAM. Seit Kurzem ist er stellvertretender Verteidigungsminister.« Das Arbeitsverhältnis habe B. G. 2001 »aus privaten Gründen« gekündigt. »Die mexikanische Generaldirektion hat ihn daraufhin gebeten, die Waffenfabrik in Mexiko mit seinem technischen Wissen zu unterstützen«, heißt es in dem Protokoll.

Das Zustandekommen von Waffenpräsentationen liege ganz im Ermessen der mexikanischen DCAM, habe B. G. erklärt. Man kenne weder Namen noch Einheiten oder Bundesstaaten, aus denen die Teilnehmer kommen. Die Handelsvertretung von B. G. erfahre auch nicht, »welcher Kunde Waffenlieferungen erhält«. Die Firma Heckler & Koch sei nicht der einzige Anbieter. »Immer wenn ein Kunde (z.B. die Polizeieinheit einer Stadt) Waffen bei der DCAM anfragt, erhält dieser ein Angebot mit verschiedenen Herstellern (Smith & Wesson, Beretta, H&K, etc.).« Meist fänden Waffenpräsentationen im Bundesstaat Puebla statt. »Es fand auch eine Vorstellung in Guerrero im Juni 2006 statt; zu diesem Zeitpunkt wusste man nicht, dass der Staat gesperrt sein soll.«

Für die Waffenpräsentationen seien keine Waffen von Heckler & Koch geliefert worden. Man wisse nicht, woher die Waffen stammten. Die Waffen für die Präsentationen zu besorgen und zu den Veranstaltungen zu verbringen sei allein die Aufgabe der DCAM gewesen. In

Mexiko sei es nur der Polizei und dem Militär erlaubt, Waffen zu transportieren. »Grund und Inhalt der Vorführungen« seien immer »Systemvorstellungen und theoretische Vorträge kombiniert mit einer statischen Schießdemonstration«. Es würden »keine taktischen Schießausbildungen« durchgeführt.

Im Anhang des Protokolls fügt der Anwalt Reisekosten- und Spesenabrechnungen für Mexiko hinzu. Diese belegen, dass der ehemalige H&K-Mitarbeiter und Aussteiger während der Mexikoaufenthalte in den exklusivsten Hotels logierte. Andererseits dokumentieren die Reisekostenbelege bis auf eine Ausnahme ausschließlich Aufenthalte in Mexiko-Stadt und im Bundesstaat Puebla.

Eine E-Mail des Vertriebschefs L. S. soll die Darstellung untermauern, man habe firmenintern über »gesperrte« Bundesstaaten im Juni 2006 nichts gewusst. L. S. schreibt am 26. April 2006, Guerrero sei nicht unter den drei sogenannten »boesen Bundesstaaten«. »Diese waren Chiapas, Chihuaha und ein weiter. ??« Zwei weitere E-Mails aus dem Bundeswirtschaftsministerium an Heckler & Koch, adressiert an die für Waffenbuchhaltung/Kriegswaffen zuständige Mitarbeiterin, werden beigelegt. In diesen E-Mails – vom 21. April 2010 und 18. Mai 2010 – geht es um zwei Anträge »d.h. gegenwärtig offene Mexiko-Fälle«. Das BMWi bittet, »dass in beiden Fällen unbefristete Endverbleibserklärungen vorgelegt werden sollen, welche den ausschließlichen Gebrauch der Waffen durch die genannten Bundesstaaten bestätigen und damit eine Weitergabe an andere Bundesstaaten ausschließen«. In der E-Mail vom 18. Mai 2011 bittet das BMWi die Firma explizit, »eine neue Endverbleibserklärung vorzulegen«.

Prof. Dr. Jürgen Wessing, Anwalt der Firma Heckler & Koch, verlangt, das Ermittlungsverfahren einzustellen. Es bestehe kein hinreichender Tatverdacht. Für sämtliche Lieferungen nach Mexiko hätten »die hierfür erforderlichen Genehmigungen« vorgelegen. Sämtliche Genehmigungen beruhten »auf konkreten Informationen durch Heckler & Koch«. Sämtliche am Genehmigungsverfahren Beteiligte seien »sachgerecht und richtig informiert worden«. »Die als Indizien für eine Straftat dargestellten Sachverhalte« würden sich »bei näherem Hinsehen als Konstrukt eines interessierten Journalisten« (gemeint ist Jürgen Grässlin) erweisen. Wessing bezeichnet das Ganze als »eine Kampagne gegen meine Mandantschaft«. Der Anwalt kommt zu folgendem Schluss: Die von Heckler & Koch vorgelegten, lediglich befristeten Endverbleibserklärungen zeigen, dass eine nachhaltige Endverbleibskontrolle seitens der Behörden nicht beabsichtigt war. Das sei vor dem Hintergrund, dass es sich bei der belieferten Stelle um die Behörde einer befreundeten Regierung handle, »sehr verständlich«. Bereits zum Zeitpunkt der Genehmigungserteilung habe man »in Kauf genommen, dass die Waffen nach Ablauf der befristeten Gültigkeit an jeden Ort und an jede Behörde in Mexiko gelangen konnten«. Insofern sei »die Weiterleitung von Waffen nach Ablauf der Gültigkeitsfrist der Endverbleibserklärungen implizierter Bestandteil der Genehmigungen«. Die von dem Aussteiger und Zeugen erbrachten Beweise (Anerkennungsschreiben der Polizeieinheit in Jalisco) ebenso wie dessen Einlassungen und Behauptungen (Bestechungsvorwürfe) bezeichnet der H&K-Anwalt als rechtlich ohne Relevanz und inhaltlich haltlos. Der Zeuge handle im Auftrag eines mit Heckler & Koch auf dem südamerikanischen Markt konkurrierenden Unternehmens.

Am 10. Februar 2011 nimmt die Firma Heckler & Koch zu den Fragen des Journalisten Thomas Reutter vom 5. Februar 2011 schriftlich Stellung. Auf die Frage, wann und wie welchen mexikanischen Stellen mitgeteilt worden sei, dass nicht alle Bundesstaaten beliefert werden dürften, antwortet die Firma: »Es gab niemals ›verbotene‹ Bundesstaaten, es gibt keine sogenannten Negativlisten hinsichtlich einzelner mexikanischer Bundessstaaten.« Heckler & Koch habe »Bedenken der Politik dadurch Rechnung getragen, dass die mexikanischen Behörden über solche Bedenken informiert wurden«.

Auch von behördlicher Seite wird negiert, dass es Negativlisten für mexikanische Bundesstaaten gegeben hat.

Interview mit dem Rechtsanwalt Holger Rothbauer

Was hat den Aussteiger bewogen, etwas ins Rollen zu bringen? Warum ist er ausgestiegen? Und warum hat er es nicht schon früher getan?

HR: Der junge Mann, der hier ausgestiegen ist und berichtet hat, was er da gesehen hat, der war einfach, was Mexiko betrifft, erschüttert. Als er dort vor Ort gesehen hat, wer da wen bekriegt. Wer da mit welchen Waffen herumhantiert. Wie überhaupt hier gemordet und geplündert wird. Ob von staatlicher Seite oder vom Drogenkartell, spielt überhaupt keine Rolle. Und da ist ihm eben klar geworden, nein. Dahin kann man keine Waffen verkaufen. Da macht man sich einfach mitschuldig. Und auch wenn er immer wieder versucht hat, das natürlich vor sich selber zu rechtfertigen, so ist ihm aber klar geworden, nein, so können auch unsere Gesetze, selbst wenn wir irgendwelche Genehmigungen vorliegen haben, nicht gemeint gewesen sein. Und er hat ja dann auch mitbekommen, dass man hier offenbar merkwürdige Absprachen zwischen seiner Exportabteilung bei Heckler & Koch und den zuständigen Ministerien traf, wo er sagte, da stimmt was nicht, das kann irgendwie nicht sein. Das hat er leider erst sehr, sehr spät mitbekommen. Aber als er es dann mitbekommen hatte, als die Mexiko-Geschichten schon komplett liefen, da hat er gesagt, damit kann ich nicht leben. Ich muss mich offenbaren. Er ist dann über die Bekanntheit von Jürgen Grässlin auf ihn gestoßen. Und Jürgen Grässlin hat erkannt: Das ist ein juristischer Fall. Da muss ich meinen Anwalt einbeziehen, und so ist das dann losgegangen. Aber wenn ich heute darüber rede, der Mann leidet immer noch. Und es ist vielleicht dieser Leidensdruck, der helfen wird. Denn das Menschliche ist auch bei Leuten in der Rüstungsindustrie ja nicht weg. Und keiner möge mit einem erhobenen Zeigefinger auf die Leute in der Rüstungsindustrie zeigen, die dort arbeiten müssen. Aber Menschen, die dann sagen, ich kann das nicht mehr, zumindest nicht mehr in diesem Laden, denen muss geholfen werden, und das haben wir dann eben getan. Und unter anderem dann auch mit seinem Einverständnis die Strafanzeige gestellt.

Was hat er über die Vertriebsstruktur Mexiko berichtet

HR: Der Informant hat berichtet, dass hier irgendwelche Partys veranstaltet worden sind. Von denen wusste er natürlich nichts, aber er hat das dann eben mitbekommen. Wo hochdekorierte Militärs und Polizeiobere extremst hofiert wurden. Wo letztlich auch Gelder geflossen sind. Das hat er einmal direkt in so einem Briefumschlag mitbekommen und seinen Kollegen dann gefragt: Was ist denn hier los? Was macht ihr denn da? Was ist das? Ja, das sei hier so Usus, das sind hier so die Geschäftspraktiken. Also er ist da glaubhaft auf Dinge gestoßen, die er, glaube ich, auch selber nicht für möglich gehalten hat. Bis hin zu Schießübungen, Vorführungen in Provinzen, wo jeder Mensch mitbekommen musste, dass dort bürgerkriegsähnliche Zustände herrschten. Wie können wir hier Schießübungen und Gewehrvorführungen machen? All diese Dinge haben ihn sehr belastet, und deswegen musste er sie irgendwo loswerden.

Im März 2011 erklärt das Oberndorfer Unternehmen in einer »Stellungnahme zu den Anschuldigungen der Bestechung im Zusammenhang mit Exporten nach Mexiko«: »Heckler & Koch lieferte nie Gewehre an mexikanische Provinzen.« Vertragspartner in Mexiko sei die dem Verteidigungsministerium unterstellte Beschaffungbehörde DCAM. »Aufträge von DCAM unterlagen und unterliegen der Kontrolle und Genehmigung von deutschen Behörden, und Heckler & Koch kann die autorisierte Genehmigung für jedes Gewehr belegen, das nach Mexiko ging.« Ferner seien nie Bestechungsgelder von Heckler & Koch an Repräsentanten mexikanischer Behörden geflossen. »Die Anschuldigung der Bestechung wurde von einer Gruppe von Personen lanciert, der auch ein ehemaliger Heckler & Koch-Mitarbeiter angehört, der nun für ein Konkurrenzunternehmen tätig ist.«

Waffenpräsentation des H&K-Verkaufsteams im »verbotenen« mexikanischen Bundesstaat Guerrero.

Am 15. März 2011 erteilt das mexikanische Verteidigungsministerium SEDENA Auskunft über Ankauf und Verbleib von H&K-G36-Gewehren im Zeitraum von 2006 bis 2009. Demzufolge seien insgesamt 561 Sturmgewehre in den Bundesstaat Chiapas, 2113 in den Bundesstaat Chihuahua, 1924 in den Bundesstaat Guerrero, 198 in den Bundesstaat Jalisco verkauft worden.

Am 29. April 2011 wendet sich die Staatsanwaltschaft Stuttgart erneut an das Bundeswirtschaftsministerium. Die Vernehmungen mit Ministerialrat W. und Oberamtsrat D. vom 24. August 2010 werfen in Verbindung mit den Stellungnahmen von Heckler & Koch bzw. deren Anwälten grundsätzliche Fragen auf:

Das Bundeswirtschaftsministerium wird um Klärung gebeten, »ob die Angaben zum Endverbleib der Waffen bei Polizeibehörden einzelner mexikanischer Bundesstaaten verwaltungsrechtlich tatsächlich wirksam Inhalt der einzelnen Genehmigung geworden sind«. Das hatte der zuständige Ministerialrat (MR) W. im BMWi in seiner Zeugenvernehmung am 24. August 2010 ausgesagt. Die Anwälte von Heckler & Koch stellen jedoch in Abrede, dass der Endverbleib der Waffen grundlegende Voraussetzung der für Mexiko erteilten Exportgenehmigungen gewesen sei.

Ein zweiter Punkt betrifft das »Bestimmtheitsgebot«. Es sei fraglich, »ob eine solche inhaltliche Beschränkung auf einzelne Bundesstaaten angesichts des Bestimmtheitsgebotes des § 37 Abs. 1 VwVfG nicht ausdrücklich in den Genehmigungsbescheid klar und unzweideutig erkennbar war«. Ungeklärt sei auch die »Zulässigkeit einer Endverbleibsklausel als Genehmigungsinhalt«. Die Anwälte von Heckler & Koch vertreten die Ansicht, »eine inhaltliche Beschränkung der Genehmigung durch eine Endverbleibsklausel für bestimmte Verwendungsorte innerhalb des Staates des Zielortes sei rechtlich nicht möglich«. Auch in dem Zusammenhang bittet die Staatsanwaltschaft um eine Darstellung aus Sicht des BMWi. Ministerialrat W. sagte dazu: »Ob diese verwaltungstechnisch zulässig ist, wurde bis dato nicht problematisiert, da in diesen Fällen die Genehmigungen erteilt wurden, und es ist durchaus vorstellbar, dass es völkerrechtlich Probleme aufwerfen könnte, wenn eine innerstaatliche Verwendungsbeschränkung in dem Empfängerland ausgesprochen würde.« Also fragt die Staatsanwaltschaft Stuttgart, »ob und ggf. aus welchen Gründen das BMWi eine auf solche Polizeibehörden einzelner mexikanischer Bundesstaaten beschränkte Endverbleibsklausel als Genehmigungsinhalt für rechtlich zulässig erachtet«.

Ein strittiger Punkt sei auch die »Befristung der Endverbleibserklärungen«. Die Anwälte von Heckler & Koch behaupten, »die Gültigkeit der den hier relevanten Genehmigungsanträgen beigelegten EVE sei auf jeweils 6 Monate befristet gewesen«. Wie wirkte sich diese »Befristung« der Endverbleibserklärungen aber »auf den Inhalt der erteilten Genehmigungen« aus? Die Waren seien in der Regel erst ausgeführt worden, als »diese in den mexikanischen EVE genannte Frist in der Regel bereits abgelaufen war«. Rechtsanwalt Wessing behauptet, das BMWi als Genehmigungsbehörde habe zum Zeitpunkt der Genehmigungserteilung in Kauf genommen, dass die Waffen »nach Ablauf der Gültigkeitsfrist der EVE an jeden Ort und an jede Behörde in Mexiko gelangen konnten, und dass die Weiterleitung der Waffen nach Ablauf der Gültigkeitsfrist der EVE implizierter Bestandteil der Genehmigung gewesen sei«.

In dem Zusammenhang fragt die Ermittlungsbehörde, »aus welchen Gründen das BMWi seit dem Jahr 2010 offenbar keine solche befristeten EVE mehr akzeptiert und ob die von Rechtsanwalt Prof. Dr. Wessing daraus gezogenen Schlussfolgerungen zutreffend sind. Demnach sei das BMWi in der Vergangenheit davon ausgegangen, dass die Weitergabe an andere Bundesstaaten nach Ablauf der Befristung nicht ausgeschlossen war. Eine solche Weitergabe habe das BMWi somit faktisch geduldet.«

Klärungsbedarf besteht auch, was den »Austausch von Endverbleibserklärungen als Genehmigungsvoraussetzung« betrifft: »Aus den hierher übersandten Akten des BMWi ist nicht eindeutig ersichtlich, was die jeweilige Ursache für den Austausch der EVE war.« Auch zu dieser Frage war Ministerialrat W. in der Zeugenaussage vom 24. August 2010 gehört worden. Er erklärte: »Das AA [Auswärtiges Amt] äußerte Bedenken bzgl. der Menschenrechtslage, und entsprechend wurde interveniert. Die Bedenken wurden nur pauschal vom AA geäußert. Wir als BMWi waren mit dieser pauschalen Lösung nicht einverstanden und haben eine politische Lösung angestrebt.«

Von besonderem Interesse sei, »ob und ggf. ab welchem Zeitpunkt aus Sicht des BMWi die jeweils Verantwortlichen der Heckler & Koch GmbH eindeutig wussten, dass auf Aufträge, die mit EVE für die Bundesstaaten Chaipas, Jalisco, Chihuahua oder Guerrero vorgelegt wurden, keine Genehmigung durch das BMWi erteilt« würde. Außerdem beanstandet die Staatsanwaltschaft, dass ursprünglich von Heckler & Koch vorgelegte Endverbleibserklärungen sich »nicht bei den hierher übersandten Akten des BMWi zu dem jeweiligen Genehmigungsvorgang« befänden.

Mit ihren Fragen zeigt die Staatsanwaltschaft bereits eklatante Widersprüche im Hinblick auf die Bewilligung der Ausfuhrgenehmigung für Heckler & Koch sowie die Handhabung der Rüstungsexportkontrolle im Fall Mexiko auf. Unstimmigkeiten deckt auch der vertrauliche Bericht des ZKA vom 13. Mai 2011 auf. In einer »Übersicht über die Anträge der H&K GmbH an das BMWi auf Erteilung von AGen (2003-2010)« werden Lieferungen von H&K-Waffen (darunter auch G36-Gewehre) ab 3. März 2004 für Ausstellungszwecke, Vorführungen, Tests und Erprobungen aufgelistet. In dem Protokoll, das Rechtsanwalt Wessing an die Staatsanwaltschaft geschickt hat, heißt es hingegen: »Woher die Waffen kommen und wem sie gehören, ist ungewiss.« Gemeint sind die Waffen für die Vorführungen. Ferner wird in dem Protokoll behauptet, Schießdemonstrationen würden »auf dem anliegenden Schießstand« durchgeführt. Videoaufnahmen und Fotos belegen hingegen, dass Schießdemonstrationen in unterschiedlichen Umgebungen und unter realen Bedingungen, zum Beispiel am und im Meer, durchgeführt wurden.

Der zuständige Referatsleiter des VB3 im BMWi Claus W. beantwortet die Fragen der Staatsanwaltschaft am 27. Mai 2011 schriftlich. Auf den »Endverbleib als Genehmigungsinhalt« sei in den Genehmigungsbescheiden »jeweils ausdrücklich« Bezug genommen worden. Damit »erscheint dem BMWi ausreichend klargestellt, dass damit auch alle im Zusammenhang mit dem Antrag eingereichten Unterlagen und erfolgten Angaben Gegenstand des Genehmigungsbescheides sind«. Zu Punkt 2 »Bestimmtheitsgebot«: »Gegenstand regelmäßiger Gespräche der Heckler & Koch-Vertreter (vor allem Herr B. und Herr Beyerle) mit Ressortvertretern des BMWi und des AA« soll die Nichtbelieferung bestimmter mexikanischer Bundesstaaten gewesen sein. Folglich sei »nur durch die Tatsache, dass es derartige Gespräche gegeben hat«, erklärbar, »warum zu einem bestimmten Zeitpunkt eine geänderte Endverbleibserklärung eingereicht wurde, die einen bestimmten mexikanischen Bundessaat nicht mehr aufführte, und anschließend eine Genehmigung erteilt wurde«. Ferner erklärte sich die Frage nach der »Zulässigkeit einer Endverbleibsklausel als Genehmigungsinhalt« dadurch, dass »hier der Empfangsstaat von sich aus« die Einschränkung vornimmt. Folglich stelle dies aus völkerrechtlicher Sicht kein Problem dar. Mexiko habe sich »selbst verbindlich festgelegt«. Die inhaltliche Beschränkung habe darüber hinaus auch strafrechtliche Relevanz für den »Genehmigungsinhaber«. Bei Zuwiderhandeln läge »eine ungenehmigte und damit strafbare Ausfuhr vor«. Für das Land, das die Endverbleibserklärung ausgestellt hat, wäre »damit die Belieferungsfähigkeit des Landes mit ausfuhrgenehmigungspflichtigen Gütern, insbesondere Kriegswaffen, insgesamt infrage gestellt«.

Die Behauptung von Rechtsanwalt Wessing, das BMWi habe mit den befristeten Endverbleibserklärungen die Weitergabe der Lieferungen »an nicht zugelassene Empfänger faktisch geduldet«, weist W. nachdrücklich zurück. Die Argumentation des Anwalts erscheine ihm »völlig unverständlich«. Der Austausch der Endverbleibserklärungen sei vermutlich die Folge entsprechender »Gesprächs-/Telefonkontakte von Herrn B. bzw. Herrn Beyerle mit dem zuständigen Referenten des Referats 411 des Auswärtigen Amtes«. Dem BMWi hätten »keine konkreten Informationen zur inneren Lage oder der Menschenrechtssituation in einzelnen mexikanischen Bundesstaaten« vorgelegen. Bei ihren regelmäßigen Besuchen im BMWi hätten B. und Beyerle immer offene Genehmigungsanträge für Drittländer erörtert. Ähnliche Gespräche seien auch regelmäßig mit Vertretern des Auswärtigen Amtes und des Bundeskanzleramtes geführt worden, »so dass die Fa. Heckler & Koch laufend über die Genehmigungslage bzw. die entsprechenden Probleme unterrichtet war«.

Faktisch widersprechen sich die Stellungnahme des Anwalts und die Antwort aus dem Bundeswirtschaftsministerium nahezu in allen Punkten. Interessant ist: Das BMWi als für die Ausfuhrgenehmigung zuständige Behörde verweist hinsichtlich der inhaltlichen Einschränkungen auf das Auswärtige Amt. Wobei die Bitte um »neue Endverbleibserklärungen« im Mai 2011 nachweislich aus dem BMWi kam.

Im November 2011 lässt die Staatsanwaltschaft Stuttgart erneut die Firmenräume des Unternehmens und nun auch Privathäuser durchsuchen und umfangreiches Material beschlagnahmen. Zu einer Anklageerhebung kommt es nicht. Immerhin verhängt das Bundeswirtschaftsministerium 2011 ein bis heute währendes Genehmigungsverbot für Kleinwaffenexporte nach Mexiko. Heckler & Koch treffen solche Exportbeschränkungen hart, wie die Betriebsratvorsitzende des Unternehmens eingesteht.

Interview mit B. G.

(früher Handelsvertreter der Firma Heckler & Koch in Mexiko)

Wie und wann sind Sie zu Heckler & Koch gekommen?

BG: Was meine Laufbahn anbetrifft, habe ich bei der Firma Heckler & Koch 1976 eine Lehre angefangen, bis 1978 als Drehautomateneinrichter, danach Bundeswehr, obligatorisch, 15 Monate. Danach wurde ich weiterhin bei Heckler & Koch beschäftigt in der Automatendreherei. 1981 im Oktober stand dann der erste Auslandseinsatz an, dann ging's gleich nach Mexiko zur Betreuung bzw. Fortführung des ersten Lizenzvertrages G3, Lizenzproduktion in der »Fábrica de Armas« in Mexiko. Ungefähr zwei Jahre war ich damals in Mexiko. Dann ging es wieder zurück nach Deutschland für ein Jahr, danach wieder drei Jahre Mexiko, zwischenzeitlich war die Produktion eingeführt für die MP5, dann das HK21 und schließlich die Pistole P7.

Für mich fand das einen Abschluss 1987 im August, dann ging ich auf die Technikerschule, Maschinenbautechnik, vier Semester, sprich zwei Jahre. Danach wieder Heckler & Koch. Ich wurde wieder angerufen, ich sollte noch zwei Projektchen machen, einmal in Mexiko als Werkzeugbauer, nach sechs Monaten zurück, und einmal Saudi-Arabien, das war das damalige GP-7-Projekt, ebenfalls nach sechs Monaten zurück. Und dann ging es zurück nach Deutschland. Die Firma ging damals leider bankrott. Es wurden sehr viele Leute entlassen. Ich wurde weiterbeschäftigt, und dann ging es wieder nach Mexiko zur sogenannten Fabrik-Wiederinbetriebnahme, weil in Mexiko wurden seinerzeit die Zivilarbeiter entlassen bzw. vor die Alternative gestellt, Soldat oder Polizist zu werden oder ganz einfach auf die Straße zu gehen, weil es wurde umorganisiert. Und im Zuge dessen musste neu ausgebildet werden, weil sehr viel Know-how verloren ging. Es gingen sehr viele Leute damals aus der »Fábrica de Armas« in andere Firmen, und da haben wir ein Jahr nachausgebildet, alles, was an Lizenzproduktionen bis dahin eingeführt worden war, sprich: G3, MP5, H&K 21 und P7.

Daraus wurden dann aber fast zehn Jahre, und es ging bis Ende 2001.«

Und dann sind Sie bei Heckler & Koch ausgestiegen? Freiwillig?

BG: Ich habe damals in gutem Einvernehmen bei Heckler & Koch gekündigt. Wir haben hier damals eine kleine Firma gegründet. Hauptsächlich Schweißmaschinen und alles, was mit Schweißen zu tun hat. Verkauf, Installation und Ausbildung bei den Kunden. Das ging aber dann nicht lange, weil ich dann schon in den ersten Januartagen 2002 von der Generaldirektion, vom Generaldirektor persönlich, zu einem Frühstück eingeladen wurde. Der Hintergrund war der Wunsch, dass ich auf irgendeine Art weiterhin die Lizenzproduktion betreue, weiterhin den Kontakt zu Heckler & Koch und der Generaldirektion halte, was nicht so ganz einfach war, weil ich damals erstens ganz frisch bei H&K gekündigt hatte, und es zweitens keine Möglichkeit für die Generaldirektion gab, mich einzustellen. Es gibt im öffentlichen Recht in Mexiko keine legale Möglichkeit, mir ein Gehalt oder so etwas zu zahlen. Dann sind wir übereingekommen bzw. es kam zum Besuch bei Heckler & Koch. In diesem Zusammenhang sind wir übereingekommen, dass ich/wir – unsere ganze frisch gegründete Firma – die Vertretungsfunktion übernehmen sollte/n. Und das war dann die Möglichkeit, an unsere Bezahlung zu kommen aufgrund der Provisionsabrechnungen. Das haben wir dann bis ins Jahr 2003 gemacht, nur industrieanlagenbaumäßig, sprich: Unterstützung der »Fábrica de Armas« mit Industriegütern wie zum Beispiel Stahl, Werkzeuge und sonstige Verbrauchsmittel, sofern sie ganz spezifisch waren und aus Europa importiert wurden. Und diese Geschäfte wurden über Heckler & Koch in Form von Verträgen abgewickelt.

Ab wann begannen die Gespräche über die Einführung der neuen H&K-Produkte in Mexiko?

BG: Im Zuge eines Besuches der Leute von Heckler und & Koch in Mexiko bei der Generaldirektion wurde das Thema angesprochen, warum Heckler und & Koch eigentlich keine Verkaufsvitrine angemietet hat und keine Fertiggeräte anbietet. Die Antwort war dann, warum eigentlich nicht? Und so kam es zustande, dass auch eine Verkaufsvitrine angemietet wurde in der sogenannten D.C.A.M. – Dirección de comercializacion de Armamento y Municiones. Angefangen wurde zunächst mal mit einer Schrotflinte, Fertigwaffen auszustellen. Parallel oder fast gleichzeitig waren die Militärs interessiert am G36, an einer eventuellen Einführung des G36 beim Heer in Mexiko. Dazu gab es zunächst einmal eine Vorführung in Mexiko mit dem G36 vor den Militärs. Diese fand schon ca. Ende 2002 statt. Es wurde in der Militärindustrie geplant, das G36 … dass eventuell in der gleichen Fertigungsstätte, wo bisher das G3, MP5 usw. produziert wurden, auch das G36 produziert wird. Daraufhin gab es Produktionsstudien, wie das technisch machbar wäre. Dann gab es auch schon die ersten Angebote, welche Maschinen evtl. vorgesehen werden für welche Teile. Letztendlich kam es zu einem Angebot über eine Fünf-Stufen-Einführung des G36. Alle Stufen hätten so ca. ein Jahr gedauert. Angefangen von der Montage, bis dann einige Teile fertig produziert werden sollten. Und das alles existierte in Papierform zunächst. Dann wurde das Projekt weiterverfolgt und hat sich so allmählich konkretisiert. Mitte bis Ende des Jahres 2004 wurden dann die Verhandlungen geführt, direkt im Verteidigungsministerium, da gab es also schon Vertragsvorschläge, die da gemacht wurden. Seinerzeit sind im Militärhaushalt von Mexiko ungefähr 100 Millionen US-Dollar gekürzt worden, und das G36-Projekt wurde zunächst einmal zurückgestellt bzw. eingestellt aufgrund dieser Budgetkürzungen.

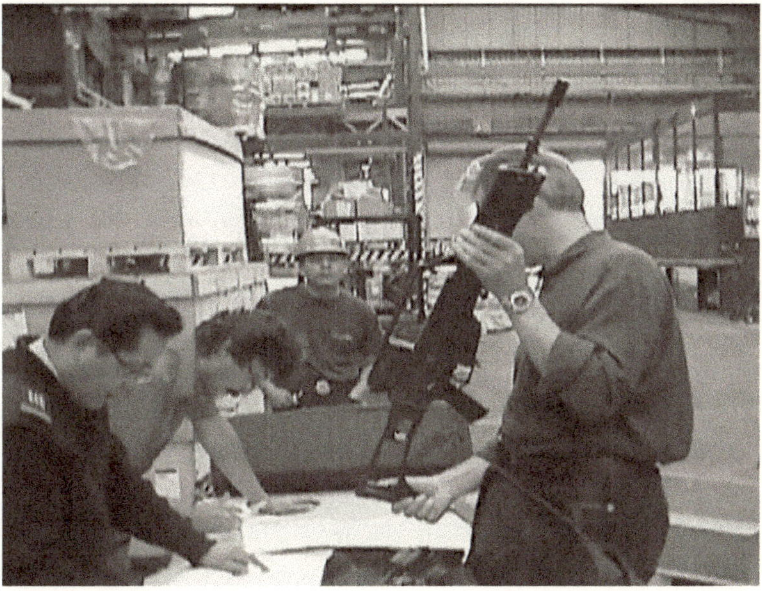

H&K- Handelsvertreter B. G. mustert das erste aus Deutschland nach Mexiko gelieferte G36-Sturmgewehr.

Bestand wirklich kein Interesse mehr am Lizenzbau des G36 für Mexiko?

BG: Dann kam das Jahr 2005. Da haben sich die Militärs etwas zurückhaltend verhalten, weil es wollte dann keiner mehr eine Unterstützung in der »Fábrica de Armas« ganz speziell, was mir persönlich ein bisschen komisch vorkam seinerzeit. Aber das haben wir dann gemerkt im September 2006, als auf einmal auf wunderbare Weise ein mexikanisches Gewehr auf der Militärparade zu sehen war, auf der »Reforma«.

Sie sprechen vom FX-05. Wie hat Heckler & Koch davon erfahren? Wie hat man dort reagiert?

BG: Dann gab es ein paar Rückfragen seitens Heckler & Koch. Ohne dass Heckler & Koch oder wir informiert wurden, zumindest nicht offiziell, haben die Mexikaner ein Gewehr selber entwickelt und angefangen, es selber zu bauen, in der »Fábrica de Armas« und in Peripheriefabriken. Da waren wir etwas überrascht. Auf spezifische Rückfragen wurden wir dann letztendlich nach einigem Schriftverkehr ca. im Mai 2007 offiziell informiert, dass am G36 überhaupt kein Interesse mehr bestehe, weil ein eigenes Gewehr entwickelt worden sei, das in den nächsten Jahren gebaut werde. Wir haben dann mit unserer Firma hier H&K vertreten, ganz speziell in der DCAM. Es wurden auch teilweise Anfragen gestartet bzw. Aufträge platziert wegen Industriegütern für die Fabrik, aber in ganz kleinem Rahmen, denn es ging nur um die Reparatur der vorhandenen H&K-Familien-Waffen, wie G3, MP5 usw. Dann ging so allmählich verstärkt der Verkauf los, ganz speziell G36, MP5, USP in der DCAM und zwar für den mexikanischen Behördenmarkt, also Polizeibehörden, Sicherheitskräfte. Und das fand dann im Jahr 2009 ein Ende (…)

In Mexiko gibt es ja bis heute einen relativ hohen Bedarf an Kleinfeuerwaffen und auch an Munition. Richtig? Und warum?

BG: Ja, das ist richtig, weil speziell ab dem Jahr 2005 wurde die ganze öffentliche Sicherheit durch die mexikanische Bundesregierung verstärkt. Ich kann es nur mal schätzen, aber die »Policía Federal estatale y municipal«, also Kriminalpolizei, Länder- und Gemeindepolizei durften mittlerweile eine Mannstärke von 350 000 bis 400 000 Mann landesweit haben, wobei man berücksichtigen muss, dass Mexiko ein relativ großes Land ist, fast zwei Millionen Quadratkilometer, 10 000 Kilometer Küste, und es schwer beherrschbar ist, trotz Ballungszentren. Aber es ist relativ schwierig für die Sicherheitsorgane, wirklich den Bürger zu schützen. Aus diesem Grund besteht auch ein großer Bedarf an Ausrüstung, also neben Autos, Uniformen, Schutzwesten usw. usw. usw. auch ganz speziell an Bewaffnung.

Wie ging es weiter? Sie haben gekündigt, aber das hat keine Woche gedauert, bis man Sie wieder gebraucht hat.

BG: Ungefähr zwei Wochen nach Weihnachten kam ein Brief nach Hause, Einladung in die Generaldirektion zum Frühstück, da wollte der General mit mir reden. Der Hintergrund war, die Berater hatten scheinbar dem neuem General empfohlen, mit dem G. weiterzumachen, so wie früher, weil man offenbar mit mir sehr zufrieden war, denke ich mal. Ich sollte dann nach dem Frühstück Kontakt mit Heckler & Koch aufnehmen, auf welche Weise die Liaison, die technische Unterstützung fortgeführt werden könnte.

Wie hat sich das dann etabliert? Wie ging das dann los?«

BG: Also das ging zunächst mal los mit dem Besuch bei Heckler & Koch, dann ging das weiter mit einem Vertretungsvertrag mit unserer Firma [...]. Und das ging dann los mit den ersten Bedarfsmeldungen,

Angebotseinholungen von Heckler & Koch, und dann kamen auch schon die ersten Aufträge für unsere Firma […]. Wir/ich haben die Verträge unterschrieben im Namen der Firma Heckler & Koch, und dann wurde der Auftrag bei Heckler & Koch in Oberndorf eingestellt, und sobald die Ware zur Verfügung stand, kam ein sogenannter Versandavis, am soundsovielten wird mit Lufthansa oder Schiff oder egal die und die Ware gemäß beigefügter Lieferliste geliefert. Das hat man dem Einkauf gemeldet, der Einkauf hat den Import veranlasst, und dann mussten wir noch physisch beim Wareneingang dabei sein im Lager. Und dann mussten wir noch betreuen, bis der Auftrag fertig bezahlt wurde. Wenn Heckler & Koch das Geld bekommen hatte, stand bei uns die Provision an, konnte angefordert werden. Bei der DCAM ging das dann erst ungefähr zwei Jahre später los, so ganz grob Ende 2003, 2004, zunächst mal mit Schrotflinte, Ausstellungsvitrine, Anmietung einer Ausstellungsvitrine, dann Schrotflinte, ab 2005 G36, MP5, Pistolenprogramm.

Diese Aufträge wurden von der DCAM selber ermittelt. Die einzelnen Sicherheitsbehörden landesweit müssen zuerst vor einem Waffenregister eine Lizenz beantragen, ob der Bedarf reell ist, ob der erfüllt werden kann. Wenn sie vom Waffenregister das O.K. bekommen, dann erst können sie sich mit ihrer Bedarfsmeldung an die DCAM wenden und zum Beispiel sagen, ich brauche für unsere Einheit 100 Pistolen oder 100 Gewehre oder was auch immer …

Gescheiterte Heckler & Koch-Strategie der Bauernopfer

Nahezu drei Jahre lang behauptet die H&K-Geschäftsführung, das Unternehmen sei in keiner Weise in illegale Waffengeschäfte verstrickt. Als Erstatter der Strafanzeige wird Jürgen Grässlin vor versammelter Belegschaft diskreditiert. Dann – am 24. April 2013 – verkünden die Geschäftsführer Martin Lemperle und Niels Ihloff am

Schwarzen Brett einen Strategiewechsel in Form einer »Mitteilung der Geschäftsführung«, so das Ergebnis der Recherche der *Neuen Rottweiler Zeitung*. Eine »interne Sonderuntersuchung« habe im Zusammenhang mit den staatsanwaltschaftlichen Ermittlungen zu einer neuen Erkenntnis geführt, heißt es jetzt angesichts der nicht länger zu leugnenden Faktenlage.

Fortan besteht aus Unternehmenssicht »der dringende Tatverdacht gegen zwei langjährige Mitarbeiter«. Diese sollen mit B. G., dem Handelsvertreter von Heckler & Koch in Mexiko, »Waffenlieferungen in nicht genehmigungsfähige mexikanische Bundesstaaten« veranlasst haben. Die Sündenbockstrategie fokussiert sich auf den H&K-Bereichsleiter L. S. und die Sachbearbeiterin R. E.. Ausschließlich diese beiden sollten »eigenmächtig, ohne Wissen und Wollen anderer Personen im Unternehmen« gehandelt haben. L. S. und R. E. werden mit sofortiger Wirkung gekündigt.

Bemerkenswert erscheint insbesondere die These, in dem Unternehmen sei keiner außer den bis dato Genannten in den widerrechtlichen Waffenhandel mit Tausenden Sturmgewehren involviert gewesen. In dem als Verschlusssache gekennzeichneten Bericht des ZKA vom 13. Mai 2011 erfolgte eine »Bewertung der Tatbeteiligung der Beschuldigten«. Der Geschäftsführung sei demnach eine direkte Tatbeteiligung nicht nachzuweisen. Durch ihre leitenden Positionen innerhalb des Unternehmens sei jedoch davon auszugehen, »dass sie über die Vorgänge informiert waren (z.B. durch Teilnahme an den sog. Managementmeetings)«.

L. S. und R. E. wehren sich gegen die Kündigung. In einem Arbeitsgerichtsverfahren am 3. Dezember 2013 in Villingen bekommen sie recht. Die Klage gegen Heckler & Koch sei zulässig und begründet. Wegen der über 30-jährigen Betriebszugehörigkeit der Kläger wäre allenfalls eine Abmahnung möglich gewesen.

Wie sich bei der Verhandlung zeigt, galt insbesondere L. S. als zuverlässiger und loyaler Mitarbeiter von Heckler & Koch. Er war über 32 Jahre bei der Firma beschäftigt, zuletzt als Vertriebsbereichleiter für den Export mit Handlungsvollmacht. Sein Zuständigkeitsbereich umfasste die Länder Spanien, Kanada, Mexiko, Argentinien und den gesamten asiatischen Bereich. Der Jahresumsatz seiner Abteilung machte mit ca. 40 Millionen Euro 20 Prozent des Jahresumsatzes von Heckler & Koch aus. Es war bis zur Kündigung von L. S. nie zu Differenzen oder Beanstandungen gekommen. Die Anweisungen für den Mexiko-Deal wurden nachweislich von der Geschäftsführung, insbesondere von den für den Export verantwortlichen Geschäftsführern Jürgen B. und dessen Nachfolger Peter Beyerle, direkt an L. S. gegeben.

Bemerkenswert ist auch, dass von L. S., der am 22. Februar und 8. März 2013 vor Firmenanwälten zu den Anschuldigungen gegen ihn Stellung nahm, »ein geständiges Aussageverhalten« erwartet wurde. Dieses wäre, wie ihm von den Anwälten mitgeteilt wurde, bei den arbeitsrechtlichen Erwägungen wohlwollend berücksichtigt worden. Man habe L. S. und seinen Anwalt auf die erdrückende Indizienlage hingewiesen und ein umfassendes Geständnis erwartet. L. S. aber habe sich geweigert.

Im Prozess zeigt sich auch, dass der Oberndorfer Waffenhersteller versucht, die Schuld an den illegalen Waffenlieferungen auf den früheren Mitarbeiter und späteren Handelsvertreter von Heckler & Koch in Mexiko, B. G., zu schieben. Denn er sei es, der die entsprechenden Verbindungen zu den mexikanischen Behörden habe. Obwohl B. G. sich seinem ehemaligen Arbeitgeber eng verbunden fühlt, behauptet die Firma, keine Kontakte mehr zu ihm zu unterhalten.

Der Prozess bietet nicht nur Einblicke in die Verwicklung der H&K-Führungsebene. Die juristische Auseinandersetzung offenbart zugleich auch das Versagen der Rüstungsexportkontrollbehörden an ganz entscheidenden Punkten: Wie sich zeigt, wird der Endverbleib der Waffen von den zuständigen Behörden nicht mal im Ansatz kontrolliert. Die von Heckler & Koch vorgelegten Endverbleibserklärungen wurden im Fall Mexiko zuweilen zeitlich befristet ausgestellt (gleich einem »Haltbarkeitsdatum«). Exportgenehmigungen wurden »auf Zuruf« erteilt.

Die Firma geht gegen die Entscheidung des Arbeitsgerichts Villingen in Berufung. Nach mehrstündiger Verhandlung endet am 1. Dezember 2014 der Berufungsprozess vor dem Landesarbeitsgerichts Freiburg auf Vorschlag des Richters mit einem Vergleich. Der Fortbestand der Arbeitsverhältnisse solle davon abhängig gemacht werden, dass die Klägerin und der Kläger »nicht wegen einer vorsätzlichen Straftat nach dem Kriegwaffenkontrollgesetz und Außenwirtschaftsgesetz verurteilt werden«.

Interview mit dem Journalisten Thomas Reutter

Inzwischen sind einige Jahre vergangen, seit Jürgen Grässlin die Strafanzeigen gestellt hat. Wundert es Sie, dass es so lange dauert, bis die Staatsanwaltschaft Stuttgart entscheidet, ob sie Anklage erhebt?

TR: Also, wir haben uns auch gewundert, warum das so lange dauert, und die Sprecherin der Staatsanwaltschaft, Frau Krauth, hat uns ja auch immer wieder gesagt, das sei ein aufwendiges Verfahren, internationaler Bezug, man müsse Amtshilfe beantragen in Mexiko, aber wir sind auch dagesessen und haben gewartet und gewartet und gedacht, wo das so dicht ist und wo selbst wir Journalisten schon so viel Material haben, wie kann das sein, dass die Staatsanwaltschaft so lange braucht? Die Spannung steigt, und jetzt ist es natürlich fantastisch, dass Daniel Harrich so viele wasserdichte Belege zusammengetragen hat. Ich kann mir allerdings nicht vorstellen, dass es nicht zu einer Anklage kommt.

Was macht Sie so sicher?

TR: Weil die Belege so erdrückend sind, und es ist verblüffend, dass H&K es in der Anfangsphase sogar noch abgestritten hat, obwohl schon so viel in unseren Händen war an Belegen und an Beweisen, und ich denke, daran kann die Staatsanwaltschaft eigentlich nicht vorbei.

Sie haben angeblich erdrückende Beweise und nennen Ihren Bericht dann »Dubiose Geschäfte in Mexiko«. Warum so zögerlich?

TR: Also, wir hätten natürlich auch gerne geschrieben »Illegale Geschäfte in Mexiko«, aber das ist natürlich juristisch hochheikel, und dann muss man ja immer sagen »mutmaßlich« und muss sich immer ein Sicherheitshintertürchen offen halten, solange niemand verurteilt ist. Deswegen haben wir die schwächere Variante gewählt, »dubiose«, heute könnte man wirklich »illegale Geschäfte« sagen, weil H&K es ja inzwischen zugegeben hat und per Aushang in der eigenen Firma bekanntgegeben hat, ja es gab illegale Geschäfte, aber nur von untergeordneten Mitarbeitern.

Sie sagen, dass Sie lange davon ausgingen, dass die Ministerien nicht informiert waren. Denken Sie heute nicht mehr so?

TR: Wir haben während dieser Recherche mehrmals versucht, vom Auswärtigen Amt, von der Bundesregierung tatsächlich dieses Dokument zu bekommen, oder auch vom Bundesausfuhramt die Ausfuhrgenehmigung. Auch von H&K, aber H&K hat ja sowieso nicht mit uns gesprochen. Und es war nicht möglich, ein Dokument zu erhalten, in dem drinsteht, diese Staaten sind erlaubt, diese Staaten sind verboten. Und das fanden wir schon komisch. Das fand auch meine Redaktion seltsam. Es müsste doch irgendwo ein Dokument geben, wo drinsteht, also Jalisco, Guerrero, diese Bundesstaaten sind ausgenommen, da darf nicht hingeliefert werden, und die anderen Staaten sind erlaubt. Aber dieses Dokument konnte oder wollte uns die Bundesregierung nicht geben. Dann mussten wir davon ausgehen, dass H&K tatsächlich getäuscht hat, jetzt wissen wir mehr. Durch die Recherchen von Daniel Harrich wissen wir, dass die zuständigen Ministerien und das Bundesausfuhramt sehr genau wissen mussten, was da läuft. Dass die sich im besten Fall haben täuschen lassen und beide Augen zugedrückt haben und im schlimmsten Fall wirklich Täter sind und mit beteiligt waren, und dass eigentlich auch gegen sie ermittelt werden müsste.

Können Sie sich vorstellen, dass Beamte in den Ministerien tatsächlich etwas wussten? Und was bedeutet das für Sie?

TR: H&K ist ein Rüstungsunternehmen. Es ist klar, dass ein Rüstungsunternehmen Rüstung verkaufen will. So weit, so gut. Es geht natürlich nicht, dass sie illegal Rüstung verkaufen. Und für mich waren auch immer die Beamten, die kontrollieren, und die Aufsichtsbehörden, die damit umgehen müssen, interessanter als jetzt der Rüstungskonzern selbst, der wohin auch immer verkauft. Das ist für mich der Kern der Geschichte. Also nicht, dass das Waffenunternehmen illegal Waffen verkauft, das ist natürlich schlimm und muss bestraft werden, aber das Spannende ist, was alles genehmigt wird, was in einer Grauzone alles genehmigt und möglicherweise auf diese Weise geduldet wird, was eigentlich illegal ist. Und da wird's dann ein richtiger Politskandal. Und da nimmt es eine Dimension ein für mich, die auch wirklich ein Politikum ist. Ich meine, dass illegale Rüstungsdeals stattfinden, haben wir geahnt, schlimm genug. Aber wenn sie abgesegnet würden von oben, wäre das ein Riesenskandal.

Der gesetzliche Rahmen

Die Bundesrepublik Deutschland rühmt sich strenger Ausfuhrkontrollen und einer restriktiven Rüstungsexportpolitik, wobei die Beachtung der Menschenrechtssituation in dem jeweiligen Empfängerstaat oberste Priorität bei der Entscheidungsfindung haben soll.

Bei Waffenexporten in sogenannte Drittstaaten, nicht EU- bzw. NATO- und NATO-gleichgestellte Länder, sollen Genehmigungen unter strikter Beachtung der politischen Situation des Empfängerlandes und in inhaltlicher Übereinstimmung mit dem gemeinsamen Standpunkt der EU erfolgen. Ferner werden Rüstungsexporte ausschließlich nach Vorlage von verbindlichen Endverbleibserklärungen des Empfängerlandes entschieden. Diese Endverbleibserklärungen (EVB oder EUC – End-user certificate) müssen gegenüber der Bundesregierung garantieren, dass die gelieferten Rüstungsgüter im Empfängerland bleiben.

Rechtsgrundlagen für den Export von Kriegswaffen sind das Kriegswaffenkontrollgesetz (KrWaffKontrG), das Außenwirtschaftsgesetz (AWG) und die Außenwirtschaftsverordnung (AWV). Die an der Entscheidung über Kriegswaffenexporte beteiligten Ministerien sind: das Bundeswirtschaftsministerium (BMWi), das Auswärtige Amt (AA), das Bundesverteidigungsministerium (BMVg). Die für Rüstungsexporte zuständige Behörde ist das Bundesamt für Wirtschaft und Ausfuhrkontrolle (BAFA).

Wenn ein sogenannter Drittstaat Interesse an deutschen Rüstungsgütern bekundet, wendet sich das Herstellerunternehmen in einer Voranfrage an das Bundeswirtschaftsministerium, das für Exporte zuständige Ministerium. Das dient dazu, die Einschätzung der Situation im Empfängerland aus politischer Sicht zu erfragen. Wird diese positiv beurteilt, kann die Rüstungsfirma relativ sicher davon ausgehen, dass die Bundesregierung die geplanten Kriegswaffenexporte genehmigen wird.

Das offizielle Prozedere eines Genehmigungsvorgangs für Kriegswaffenexporte sieht folgendermaßen aus: Der Waffenhersteller bzw. -exporteur richtet sich mit seinem Antrag an das Bundeswirtschaftsministerium (BMWi). Eine Genehmigung muss auch für den Export von Ersatzteilen, den Transfer von Technologie zur Herstellung von Kriegswaffen und für das Know-how eingeholt werden.

Die Prüfung des Antrags soll in einem geschlossenen System zwischen den zuständigen Ressorts erfolgen und dem geheim tagenden Bundessicherheitsrat (BSR) zur Entscheidung vorgelegt werden. Maßgeblich verantwortlich für die Prüfung des Antrags ist der Vorbereitende Ausschuss (VBA) auf Staatssekretärsebene. Die Bewilligung bzw. das Untersagen von Rüstungsexporten obliegt einzig und allein der Bundesregierung.

»Der Export von Kriegswaffen ist zu untersagen, wenn die Gefahr besteht, dass die Kriegswaffen bei einer friedensstörenden Handlung, insbesondere bei einem Angriffskrieg, verwendet werden«, heißt es im Kriegswaffenkontrollgesetz. Exportgenehmigungen kommen »nicht in Betracht, wenn die innere Lage des betreffenden Landes dem entgegensteht, z.B. bei bewaffneten internen Auseinandersetzungen«.

Seit 2008 sind alle EU-Staaten dazu verpflichtet, ihre Rüstungsexporte im Rahmen der EU-Gemeinsamen Außen- und Sicherheitspolitik (GASP) zu prüfen. Folgende Kriterien sind dabei anzuwenden:

- Einhaltung internationaler Verpflichtungen
- Achtung der Menschenrechte im Empfängerland
- innere Lage im Empfängerland
- Erhaltung von Frieden, Sicherheit und Stabilität in der Region
- Bedrohung von Alliierten
- Verhalten in der internationalen Gemeinschaft
- unerlaubte Wiederausfuhr
- wirtschaftliche und technische Kapazität des Landes.

Hätten unter Berücksichtigung der gesetzlich vorgeschriebenen Richtlinien und der Politischen Grundsätze der Bundesrepublik Deutschland sowie ab 2008 unter Beachtung der Verpflichtung gegenüber den Staaten der Europäischen Union Kriegswaffen überhaupt nach Mexiko geliefert werden dürfen?

- Im Land herrschen infolge des Drogenkriegs seit zwei Jahrzehnten bürgerkriegsähnliche Verhältnisse.
- Beste Verbindungen zwischen höchsten politischen Kreisen und führenden Köpfen der Drogenkartelle sind belegt.
- Nicht nur kriminelle Banden, sondern auch Polizei und Militär begehen systematische Menschenrechtsverletzungen, Entführungen, Morde, außergerichtliche Hinrichtungen.
- Zur Durchführung von Großprojekten wird die Landbevölkerung gewaltsam vertrieben.
- Es bestehen massive Flüchtlingsprobleme, Mexiko gilt als die tödlichste Migrationsroute der Welt.
- Mexiko verzeichnet die höchsten Mordraten weltweit.
- Es gibt Tausende Frauenmorde, die meisten sind nicht geklärt.
- Tagtäglich werden Menschen entführt.
- Es gibt Korruption auf allen Ebenen.
- Gouverneure in Unruheprovinzen heuern Söldner der Drogenkartelle an.
- Militär und Polizei gelten als unverlässlich, korrupt und kriminell.
- Der Kleinwaffenmarkt ist völlig überflutet, eine Kontrolle unmöglich.

Der Oberndorfer Waffenhersteller erhält 2005 die Ausfuhrgenehmigung für Mexiko, allerdings gilt für vier mexikanische Bundesstaaten ein Lieferverbot. Im deutschen Ausfuhrkontrollrecht ist eine nachträgliche Kontrolle des Endverbleibs ausgeführter Rüstungsgüter vor Ort nicht vorgesehen. Laut Gesetz haftet der deutsche Waffenhersteller, -verkäufer, -exporteur, -lieferant für die Einhaltung des Endverbleibs seiner Produkte.

Kritiker halten die Endverbleibsregelung ohnehin für höchst fragwürdig, denn eine Vielzahl von Fällen zeigt mittlerweile, dass Endverbleibserklärungen nicht eingehalten wurden. Zum anderen ist schwer vorstellbar, wie die Kontrolle in solch schwierigen Ländern praktisch aussehen soll. Bezogen auf Mexiko bezeichnet der Journalist und Mexiko-Kenner Wolf-Dieter Vogel bereits die Wahl der nicht belieferungsfähigen Regionen als fragwürdig. Es gebe keinen Bundesstaat in Mexiko, der nicht genauso gefährlich sei und von der Drogenmafia beherrscht werde wie die vier Provinzen Chiapas, Jalisco, Chihuahua, Guerrero.

Welches und wie viel Kriegsgerät von Deutschland in die Welt geht, weiß kaum jemand. Waffengeschäfte werden im Verborgenen gemacht. Die Waffenhändler schweigen. Die für Waffenausfuhren zuständige Kontrollbehörde BAFA (Bundesamt für Wirtschaft und Ausfuhrkontrolle) darf darüber keine Auskünfte erteilen. Die Bundesregierung sagt nichts, sie verweist auf das Betriebsgeheimnis der Firmen. Der Bundessicherheitsrat unterliegt keiner parlamentarischen Kontrolle. Unter diesen Voraussetzungen sollen Verschlusssachen für immer unter Verschluss bleiben.

Die Ungereimtheiten um den Mexiko-Deal von Heckler & Koch wären wahrscheinlich gleichfalls für immer im Verborgenen geblieben.

Zu den Ungereimtheiten zählt auch die E-Mail vom 26. Mai 2010 (mehr als einen Monat nach der Strafanzeige gegen H&K), in der das Bundeswirtschaftsministerium dem damaligen Chef für Waffenausfuhr bei Heckler & Koch, Peter Beyerle, die mexikanischen Bundesstaaten, »die nach politischer Entscheidung gegenwärtig als belieferungsfähig bzw. nicht belieferungsfähig angesehen werden«, mitteilt. Nun mehr sind zehn (»negativ«) Provinzen aufgelistet, die Bundesstaaten Jalisco, Guerrero, Chihuahua, Chiapas sind nicht darunter. Wobei die Menschenrechtssituation in Mexiko gleichermaßen problematisch geblieben war bzw. sich zugespitzt hatte. Was also bezweckte das BMWi mit der E-Mail?

In dem Zusammenhang bemerkt das ZKA in dem Bericht vom Mai 2011 zu Recht: »Zu klären wäre hierzu, ob diese vier für das Ermittlungsverfahren relevanten Bundesstaaten damit wieder genehmigungsfähig waren und wenn ja, seit wann sie das wieder waren.« In den Behörden streitet man bis heute ab, dass jemals von sogenannten verbotenen Bundesstaaten in Mexiko die Rede war. Es sei lediglich um »belieferungsfähige Staaten« gegangen. Auch Heckler & Koch will nichts falsch gemacht haben.

Zu Journalisten der *WirtschaftsWoche* sagte H&K-Inhaber Andreas Heeschen nach Bekanntwerden der Vorwürfe im Jahr 2010: »Alle Waffen, die an Mexiko geliefert wurden, gingen an eine zentrale Beschaffungsstelle. Die Mexikaner versichern mit Endverbleibserklärung, dass die Waffen gemäß den deutschen Ausfuhrgenehmigungen verwendet werden. Eine direkte Lieferung in bestimmte mexikanische Bundessaaten ist somit gar nicht möglich.«

Kapitel 4

Chronologie des illegalen Mexiko-Deals oder: Die wahre Geschichte

Ab 2002 will Heckler & Koch die neue Waffengeneration in Mexiko einführen. Die Voraussetzungen dafür sind gut, da die mexikanischen Sicherheitsbehörden mit der H&K-Produktfamilie ohnehin bestens vertraut sind. In der »Fábrica de Armas« wird seit 1979 das G3-Sturmgewehr in mexikanischer Lizenzproduktion gefertigt, seit 1980 auch die MP5 Maschinenpistole von H&K hergestellt. 1983 kommt der Vertrag über die Produktion des Maschinengewehrs HK21 hinzu. Seit 1984 gibt es einen Lizenzvertrag für die Pistole P7. Alle vier Waffentypen gehören zur Ausrüstung der mexikanischen Armee.

Der bei Heckler & Koch ausgebildete und fest angestellte Mitarbeiter B. G. betreut die Lizenzproduktionen seit 1980. Laut B. G. wurde der Firma 1984 angeraten, »den Waffenverkauf in Mexiko einzustellen.«[9] In den Folgejahren sollen sich die Lieferungen von Heckler & Koch auf Zubehör- und Maschinenteile beschränkt haben.

Es gibt verschiedene Gründe, die Mexiko interessant für das Oberndorfer Unternehmen machen: 2002 steht die Volkswirtschaft von Mexiko auf Platz 10 der Weltrangliste. Von seiner Wirtschaftskraft her ist es das führende Land in Lateinamerika. Mexiko ist der sechstgrößte Produzent von Erdöl und die zehntgrößte Erdölexportnation weltweit. Internationale, auch deutsche Konzerne investieren und siedeln sich zunehmend in Mexiko an. Der damalige Präsident Vincente Fox hat sein Amt mit dem Versprechen angetreten, mit einer Politik der harten Hand (»mano dura«) gegen Drogenhandel und Drogenkartelle vorzugehen. Darum spitzt sich der landesinterne Krieg gegen die organisierte Kriminalität gerade zu, die Bekämpfung der Drogenkartelle findet mit noch nie da gewesener Intensität statt. Hinzu kommen Auseinandersetzungen mit den marxistischen Rebellengruppen (Zapatistas) in den südlichen Bundesstaaten, die der Staat gewaltsam verfolgt. Das Militär übernimmt zunehmend Polizeiaufgaben. Die mexikanischen Streitkräfte sollen mit modernen Waffen ausgerüstet werden. Ein idealer Zeitpunkt für Waffenverkäufe.

Vertreter der mexikanischen Armee treffen zu einer Waffenpräsentation des H&K-Verkaufteams ein.

Die Besonderheit: Das Verteidigungsministerium, SEDENA, hat das Monopol für Waffen. Es ist allein zuständig für Waffenimporte, Verkäufe und die Waffenproduktion innerhalb Mexikos. In der Stellungnahme des mexikanischen Verteidigungsministeriums heißt es: »Die DCAM ist die einzige Dienststelle, die berechtigt ist, Verträge mit nationalen und internationalen Lieferanten abzuschließen und gekaufte Waffen und Munition zu importieren, zu vertreiben und auszuliefern.« Direkte Bezugsmöglichkeiten über Hersteller im Ausland gibt es nicht. Waffen müssen immer – dies gilt für die Waffen von Sicherheitsbehörden wie für private Waffen (Jagdwaffen, etc.) – bei der SEDENA, Abteilung DCAM, bestellt und gekauft werden. Die DCAM ist die staatliche Beschaffungsstelle für Waffen und Munition im Land und betreibt ein Verkaufszentrum in der Zona Industria Militar, wo die Waffen vor dem Kauf besichtigt werden können.

Auch die einzige Waffenfabrik Mexikos, die »Fábrica de Armas«, ist staatlich und gehört zum Verteidigungsministerium. Das Problem: Korruption ist in Mexiko auf allen Ebenen verbreitet. Die Monopolstellung macht Ministerien und Behörden wie SEDENA und DCAM für Korruption besonders anfällig. Insofern überraschen die späteren Korruptionsvorwürfe gegen den Chef der Waffenbeschaffungsstelle DCAM, General Humberto Alfonso Aguilar und wohl auch Heckler & Koch nicht allzu sehr.

Der erste Mexikobesuch des Verkaufsteams um L. S. im September 2002 soll der Vertrauensbildung und Erkundung der geschäftlichen Möglichkeiten dienen. Um die H&K-Kollegen durch die undurchsichtigen mexikanischen Verhältnisse zu lotsen, wäre B. G. eigentlich der ideale Partner gewesen. Umso mehr erstaunt es, dass B. G. 2001 aus der Firma ausgeschieden ist. Sein Anstellungsvertrag war ohnehin ausgelaufen und wurde nicht verlängert. Doch B. G., der gute Kontakte zu Politik und Militär pflegte, ließ sich von General Aguilar schriftlich bestätigen, dass seine Dienste Bedingung für die künftigen Geschäfte seien. Es kam zu einer für B. G. lukrativen Vereinbarung: Er verließ Heckler & Koch, um die Firma anschließend in Mexiko exklusiv zu vertreten – mit einer Provisionsvereinbarung: 15 Prozent auf alle Verkäufe. Einer weiteren Zusammenarbeit stand nun nichts mehr im Wege.

Schiessübungen mit dem G36-Sturmgewehr für mexikanische Polizeikräfte in Puebla.

Das Team aus Oberndorf reist an. Die Verkaufsstrategie ist simpel und offensichtlich überzeugend: L. S., der Vertriebsleiter unter anderem für Mexiko, repräsentiert die Firma, den Standort Oberndorf und die Geschichte des Traditionsunternehmens. N. F. führt die Waffen vor. B. G. hofiert die Mexikaner. Die potenziellen mexikanischen Kunden sind sehr beeindruckt, die Vorführungen des Verkaufsteams ist ein voller Erfolg. Oberndorf entscheidet sogar, diese Strategie der Produktpräsentation in Verbindung mit einer Verkaufsoffensive auf alle Schwerpunktmärkte zu übertragen.

Dennoch dauert es weitere drei Jahre, bis der erste Auftrag aus Mexiko kommt. Den langen Zeitraum bezeichnet B. G. als nicht ungewöhnlich, da es sich bei dem Auftraggeber um eine Bundesbehörde handle und alle Aufträge offiziell ausgeschrieben werden müssten. Die Vertreter von SEDENA/DCAM hätten sich längst für die H&K-Technologie entschieden, aber die äußere Form müsse gewahrt werden. Verhandelt wird über Tausende Waffen aus Oberndorfer Fertigung und zugleich auch über eine G36-Lizenzproduktion in Mexiko.

Mit diesem Plan reist ebenfalls im Jahr 2005 eine Delegation des mexikanischen Verteidigungsministeriums nach Oberndorf und lässt sich die Fabrik zeigen. B. G. berichtet von dieser Reise als etwas absolut Außergewöhnliches. Sie habe gezeigt, wie konkret das Vorhaben bereits gewesen sei. Im Abschlussbericht der Mexikaner heißt es über den Deutschlandbesuch: »H&K ist das Beste.« Man will »das G36 zum Selberbauen«. Für Heckler & Koch geht es um ein Auftragsvolumen von über 60 Millionen Euro plus Fertigwaffenverkäufe. Man sei sich einig gewesen, sagt B. G..

Besichtigung Oberndorfer Waffenfabrik Heckler & Koch während des Besuchs einer Delegation der mexikanischen Waffenbeschaffungsstelle DCAM 2005.

Das mexikanische Verteidigungsministerium tätigt eine Anzahlung in Höhe von umgerechnet 1,2 Millionen Euro. Heckler & Koch bestreitet den Erhalt der Anzahlung. Was nun kommt, ist äußerst widersprüchlich und wirft bis heute viele Fragen auf.

Laut B. gestalteten sich die Verhandlungen über die Lizenzproduktion schwierig und langwierig. Gleichzeitig sollten die Fertigwaffen an das Verteidigungsministerium verkauft und die damit verbundenen Konsignationsaufträge verhandelt werden. Das bedeutete: SEDENA bestellt die Waffen, bekommt die Lieferung ohne Vorkasse und zahlt erst, nachdem sie die Waffen an die Endkunden, Sicherheitsbehörden, Militäreinheiten usw., weitergegeben hat. Das Problem sei die Zeit gewesen. Konsignationsaufträge sind laut mexikanischem Antikorruptionsgesetz nur befristet gültig, normalerweise für drei Monate. Dann spätestens muss die Ware im Lager der DCAM sein. Sonst wird der Vertrag ungültig, die Ware darf nicht angenommen werden. Das ist der Grund für die befristeten Verträge und EVEs.

Die H&K-Kriegswaffenexportgenehmigung für Mexiko

Wie bereits beschrieben, fallen Kleinwaffen wie Sturmgewehre, Scharfschützen- und Maschinengewehre, Handgranaten, Landminen und Mörser, Faustfeuerwaffen, Pistolen und Revolver etc. unter das Kriegswaffenausfuhrgesetz. Exporte in Drittstaaten, insbesondere in Staaten, die als problematisch eingestuft werden, hier Mexiko, müssen von der Bundesregierung genehmigt werden. Gleiches gilt für die Ausfuhr von Ersatzteilen, Munition sowie für den Technologietransfer und das Know-how.

Das gesetzlich vorgeschriebene Prozedere sieht Folgendes vor: Der zuständige Referatsleiter im Bundeswirtschaftsministerium (BMWi) leitet den Antrag von Heckler & Koch an die ebenfalls zuständigen Ressorts im Auswärtigen Amt (AA) und Bundesverteidigungsministerium (BMVg) weiter. Nach unabhängiger Prüfung sollen alle angefragten Referate den Antrag »mitzeichnen«.

Während der drei Verhandlungsjahre mit Mexiko beginnen bereits die Exporte aus Deutschland: Am 30. Juni 2003 stellt Heckler & Koch den ersten Ausfuhrantrag für das G36-Sturmgewehr nach Mexiko. Es geht um ein einziges Gewehr. Es soll für Ausstellungszecke exportiert werden. Empfänger ist das Verteidigungsministerium, SEDENA. Der Antrag wird am 22. Januar 2004 bewilligt, am 9. März 2004 erfolgt die Ausfuhr.

Am 30. Juli 2003 reicht Heckler & Koch den nächsten Antrag ein. Dieser umfasst zehn G36, drei Granatwerfer AG36, zwei Rohre/Verschlüsse G36. Empfänger sind die »Fábrica de Armas« und/oder SEDENA. Die Lieferung ist für »Vorführungen/Tests« bestimmt. Auch dieser Antrag wird bewilligt, die Waren gehen nach Mexiko.

Der dritte Ausfuhrantrag nach Mexiko stammt vom 17. November 2004. Heckler & Koch will jetzt »2 MP5, 2 UMP, 2 MP7, 6 G36, 2 AG36, 10 000 Patronen 4,6« exportieren. Empfänger ist die Secretaria de Marina, die mexikanische Marine. Die Waffen sollen erprobt und getestet werden. Der Antrag wird am 23. März 2005 genehmigt. Die Waffen werden in zwei Tranchen am 1. bzw. 7. Februar 2006 geliefert.

Am 21. Dezember 2004 beantragt die Firma eine Ausfuhrgenehmigung für zwölf vollautomatische Gewehre MSG90 und am 21. März 2005 für 100 Rohre und 100 Verschlüsse zum MG Kaliber 7,62. Die Maschinengewehre samt Zubehör und 10 000 Stück Munition sind laut Endverbleibserklärung für die Sicherheitsgarde des Staatspräsidenten, die Ersatz- bzw. Verschleißteile für die »Fábrica de Armas« bestimmt. Die Ersatz- bzw. Bauteillieferung betreffend erklärt Heckler & Koch im Begleitschreiben an das BMWi: »Das Material wird im Rahmen der Kundennachbetreuung seit Anfang 1980 von H&K an den mexikanischen Lizenzpartner geliefert.«

Bevor die Ausfuhr der Maschinengewehre für die Garde des mexikanischen Präsidenten genehmigt wird, bittet das Auswärtige Amt um eine Einschätzung der deutschen Botschaft in Mexiko, unter anderem, »ob Bedenken gegen die beantragte Lieferung bestehen« und »ob eine Weiterleitungsgefahr besteht«. Die Botschaft meldet am 31. Januar 2004 zurück, es lägen »keine Informationen vor, die auf einen missbräuchlichen Einsatz hindeuten« und »keine Hinweise für eine Weiterleitungsgefahr«. Außerdem heißt es in dem Bericht der Botschaft: »Die Ausrüstung mit leistungsfähigen Waffen ist angesichts der zunehmenden Gewaltbereitschaft von Drogenkriminellen und deren Ausstattung mit sehr leistungsfähigen Waffen verständlich.« Das AA stimmt der Exportgenehmigung daraufhin zu. Das Ministerium bittet die Herstellerfirma, das mexikanische Verteidigungsministerium auf »die Umsetzung des Exportgrundsatzes« »Altwaffenvernichtung« (»Neu für Alt«) hinzuweisen, und vermerkt auf dem Sprechzettel für den Staatssekretär vom 7. März 2005 als Gründe für das »positive AA-Votum«: »Positive Präzedenzen für Kriegskleinwaffen an die Marine. Verbesserte MR-Lage (Menschenrechtslage) in Mexiko. Legitime Verwendung: Marine bekämpft Drogenhandel; Sicherheitsgarde dient dem Schutz des Staatspräsidenten.« Der Antrag wird nicht dem Bundessicherheitsrat (BSR) vorgelegt, sondern am 8. März 2005 im Vorbereitenden Sicherheitsausschuss auf Staatssekretärebene positiv entschieden.

Hinsichtlich seiner Befürwortung der beantragten Ersatzteillieferung nimmt das Verteidigungsministerium am 6. Juli 2005 unter anderem mit folgender Einschätzung Stellung: »Die Streitkräfte verstehen sich als die bewaffnete Macht Mexikos, die dem Schutz aller Mexikaner dient. Sie gelten als die effektivsten und am wenigsten korrumpierten Kräfte im Land. Im politischen Sinne unbelastet, spielten sie in der Vergangenheit eine unauffällige Rolle.« Das Auswärtige Amt legt der Firma erneut die Altwaffenvernichtung ans Herz und stellt auch in diesem Fall die »außenpolitischen Bedenken gegen die Ausfuhr zurück«. In der internen Vorlage für den Staatssekretär vom 15. Juni 2005 erklärt das AA: »Angesichts des klar bestimmten Endempfängers (Streitkräfte), der MR-Lage sowie der einschlägigen Vertrauensschutzgründe besteht ein besonderes außenpolitisches Interesse an einer Genehmigung.«

Am 16. Juni 2005 stellt Heckler & Koch wieder einen Kriegswaffenexportantrag für Mexiko. Es sollen 2020 vollautomatische Sturmgewehre G36 nach Mexiko geliefert werden. Inklusive einem Prozent Kulanzgerät. Diese vertragliche Vereinbarung (sie gilt für alle Lieferungen) bedeutet im konkreten Fall zusätzliche 20 Gewehre. In der zeitgleich eingereichten Endverbleibserklärung vom 10. Juni 2005 (ein offizielles Dokument, ausgestellt von der mexikanischen Behörde DCAM, das Original in spanischer Sprache und beglaubigter deutscher Übersetzung) sind »diverse mexikanische Polizeieinheiten« vermerkt. Bestimmungsorte sind zehn Bundesstaaten, darunter Chiapas, Jalisco, Chihuahua. Für 756 Gewehre könne die DCAM noch keinen Abnehmer benennen, sie verweist in dem Dokument lediglich darauf, »dass die restlichen 756 Stück für zukünftige Antragsteller bestimmt sind«. Die Endverbleibserklärung ist gültig bis 10. Dezember 2005. Heckler & Koch versichert im Begleitschreiben: »…Die Einhaltung der vorgenannten Bestimmungen unterliegt strengsten Kontrollen seitens des mexikanischen Verteidigungsministerium….« Der Warenwert beträgt ca. zwei Millionen Euro.

Der Antrag von Heckler & Koch (mit Eingangsstempel beim BMWi vom 20. Juni 2005) wird von Oberamtsrat Volker D. handschriftlich mit inhaltlichen Kommentaren versehen und so an die Firma weitergeleitet. Diese Anmerkungen lauten unter anderem: »Vollautomatische Gewehre G36« ersetzen durch »halbautomatische Gewehre G36«. Der Antrag sei durch »Neu für Alt« (Altwaffenvernichtung) zu ergänzen.

Dementsprechend schickt der Oberndorfer Waffenhersteller am 7. Juli 2005 ein neues Schreiben an das BMWi. Es geht erneut um den Antrag vom 16. Juni 2005, nun aber um halbautomatische Waffen. Unter Betreff vermerkt H&K: »Unser KWKG-Antrag vom 16. Juni 2005 zur Lieferung von 2020 halbautomatischen Gewehren G36V«. In dem neuen Schreiben heißt es jetzt: »Mit unserem Schreiben vom

16. Juni 2005 hatten wir Sie informiert, dass wir bei den Verhandlungen mit unserem Kunden selbstverständlich auf den Grundsatz »Neu für Alt« hingewiesen haben und zu gegebener Zeit über den Erfolg unserer Bemühungen berichten würden [...]« Beigefügt ist ein Schreiben des mexikanischen Verteidigungsministeriums, datiert auf den 1. Juli 2005, in dem die Behörde erklärt, man werde die »Kontrolle und Überwachung« der neuen Waffen korrekt handhaben. Die Regulierung der Anzahl der Waffen werde erlauben, »auf vernünftige Weise das Prinzip Neu für Alt anzuwenden...«

Auf dem Sprechzettel des BMWi für den Staatsekretär heißt es

> unter Punkt 4: »Endempfänger Polizeieinheiten in verschiedenen mexikanischen Bundesstaaten«
> unter Punkt 5: »Warenwert ca. 2 Mio. Euro«
> unter Punkt 7: »wesentliche Argumente«:
> »In der Vergangenheit sind vergleichbare Anträge der Fa. Heckler & Koch regelmäßig positiv entschieden worden; die Situation in Mexiko hat sich seitdem nicht negativ geändert.
> Unter Menschenrechtsgesichtspunkten besonders kritische mexikanische Bundesstaaten (u.a. Chiapas) gehören nicht zu den Endempfängern der Waffen.
> Wegen des hohen Volumens und der langjährigen Geschäftsbeziehungen zu Mexiko hat der Auftrag für Heckler & Koch eine besondere firmenpolitische Beutung.«
> unter Punkt 8: »Votum«:
> »BMWi: positiv; BMVg: vermutlich positiv; AA und BMZ [Bundesamt für Zusammenarbeit und Entwicklung]: negativ«.

Am 8. Juli 2005 geht der Exportantrag beim Auswärtigen Amt im Referat 411/ Rüstungsexportkontrolle ein. Die zuständige Sachbearbeiterin unterrichtet die deutsche Botschaft in Mexiko und fordert zugleich einen Bericht zur aktuellen Menschenrechtslage in dem

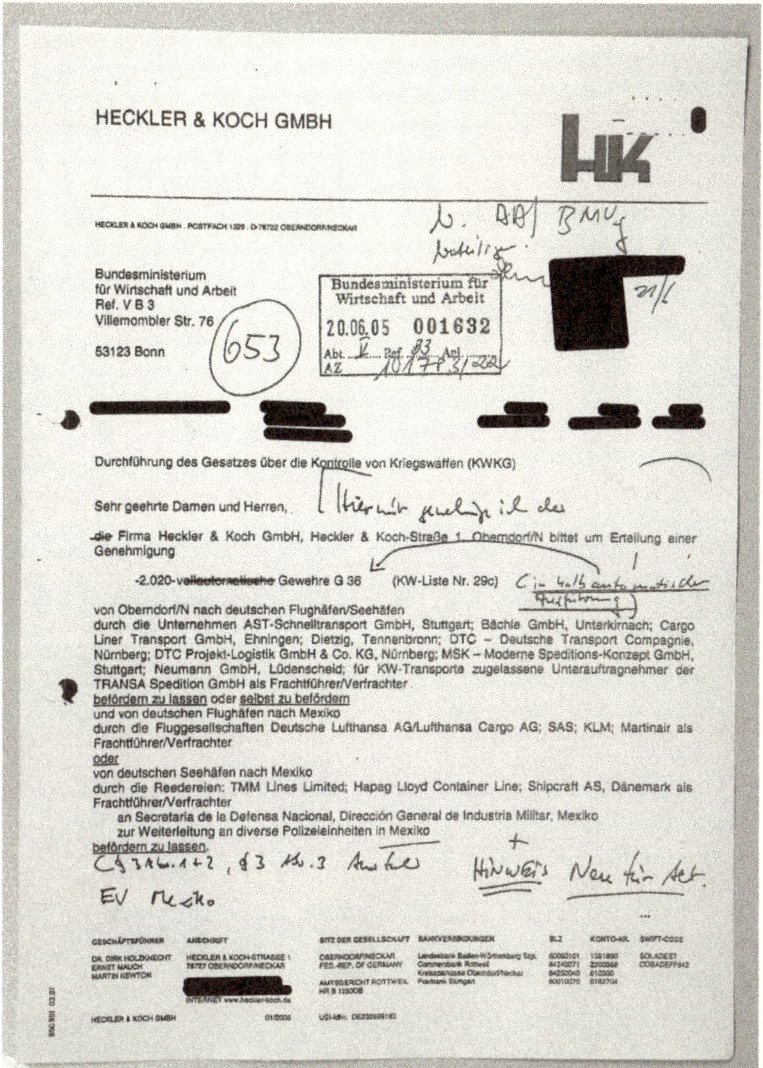

HECKLER & KOCH GMBH

HECKLER & KOCH GMBH . POSTFACH 1329 . D-78722 OBERNDORF/NECKAR

Bundesministerium
für Wirtschaft und Arbeit
Ref. V B 3
Villemombler Str. 76

53123 Bonn

653

Bundesministerium für Wirtschaft und Arbeit
20.06.05 001632
Abt. V Ref. B3 Anl.
AZ 101773/222

[redacted]

[redacted]

[redacted]

Durchführung des Gesetzes über die Kontrolle von Kriegswaffen (KWKG)

Sehr geehrte Damen und Herren,

~~die~~ Firma Heckler & Koch GmbH, Heckler & Koch-Straße 1, Oberndorf/N bittet um Erteilung einer Genehmigung

-2.020- ~~vollautomatische~~ Gewehre G 36 (KW-Liste Nr. 29c)

von Oberndorf/N nach deutschen Flughäfen/Seehäfen
durch die Unternehmen AST-Schnelltransport GmbH, Stuttgart; Bächle GmbH, Unterkirnach; Cargo Liner Transport GmbH, Ehningen; Dietzig, Tennenbronn; DTC - Deutsche Transport Compagnie, Nürnberg; DTC Projekt-Logistik GmbH & Co. KG, Nürnberg; MSK – Moderne Speditions-Konzept GmbH, Stuttgart; Neumann GmbH, Lüdenscheid; für KW-Transporte zugelassene Unterauftragnehmer der TRANSA Spedition GmbH als Frachtführer/Verfrachter
befördern zu lassen oder selbst zu befördern
und von deutschen Flughäfen nach Mexiko
durch die Fluggesellschaften Deutsche Lufthansa AG/Lufthansa Cargo AG; SAS; KLM; Martinair als Frachtführer/Verfrachter
oder
von deutschen Seehäfen nach Mexiko
durch die Reedereien: TMM Lines Limited; Hapag Lloyd Container Line; Shipcraft AS, Dänemark als Frachtführer/Verfrachter
an Secretaria de la Defensa Nacional, Dirección General de Industria Militar, Mexiko
zur Weiterleitung an diverse Polizeieinheiten in Mexiko
befördern zu lassen.

+ Hinweis

EV Mexiko

GESCHÄFTSFÜHRER: DR. DIRK HOLZKNECHT, ERNST MAUCH, MARTIN NEWTON
ANSCHRIFT: HECKLER & KOCH-STRASSE 1, 78727 OBERNDORF/NECKAR, [redacted], INTERNET www.heckler-koch.de
SITZ DER GESELLSCHAFT: OBERNDORF/NECKAR, FED.-REP. OF GERMANY, AMTSGERICHT ROTTWEIL HR B 125308
BANKVERBINDUNGEN: Landesbank Baden-Württemberg Stg. BLZ 60050101 KONTO-NR. 1381890 SWIFT-CODE SOLADEST; Commerzbank Rottweil BLZ 64240071 KONTO-NR. 2200368 SWIFT-CODE COBADEFF642; Kreissparkasse Oberndorf/Neckar BLZ 64250040 KONTO-NR. 810300; Postbank Stuttgart BLZ 60010070 KONTO-NR. 6763704

HECKLER & KOCH GMBH 01/2005 USt-IdNr. DE232899163

Antrag von Heckler & Koch zur Ausfuhr von 2020 G36-Sturmgewehre nach Mexiko, gestellt am 16.06.2005 an das Bundeswirtschaftsministerium mit handschriftlichen Vermerken des Sachbearbeiters.

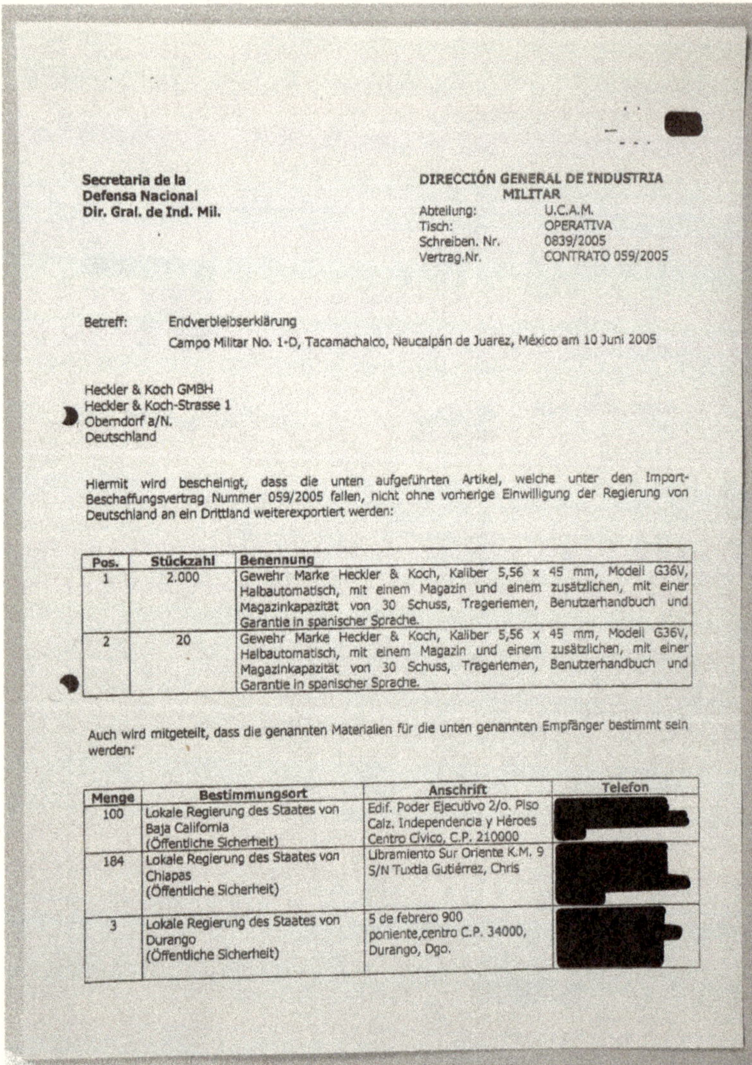

Secretaria de la
Defensa Nacional
Dir. Gral. de Ind. Mil.

DIRECCIÓN GENERAL DE INDUSTRIA MILITAR

Abteilung: U.C.A.M.
Tisch: OPERATIVA
Schreiben. Nr. 0839/2005
Vertrag.Nr. CONTRATO 059/2005

Betreff: Endverbleibserklärung

Campo Militar No. 1-D, Tacamachalco, Naucalpán de Juarez, México am 10 Juni 2005

Heckler & Koch GMBH
Heckler & Koch-Strasse 1
Oberndorf a/N.
Deutschland

Hiermit wird bescheinigt, dass die unten aufgeführten Artikel, welche unter den Import-Beschaffungsvertrag Nummer 059/2005 fallen, nicht ohne vorherige Einwilligung der Regierung von Deutschland an ein Drittland weiterexportiert werden:

Pos.	Stückzahl	Benennung
1	2.000	Gewehr Marke Heckler & Koch, Kaliber 5,56 x 45 mm, Modell G36V, Halbautomatisch, mit einem Magazin und einem zusätzlichen, mit einer Magazinkapazität von 30 Schuss, Trageriemen, Benutzerhandbuch und Garantie in spanischer Sprache.
2	20	Gewehr Marke Heckler & Koch, Kaliber 5,56 x 45 mm, Modell G36V, Halbautomatisch, mit einem Magazin und einem zusätzlichen, mit einer Magazinkapazität von 30 Schuss, Trageriemen, Benutzerhandbuch und Garantie in spanischer Sprache.

Auch wird mitgeteilt, dass die genannten Materialien für die unten genannten Empfänger bestimmt sein werden:

Menge	Bestimmungsort	Anschrift	Telefon
100	Lokale Regierung des Staates von Baja California (Öffentliche Sicherheit)	Edif. Poder Ejecutivo 2/o. Piso Calz. Independencia y Héroes Centro Cívico, C.P. 210000	[redacted]
184	Lokale Regierung des Staates von Chiapas (Öffentliche Sicherheit)	Libramiento Sur Oriente K.M. 9 S/N Tuxtla Gutiérrez, Chis	[redacted]
3	Lokale Regierung des Staates von Durango (Öffentliche Sicherheit)	5 de febrero 900 poniente,centro C.P. 34000, Durango, Dgo.	[redacted]

Das Endverbleibszertifikat der mexikanischen Waffenbeschaffungsstelle DCAM (damals UCAM). In diesem Dokument sind noch Provinzen als Empfänger aufgelistet, die später als kritisch eingestuft werden.

[redacted]

Menge	Bestimmungsort	Anschrift	Telefon
50	Lokale Regierung des Staates von Guanajuato (Generalstaatsanwaltschaft)	Alhondiga # 29 Col. Centro Guanajuato, Gto C.P. 36000	[redacted]
29	Lokale Regierung des Staates von Guanajuato (Öffentliche Sicherheit)	Carretera Guanajuato Juventino Rosas Km 7,5 C.P. Guanajuato, Gto.	[redacted]
16	Lokale Regierung des Staates von Jalisco Öffentliche Sicherheit)	Pedro Moreno No. 281 Colonia Centro, Guadalajara Jalisco	[redacted]
12	Lokale Regierung des Staates von Mexiko (Öffentliche Sicherheit)	28 de Octubre esquina paseo Fidel Velásquez col. Vértice C.P. 50090 Toluca, Edo. Mex.	[redacted]
230	Lokale Regierung des Staates von Nuevo Léon (Öffentliche Sicherheit)	Av. Felix U. Gomez 2223 Nte. Col. Reforma C.P. 64550 Monterrey, N.L.	[redacted]
20	Lokale Regierung des Staates von Puebla (Öffentliche Sicherheit)	Av. Manuel Espinosa Iglesias No. 1717 Col. Volcanes C.P. 72410, Puebla Pue.	[redacted]
150	Lokale Regierung des Staates von Sonora (Öffentlich Sicherheit)	Centro de Gobierno, edificio Sonora segundo nivel al sur	[redacted]
450	Lokale Regierung des Staates von Chihuahua (Öffentliche Sicherheit)	Carmaza No. 100 2/o. piso Col. Centro Chihuahua C.P. 31000	[redacted]

Auch werden Sie davon in Kenntnis gesetzt, dass die restlichen 756 Stück für zukünftige Antragsteller bestimmt sind, wobei diese in derselben Form bekannt gegeben werden, wenn die Endbestimmungskunden bekannt sind.

Die Position Nummer 2 entspricht 1% der beschafften Güter, ohne jeglichen Kosten für diese Dienststelle.

Auch wird mitgeteilt, dass diese keinesfalls ohne vorherige Genehmigung der deutschen Regierung an ein Drittland weiterexportiert werden.

Endverbleibsschreiben gültig bis zum 10. Dezember 2005

Unterschrift + Stempel

Fortsetzung des Endverbleibszertifikats mit weiteren Empfängerstaaten, in die später nicht geliefert werden darf.

Land an. Am 28. Juli trifft der interne Bericht der Botschaft ein, worin es unter anderem heißt: »Die Ausführungen zur Menschenrechtslage aus Bezugsbericht 2 bleiben zwei Monate danach im Wesentlichen unverändert.«

Der Botschaftsangehörige bezieht seine Anmerkung auf einen früheren Situationsbericht der Botschaft, in dem Folterungen und andere menschenrechtsverletzende Methoden der mexikanischen Polizei geschildert wurden.

Der Bericht war im Zusammenhang mit einem anderen Rüstungsexportantrag für Mexiko verfasst worden. In diesem vertraulichen Bericht vom 14. April 2005 hieß es: »Zum einen gilt Korruption in der Polizei nach wie vor als eine der Hauptursachen für Straflosigkeit und Menschenrechtsverletzungen. Zum anderen gilt nicht für die zentralstaatliche, jedoch für die einzelstaatliche Ebene in Mexiko: Staatliche Ordnungskräfte, vor allem die ermittelnde Polizei (in Mexiko sind die Polizeien ihrem präventiven oder investigativen Zweck zufolge getrennt), setzen weiterhin Folter ein, vor allem im Süden Mexikos [...] Staatsanwälte nutzen manchmal unter Folter erpresste Geständnisse vor Gericht, Richter lassen diese Geständnisse zu [...]«

Das Länderreferat 306 im Auswärtigen Amt schloss sich den »Aussagen im Botschaftsbericht vom 14.04.2005« an und zählte weitere Missstände in einer E-Mail vom 2. Mai 2005 auf, auf die der Menschenrechtsbericht der USA hinweist:

»...Frauenmorde in Ciudad Juarez (Bundesstaat Chihuahua); [...] Regionale und örtliche Polizeikreise waren involviert [...] rigoroses Vorgehen der Polizei bei Demonstrationen 2004 [... Mexiko D.F. ... Bundesstaat Jalisco]: Es gab unrechtmäßige Festnahmen, Festgenommene wurden teilweise unmenschlich behandelt. [...] Bedrohungen von Menschenrechtsverteidigern.«

Nach Rücksprache mit einem Kollegen von Referat 411, zuständig für Rüstungsexporte, zog die Beamtin ihre Stellungnahme jedoch zurück. Die entsprechende E-Mail vom 4. Mai lautete: »wie bereits telefonisch besprochen ziehe ich meine Stellungnahme vom Montag zurück. Ersetzen Sie diese durch die beigefügte von Herrn K. unterzeichnete Stellungnahme [...]« In der hier angesprochenen E-Mail hieß es: »[...] Die Menschenrechtslage stellt sich nach Auffassung von Referat 306 wie folgt dar: Die Regierung Fox hat sich den Menschenrechten verpflichtet und dies durch die Zeichnung aller relevanten MR-Abkommen und durch das nationale MR-Programm zum Ausdruck gebracht. Auf bundesstaatlicher Ebene werden Menschenrechtsverletzungen nach unseren Erkenntnissen aufgegriffen und nach Möglichkeit konsequent verfolgt. Defizite sind allerdings weiterhin vor allem auf einzelstaatlicher und örtlicher Ebene zu verzeichnen [...]«

Dieser Vorgang ist, wie sich zeigen wird, wegweisend bzw. von entscheidender Bedeutung für den weiteren Verlauf des Genehmigungsprozesses in Sachen »Waffenexport Mexiko«.

Zurück zu dem Antrag von Heckler & Koch: In dem aktuellen Bericht vom 28. Juli 2005 hebt der Botschaftsangehörige besonders hervor, dass die mexikanische Seite »Heckler & Koch aufgrund seiner Qualitätsprodukte in diesem Marktsegment eine Chance, in den Markt zu kommen« gibt. Zugleich weist er darauf hin, »dass die Marktzugangschance für Heckler & Koch nicht unbegrenzt gelte«. Andere Anbieter »würden gerne diesen Auftrag übernehmen«, schreibt der Botschaftsangehörige.

Daraufhin verfasst die Sachbearbeiterin im Auswärtigen Amt am 1. August eine Stellungnahme, in der sie für »eine ausnahmsweise Genehmigung« plädiert. Begründung (handschriftlich): »Mex. ist bei allen MR-Defiziten ein strategischer Partner. [...] Berichterstattung der Botschaft legt Zustimmung nahe.«

Wenige Tage später, am 9. August, legt Heckler & Koch »eine zusätzliche Endverbleibserklärung« für den Bestimmungsort von weiteren 716 Gewehren G36V vor. Laut dieser Endverbleibserklärung sollen Waffen an die Bundesstaaten Chiapas, Jalisco, Chihuahua gehen. Da der Verbleib von restlichen 60 Waffen ist noch nicht geklärt ist, will das Auswärtige Amt mit der endgültigen Entscheidung noch

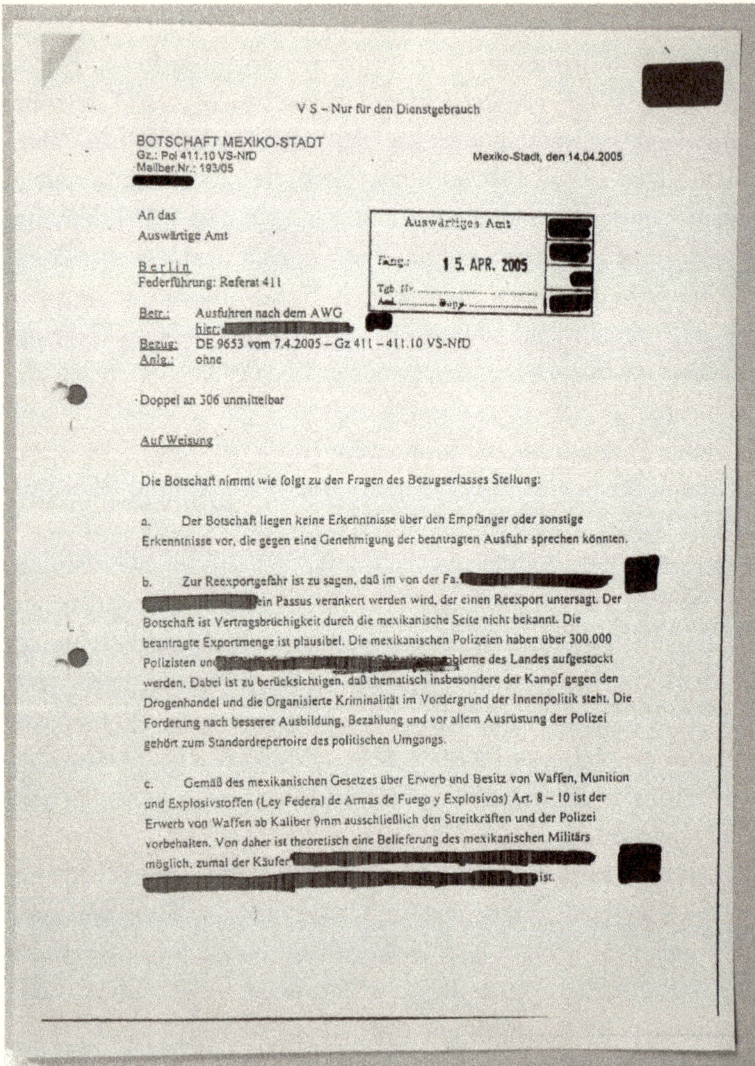

[redacted]

V S – Nur für den Dienstgebrauch

BOTSCHAFT MEXIKO-STADT
Gz.: Pol 411.10 VS-NfD
Mailber.Nr.: 193/05
[redacted]

Mexiko-Stadt, den 14.04.2005

An das
Auswärtige Amt

Berlin
Federführung: Referat 411

Auswärtiges Amt [redacted]
Eing.: 15. APR. 2005 [redacted]
Tgb. Nr. .... [redacted]
Anl. .... Dopp. .... [redacted]

Betr.: Ausfuhren nach dem AWG
hier: [redacted]
Bezug: DE 9653 vom 7.4.2005 – Gz 411 – 411.10 VS-NfD
Anlg.: ohne

Doppel an 306 unmittelbar

Auf Weisung

Die Botschaft nimmt wie folgt zu den Fragen des Bezugserlasses Stellung:

a. Der Botschaft liegen keine Erkenntnisse über den Empfänger oder sonstige Erkenntnisse vor, die gegen eine Genehmigung der beantragten Ausfuhr sprechen könnten.

b. Zur Reexportgefahr ist zu sagen, daß im von der Fa. [redacted] ein Passus verankert werden wird, der einen Reexport untersagt. Der Botschaft ist Vertragsbrüchigkeit durch die mexikanische Seite nicht bekannt. Die beantragte Exportmenge ist plausibel. Die mexikanischen Polizeien haben über 300.000 Polizisten un[redacted]bleme des Landes aufgestockt werden. Dabei ist zu berücksichtigen, daß thematisch insbesondere der Kampf gegen den Drogenhandel und die Organisierte Kriminalität im Vordergrund der Innenpolitik steht. Die Forderung nach besserer Ausbildung, Bezahlung und vor allem Ausrüstung der Polizei gehört zum Standardrepertoire des politischen Umgangs.

c. Gemäß des mexikanischen Gesetzes über Erwerb und Besitz von Waffen, Munition und Explosivstoffen (Ley Federal de Armas de Fuego y Explosivos) Art. 8 – 10 ist der Erwerb von Waffen ab Kaliber 9mm ausschließlich den Streitkräften und der Polizei vorbehalten. Von daher ist theoretisch eine Belieferung des mexikanischen Militärs möglich, zumal der Käufer [redacted] ist.

[redacted]

Interner Bericht der deutschen Botschaft in Mexiko über die aktuelle Situation im Land vom 14.04.2005.

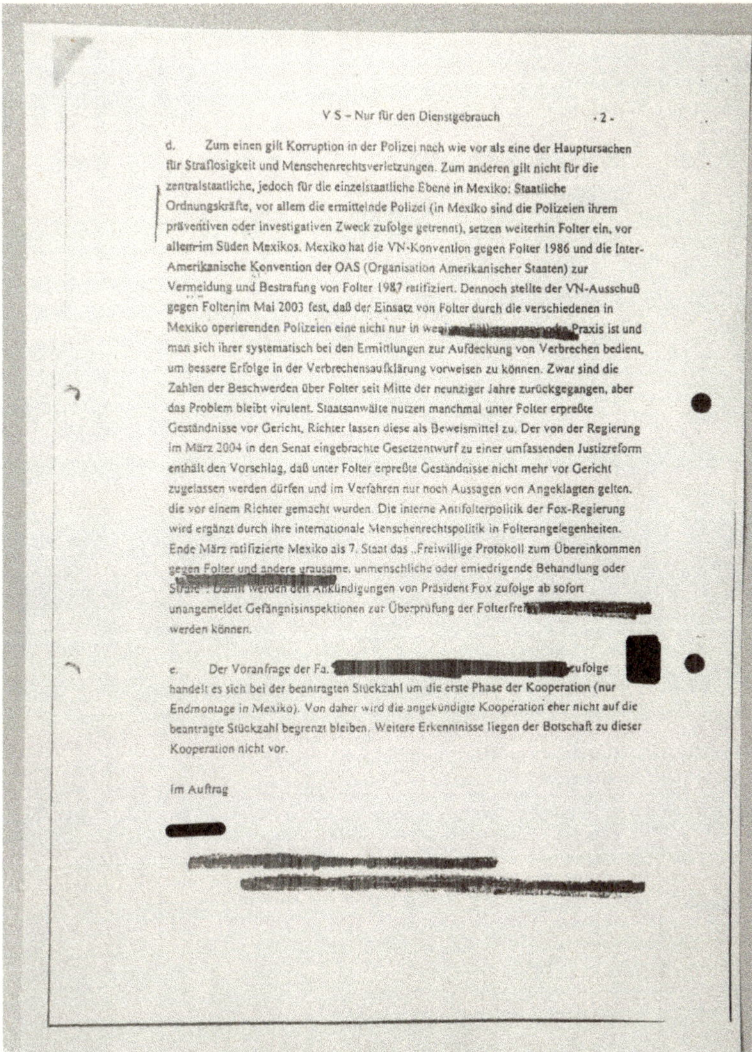

V S – Nur für den Dienstgebrauch -2-

d. Zum einen gilt Korruption in der Polizei nach wie vor als eine der Hauptursachen für Straflosigkeit und Menschenrechtsverletzungen. Zum anderen gilt nicht für die zentralstaatliche, jedoch für die einzelstaatliche Ebene in Mexiko: Staatliche Ordnungskräfte, vor allem die ermittelnde Polizei (in Mexiko sind die Polizeien ihrem präventiven oder investigativen Zweck zufolge getrennt), setzen weiterhin Folter ein, vor allem im Süden Mexikos. Mexiko hat die VN-Konvention gegen Folter 1986 und die Inter-Amerikanische Konvention der OAS (Organisation Amerikanischer Staaten) zur Vermeidung und Bestrafung von Folter 1987 ratifiziert. Dennoch stellte der VN-Ausschuß gegen Folter im Mai 2003 fest, daß der Einsatz von Folter durch die verschiedenen in Mexiko operierenden Polizeien eine nicht nur in we[redacted]Praxis ist und man sich ihrer systematisch bei den Ermittlungen zur Aufdeckung von Verbrechen bedient, um bessere Erfolge in der Verbrechensaufklärung vorweisen zu können. Zwar sind die Zahlen der Beschwerden über Folter seit Mitte der neunziger Jahre zurückgegangen, aber das Problem bleibt virulent. Staatsanwälte nutzen manchmal unter Folter erpreßte Geständnisse vor Gericht, Richter lassen diese als Beweismittel zu. Der von der Regierung im März 2004 in den Senat eingebrachte Gesetzentwurf zu einer umfassenden Justizreform enthält den Vorschlag, daß unter Folter erpreßte Geständnisse nicht mehr vor Gericht zugelassen werden dürfen und im Verfahren nur noch Aussagen von Angeklagten gelten, die vor einem Richter gemacht wurden. Die interne Antifolterpolitik der Fox-Regierung wird ergänzt durch ihre internationale Menschenrechtspolitik in Folterangelegenheiten. Ende März ratifizierte Mexiko als 7. Staat das „Freiwillige Protokoll zum Übereinkommen gegen Folter und andere grausame, unmenschliche oder erniedrigende Behandlung oder [redacted] Ankündigungen von Präsident Fox zufolge ab sofort unangemeldet Gefängnisinspektionen zur Überprüfung der Folterfre[redacted] werden können.

[redacted]

e. Der Voranfrage der Fa. [redacted] zufolge handelt es sich bei der beantragten Stückzahl um die erste Phase der Kooperation (nur Endmontage in Mexiko). Von daher wird die angekündigte Kooperation eher nicht auf die beantragte Stückzahl begrenzt bleiben. Weitere Erkenntnisse liegen der Botschaft zu dieser Kooperation nicht vor.

Im Auftrag

[redacted]

Seite 2 des internen Botschaftsberichts, in dem eklatante Menschenrechtsverletzungen geschildert werden.

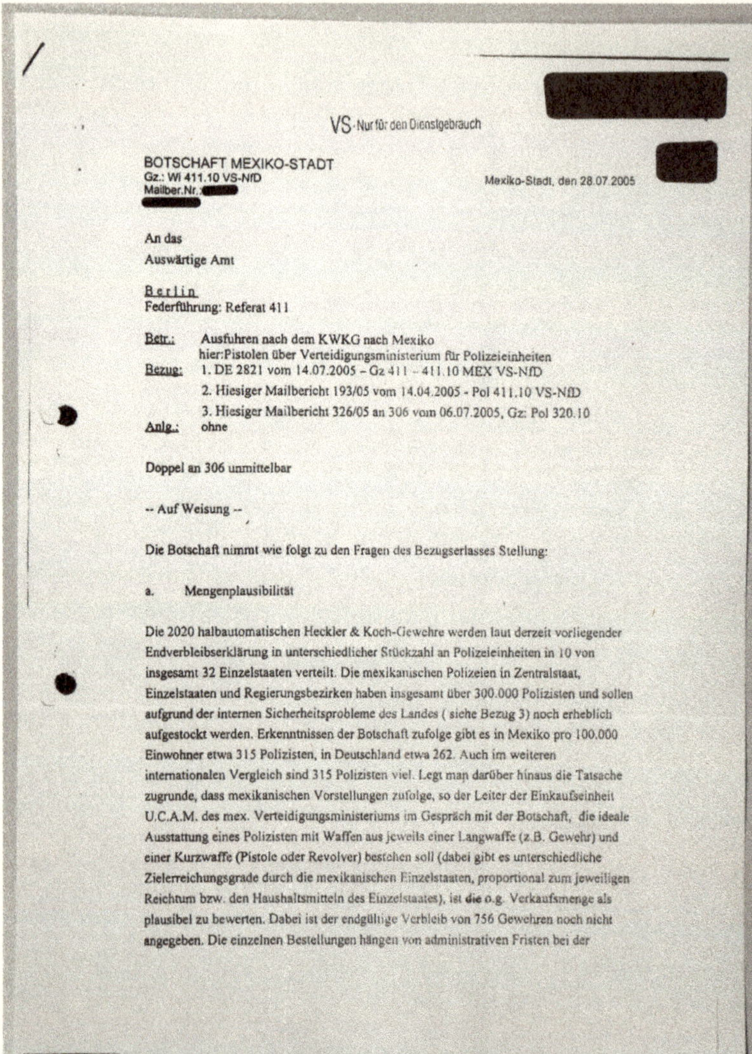
[redacted]

VS - Nur für den Dienstgebrauch

[redacted]

BOTSCHAFT MEXIKO-STADT
Gz.: Wi 411.10 VS-NfD
Mailber.Nr.: [redacted]

Mexiko-Stadt, den 28.07.2005

An das
Auswärtige Amt

Berlin
Federführung: Referat 411

Betr.: Ausfuhren nach dem KWKG nach Mexiko
hier: Pistolen über Verteidigungsministerium für Polizeieinheiten
Bezug: 1. DE 2821 vom 14.07.2005 - Gz 411 - 411.10 MEX VS-NfD
2. Hiesiger Mailbericht 193/05 vom 14.04.2005 - Pol 411.10 VS-NfD
3. Hiesiger Mailbericht 326/05 an 306 vom 06.07.2005, Gz: Pol 320.10
Anlg.: ohne

Doppel an 306 unmittelbar

-- Auf Weisung --

Die Botschaft nimmt wie folgt zu den Fragen des Bezugserlasses Stellung:

a. Mengenplausibilität

Die 2020 halbautomatischen Heckler & Koch-Gewehre werden laut derzeit vorliegender Endverbleibserklärung in unterschiedlicher Stückzahl an Polizeieinheiten in 10 von insgesamt 32 Einzelstaaten verteilt. Die mexikanischen Polizeien in Zentralstaat, Einzelstaaten und Regierungsbezirken haben insgesamt über 300.000 Polizisten und sollen aufgrund der internen Sicherheitsprobleme des Landes (siehe Bezug 3) noch erheblich aufgestockt werden. Erkenntnissen der Botschaft zufolge gibt es in Mexiko pro 100.000 Einwohner etwa 315 Polizisten, in Deutschland etwa 262. Auch im weiteren internationalen Vergleich sind 315 Polizisten viel. Legt man darüber hinaus die Tatsache zugrunde, dass mexikanischen Vorstellungen zufolge, so der Leiter der Einkaufseinheit U.C.A.M. des mex. Verteidigungsministeriums im Gespräch mit der Botschaft, die ideale Ausstattung eines Polizisten mit Waffen aus jeweils einer Langwaffe (z.B. Gewehr) und einer Kurzwaffe (Pistole oder Revolver) bestehen soll (dabei gibt es unterschiedliche Zielerreichungsgrade durch die mexikanischen Einzelstaaten, proportional zum jeweiligen Reichtum bzw. den Haushaltsmitteln des Einzelstaates), ist die o.g. Verkaufsmenge als plausibel zu bewerten. Dabei ist der endgültige Verbleib von 756 Gewehren noch nicht angegeben. Die einzelnen Bestellungen hängen von administrativen Fristen bei der

Auszug aus dem internen Bericht der deutschen Botschaft 28.07.2005.

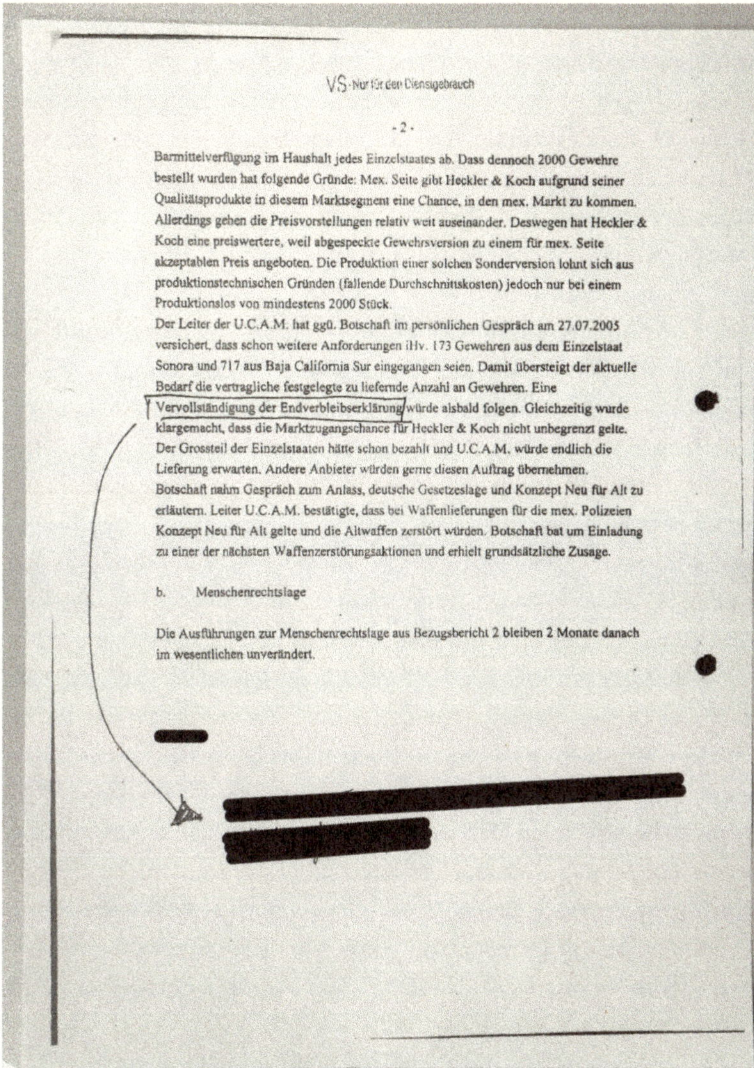
VS-Nur für den Dienstgebrauch

- 2 -

Barmittelverfügung im Haushalt jedes Einzelstaates ab. Dass dennoch 2000 Gewehre bestellt wurden hat folgende Gründe: Mex. Seite gibt Heckler & Koch aufgrund seiner Qualitätsprodukte in diesem Marktsegment eine Chance, in den mex. Markt zu kommen. Allerdings gehen die Preisvorstellungen relativ weit auseinander. Deswegen hat Heckler & Koch eine preiswertere, weil abgespeckte Gewehrsversion zu einem für mex. Seite akzeptablen Preis angeboten. Die Produktion einer solchen Sonderversion lohnt sich aus produktionstechnischen Gründen (fallende Durchschnittskosten) jedoch nur bei einem Produktionslos von mindestens 2000 Stück.
Der Leiter der U.C.A.M. hat ggü. Botschaft im persönlichen Gespräch am 27.07.2005 versichert, dass schon weitere Anforderungen iHv. 173 Gewehren aus dem Einzelstaat Sonora und 717 aus Baja California Sur eingegangen seien. Damit übersteigt der aktuelle Bedarf die vertragliche festgelegte zu liefernde Anzahl an Gewehren. Eine Vervollständigung der Endverbleibserklärung würde alsbald folgen. Gleichzeitig wurde klargemacht, dass die Marktzugangschance für Heckler & Koch nicht unbegrenzt gelte. Der Grossteil der Einzelstaaten hätte schon bezahlt und U.C.A.M. würde endlich die Lieferung erwarten. Andere Anbieter würden gerne diesen Auftrag übernehmen.
Botschaft nahm Gespräch zum Anlass, deutsche Gesetzeslage und Konzept Neu für Alt zu erläutern. Leiter U.C.A.M. bestätigte, dass bei Waffenlieferungen für die mex. Polizeien Konzept Neu für Alt gelte und die Altwaffen zerstört würden. Botschaft bat um Einladung zu einer der nächsten Waffenzerstörungsaktionen und erhielt grundsätzliche Zusage.

b. Menschenrechtslage

Die Ausführungen zur Menschenrechtslage aus Bezugsbericht 2 bleiben 2 Monate danach im wesentlichen unverändert.

[redacted]

[redacted]

Seite 2 des Botschaftsberichts vom 28.07.2005, in dem Waffenlieferungen nach Mexiko ausdrücklich befürwortet werden.

warten. Auf eine entsprechende E-Mail der AA-Sachbearbeiterin am 24. August antwortet Oberregierungsrat Volker D. (BMWi) umgehend: »Ich werde Heckler & Koch bitten, sich um zügige Beschaffung dieser Papiere zu bemühen […]« Der Beamte leitet die interne E-Mail seiner Kollegin aus dem Auswärtigen Amt per Fax an den damaligen Exportbeauftragten von Heckler & Koch Jürgen B. weiter. Mit einem handschriftlichen Vermerk: »[…] damit das Procedere seinen weiteren Verlauf gehen kann […]«

Am 25. August nimmt das Bundesverteidigungsministerium gegenüber dem BMWi und dem AA Stellung: Die Lieferung von 2020 halbautomatischen Gewehren G36V mit Zubehör nach Mexiko werde befürwortet. Die Argumente des BMVg lauten: Aufgrund seiner Größe, der Bevölkerungszahl, des Reichtums an Bodenschätzen, der zunehmenden Wirtschaftskraft und der geografischen Lage besitze das Land »internationales Gewicht«. Zwar käme es in Mexiko immer wieder zu Menschenrechtsverletzungen durch die Polizei, aber die Regierung bemühe sich um eine Verbesserung. Angesichts der hohen Kriminalitätsrate habe »die Polizei ein legitimes und nachvollziehbares Interesse an einer angemessenen Ausstattung«. Die Präzedenzlage sei zudem positiv. Im Februar 2004 habe der Bundessicherheitsrat (BSR) einer Voranfrage zur Ausfuhr von 2000 Pistolen P99, 200 Selbstladepistolen USP und 50 Selbstladepistolen an die mexikanische Polizei zugestimmt. Der Auftrag würde »zudem zum Erhalt von hochwertigen Arbeitsplätzen und einer wichtigen wehrtechnischen Fähigkeit in Deutschland beitragen«. Fazit: »Vor diesem Hintergrund sollte aus Sicht des BMVg der Ausfuhr der Gewehre die Zustimmung nicht versagt werden.«

Am 26. August 2005 schreibt die Sachbearbeiterin im AA Rüstungsexportreferat 411 den Bericht zur Vorlage an das Länderreferat 306 mit der Bitte um Prüfung und Stellungnahme: Das Votum des BMWi sei positiv, die Tendenz des Referats 411 eher negativ aufgrund von MR-Vorwürfen gegen Polizei auf einzelstaatlicher Ebene. Die Sachbearbeiterin verweist auf den E-Mailbericht der Botschaft

(NfD, nur für Dienstgebrauch) sowie auf den damit verbundenen Vorgang im Länderreferat. Das Referat 306 schlägt »eine ausnahmsweise Genehmigung« vor. Begründung (ein handschriftlicher Vermerk): »306 bleibt aus den bereits genannten Gründen bei einer Zustimmung. Auch Polizei auf Einzelstaatebene spielt eine wichtige Rolle bei Bekämpfung der OK/Drogen. Gezeichnet am 30. August 2005, unterzeichnet von Sachbearbeiter K.. Am 1. September liegt die Stellungnahme des Länderreferats auch dem Ressortleiter Rüstungsexporte A. M. vor.

Ebenfalls am 1. September 2005 schickt der neue Exportbeauftragte und Behördenkontaktmann von Heckler & Koch, Peter Beyerle, eine Hausmitteilung an den damaligen Vertriebsleiter. Darin berichtet er, dass für Waffenlieferungen in die mexikanischen Bundesstaaten Oaxaca, Guerrero, Chiapas und Chihuahua nicht mit einer Genehmigung zu rechnen sei. Spätestens zu diesem Zeitpunkt ist den Beteiligten klar, welche Strategie sich abzeichnet. Ausgewählte mexikanische Bundesstaaten werden aus den Endverbleibserklärungen verschwinden.

Als gäbe es die Probleme nicht, reicht Heckler & Koch am 2. September eine mexikanische Endverbleibserklärung für weitere 40 Sturmgewehre nach und verweist darauf, dass es sich bei den jetzt noch verbleibenden 20 Gewehren (Endverbleib unbestimmt) vertragsgemäß um »Garantiewaffen« handle. Die Firma bittet, »diese Information ehestmöglich an das Auswärtige Amt weiterzuleiten [...]«. Die beigefügte mexikanische Endverbleibserklärung weist den Bundesstaat Jalisco als Abnehmer für die 40 Sturmgewehre aus. Der Bundesstaat Jalisco gehört zu diesem Zeitpunkt noch nicht zu den kritischen Regionen.

Am 5. September verfasst der Leiter des Referats 411 im Auswärtigen Amt den Sprechzettel für den Staatssekretär. »Zweck der Vorlage: Zur Billigung des Vorschlages unter Ziffer III. (Bedenken zurückstellen) [...] Referat 411 schlägt vor, außenpolitische Bedenken gegen o.a. Ausfuhr unter Forderung der Anwendung des Exportgrundsat-

[redacted]

Bundesministerium
der Verteidigung

[redacted]

[redacted]

stv. Referatsleiter Rü II 2

Bundesministerium für Wirtschaft
und Arbeit
- Referat V B 3 -

Auswärtiges Amt
- Referat 411-

Berlin/Bonn

[redacted]

Telefax

BETREFF Rüstungsexporte in [redacted] Mexiko, [redacted]
HIER Anträge der Firma Heckler & Koch GmbH
BEZUG 1.) BMWA - Gz.: VB3-10 17 83/22 [redacted] - vom 04.07.2005
2.) BMWA - Gz.: VB3-10 17 83/22 [redacted] - vom 08.07.2005
3.) BMWA - Gz.: VB3-10 17 83/22 (MEX) - vom 08.07.2005
4.) BMWA - Gz.: VB3-10 17 83/22 [redacted] - vom 08.07.2005
5.) BMWA - Gz.: VB3-10 17 83/70 [redacted] - vom 08.07.2005

[redacted]

AZ Rü II 2 75-25-20 TUR/IDN/MEX/KWT/SAU
DATUM Bonn, 25.08.2005

Zu Ihren o.a. Schreiben nehme ich nach Leitungsbefassung wie folgt Stellung:
Alle Vorhaben werden befürwortet.

1. [redacted]

2. [redacted]

Das Verteidigungsministerium befürwortet ausdrücklich Waffenlieferungen von Heckler & Koch nach Mexiko.

[redacted]

3. Mexiko
2.020 halbautomatische Gewehre G 36V mit Zubehör,

- Antrag vom 16.06.2005 -.

Nichteinmischung, Selbstbestimmungsrecht der Nationen und friedliche Lösung von Konflikten sind Leitlinien der mexikanischen Außenpolitik. Aufgrund von Größe, Bevölkerungszahl, Reichtum an Bodenschätzen, zunehmender Wirtschaftskraft und geografischer Lage zwischen Lateinamerika und den USA besitzt Mexiko international Gewicht. Es sieht sich gegenüber den kleineren Nachbarn in Mittelamerika sowie den karibischen Inselstaaten zunehmend als Bindeglied zu Nordamerika.
Mexikos Verhältnis zu seinen Nachbarn (Belize, Guatemala und USA) ist im Wesentlichen gut. Immer [redacted]gen an [redacted]SA bergen keine militärische Eskalationsgefahr in sich; sie sind ausschließlich in der unkontrollierten Grenzüberschreitung/illegalen Einwanderung von lateiname[redacted]ischen Staatsbürgern in die USA begründet.
Zwar kommt es in Mexiko immer wieder zu Me[redacted]rechtsverletzungen durch die Polizei (willkürliche Verhaftungen, Misshandlungen, Aussageerpressungen). Dem steht jedoch entgegen, dass sich die mexikanische Regierung intensiv um eine Verbesserung der Menschenrechtslage bemüht. Als Hauptursache für die Übergriffe werden die unzureichende Ausbildung, Ausrüstung, Bezahlung und damit die Korruptionsanfälligkeit der Sicherheitsorgane angesehen. Verbesserungen soll eine umfassende Justizreform bewirken, die zur Zeit im Senat beraten wird.
Angesichts der im Lande bestehenden hohen Kriminalitätsrate hat die mexikanische Polizei ein legitimes und nachvollziehbares Interesse an einer angemessenen Ausstattung ihrer Polizeikräfte.
Die Präzedenzlage ist zudem positiv. Im Februar 2004 stimmte der BSR einer Voranfrage zur Ausfuhr von 2.000 Pistolen P 99, 200 Selbstladepistolen USP und 50 Selbstladepistolen P 2000 an die mexikanische Polizei zu.
Der Auftrag würde zudem zum Erhalt von hochwertigen Arbeitsplätzen und einer wichtigen wehrtechnischen Fähigkeit in Deutschland beitragen.
Einschlägige Ablehnungsnotifizierunen nach dem EU-Verhaltenskodex liegen nicht vor.
Vor diesem Hintergrund sollte aus Sicht BMVg der Ausfuhr der Gewehre die Zustimmung nicht versagt werden.

4. [redacted]

Auflistung der Argumente des Verteidigungsministeriums, die für Waffenlieferungen nach Mexiko sprechen.

zes ›Neu für Alt‹ und unter Ausschluss der Präzedenzwirkung für Folgeaufträge zurückzustellen.« Abschließend ist vermerkt: »Referate 306, GF08, GF11 haben mitgezeichnet.« Mit anderen Worten: Ressortleiter A. M. rechnet damit, dass auch die anderen Referate der Waffenlieferung nach Mexiko zustimmen werden.

Noch am selben Tag schickt der Referatsleiter die Vorlage für den Staatssekretär »mit der Bitte um Mitzeichnung« an die zuständigen Referate. Sollten »im Hinblick auf konkrete MR-Vorwürfe in einzelnen Bundesstaaten Bedenken gegen die Lieferung bestehen«, bittet er gegebenenfalls um ein Votum. Die Referate unterzeichnen die Vorlage. Der Antrag über die Waffenexporte nach Mexiko soll demnächst auf Staatssekretärebene entschieden werden.

Doch am 16. September kommt völlig überraschend ein schriftliches Votum der Abteilung GF08 (Fachreferat zuständig für Mexiko) im Auswärtigen Amt. Darin heißt es: »Im Übrigen bestätigt der jüngste MR-Jahresbericht für ganz Mexiko ein andauerndes Klima der Gewalt, nicht zuletzt seitens der staatlichen Ordnungskräfte. GF08 hat vor diesem Hintergrund gegen die beantragte Ausfuhr erhebliche Bedenken und kann die diesbezügliche befürwortende Vorlage nicht mitzeichnen.« Der 16. September ist ein Freitag. Auf der Stellungnahme kündigt die Sachbearbeiterin handschriftlich an: »306 meldet sich am Montag, 19.9.«

Am darauffolgenden Montag, 19. September, liegt auch das schriftliche Veto des Referats 306 vor: »Länderreferat schließt sich ablehnendem Votum der beiden Fachreferate an, wenn auch zögerlich. Der offenbar inzwischen vom Exportanbieter gemachte Kompromissvorschlag einer Qualifizierung der mex. Bundesstaaten nach jeweiliger ›MR-performance‹ wäre im Falle des Bekanntwerdens nach außen für die dt.-mex. Beziehungen eher abträglich. Daher ist aus 306-Sicht eine generelle Ablehnung die ›sauberere Lösung‹ und daher vorzuziehen.« Die zuständigen Referate zeichnen nunmehr »gerne mit!«

[redacted]

Gz.: 411-411.10 MEX

Berlin, den 26.08.2005

[redacted]

An das
Referat 306
im Hause

AWG, AWV, KWKG, Pol.Grundsätze der BuReg und EU-Verhaltenskodex sind im Intranet des AA, "Zentrale, Abt. 4, Ref. 411, Rüstungsexportkontrolle" abrufbar.

Betr.: Durchführung des Kriegswaffenkontrollgesetzes
hier: Antrag auf Genehmigung einer Ausfuhr
Land: Mexiko
Antragsteller: Heckler & Koch GmbH, 78722 Oberndorf/Neckar
Ware: 2.020 St vollautomatische Gewehre G36 in halbautomatischer Ausführung

Bezug: Schreiben des BMWA vom 08.07.2005 Az. V B 3 - 10 17 83
Dortige Stellungnahme vom 2.8.05

Anlg: Schreiben des BMWA sowie Präzedenzenliste [redacted]

Referat 411 bittet um Stellungnahme, insbesondere auch unter Berücksichtigung des Menschenrechtskriteriums, wie in den Politischen Grundsätzen der Bundesregierung vom 19.01.2000 vor allem in Abschnitt I festgelegt, ob in bezug auf o.g. Antrag eine ausnahmsweise Genehmigung erteilt werden sollte (ggfs. in Abstimmung mit GF 08).

Ref. 306 wird um Überprüfung des dortigen positiven Votums vom 2.8.05 gebeten. Die Tendenz des Ref.411 auf Arbeitsebene ist eher negativ aufgrund von MR-Vorwürfen gegen Polizei auf einzelstaatlicher Ebene (vgl. Mail RL 306 vom 4.5.05 und Mailbericht Nr. 193/05 - Gz.: Pol 411-H0/VS-NfD zu Folter und Korruption)

[redacted]

Urschriftlich zurück an Ref 411

Stellungnahme Referat 306

[X] Eine ausnahmsweise Genehmigung sollte erteilt werden.

(Bei positivem Votum wird gebeten, das Vorliegen eines "besonderen außen- oder sicherheitspolitischen Interesses" im Sinne der Ziffer III 2 der Politischen Grundsätze zu begründen.)

[ ] Eine ausnahmsweise Genehmigung sollte nicht erteilt werden.

(Bei negativem Votum wird gebeten, dieses zu begründen sowie anzugeben, ob und ggfs. welches Kriterium des EU-Verhaltenskodex (Hies. Zusch. v. 7.7.98, Gz. 414-350.34) angewandt wurde. Die EU-MS werden dann ggfs. unter Angabe des Kriteriums und einer kurzen erläuternden Begründung (Stichworte) über unsere negative Entscheidung unterrichtet.)

Begründung:

[redacted]

Datum Unterschrift

[redacted]

Das Auswärtige Amt ist misstrauisch und will den Vorgang noch hinsichtlich der Menschenrechtssituation in Mexiko überprüfen.

Das Blatt hat sich gewendet. Während das Bundeswirtschaftsministerium und das Bundesverteidigungsministerium fest damit rechnen, dass nach baldiger Vorlage der Endverbleibserklärung für die restlichen 60 G36-Sturmgewehre auch das Auswärtige Amt unter der Einschränkung »ausnahmsweise Genehmigung« mitzeichnen wird, verweigert das Ministerium nun tatsächlich die Zustimmung.

Am 22. September 2005 heißt es in der Vorlage des Referats 411 für den Staatssekretär: »Angesichts der weiterhin berichteten Menschenrechtsverletzungen durch die MEX-Polizei, insbesondere auf lokaler und einzelstaatlicher Ebene, besteht an einer Lieferung gerade an dieser Dienststelle kein besonderes außenpolitisches Interesse. Entscheidungsvorschlag: Referat 411 schlägt vor, gegen o.a. Ausfuhr außenpolitische Bedenken zu erheben. Referate 306 und GF08 haben mitgezeichnet.«

Ein Schreiben mit diesem Inhalt geht am 29. September 2005 an das Bundeswirtschaftsministerium. Wie groß die Verunsicherung der Beamten im Auswärtigen Amt gewesen sein muss, zeigen zwei handschriftliche Vermerke des Ressortleiters vom 29. September im Zusammenhang mit dem negativen Votum. Er schreibt zunächst: »Abt. teilt mit, dass Antrag modifiziert werden soll.« Dann: »Abt. meldet sich erneut: Antrag wird nicht modifiziert.« Die Vermerke belegen zugleich, dass die Diskussion über den Austausch der Endverbleibserklärungen zu dem Zeitpunkt bereits in vollem Gang ist.

Ohne die Zeichnung des AA muss der Waffenhersteller in Oberndorf mit einer Ablehnung des Antrags rechnen. Doch es kommt anders.

Das Netzwerk funktioniert

Heckler & Koch unterhält enge Kontakte zu den Ministerien und zum Bundeskanzleramt und ist vorgewarnt. Den Auftrag aus Mexiko und Folgeaufträge will man sich keinesfalls entgehen lassen. Wie bekommt man die Schwierigkeiten in den Griff? Was nicht passt, wird passend gemacht.

Am 5. Oktober 2005 meldet sich Jürgen B., damals Exportbeauftragter der Firma H&K, per E-Mail bei dem Vertriebsleiter L. S.. Es geht um folgende Mitteilung: Der Exportbeauftragte berichtet, er habe von Wirtschaftsminister Wolfgang Clement (SPD) erfahren, dass es Probleme beim Exportantrag nach Mexiko gebe. Das Land sei - aufgrund der desaströsen Menschenrechtslage in drei [später vier] Bundesstaaten - nicht zu beliefern. Der Exportbeauftragte betont in seiner E-Mail, es gäbe eine Weisung direkt aus dem Kanzleramt. Wörtlich heißt es in der E-Mail:

> »Trotz vollsten Verständnisses für die Nöte des Verkaufs bezüglich Mexiko kann ich mich bei dem Interregnum in Berlin nur wiederholen: Derzeit werden im Umlaufverfahren (Aktenvorlage bei allen Genehmigungsgremien/Ministerien) vom Wirtschaftsminister Clement nur Exporte genehmigt, denen das Auswärtige Amt zustimmt! Dies ist (Auskunft aus dem Kanzleramt) die Weisung des Bundeskanzlers! Da das Auswärtige Amt die Erteilung einer Exportfreigabe nach Mexiko aus den bekannten Gründen in den Territorien Chiapas, Chihuahua, Jalisco widerspricht, muss der Exportantrag dem Bundessicherheitsrat vorgelegt werden, in dem, nach Abstimmung, die einfache Mehrheit über unseren Antrag entscheidet!«

Es müsse verhindert werden, dass der Vorgang »Waffenexporte nach Mexiko« vor den Bundessicherheitsrat kommt. Man will keine Präzedenzentscheidung zulassen.

Doch aus Mexiko war die Information gekommen, die Möglichkeit bestünde, neue Endverbleibserklärungen zu bekommen. Mit einer E-Mail ebenfalls vom 5. Oktober 2005 kommt die Nachricht von B. G., H&K-Handelsvertreter in Mexiko, Endverbleibserklärungen mit anderen als den drei »besagten« Bundesstaaten seien in Vorbereitung. Am 6. Oktober informiert Vertriebschef L. S. seinen Vorgesetzten schriftlich darüber, die »drei verrufenen Bundesstaaten würden in einer neuen Endverbleibserklärung nicht mehr als Endverbleib« benannt werden. Als Nächstes soll mit dem Bundeswirtschaftministerium gesprochen werden.

Die avisierten Endverbleibserklärungen treffen per Kurierdienst ein. In den ursprünglichen Endverbleibserklärungen des mexikanischen Verteidigungsministeriums vom 10. Juni 2005 sind 450 Gewehre für den Bundesstaat Chihuahua, 184 Gewehre für den Bundesstaat Chiapas und 60 Gewehre für den Bundesstaat Jalisco bestimmt. In den neuen Endverbleibserklärungen, datiert auf den 4. Oktober 2005, bescheinigt die mexikanische SEDENA/DCAM, dass der Bundesstaat Puebla 450 Gewehre, Mexiko-Stadt 184 Gewehre und der Bundesstaat Durango 60 Gewehre erhalten sollen. Es ist ein offizielles Dokument, unterzeichnet vom Generaldirektor der SEDENA/DCAM, General Juan Alfredo Oropeza Garnica. Die genannten Stückzahlen entsprechen exakt den ursprünglich für die kritischen Bundesstaaten bestimmten Lieferungen.

Auch das BMWi, wo man die »allgemeinen Ablehnungsgründe des AA« nicht hinnehmen will, wird tätig. Man überlegt zusammen mit dem Waffenhersteller, wie man einen Kompromiss – »eine Lösung auf politischer Ebene« – erreichen kann, und beschließt, neue Endverbleibserklärungen zu besorgen, in denen die verrufenen Bundesstaaten nicht mehr aufgeführt werden. BMWi und H&K verständigen sich darauf, dass ab sofort alles auf vier Bundesstaaten fokussiert wird, die als besonders gefährlich gelten – bzw. »die das AA in seinem Bedenkenträgerpapier« nennt.

Am 17. Oktober 2005 schickt Jürgen B., der damalige Exportbeauftragte von Heckler & Koch, ein Fax betreff »Mexico KWKG – Antrag v. 16.06.2005 über 2020 Stck. Gewehre G36« an A. M. (Ressortleiter 441 im AA): »Sehr geehrter Herr M., unter Berücksichtigung aktueller Hinweise der IGFM konnten wir mit dem Kunden neue End-use aushandeln. Diese legten wir im Original bereits im BMWA [das spätere BMWi] zum Vorgang vor und möchten Sie

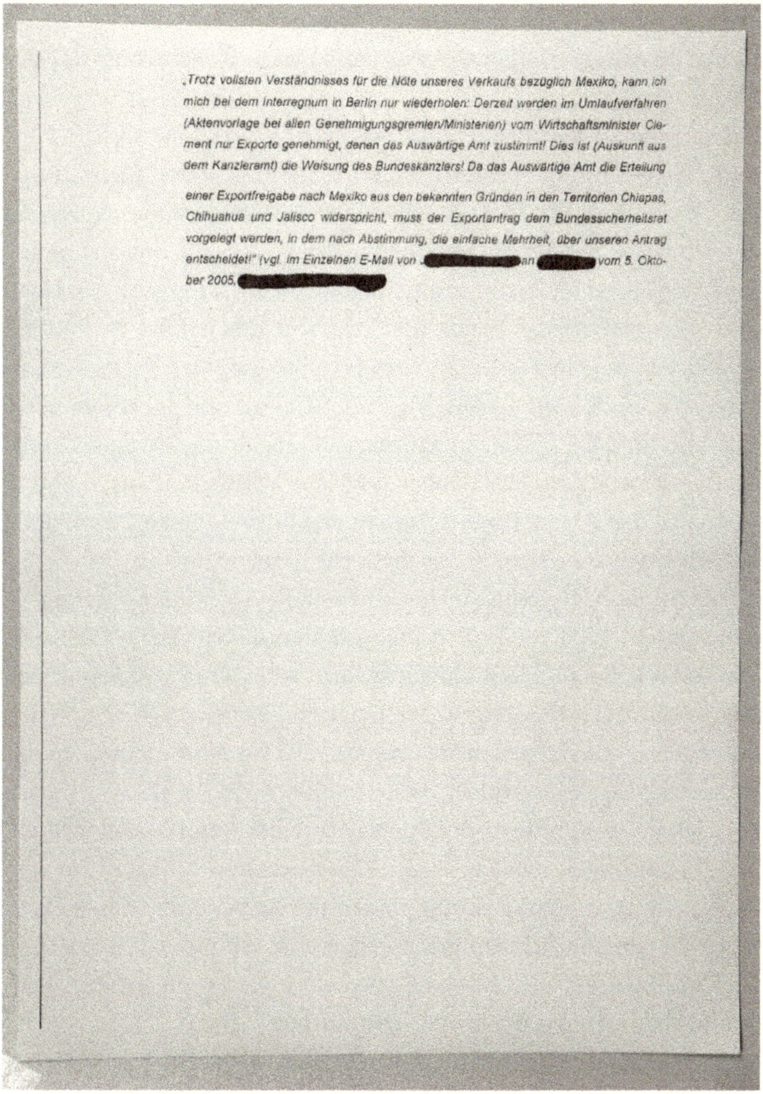

„Trotz vollsten Verständnisses für die Nöte unseres Verkaufs bezüglich Mexiko, kann ich mich bei dem Interregnum in Berlin nur wiederholen: Derzeit werden im Umlaufverfahren (Aktenvorlage bei allen Genehmigungsgremien/Ministerien) vom Wirtschaftsminister Clement nur Exporte genehmigt, denen das Auswärtige Amt zustimmt! Dies ist (Auskunft aus dem Kanzleramt) die Weisung des Bundeskanzlers! Da das Auswärtige Amt die Erteilung einer Exportfreigabe nach Mexiko aus den bekannten Gründen in den Territorien Chiapas, Chihuahua und Jalisco widerspricht, muss der Exportantrag dem Bundessicherheitsrat vorgelegt werden, in dem nach Abstimmung, die einfache Mehrheit, über unseren Antrag entscheidet!" (vgl. im Einzelnen E-Mail von [redacted] an [redacted] vom 5. Oktober 2005. [redacted]

E-Mail des H&K-Exportbeauftragten an das Verkaufsteam vom 05.10.2005, in der über Genehmigungsprobleme in kritische mexikanische Bundesstaaten berichtet wird.

gleichzeitig informieren, weil die Direccion General de Industria Militar inzwischen drängt, denn der geplante Liefertermin war der 15.09.2005 […]«

Der H&K-Exportbeauftragte behauptet also, die aktuellen Hinweise über Menschenrechtsverletzungen seien von der Internationalen Gesellschaft für Menschenrechte IGFM gekommen. Aufgrund der Hinweise habe man andere Abnehmer gesucht und gefunden. Ressortleiter A. M. bestätigt am 18. Oktober den Eingang des Faxes und vermerkt darauf handschriftlich: »Stellungnahme an BMWA (später BMWi) am 4.10., z.Zt. kein Handlungsbedarf. 24.10. Bedenken gründen sich auf allgem. Klima der Gewalt und auf regelmäßige MR-Vorwürfe gg. Polizei auf einzelstaatl. Ebene, unabhängig v. Bundesstaatenver.« Am 25. Oktober folgt der Vermerk 1. »erl.« und 2. »ZdA« zu den Akten. Daraus kann man schließen: Einer Bewilligung der Waffenexporte steht nichts mehr im Wege.

Die Ministerien stehen in engem Kontakt – nicht nur untereinander, sondern auch mit den Waffenverkäufern von Heckler & Koch. Das BMWi, das auf H&K eingewirkt hat, »die bösen Bundesstaaten« aus den Endverbleibserklärungen herauszulassen, will, dass es in den künftigen Endverbleibserklärungen der DCAM auch nicht mehr allgemein heißt: »Endverbleib: Polizeieinheiten in Mexiko«, sondern beispielsweise: »Endverbleib: Puebla« (= guter Bundesstaat, weil damals Standort des mexikanischen VW-Werks). Somit hat es auf dem Papier den Anschein, dass die Waffen nur an bestimmte Polizeieinheiten in vermeintlich ruhigen mexikanischen Bundesstaaten gehen. Gleichzeitig muss allen bewusst gewesen sein, dass die meisten Waffen für die Unruheprovinzen bestimmt sind.

Die bereits bei BAFA, BMWi und AA vorliegenden Endverbleibserklärungen werden ad acta gelegt und auf Bitte von Heckler & Koch sogar nach Oberndorf zurückgeschickt. Die Herstellerfirma betont, dies sei der ausdrückliche Wunsch des mexikanischen Kunden. Der Waffenhersteller hat neue Endverbleibserklärungen besorgt, die ursprünglichen werden nicht mehr benötigt.

Das Auswärtige Amt gibt sich unter politischem Druck mit diesem Kompromiss zufrieden, setzt aber noch die sogenannte Neu-für-Alt-Bestimmung durch. Die Altwaffenvernichtung wird im jeweiligen Bestimmungsland, in diesem Fall Mexiko, natürlich nicht gemacht. Auch das wissen die Entscheidungsträger. Die »Neu-für-Alt«-Regelung ist ein Zugeständnis an das AA und zieht sich ab sofort durch die gesamten Vorgänge in Sachen »Waffenexporte nach Mexiko« zwischen dem Waffenhersteller, den Ministerien und dem Bundesamt für Ausfuhrkontrolle BAFA.

Der Militärattaché der deutschen Botschaft in Mexiko nimmt an der Waffenzerstörungsaktion der DCAM teil.

Kurzer Vorgriff: Ein einziges Mal wird SEDENA/DCAM am 3. August 2006 eine »Waffenvernichtungsaktion« in Mexiko veranstalten. Dazu lädt die Behörde Angehörige der deutschen Botschaft und den H&K-Handelsvertreter B. G. ein. In mehreren Schreiben hatte der H&K-Ausfuhrbeauftrage Peter Beyerle den beteiligten Ministerien die geplante Aktion bereits angekündigt. Mit einem beigefügten Bericht von SEDENA/DCAM und einer Fotodokumentation berichtet Beyerle den beteiligten Ministerien schließlich über die durchgeführte »Waffenvernichtungsaktion«: »...Ich darf auch Ihnen gegenüber betonen, dass keiner unserer Wettbewerber sich so für die Vernichtung von Altwaffen einsetzt, wie die Fa. Heckler & Koch [...]« Die mexikanische Behörde behauptet in ihrem Bericht, »dass die Zerstörung von langen und kurzen Handfeuerwaffen alle sechs Monate (Januar und Juli) durchgeführt wird, wobei insgesamt 600 kurze und 700 lange Waffen zerstört worden sind«. SEDENA/DCAM kündigt zugleich »die nächste Zerstörung von Waffen im Monat Dezember« an. Anmerkung: Auf den beigefügten Fotodokumenten sind alte Kalaschnikows zu erkennen, nicht aber alte Heckler & Koch- oder andere deutsche Waffen, und die von der mexikanischen Behörde avisierten weiteren Waffenzerstörungen finden nicht statt.

Zurück ins Jahr 2005: Noch ist die offizielle Genehmigung für Mexiko nicht erteilt. Dem Waffenhersteller in Oberndorf kann es aber nicht schnell genug gehen. Peter Beyerle richtet am 3. November ein Schreiben mit Betreff »Diverse Exportanträge gem. KWKG« an Ministerialrat W. im Bundeswirtschaftministerium:

> »Sehr geehrter Herr W., während meines letzten Besuches bei Herrn Wendling in Berlin übergab ich eine Liste mit dem aktuellen Antragsbestand; dabei ging es einerseits um deutlich ältere Anträge, zum anderen aber um Mexiko (geänderte End-use) und Saudi-Arabien/USA. [...] Da zweifelhaft ist, ob unter den gegebenen politischen Bedingungen noch eine Sitzung des Bundessicherheitsrates stattfinden wird, bat ich um den Hinweis, mit welchen Genehmigungen der anstehenden Exportanträge wir in diesem Jahr (ohne BSR) noch rechnen dürfen. Unsere Ländersachbearbeiter erhielten inzwischen schon deutliche Signale, dass einige langjährige Geschäftspartner sich zukünftig auf FN8-Produkte umorientieren wollen... Für einen kurzen Rückruf wäre ich Ihnen sehr dankbar [...]«

Waffenzerstörung in Mexiko

Das Verteidigungsministerium („S.D.N."), hat in Verbindung mit ihrem Waffenregister („Dirección General del Registro Federal de Armas de Fuego y Control de Explosivos") auch die Aufgabe, die alten Geräte auszumustern und zu vernichten. Seit ca. Ende der achziger Jahre werden in Mexiko die Altwaffen ständig vernichtet. Schon aus Eigeninteresse, bzw. aus Sicherheitsgründen, damit diese Geräte oder Waffenteile nicht mehr verwendbar sind, werden diese totalzerstört, d.h. eingeschmolzen. Diese Waffen und auch Waffenteile kommen aus folgenden Bereichen:

- Altwaffen aus Heeresbeständen, welche durch neue Bewaffnungen ersetzt werden.
- Beständen der Sicherheitsbehörden (Polizei), welche bei Auslieferungen von Neugeräten die Altwaffen zurückgeben müssen.
- Konfiszierte und illegale Waffen
- Wechselteile aus der Waffeninstandsetzung wie auch nicht maßhaltige Komponenten aus der Waffenproduktion (Fábrica de Armas).

Landesweit sind zunächst die Militärregionen oder Militärzonen („Regiones Militares") für die Konzentration der Altwaffen zuständig, welche von den Polizeibehörden dort abgegeben werden müssen. Ebenso die konfiszierten Waffen aus illegalem Besitz, Waffen die bei Verbrechen verwendet wurden, jedoch erst nach deren Freigabe durch die Richter und Abschluß der Verfahren.

Diese Waffen werden schon in den örtlichen Militärzonen nach vorheriger Registrierung vorzerstört wie Blechteile zerdrückt, Hauptteile der Waffe wir das Rohr zersägt und Waffengehäuse sektioniert. Alle diese vorzerstörten Waffen werden durch das „1/er Batallón de Materiales de Guerra" konzentriert. Auf Befehl des Verteidigungsministeriums werden dann diese Geräte in Mexiko Stadt in der Militärindustrie nach Materialtyp getrennt, d.h. nach Stahl-, Aluminium- Messing- und Kunststoffteilen getrennt und eingeschmolzen. Nur die Militärindustrie verfügt über die entsprechenden Einrichtungen für die Einschmelzung der Waffenteile.

Anhand einer Schautafel wurde das Einschmelzprogramm des 1. Quartals 2009 verdeutlicht. Es wurden an Komplettwaffen 22,5t Stahl und 0,95t Aluminiumteile eingeschmolzen, was ca. 7.000 Lang- und Kurzwaffen entspricht („1/er B.M.G" gleich „1er Batallón de Materiales de Guerra"). Aus der Waffeninstandsetzung wurden 25t Stahl eingeschmolzen („5/o. E.M.A." gleich „5. Escalón de Mantenimiento de Armamento"). Bei denen noch auf der Tafel „PROGRAMA PARA LA DESTRUCCIÓN DEL MATERIAL POR MEDIO DE FUNDICIÓN" erwähnten Mengen unter den Zeilen "PROYECTILES" handelt es sich um Granatkörper („Acero = Stahl), Zünder („Aluminio" = Aluminium) und Führungsringe („Latón = Messing), welche ebenfalls den Militärinternen Zerstörungsregeln unterliegen.

Am 26.03.09 wurde Herr Oberstleutnant [redacted] Militärattachè in Mexiko und Herr [redacted] Vertretung der Fa. Heckler & Koch GmbH in Mexiko durch den Generaldirektor der Militärindustrie, Herrn General de División D.E.M. Evodio Aquino Maldonado und seiner Offiziere über die Vorgehensweise bei der Waffenzerstörung sowie über die Gesetze und Regellungen bei der Waffenkontrolle in Mexiko unterrichtet.

15.04.2009
[redacted]

H&K-Handelsvertreter in Mexiko B. G. berichtet von der Altwaffenzerstörung der DCAM.

Das Schreiben des H&K-Exportbeauftragten liegt am 7. November Ministerialrat W. vor, wird wenige Tage später von Oberamtsrat D. gegengezeichnet und an Herrn Wendling ins Kanzleramt weitergeleitet. Der Vorgang verdeutlicht einerseits den regen Austausch und die Nähe zwischen der Firma und den Minsterien. Andererseits kommt hier zum Ausdruck wie viel Druck die Waffenfirma auf die entscheidenden Gremien ausübt.

Auf dem Sprechzettel für den BWMi-Staatssekretär (15.12.2005) heißt es:

> »Fa. Heckler & Koch hat KWKG-Antrag (kein Genehmigungsanspruch) zur Ausfuhr von 2020 Stck. G36 in halbautomatischer Ausführung nach Mexiko gestellt. Endempfänger sind Polizeieinheiten auf einzelstaatlicher Ebene.«
> Ressortvoten:
> »BMWi, BMVg positiv, BMZ negativ, AA positiv, Bedingung Neu für Alt«.
> Gründe für positives AA-Votum:
> »Deutliche Verbesserung der Menschenrechtssituation. [...] Aktive Anti-Folter-Politik. [...] Auf der inzwischen vorgelegten Empfängerliste sind allein Bundesstaaten genannt, gegen die aktuell keine gehäuften MR-Vorwürfe vorliegen.«
> Votum :
> Behandlung auf BSR-Sitzung: Nein
> In der Sache positiv, mit Auflage Neu für Alt

Auf dem Sprechzettel für den Staatssekretär im Auswärtigen Amt, datiert auf den 15. Dezember 2005, ist vermerkt: »Entscheidung negativ/dann positiv mit NfA.« Die Begründung »kein besonderes außenpolitisches Interesse, Gefahr von Menschenrechtsverletzungen« ist durchgestrichen und handschriftlich durch »pos., NfA« ersetzt.

Fazit: Der Kriegswaffenexportantrag der Firma Heckler & Koch für Mexiko wird, wie wohl von Anfang an geplant, auf Staatssekretärebene im Vorbereitungsausschuss positiv entschieden und kommt nicht vor den geheim tagenden Bundessicherheitsrat.

Am 20. Dezember 2005 erlaubt das Bundeswirtschaftsministerium der Firma Heckler & Koch GmbH, »nach dem Gesetz über die Kontrolle von Kriegswaffen« 2020 Gewehre G 36 in halbautomatischer Ausführung nach Mexiko zu liefern. Die Genehmigungsnummer lautet V B 3 – 456 -653/2005. In der Genehmigung heißt es: »Bestandteil dieser Entscheidung ist die Angabe des Antragstellers, wonach die o.a. Kriegswaffen zum Endverbleib in Mexiko bestimmt sind.« Ferner heißt es: »Diese Genehmigung – BMWi-Nr. 653/2005 – gilt bis zum 31. Dezember 2006.« Und: »Die Bundesregierung hat im Rahmen ihrer Rüstungsexportgenehmigungspolitik den Exportgrundsatz ›Neu für Alt‹ eingeführt. Danach werden kleinwaffenexportierende Firmen aufgefordert, bei der Gestaltung der Lieferverträge darauf zu drängen, dass die Abnehmer verpflichtet werden, [...] die Altwaffen zu vernichten und nicht an Drittländer weiterzuverkaufen.«

Am 24. Januar 2006 erhält die Firma die Ausfuhrgenehmigung vom Bundesamt für Wirtschaft und Ausfuhrkontrolle (BAFA). Die Waffen werden in vier Tranchen geliefert: Am 17. Februar 2006 erfolgt die erste Lieferung, weitere Lieferungen erfolgen am 28. März sowie 8. und 16. Mai 2006.

Noch bevor die Ausfuhrgenehmigung erteilt ist, hat Heckler & Koch bereits am 21. Oktober 2005 eine erste Erweiterung der Waffenexportgenehmigung für Mexiko beantragt. Fünf vollautomatische G36 Sturmgewehre (3 Stck., G36V und 2 Stck. G36KV) mit Zubehör sowie eine Granatpistole Kaliber 40 mm (Anbaugerät AG-G36) sollen an die »Fábrica de Armas«/SEDENA zur Ausrüstung der Streitkräfte geliefert werden. Die Genehmigung wird problemlos auf Zuruf erteilt. Am 13. März erfolgt die Genehmigung, am 28. März 2006 die Ausfuhr.

Auch diese Waffenlieferung betreffend betont das Auswärtige Amt im Schreiben vom 15. Februar 2006 ausdrücklich die Forderung »Neu für Alt«:

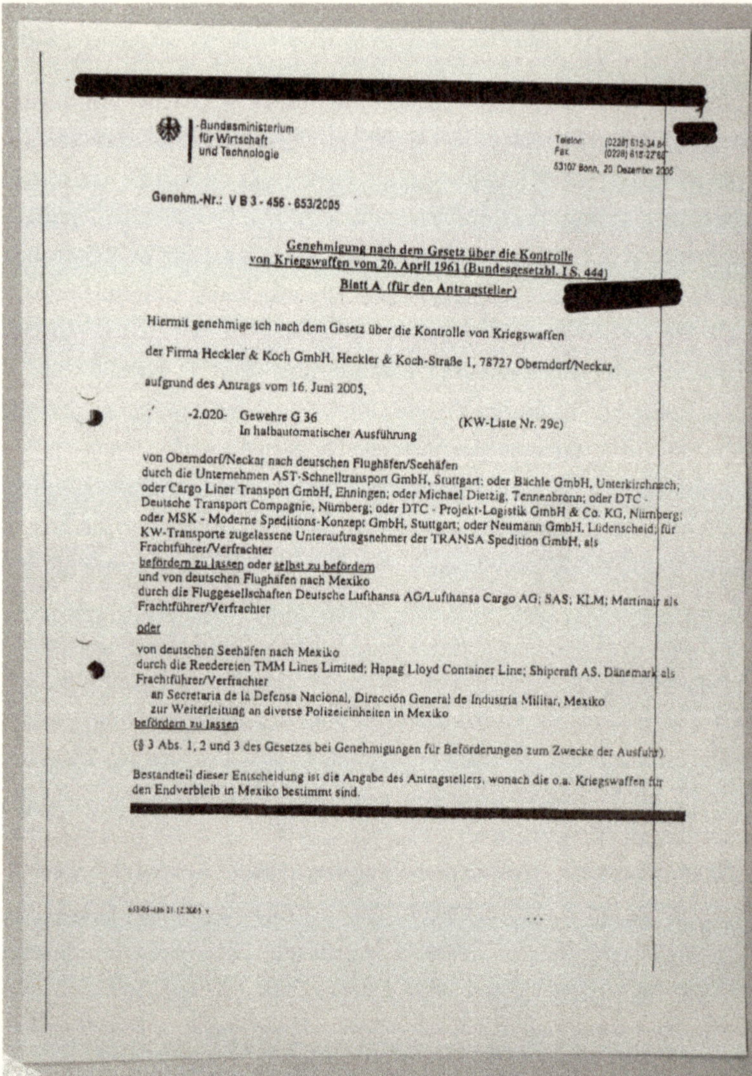

[redacted]

Bundesministerium
für Wirtschaft
und Technologie

[redacted]

Telefon: (0228) 615-34 8
Fax: (0228) 615-27 6
53107 Bonn, 20. Dezember 2005

Genehm.-Nr.: V B 3 - 456 - 653/2005

Genehmigung nach dem Gesetz über die Kontrolle
von Kriegswaffen vom 20. April 1961 (Bundesgesetzbl. I S. 444)
Blatt A (für den Antragsteller)

[redacted]

Hiermit genehmige ich nach dem Gesetz über die Kontrolle von Kriegswaffen

der Firma Heckler & Koch GmbH, Heckler & Koch-Straße 1, 78727 Oberndorf/Neckar,

aufgrund des Antrags vom 16. Juni 2005,

-2.020- Gewehre G 36 (KW-Liste Nr. 29c)
In halbautomatischer Ausführung

von Oberndorf/Neckar nach deutschen Flughäfen/Seehäfen
durch die Unternehmen AST-Schnelltransport GmbH, Stuttgart; oder Bächle GmbH, Unterkirchnach; oder Cargo Liner Transport GmbH, Ehningen; oder Michael Dietzig, Tennenbronn; oder DTC - Deutsche Transport Compagnie, Nürnberg; oder DTC - Projekt-Logistik GmbH & Co. KG, Nürnberg; oder MSK - Moderne Speditions-Konzept GmbH, Stuttgart; oder Neumann GmbH, Lüdenscheid; für KW-Transporte zugelassene Unterauftragsnehmer der TRANSA Spedition GmbH, als Frachtführer/Verfrachter
befördern zu lassen oder selbst zu befördern
und von deutschen Flughäfen nach Mexiko
durch die Fluggesellschaften Deutsche Lufthansa AG/Lufthansa Cargo AG; SAS; KLM; Martinair als Frachtführer/Verfrachter

oder

von deutschen Seehäfen nach Mexiko
durch die Reedereien TMM Lines Limited; Hapag Lloyd Container Line; Shipcraft AS, Dänemark als Frachtführer/Verfrachter
an Secretaria de la Defensa Nacional, Dirección General de Industria Militar, Mexiko
zur Weiterleitung an diverse Polizeieinheiten in Mexiko
befördern zu lassen

(§ 3 Abs. 1, 2 und 3 des Gesetzes bei Genehmigungen für Beförderungen zum Zwecke der Ausfuhr).

Bestandteil dieser Entscheidung ist die Angabe des Antragstellers, wonach die o.a. Kriegswaffen für den Endverbleib in Mexiko bestimmt sind.

[redacted]

653/05-456 21.12.2005 v

...

Offizielle Genehmigung für den Export von 2020 G36-Sturmgewehren nach Mexiko.

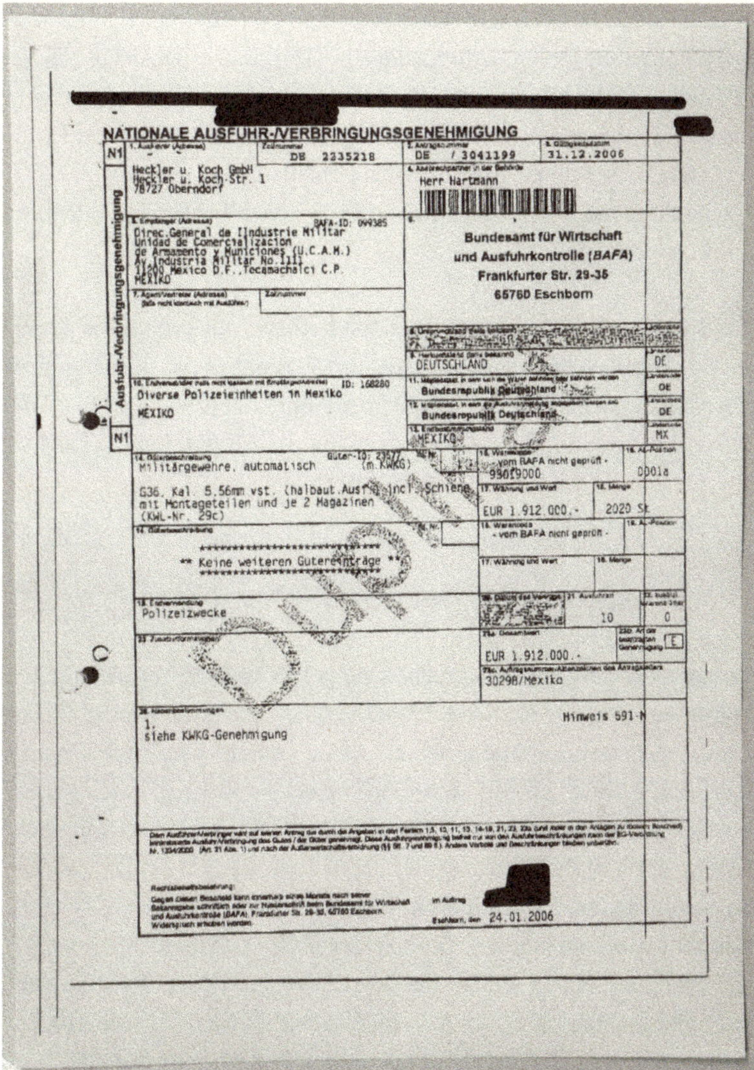

[redacted]

NATIONALE AUSFUHR-/VERBRINGUNGSGENEHMIGUNG

[redacted]

N1

Ausfuhr-/Verbringungsgenehmigung

DB 2235218

DE / 3041199

31.12.2006

Heckler u. Koch GmbH
Heckler u. Koch-Str. 1
78727 Oberndorf

Herr Hartmann

BAFA-ID: 099385
Direc.General de Industrie Militar
Unidad de Comercialización
de Armamento y Municiones (U.C.A.M.)
Av. Industria Militar No.1111
11200 Mexico D.F., Tecamachalco C.P.
MEXIKO

Bundesamt für Wirtschaft
und Ausfuhrkontrolle (*BAFA*)
Frankfurter Str. 29-35
65760 Eschborn

DEUTSCHLAND | DE

ID: 168280
Diverse Polizeieinheiten in Mexiko
MEXIKO

Bundesrepublik Deutschland | DE

Bundesrepublik Deutschland | DE

MEXIKO | MX

N1

Güter-ID: 23577
Militärgewehre, automatisch (m.KWKG)

G36, Kal. 5,56mm vst. (halbaut.Ausf.) incl. Schiene
mit Montageteilen und je 2 Magazinen
(KWL-Nr. 29c)

- vom BAFA nicht geprüft -
93019000

0001a

EUR 1.912.000.-

2020 St

- vom BAFA nicht geprüft -

** Keine weiteren Gütereinträge **

Polizeizwecke

10

0

EUR 1.912.000.-

E

30298/Mexiko

Hinweis 591-N

1.
siehe KWKG-Genehmigung

Im Auftrag [redacted]

Eschborn, den 24.01.2006

Ausfuhrbestätigung des Bundesamts für Wirtschaft und Ausfuhrkontrolle (BAFA) zum Export von 2020 G36-Sturmgewehren.

»Die Fa. Heckler & Koch ist anzuhalten, in Verhandlungen über etwaige Folgeaufträge die Umsetzung des Grundsatzes ›Neu für Alt‹ im Sinne einer verbindlichen Verpflichtung des Kunden zu vereinbaren und hierüber bei Antragstellung für eine größere Anzahl von Kleinwaffen zu berichten. Der Fa. ist mitzuteilen, dass dies bei der Entscheidung über etwaige Folgeaufträge von erheblicher Bedeutung sein kann [...]«

Das Bundesverteidigungsministerium befürwortet auch diese Anträge. Das Bundeswirtschaftsministerium verfasst die Genehmigungsschreiben. Das BAFA erledigt die Formalitäten.

Auch für zukünftige Anträge erhalten die Ministerien wiederholt entsprechend geänderte Endverbleibserklärungen.

Entspannung bei den Waffenhändlern

Nachdem B. G. sein Versprechen eingelöst und die erforderlichen Dokumente (geänderte Endverbleibserklärungen) unverzüglich per Kurier nach Deutschland geschickt hat, geht man zum Tagesgeschäft über. Am 3. und 22. Mai 2006 stellt Heckler & Koch zwei weitere Anträge zur Erweiterung des Lieferumfangs nach Mexiko. Ein erster Antrag umfasst 707 Sturmgewehre, der zweite 505 Sturmgewehre. Insgesamt sollen 1212 vollautomatische Sturmgewehre G36V nach Mexiko exportiert werden. Im Heckler & Koch-Anschreiben vom 2. Mai 2006 an das BMWi heißt es: »Sehr geehrte Damen und Herren, bei unserem o.g. KWKG-Antrag handelt es sich um einen Anschlussauftrag zu den 2020 halbautomatischen Gewehren G36V welche mit KWKG-Genehmigung Mr. 653/05 v. 20.12.2005 bereits genehmigt wurden [...]«

Das Auswärtige Amt fragt daraufhin bei der deutschen Botschaft in Mexiko wegen der Umsetzung der geforderten Altwaffenvernichtung nach, während das Bundesverteidigungsministerium uneingeschränkt die neuen Anträge befürwortet. Dann aber stellt sich das Problem, dass laut einer zunächst abgegebenen Endverbleibserklärung 370 der Gewehre an den nicht erlaubten Bundesstaat Guerrero gehen sollen und für weitere 330 Gewehre der Bestimmungsort noch nicht bekannt ist.

Das Auswärtige Amt interveniert.

Zu dem Zeitpunkt ist B. G. zu Besuch im Oberndorfer H&K-Stammhaus. Nachdem ihm von den aktuellen Schwierigkeiten berichtet worden ist, verschickt er eine am Rechner der Sachbearbeiterin R. E. verfasste E-Mail an die Handelsvertretung in Mexiko. In dieser E-Mail bittet er sein Büro darum, bei der mexikanischen Militärverwaltung eine geänderte Endverbleibserklärung anzufordern. In dem Schreiben vom 29. August 2006 heißt es unter anderem:

> »Es ist so, nachdem, was man mir bei HK gesagt hat, dass die Ausstellung der Genehmigung in Berlin schwieriger wird, wenn die nachstehenden (Bundes)Staaten auf den Endbestimmungsbescheinigungen genannt werden:
> Oaxaca, Guerrero, Chiapas, Chihuahua
> Bitte sprich mit dem Oberst D.[10] und bitte ihn um neue Endbestimmungsbescheinigungen der folgenden Verträge/Endbestimmungsschreiben:
> […] Guerrero durch anderen (Bundes)Staat ersetzen […]
> […] Chiapas durch einen anderen Bundesstaat ersetzen […]
> […] Bitte sende dann die Originale per DHL an die HK. […]«

Das mexikanische Büro von B. G. schickt die von den mexikanischen Behörden geänderte Endverbleibserklärung innerhalb von nur einem Tag nach Oberndorf. In dieser Endverbleibserklärung ist der Bundesstaat Guerrero durch den Bundesstaat Querétaro ersetzt. Heckler & Koch schickt die neue Endverbleibserklärung, in welcher der problematische Bundesstaat Guerrero nicht mehr auftaucht, unter Bezugnahme auf die bereits gestellten Genehmigungsanträge an

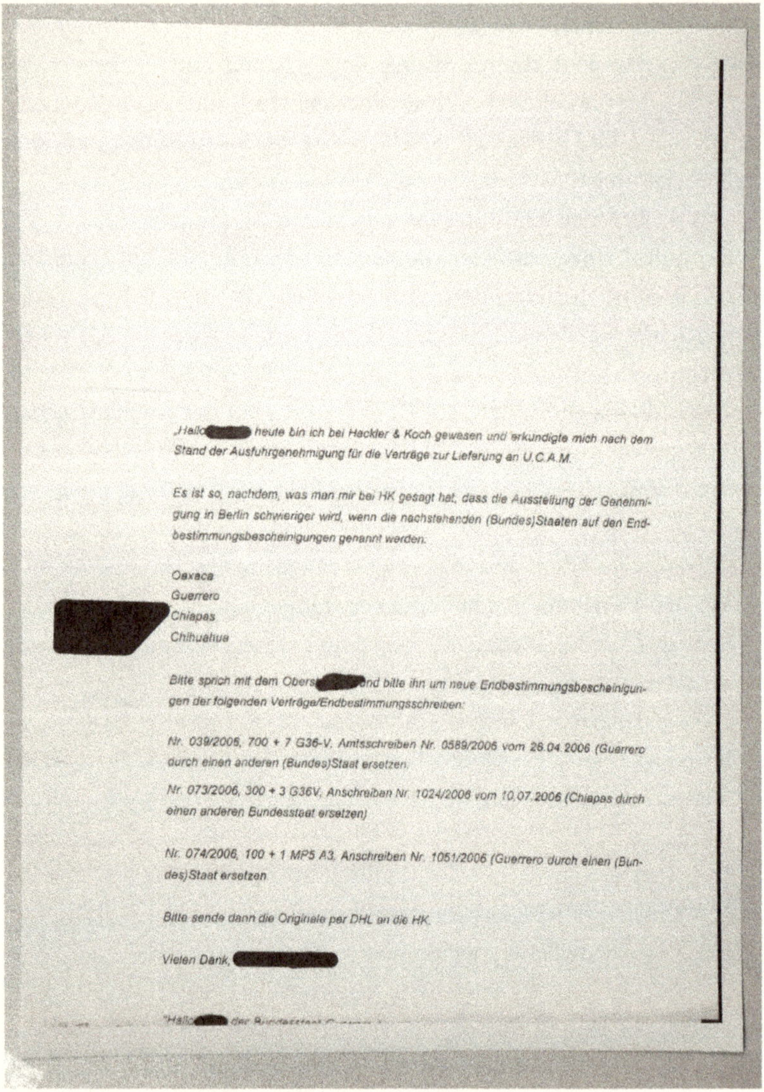

„Hallo [redacted] heute bin ich bei Heckler & Koch gewesen und erkundigte mich nach dem Stand der Ausfuhrgenehmigung für die Verträge zur Lieferung an U.C.A.M.

Es ist so, nachdem, was man mir bei HK gesagt hat, dass die Ausstellung der Genehmigung in Berlin schwieriger wird, wenn die nachstehenden (Bundes)Staaten auf den Endbestimmungsbescheinigungen genannt werden.

Oaxaca
Guerrero
[redacted] Chiapas
Chihuahua

Bitte sprich mit dem Obers[redacted]nd bitte ihn um neue Endbestimmungsbescheinigungen der folgenden Verträge/Endbestimmungsschreiben:

Nr. 039/2006, 700 + 7 G36-V, Amtsschreiben Nr. 0589/2006 vom 26.04.2006 (Guerrero durch einen anderen (Bundes)Staat ersetzen.

Nr. 073/2006, 300 + 3 G36V, Anschreiben Nr. 1024/2006 vom 10.07.2006 (Chiapas durch einen anderen Bundesstaat ersetzen)

Nr. 074/2006, 100 + 1 MP5 A3, Anschreiben Nr. 1051/2006 (Guerrero durch einen (Bundes)Staat ersetzen

Bitte sende dann die Originale per DHL an die HK.

Vielen Dank, [redacted]

"Hallo [redacted] der

E-Mail des H&K-Handelsvertreters B. G. an sein Büro in Mexiko mit der Anweisung, die Endverbleibserklärungen auszutauschen. Die kritischen Bundesstaaten sollen darin nicht mehr auftauchen.

das Bundeswirtschaftsministerium. Das neue Dokument aus Mexiko informiert die Behörden, dass die 370 Gewehre nach Querétaro geliefert werden sollen.

Auch für die restlichen 330 Gewehre stellt das mexikanische Verteidigungsministerium eine geänderte Endverbleibserklärung aus. Laut dieser von Heckler & Koch nachgereichten Endverbleibserklärung sind die Waffen für den Bundesstaat Colima bestimmt. Ein weiterer Bestimmungsort für die Sturmgewehre aus diesen Anträgen ist angeblich der Bundesstaat San Luis Potosi. Die geänderten und nachgereichten Endverbleibserklärungen betreffend schreibt Heckler & Koch am 8. Januar 2007 an das Bundeswirtschaftsministerium: »Sehr geehrter Herr W., wir nehmen Bezug auf Ihre persönliche Unterredung mit unserem Herrn Beyerle am 4. Januar 2007, anlässlich derer Sie auf die Notwendigkeit hinwiesen, noch den Verbleib von 330 Gewehren G36 (zur Endverbleibserklärung über 707 Stück gehörend) vom Kunden nachweisen zu lassen. In diesem Zusammenhang möchten wir darauf hinweisen, dass uns ein diesbezüglicher Nachweis (Endverbleibserklärung 1822/06 v. 15. November 2006) bereits vorliegt …«

Auf dem Papier hat es den Anschein, als sollten die 1212 G36-Sturmgewehre nach erfolgter Genehmigung in die Bundesstaaten Querétaro, Colima, San Luis Potosi geliefert werden. Die ursprünglichen Endverbleibserklärungen werden gegen die geänderten ausgetauscht, die zunächst eingereichten im Original an den Oberndorfer Hersteller zurückgeschickt.

Das Votum der Ministerien lautet nunmehr: positiv, NfA, ohne Jaliso. Die Waffen können mit Destination Mexiko ausgeführt werden.

Kaum sind die Schwierigkeiten aus der Welt geschafft, zeichnet sich bereits das nächste Problem ab. Mittlerweile liegt den Behörden eine ganze Reihe von H&K-Waffenexportanträgen für Mexiko zur Genehmigung vor.

Einen der Anträge zieht Heckler & Koch in dem Schreiben vom 8. Januar 2007 an das BMWi von sich aus zurück. Es geht um die Ausfuhr von Maschinenpistolen, genauer gesagt: 101 MP5 A3 und zwei MP5 K. Was ist geschehen? In der zunächst eingereichten Endverbleibserklärung vom 15. Juli 2006 war der Bundesstaat Guerrero als Empfänger deklariert worden. In einer zweiten vom 30. August 2006 war als Bestimmungsort der gleichfalls kritische Bundesstaat Jalisco benannt. Ein weiterer Austausch der Endverbleibserklärung scheint zu riskant, der Verzicht auf das Geschäft mit den 101 Maschinenpistolen weniger verfänglich.

Mit der Rücknahme des Antrags ist die Sache noch nicht vom Tisch. Denn die 101 Maschinenpistolen machen nur einen kleinen Teil des bereits mit SEDENA/DCAM geschlossenen Vertragsumfangs aus. Der weitaus größere Anteil ist eine Bestellung von 5656 Ersatzteilen und Zubehör für das G36. Diese Lieferung ist laut einer ersten mexikanischen Endverbleibserklärung für die Unruheprovinz Chiapas bestimmt.

Jetzt wird das Auswärtige Amt erneut hellhörig: Chiapas gehört einerseits zu den Provinzen, die nicht mit Waffen beliefert werden sollen. Andererseits sollten bereits 303 G36-Gewehre in den Bundesstaat Chiapas gehen (H&K-Antrag vom 27.07.2006). Was das Auswärtige Amt verhindert hat. Nachdem sich das Auswärtige Amt dagegen ausgesprochen hatte, erfolgte in gewohnter Weise der Austausch der Endverbleibserklärung. Die neue Endverbleibserklärung, in der nur der Bestimmungsort geändert wurde, wies die Polizei im Bundesstaat Colima als End-user für die 303 Gewehre aus. Der Genehmigung stand nun nichts mehr im Wege.

Erstmals meldet das Auswärtige Amt Zweifel an der Richtigkeit der mexikanischen Dokumente an. Dann trifft etwas ein, womit keiner mehr gerechnet hat. Am 6. September 2006 bittet AA-Ressortleiter A. M. in einem Schreiben an das BMWi »um Aufklärung«. Es gehe um den Heckler & Koch-Antrag »vom 01.08.2006 auf Ausfuhr nach Mexiko«. Die Firma wolle »1500 Reinigungsgeräte, 4300 Magazine, 1500 Tragegriffe, 1 Werkzeugkoffer, allesamt für Gewehr G36V« exportieren. In der Endverbleibserklärung vom 15. Juli 2005 sei die Staatsregierung von Chiapas als Kunde angegeben.

Der Referatsleiter begründet sein Misstrauen in dem Schreiben an das BMWi wie folgt: »Die Staatsregierung von Chiapas war, anders als in der ursprünglichen Endverbleibserklärung, nicht als Empfänger von G36V ausgewiesen. [...] Die Ausklammerung menschenrechtlich besonders belasteter Polizeistellen in Mexiko war für das AA wesentlicher Gesichtspunkt zur Zustimmung.« Der nun vorgelegte Antrag für Zubehörteile werfe Zweifel an der Einhaltung der seinerzeit vorgelegten Endverbleibserklärung auf. Dabei bleibt es nicht: A. M.s Misstrauen bezieht sich nun auch auf die zuvor genehmigte und erfolgte Lieferung von 2020 G36-Sturmgewehren, weil ursprünglich ein Teil dieses Waffenexports für Chiapas bestimmt war und erst in den ausgetauschten Endverbleibserklärungen dieser Bundesstaat nicht mehr genannt wurde. Ein hinzugefügter handschriftlicher Vermerk des Ressortleiters A. M. macht die Brisanz der Situation besonders deutlich: »ggf. MEX Verstoß gg. EVE, bzw. Vorlage einer Schein-EVE zur Erschleichung einer Genehmigung – BMWi muss Verdachtsmomente ausräumen!«

Bei Heckler & Koch sucht der für den Export verantwortliche Geschäftsführer Peter Beyerle nach einem Ausweg. Zusammen mit dem Vertriebsleiter L. S. stimmen sie einen Text ab, der per E-Mail an B. G. nach Mexiko geht. Der Text ist als Entwurf für das mexikanische Verteidigungsministerium gedacht. Demnach soll das Ministerium die Angabe des Bundesstaates Chiapas in der Endverbleibserklärung als »administratives Versehen der mexikanischen Behörden« darstellen. L. S. schließt die E-Mail mit folgender Bemerkung ab: »Wir hoffen, dass Col. D. uns hier in diesem Sinne die Hand reichen kann.« (Colonel D. ist B. G.s direkter Ansprechpartner bei der mexikanischen Militärbehörde.)

Tatsächlich bestätigt das mexikanische Verteidigungsministerium in einem Schreiben vom 3. Oktober 2006 »einen unbeabsichtigten

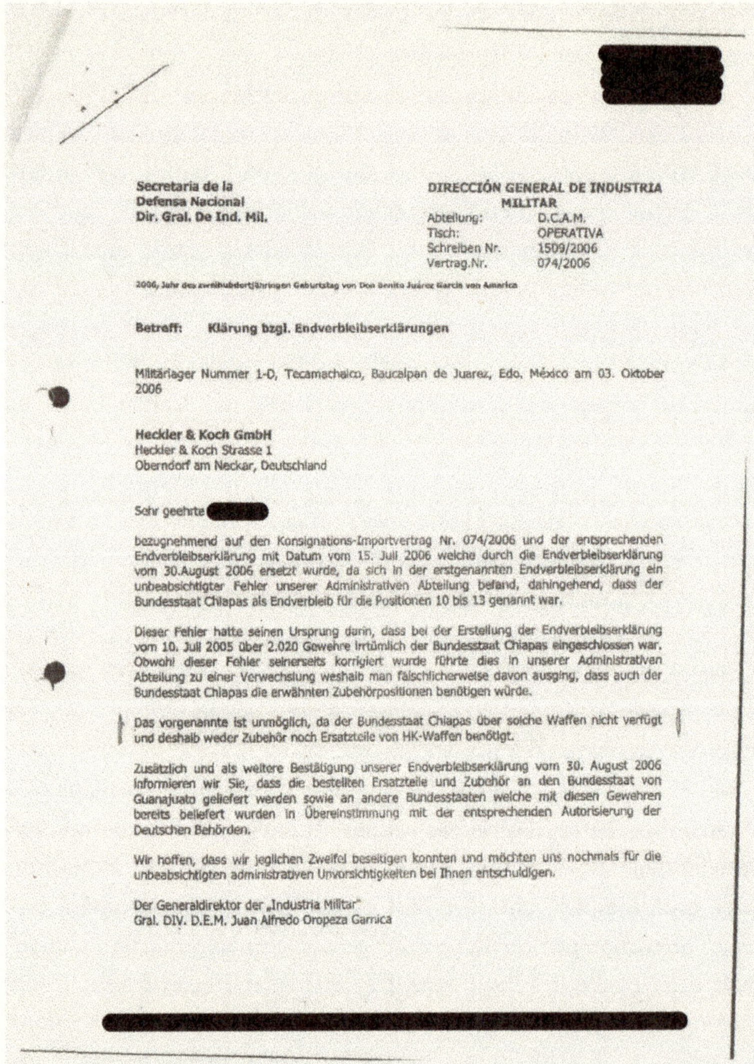

Secretaria de la
Defensa Nacional
Dir. Gral. De Ind. Mil.

[redacted]

DIRECCIÓN GENERAL DE INDUSTRIA MILITAR

Abteilung:	D.C.A.M.
Tisch:	OPERATIVA
Schreiben Nr.	1509/2006
Vertrag.Nr.	074/2006

2006, Jahr des zweihubdertjährigen Geburtstag von Don Benito Juárez García von America

Betreff: Klärung bzgl. Endverbleibserklärungen

Militärlager Nummer 1-D, Tecamachalco, Naucalpan de Juarez, Edo. México am 03. Oktober 2006

Heckler & Koch GmbH
Heckler & Koch Strasse 1
Oberndorf am Neckar, Deutschland

Sehr geehrte [redacted]

bezugnehmend auf den Konsignations-Importvertrag Nr. 074/2006 und der entsprechenden Endverbleibserklärung mit Datum vom 15. Juli 2006 welche durch die Endverbleibserklärung vom 30.August 2006 ersetzt wurde, da sich in der erstgenannten Endverbleibserklärung ein unbeabsichtigter Fehler unserer Administrativen Abteilung befand, dahingehend, dass der Bundesstaat Chiapas als Endverbleib für die Positionen 10 bis 13 genannt war.

Dieser Fehler hatte seinen Ursprung darin, dass bei der Erstellung der Endverbleibserklärung vom 10. Juli 2005 über 2.020 Gewehre irrtümlich der Bundesstaat Chiapas eingeschlossen war. Obwohl dieser Fehler seinerseits korrigiert wurde führte dies in unserer Administrativen Abteilung zu einer Verwechslung weshalb man fälschlicherweise davon ausging, dass auch der Bundesstaat Chiapas die erwähnten Zubehörpositionen benötigen würde.

Das vorgenannte ist unmöglich, da der Bundesstaat Chiapas über solche Waffen nicht verfügt und deshalb weder Zubehör noch Ersatzteile von HK-Waffen benötigt.

Zusätzlich und als weitere Bestätigung unserer Endverbleibserklärung vom 30. August 2006 informieren wir Sie, dass die bestellten Ersatzteile und Zubehör an den Bundesstaat von Guanajuato geliefert werden sowie an andere Bundesstaaten welche mit diesen Gewehren bereits beliefert wurden in Übereinstimmung mit der entsprechenden Autorisierung der Deutschen Behörden.

Wir hoffen, dass wir jeglichen Zweifel beseitigen konnten und möchten uns nochmals für die unbeabsichtigten administrativen Unvorsichtigkeiten bei Ihnen entschuldigen.

Der Generaldirektor der „Industria Militar"
Gral. DIV. D.E.M. Juan Alfredo Oropeza Garnica

[redacted]

Das mexikanische Verteidigungsministerium entschuldigt sich für das angeblich administrative Versehen in der Endverbleibserklärung, in der der Bundesstaat Chiapas als Empfänger benannt wird.

Fehler der Administration« und versichert zugleich, der Bundesstaat Chiapas verfüge nicht über Waffen dieses Typs. Der H&K-Exportbeauftragte Peter Beyerle vermerkt auf einer handschriftlichen Notiz vom 10. Oktober über ein Telefonat mit dem Auswärtigen Amt, dort habe man das »administrative Versehen halbwegs geschluckt«. Dem H&K-Verkaufsteam schreibt Beyerle vorwurfsvoll, so etwas dürfe nicht wieder passieren.

Beyerles Sorgen sind berechtigt. Obwohl Heckler & Koch am 3. Oktober 2006 das Schreiben des mexikanischen Verteidigungsministeriums sowie eine neue Endverbleibserklärung eingereicht hat, in der die deutschen Behörden darüber informiert werden, »... dass die bestellten Ersatzteile und Zubehör an den Bundesstaat von Guanajuato geliefert werden sowie an andere Bundesstaaten, welche mit diesen Gewehren bereits beliefert wurden«, will sich das AA nicht zufriedengeben und fordert (08.11.2006) die »Möglichkeit einer Überprüfung des tatsächlichen Verbleibs vor Ort durch Landesvertretung«.

Das BMWi schließt sich der kritischen Haltung des AA an. In seinem Schreiben vom 14. November 2006 befürwortet Ressortleiter Claus W. die Forderung des Kollegen im Auswärtigen Amt. Allerdings ein wenig halbherzig: »... Dabei würde es m.E. zunächst ausreichen, wenn im Rahmen einer Dienstreise eines Botschaftsmitarbeiters festgestellt werden könnte, ob Sicherheitskräfte mit G36 im Straßenbild erkennbar sind oder nicht.« Die Entscheidung über den H&K-Antrag werde vom Bericht der deutschen Botschaft abhängig gemacht.

Der Botschaftsbericht (VS-Nur für den Dienstgebrauch) trifft am 13. Dezember 2006 ein. Darin weist der Botschaftsangehörige ausdrücklich darauf hin, um welch wichtige und einflussreiche Persönlichkeit es sich bei dem Unterzeichner der mexikanischen Endverbleibserklärungen handelt. General Oropeza sei der oberste Chef der Waffenbeschaffung. Seiner Erklärung werde »niemand im Verteidigungsministerium, unabhängig ob Arbeits- oder Leitungsebene angehörend, auch nicht im vertraulichen Gespräch, widersprechen ...«. Die Weisung aus den deutschen Ministerien betreffend sei der Leiter des Politischen Referats der Botschaft im November in die Grenzstadt Tapachula im Bundesstaat Chiapas gereist. In dieser Stadt an der Grenze zu Guatemala sei »die Sicherheitslage aufgrund der Flüchtlingsströme virulent«. Alle Polizeieinheiten patrouillierten mit Gewehren. Das gehöre zum Straßenalltag. »... Dabei wurden keine G36 gesichtet ...« Damit ist der Fall erledigt.

Fazit: Nach einer Ressortbesprechung fasst Ressortleiter A. M. am 20. Dezember 2006 das Ergebnis der Vor-Ort-Recherche zusammen: Es seien »stichprobenartige Sichtungen und Gespräche in Chiapas durchgeführt« worden, und man habe dabei »keine Anhaltspunkte für eine erklärungswidrige Verwendung feststellen« können.

Ein scheinbar merkwürdiger Zufall sei an der Stelle erwähnt: Ebenfalls am 20. Dezember 2006 erhalten die beteiligten Ministerien eine weitere vertrauliche Meldung von der Botschaft in Mexiko-Stadt. Unter Betreff: »Ablösung des Direktors der Militärindustrie, General Oropeza Garnica«. Dem General werde »der Vorwurf der Verletzung des Urheberrechtes bei dem als Eigenentwicklung vorgestellten Gewehr FX-05« gemacht. Der General, dessen Ernennung zum Verteidigungsminister in der neuen Regierung Calderón nach dem Regierungswechsel als sicher galt, soll die Weisung zum Nachbau des deutschen Sturmgewehrs G36 erteilt haben. Das als mexikanisches Produkt ausgewiesene Gewehr FX-05 sei ein Plagiat. Allein so könne man sich erklären, dass das Gewehr in nur zwei Jahren entwickelt wurde.

Auf der vom Auswärtigen Amt geführten Liste sieht es hinsichtlich der noch offenen H&K-Exportanträge für Mexiko zu diesem Zeitpunkt (Stand: Dezember 2006) folgendermaßen aus:

»101 MP5, 1 MP5k; Endverbleib Polizei von Guanajuato; entscheidungsreif für VBA (Vorbereitungsausschuss auf Staatssekretärebene)

707 G36, davon 370 für Polizei von Querétaro, 337 EV unbestimmt (EV wird am 08.01.07 für San Luis Potosi erbracht; später Votum: positiv, außer Jalisco, NfA);
weitere 505 G36 für Polizei von Colima; entscheidungsreif für VBA
303 G36 für Polizei von Polima; entscheidungsreif für VBA;
Antrag für 101 MP5 (für Jalisco) zurückgezogen;
Ersatz- und Zubehörteile; ursprüngliche EV für Chiapas, Schreiben vom 03.10.06 Ersatzteile für Guanajuato und andere belieferte Bundesstaaten;
1010 Pistolen USP 9 mm, 120 Bauteile; Polizei in Aguascalientes, Colima, Guanajuata, Querétaro; entscheidungsreif für VBA.«

Merkwürdig ist, dass nach Erteilung der Ausfuhrgenehmigung für Mexiko, die explizit für den Export von G36-Sturmgewehren galt, wie selbstverständlich weitere Ausfuhranträge – jedoch für andere Waffentypen – gestellt wurden, die Heckler & Koch als Folgeanträge deklarierte. Diese Vorgehensweise wurde von den prüfenden Ministerien offenbar nie beanstandet.

Den Bundesstaat Jalisco versieht das AA mit einem besonderen Vermerk: »… aus Menschenrechtsgründen nicht belieferungsfähig, lt. MR-Bericht der Botschaft wurden anlässlich des EU-LAK-Gipfels unrechtmäßig festgenommene Globalisierungsgegner gefoltert und insbesondere weibliche Teilnehmer von Sicherheitskräften misshandelt, nach Angaben der unabhängigen mexik. MR-Kommission CNDH zählt Jalisco zu den Bundesstaaten mit den meisten Folterungen.«

Fazit: Obwohl die Ungereimtheiten nicht gänzlich ausgeräumt werden konnten und trotz offener Fragen kommt das AA-Referat 411 zu dem Schluss, mit Auflagen für die Ausfuhrgenehmigung zu stimmen. Im nächsten internen Prüfungsbericht des Auswärtigen Amtes zur Vorlage für den Staatssekretär vom 25. Januar 2007 heißt es: »Zweck der Vorlage: Zur Billigung des Vorschlags unter Ziffer II. (im VBA-BSR Bedenken zurückstellen; Neu für Alt)«. Die ersten H&K-Anträge,

die im ersten Vorbereitungsausschuss des Jahres 2007 positiv entschieden werden, umfassen ein Auftragsvolumen von ca. 2,5 Millionen Euro. Weitere (es geht u.a. um die Ersatzteil- und Zubehörlieferungen, die ursprünglich für Chiapas vorgesehen waren) haben einen Auftragswert von ca. 500 000 Euro.

Als Entscheidungsgrundlagen, die gegen eine Genehmigung sprechen, nennt das Auswärtige Amt unter anderem: Im »Exportbericht 2005 deutliche Steigerung der Genehmigungen für Kleinwaffen an Drittländer um über 50 % auf 12,57 Mio. Euro. [...] weiterhin Menschenrechts- und Foltervorwürfe gegen Teile der Polizei. [...] Bislang nicht bestätigte Vorwürfe eines illegalen Nachbaus des G36 durch MEX Waffenfabrik in Form des neuen MEX-Sturmgewehrs FX-05 [...] z.B. erhielten die MEX Streitkräfte nach StS-Billigung = 1/2006 5 Gewehre G36 zur ›internen Erprobung‹, eine Nachbaulizenz war nicht beantragt und wäre voraussichtlich auch nicht erteilt worden.«

Für eine Genehmigung spricht aus Sicht des Auswärtigen Amtes jedoch unter anderem: »MEX Regierung hat politische Konsequenzen aus Spekulation über Plagiat gezogen: belasteter General, im Schattenkabinett Caldéron zunächst als Verteidigungsminister vorgesehen, wurde im Zusammenhang mit Vorwürfen strafversetzt. [...] Vorfall ist für H&K kein Anlass, Geschäftsbeziehungen infrage zu stellen.« Als positiv hebt das AA besonders hervor, dass im Zusammenhang »mit letzter G36-Lieferung« am 3. August 2006 eine Zerstörung von Altwaffen stattgefunden hat. Ferner seien menschenrechtlich »besonders kritische Bundesstaaten« nicht unter den Empfängern der Waffen. Unstimmigkeiten in den mexikanischen Endverbleibserklärungen und damit zeitweilige Zweifel an der Vertrauenswürdigkeit seien inzwischen ausgeräumt. Es gäbe »keine Anhaltspunkte für eine erklärungswidrige Umleitung der Waffen in andere Bundesstaaten, auch wenn sich dies nie mit letzter Sicherheit ausschließen« ließe.

Alle zuständigen Referate im Auswärtigen Amt »zeichnen mit«. Ein Sachbearbeiter fügt hinzu: »einverstanden mit Kleinwaffen Mexiko auf der vorgeschlagenen selektiven Basis der Empfängerprovinzen in Würdigung der Neu für Alt Umsetzung ...«

Die Waffenexporte nach Mexiko werden im Februar 2007 im Vorbereitungsausschuss genehmigt. »Votum: Behandlung auf BSR-Sitzung: nein; In der Sache: positiv (Neu für Alt), außer: Jalisco.«

Der Rest ist wieder Formsache.

Bemerkenswert ist die geradezu nachlässige Handhabung auf mexikanischer Seite, im Oberndorfer Unternehmen und in den Ministerien: In den Endverbleibserklärungen der mexikanischen DCAM/SEDENA werden meist weder das Ausstellungsdatum ausgetauscht noch die Mengenangaben verändert. Die gleiche Stückzahl an Waffen, die beispielsweise ursprünglich in die problematische Region Jalisco gehen sollte, ist laut neuem Dokument nun angeblich für den direkten Nachbarstaat Colima bestimmt. Die Waffenhändler reichen die Endverbleibserklärungen ohne vorherige Prüfung weiter. Ohne Beanstandung nehmen die Ministerien und das BAFA diese offiziellen Dokumente und in der deutschen Übersetzung beglaubigten Schriftstücke entgegen. Endverbleibserklärungen, die mitunter binnen Tagesfrist von den mexikanischen Behörden neu ausgestellt wurden, scheinen niemandem aufzufallen. Das Gleiche gilt für die Befristung der Endverbleibserklärungen. Wiederholt werden Ausfuhrgenehmigungen für Waffenlieferungen erteilt, obwohl die Vertragsfristen bereits abgelaufen sind. Auch das scheint keinen zu stören, wohl aber die Wahl des mexikanischen Bundesstaates und die Nichterfüllung der Auflage »Neu für Alt«.

Ab dem Jahr 2005 werden die Endverbleibserklärungen – sofern als nötig erachtet – einfach ausgetauscht. Darauf haben sich die Ministerien mit der Waffenfirma offenbar verständigt und ziehen es durch.

Das Auswärtige Amt »stellt die aus außenpolitischer Sicht gegen die Erteilung einer Genehmigung für o.g. Lieferung bestehenden Bedenken zurück und erwartet die Umsetzung des Grundsatzes ›Neu für Alt‹ sowie eine schriftliche Unterrichtung über das Ergebnis«. Die Ressortvoten sehen nun jeweils wie folgt aus: BMWi, BMVg positiv, BMZ offen; AA: positiv. Gründe für das AA-Votum positiv sind: »MEX vernichtet grds. Altwaffen (›Neu für Alt‹). Relativ gute Menschenrechtslage in betroffenen Bundesstaaten (anders als z.B. in den Bundesstaaten Chiapas, Jalisco, Oaxaca, Guerrero). Legitimer Bedarf im Kampf gegen Drogen/organisierte Kriminalität. Keine Hinweise auf unerlaubte Umleitung.«

Bei BMWi, BAFA, BMVg und im AA sollen die Ressortleiter genauestens über die Vorgänge informiert gewesen sein. Sie haben sie zumindest stillschweigend geduldet und mitgetragen. Andernfalls hätte bereits beim ersten Zweifel an der Richtigkeit der Inhalte in den Endverbleibserklärungen ein Schlussstrich gezogen und jeder weitere Waffenexport in das aus menschenrechtlicher Sicht desolate Land untersagt werden müssen. Es war klar – und wurde per E-Mail diskutiert –, dass lediglich die Namen der Bundesstaaten ausgetauscht wurden, und zwar nur auf dem Papier. Den Beamten war und ist auch heute bewusst, dass die Kontrolle über den Verbleib der Waffen ohnehin außerhalb ihrer Einflussmöglichkeiten läge, auch der Bundesregierung sind die Hände gebunden.

Die Korrespondenz von BMWi, AA, BAFA und H&K belegt, dass die Beteiligten die »Umverteilung« mitbekommen haben müssen. Der Schriftverkehr aus dem BMWi zeigt, dass »dieser Sonderfall« wohl bis auf Staatssekretärebene ging. Die geradezu erschreckend hilflosen und von vornherein aussichtslosen Bemühungen der Beamten im Auswärtigen Amt und insbesondere die Sprechzettel für die Staatssekretäre in BMWi und AA beweisen in aller Deutlichkeit, wie vertuscht, weggeschaut und passend gemacht wurde, was den Ausfuhrgenehmigungen für die Kriegswaffen aus Deutschland im Wege stand.

Und in der Oberndorfer Firma? Der Austausch von Endverbleibserklärungen sei gängige Praxis gewesen, berichtet ein Insider aus dem

Unternehmen Heckler & Koch. Es sei häufig so gewesen, dass die konkrete Bestellung mit dem realen Bestimmungsort an den Waffenhersteller ging und von diesem absichtlich so an die Behörden weitergegeben wurde. Auf diese Weise wurde zunächst versucht, die Genehmigungen zu bekommen. Wenn sich dieser Weg als problematisch erwies und für den jeweiligen Bundesstaat keine Genehmigung erteilt werden sollte, worüber der Behördenkontaktmann von Heckler & Koch vom BMWi mündlich informiert wurde, schaltete man die mexikanischen Behörden ein. Im Unternehmen, dafür spricht Vieles, musste dieser Vorgang allen verantwortlichen Mitarbeitern bis hin zur Geschäftsführung bekannt gewesen sein.

Dass es Schwierigkeiten hinsichtlich der Genehmigung für bestimmte Bundesstaaten gab, soll auf Vertriebsebene frühzeitig bekannt und diskutiert worden sein. Am 25. April 2006 schreibt B. G. an L. S.: »… der Bundesstaat Guerrero benötigt aus diesem neuen Auftrag noch knappe 400 Stück, um die insgesamt 1538 Stücke auch zu bekommen. […] Bezüglich EUC [Endverbleibserklärung]: soll eventuell der Bundesstaat Guerrero nicht erwähnt werden?« In einer anderen E-Mail (03. Mai 2006) schreibt B. G. an L. S.: »…ob nun Chiapas drei Tage später die Geräte bekomme, kann uns ja egal sein.« In einer E-Mail vom 27. Juli 2008 berichtet B. G. an den Leiter Vertrieb/Marketing in Oberndorf: »An Chilpancingo sind schon 275 G36 ausgeliefert. Weitere 109 Stück folgen demnächst. […] Chilpancingo bekommt physisch die Geräte erst Anfang August.« Auch über den Austausch »böse« gegen »gute« Bundesstaaten in den Endverbleibserklärungen sei in der Firma auf Geschäftsführerebene offen kommuniziert worden.

Hier kommen Praktiken ans Licht, von denen die Öffentlichkeit nichts ahnt. Ein undurchsichtiges Netzwerk in den Ministerien, darauf deutet vieles hin, steht in Kontakt mit Rüstungsunternehmen, regt an, dass Ausfuhranträge beschönigt werden, und erwirkt so, dass Waffenexportanträge bereits auf Staatssekretärebene im Vorbereitenden Ausschuss positiv beschieden werden. So geschehen im Fall der

[redacted]

Nota de entrega No. 80071666, 495 Fusiles G36, números de serie

No. Prog.	No. Serie	No. Prog	No. Serie	No. Prog	No. Serie	No. Prog	No. Serie	No. Prog	No. Serie
1	83-004469	51	83-004519	101	83-004569	151	83-004619	201	83-004669
2	83-004470	52	83-004520	102	83-004570	152	83-004620	202	83-004670
3	83-004471	53	83-004521	103	83-004571	153	83-004621	203	83-004671
4	83-004472	54	83-004522	104	83-004572	154	83-004622	204	83-004672
5	83-004473	55	83-004523	105	83-004573	155	83-004623	205	83-004673
6	83-004474	56	83-004524	106	83-004574	156	83-004624	206	83-004674
7	83-004475	57	83-004525	107	83-004575	157	83-004625	207	83-004675
8	83-004476	58	83-004526	108	83-004576	158	83-004626	208	83-004676
9	83-004477	59	83-004527	109	83-004577	159	83-004627	209	83-004677
10	83-004478	60	83-004528	110	83-004578	160	83-004628	210	83-004678
11	83-004479	61	83-004529	111	83-004579	161	83-004629	211	83-004679
12	83-004480	62	83-004530	112	83-004580	162	83-004630	212	83-004680
13	83-004481	63	83-004531	113	83-004581	163	83-004631	213	83-004681
14	83-004482	64	83-004532	114	83-004582	164	83-004632	214	83-004682
15	83-004483	65	83-004533	115	83-004583	165	83-004633	215	83-004683
16	83-004484	66	83-004534	116	83-004584	166	83-004634	216	83-004684
17	83-004485	67	83-004535	117	83-004585	167	83-004635	217	83-004685
18	83-004486	68	83-004536	118	83-004586	168	83-004636	218	83-004686
19	83-004487	69	83-004537	119	83-004587	169	83-004637	219	83-004687
20	83-004488	70	83-004538	120	83-004588	170	83-004638	220	83-004688
21	83-004489	71	83-004539	121	83-004589	171	83-004639	221	83-004689
22	83-004490	72	83-004540	122	83-004590	172	83-004640	222	83-004690
23	83-004491	73	83-004541	123	83-004591	173	83-004641	223	83-004691
24	83-004492	74	83-004542	124	83-004592	174	83-004642	224	83-004692
25	83-004493	75	83-004543	125	83-004593	175	83-004643	225	83-004693
26	83-004494	76	83-004544	126	83-004594	176	83-004644	226	83-004694
27	83-004495	77	83-004545	127	83-004595	177	83-004645	227	83-004695
28	83-004496	78	83-004546	128	83-004596	178	83-004646	228	83-004696
29	83-004497	79	83-004547	129	83-004597	179	83-004647	229	83-004697
30	83-004498	80	83-004548	130	83-004598	180	83-004648	230	83-004698
31	83-004499	81	83-004549	131	83-004599	181	83-004649	231	83-004699
32	83-004500	82	83-004550	132	83-004600	182	83-004650	232	83-004700
33	83-004501	83	83-004551	133	83-004601	183	83-004651	233	83-004701
34	83-004502	84	83-004552	134	83-004602	184	83-004652	234	83-004702
35	83-004503	85	83-004553	135	83-004603	185	83-004653	235	83-004703
36	83-004504	86	83-004554	136	83-004604	186	83-004654	236	83-004704
37	83-004505	87	83-004555	137	83-004605	187	83-004655	237	83-004705
38	83-004506	88	83-004556	138	83-004606	188	83-004656	238	83-004706
39	83-004507	89	83-004557	139	83-004607	189	83-004657	239	83-004707
40	83-004508	90	83-004558	140	83-004608	190	83-004658	240	83-004708
41	83-004509	91	83-004559	141	83-004609	191	83-004659	241	83-004709
42	83-004510	92	83-004560	142	83-004610	192	83-004660	242	83-004710
43	83-004511	93	83-004561	143	83-004611	193	83-004661	243	83-004711
44	83-004512	94	83-004562	144	83-004612	194	83-004662	244	83-004712
45	83-004513	95	83-004563	145	83-004613	195	83-004663	245	83-004713
46	83-004514	96	83-004564	146	83-004614	196	83-004664	246	83-004714
47	83-004515	97	83-004565	147	83-004615	197	83-004665	247	83-004715
48	83-004516	98	83-004566	148	83-004616	198	83-004666	248	83-004716
49	83-004517	99	83-004567	149	83-004617	199	83-004667	249	83-004717
50	83-004518	100	83-004568	150	83-004618	200	83-004668	250	83-004718
251	83-004719	301	83-004769	351	83-004819	401	83-004869	451	83-004919
252	83-004720	302	83-004770	352	83-004820	402	83-004870	452	83-004920

Lieferschein für ausgeführte G36-Sturmgewehre nach Mexiko.

Kriegswaffenexportgenehmigungen zugunsten der Oberndorfer Waffenhändler für Mexiko. Die angeblich nach restriktiven Kontrollregularien kritisch geprüften Anträge von H&K gingen mit nicht korrekten Endverbleibserklärungen in den Vorbereitungsausschuss, wo die Waffenexporte dann genehmigt wurden.

Die Endverbleibserklärungen

Für Kriegswaffenexportgenehmigungen werden Endverbleibserklärungen verlangt. Die Endverbleibserklärung bzw. das Endverbleibszertifikat ist ein von dem Warenempfänger unterzeichnetes offizielles Dokument. Mit dieser Endverbleibserklärung dokumentiert das Empfängerland bzw. der Empfänger die Nutzung der Ware für einen bestimmten Zweck und versichert schriftlich, dass er die betreffenden Güter nicht ohne Zustimmung der Bundesregierung an andere Staaten weiterverkauft. Die Endverbleibserklärung wird in der Regel vom deutschen Hersteller der Rüstungsgüter beschafft und beim Bundesamt für Ausfuhrkontrolle eingereicht.

Die ersten Genehmigungsanträge von Heckler & Koch für Waffenexporte nach Mexiko in den Jahren 2004/05 werden unbeanstandet bewilligt. Weder die unspezifischen Angaben in den Endverbleibserklärungen (»für Polizei in Mexiko«) noch die bekanntermaßen schlechte Menschenrechtssituation (eine erste Einschätzung der Botschaft zur Situation vor Ort liegt vor) scheinen dagegen gesprochen zu haben. Auch die hohen Stückzahlen an Ersatz- bzw. Einzelteilen (100 Rohre und Verschlüsse) sind kein Hindernis für die Erteilung der Genehmigung. Nach Einschätzung des Auswärtigen Amtes besteht »besonderes außenpolitisches Interesse an der Genehmigung«. Im Rahmen eines weiteren Antrags (vom 26.09.2005) fordert das Auswärtige Amt Heckler & Koch erstmals auf, die Firma solle »den Kunden zu NfA (Altwaffenzerstörung) anhalten«.

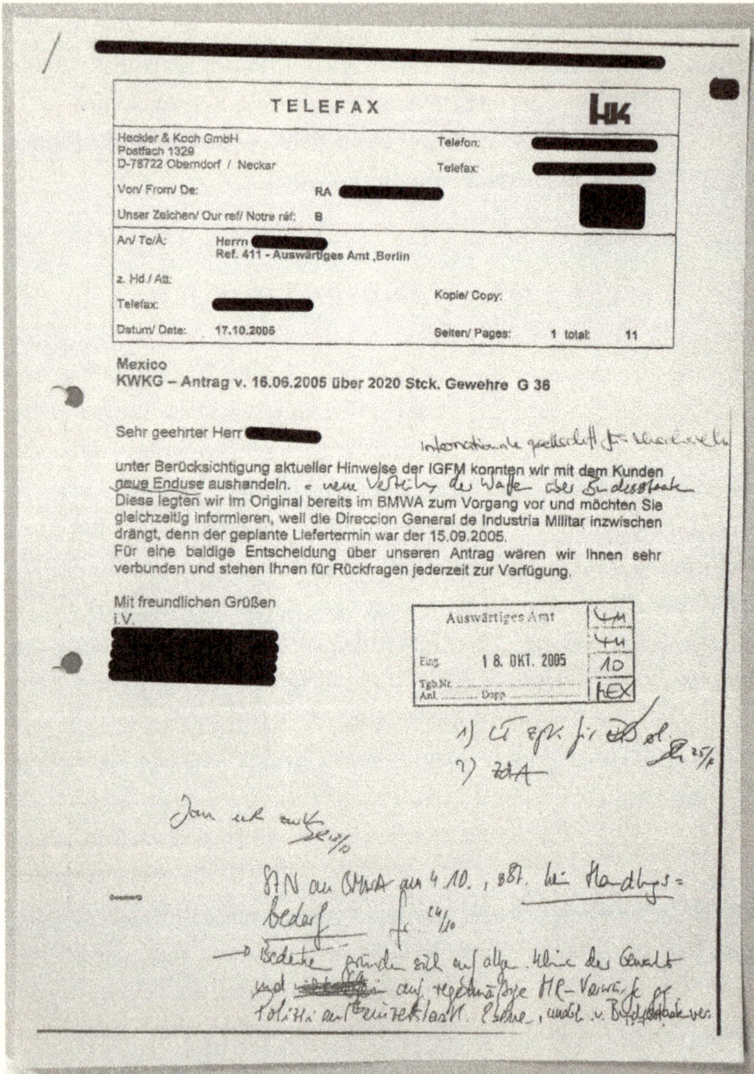

[redacted]

TELEFAX

Heckler & Koch GmbH
Postfach 1329
D-78722 Oberndorf / Neckar

Telefon: [redacted]
Telefax: [redacted]

Von/ From/ De: RA [redacted]

Unser Zeichen/ Our ref/ Notre réf: B

An/ To/Á: Herrn [redacted]
Ref. 411 - Auswärtiges Amt ,Berlin

z. Hd./ Att:

Telefax: [redacted]

Kopie/ Copy:

Datum/ Date: 17.10.2005

Seiten/ Pages: 1 total: 11

Mexico
KWKG – Antrag v. 16.06.2005 über 2020 Stck. Gewehre G 36

Sehr geehrter Herr [redacted]

unter Berücksichtigung aktueller Hinweise der IGFM konnten wir mit dem Kunden neue Enduse aushandeln.
Diese legten wir im Original bereits im BMWA zum Vorgang vor und möchten Sie gleichzeitig informieren, weil die Direccion General de Industria Militar inzwischen drängt, denn der geplante Liefertermin war der 15.09.2005.
Für eine baldige Entscheidung über unseren Antrag wären wir Ihnen sehr verbunden und stehen Ihnen für Rückfragen jederzeit zur Verfügung.

Mit freundlichen Grüßen
i.V.
[redacted]

Auswärtiges Amt
Eing. 18. OKT. 2005
Tgb.Nr. ....
Anl. ...... Dopp ......

Heckler & Koch bestätigt in dem Schreiben vom 17.10.2005 an das Auswärtige Amt, dass neue Endverbleibserklärungen eingereicht werden.

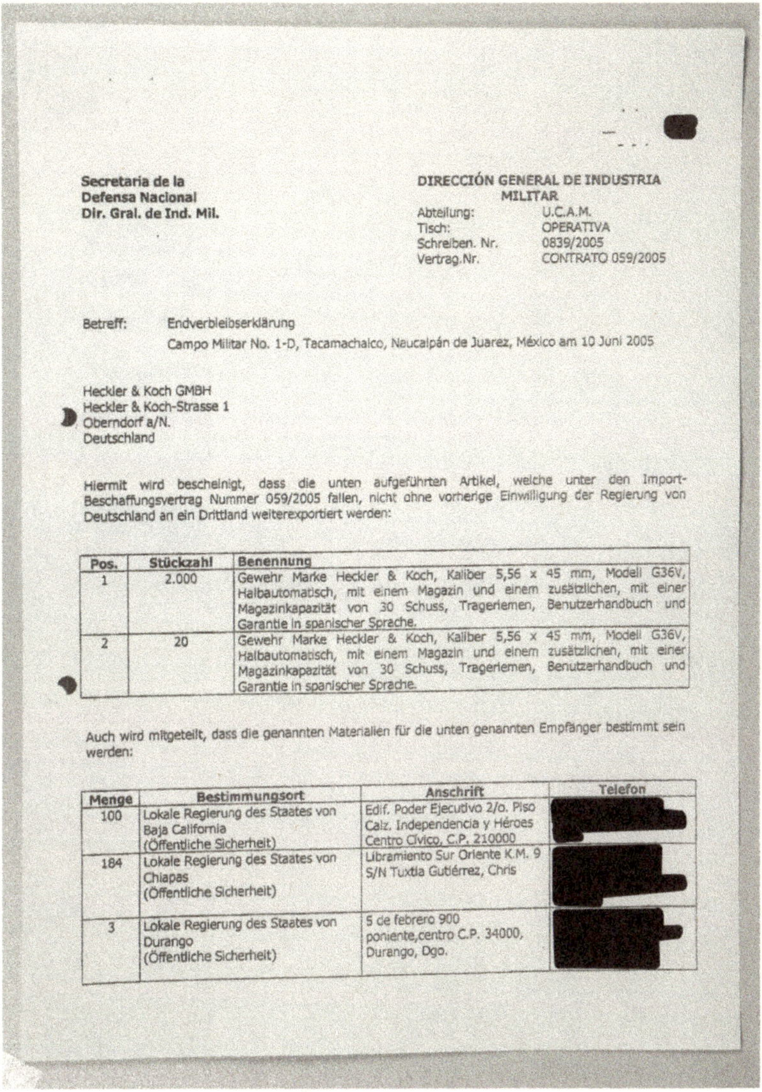

Secretaria de la
Defensa Nacional
Dir. Gral. de Ind. Mil.

DIRECCIÓN GENERAL DE INDUSTRIA MILITAR

Abteilung: U.C.A.M.
Tisch: OPERATIVA
Schreiben. Nr. 0839/2005
Vertrag.Nr. CONTRATO 059/2005

Betreff: Endverbleibserklärung

Campo Militar No. 1-D, Tacamachalco, Naucalpán de Juarez, México am 10 Juni 2005

Heckler & Koch GMBH
Heckler & Koch-Strasse 1
Oberndorf a/N.
Deutschland

Hiermit wird bescheinigt, dass die unten aufgeführten Artikel, welche unter den Import-Beschaffungsvertrag Nummer 059/2005 fallen, nicht ohne vorherige Einwilligung der Regierung von Deutschland an ein Drittland weiterexportiert werden:

Pos.	Stückzahl	Benennung
1	2.000	Gewehr Marke Heckler & Koch, Kaliber 5,56 x 45 mm, Modell G36V, Halbautomatisch, mit einem Magazin und einem zusätzlichen, mit einer Magazinkapazität von 30 Schuss, Trageriemen, Benutzerhandbuch und Garantie in spanischer Sprache.
2	20	Gewehr Marke Heckler & Koch, Kaliber 5,56 x 45 mm, Modell G36V, Halbautomatisch, mit einem Magazin und einem zusätzlichen, mit einer Magazinkapazität von 30 Schuss, Trageriemen, Benutzerhandbuch und Garantie in spanischer Sprache.

Auch wird mitgeteilt, dass die genannten Materialien für die unten genannten Empfänger bestimmt sein werden:

Menge	Bestimmungsort	Anschrift	Telefon
100	Lokale Regierung des Staates von Baja California (Öffentliche Sicherheit)	Edif. Poder Ejecutivo 2/o. Piso Calz. Independencia y Héroes Centro Cívico, C.P. 210000	[redacted]
184	Lokale Regierung des Staates von Chiapas (Öffentliche Sicherheit)	Libramiento Sur Oriente K.M. 9 S/N Tuxtla Gutiérrez, Chris	[redacted]
3	Lokale Regierung des Staates von Durango (Öffentliche Sicherheit)	5 de febrero 900 poniente,centro C.P. 34000, Durango, Dgo.	[redacted]

Das ursprüngliche Endverbleibszertifikat für den Export von 2020 G36 nach Mexiko, auch in verbotene Provinzen.

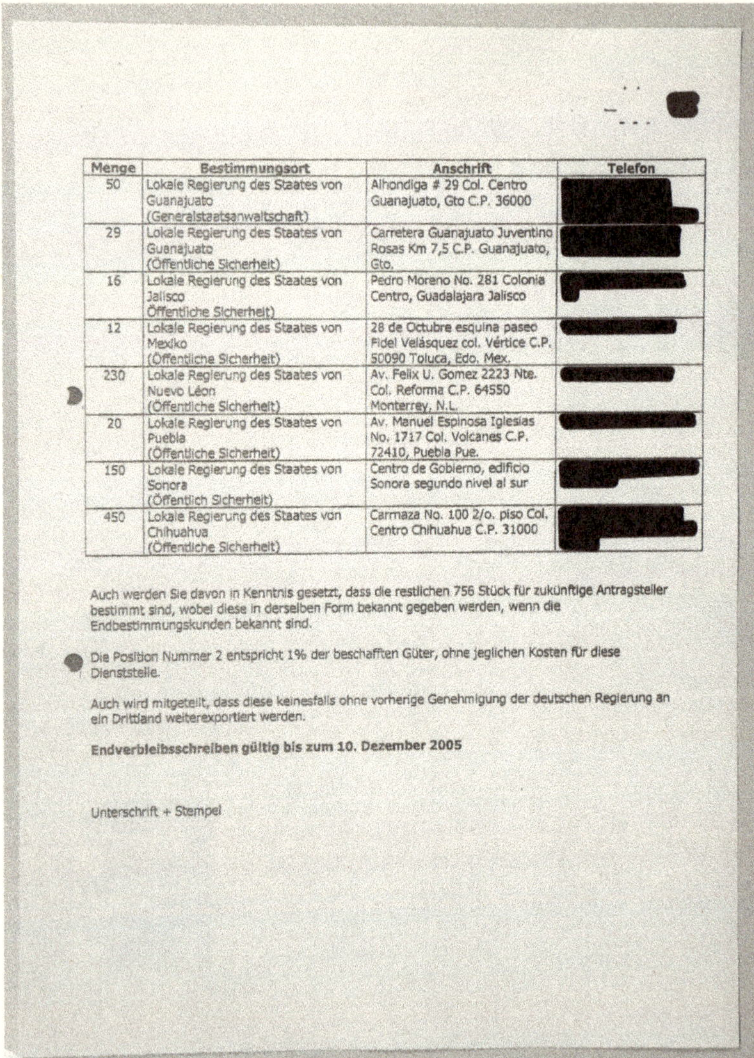

Menge	Bestimmungsort	Anschrift	Telefon
50	Lokale Regierung des Staates von Guanajuato (Generalstaatsanwaltschaft)	Alhondiga # 29 Col. Centro Guanajuato, Gto C.P. 36000	[redacted]
29	Lokale Regierung des Staates von Guanajuato (Öffentliche Sicherheit)	Carretera Guanajuato Juventino Rosas Km 7,5 C.P. Guanajuato, Gto.	[redacted]
16	Lokale Regierung des Staates von Jalisco Öffentliche Sicherheit)	Pedro Moreno No. 281 Colonia Centro, Guadalajara Jalisco	[redacted]
12	Lokale Regierung des Staates von Mexiko (Öffentliche Sicherheit)	28 de Octubre esquina paseo Fidel Velásquez col. Vértice C.P. 50090 Toluca, Edo. Mex.	[redacted]
230	Lokale Regierung des Staates von Nuevo Léon (Öffentliche Sicherheit)	Av. Felix U. Gomez 2223 Nte. Col. Reforma C.P. 64550 Monterrey, N.L.	[redacted]
20	Lokale Regierung des Staates von Puebla (Öffentliche Sicherheit)	Av. Manuel Espinosa Iglesias No. 1717 Col. Volcanes C.P. 72410, Puebla Pue.	[redacted]
150	Lokale Regierung des Staates von Sonora (Öffentlich Sicherheit)	Centro de Gobierno, edificio Sonora segundo nivel al sur	[redacted]
450	Lokale Regierung des Staates von Chihuahua (Öffentliche Sicherheit)	Carranza No. 100 2/o. piso Col. Centro Chihuahua C.P. 31000	[redacted]

Auch werden Sie davon in Kenntnis gesetzt, dass die restlichen 756 Stück für zukünftige Antragsteller bestimmt sind, wobei diese in derselben Form bekannt gegeben werden, wenn die Endbestimmungskunden bekannt sind.

Die Position Nummer 2 entspricht 1% der beschafften Güter, ohne jeglichen Kosten für diese Dienststelle.

Auch wird mitgeteilt, dass diese keinesfalls ohne vorherige Genehmigung der deutschen Regierung an ein Drittland weiterexportiert werden.

Endverbleibsschreiben gültig bis zum 10. Dezember 2005

Unterschrift + Stempel

Seite 2 der Endverbleibserklärung mit Benennung von verbotenen Provinzen.

[redacted]

\ \

Übersetzung Amtsschreiben Nr. 1454/2005

Logo

Secretaria de la
Defensa Nacione
Dir.Gral.De.Ind.Mil.

DIRECCIÓN GENERAL DE INDUSTRIA MILITAR
Abteilung: D.C.A.M.
Unterabteilung: Operativa
Amtsschreiben Nr: 1454/2005
Verwalrungsakte: Auftrag 059/2005

Referenz: Erweiterung der Endverbleibserklärung

Campo Militar No. 1-D, Tecamachalco, Naucalpan de Juárez, Edo. Méx., den 04 Oktober 2005

Heckler & Koch GmbH
Heckler & Koch Strasse 1
Oberndorf a/Neckar, Deutschland

Aktenvorgang: Amtsschreiben 0839/2005, 1139/2005 und 1226/2005 vom 10. Juni, 03. und 26. August 2005 ausgestellt von dieser Behörde.

Bezüglich der zuvor erwähnten Amtsschreiben wird die Information im Zusammenhang mit den Artikeln des Import-Kaufvertrags Nr. 059/2005 erweitert, auf Grund der Tatsache dass ursprüngliche Empfänger ihr zu beschaffendes Material gewechselt haben, sowie informiert, dass ohne die vorherige Erlaubnis der Deutschen Regierung diese nicht in Drittländer reexportiert werden.

Der Verwendungszweck der Gewehre Marke Heckler & Koch, Kaliber 5,56x45mm Modell G36V, Halbautomat, haben ihren Bestimmungsort wie nachfolgend angegeben:

Anzahl	Bestimmungsort	Adresse	Telefon
140	Regierung des Bundesstaates Baja California (Seguridad Pública)	Edif.. Poder Ejecutivo 2/0. Piso Calz. Independencia y Heroes Centro Cívico, C.P. 21000	01 (686) 5581 134, 01 (686) 5581 000 ext. 8348
19	Regierung des Bundesstaates Durango (Segurida Pública)	5 de febrero 900 poniente, zona centro C.P. 34000, Durango, Dgo.	(01 618) 812 92 45 y (01 618) 827 080 08 ext. 137
50	Regierung des Bundesstaates Guanajuato (Procuraduría General de Justicia)	Alhóndiga # 29 Col. Centro Guanajusto, Gto C.P. 36000	01 (473) 73 52 100, 01 (473) 73 26 122 Fax 01 (473)73 52 118
29	Regierung des Bundesstaates	Carretera Guanajuato-Juventino	01 (473) 7350 020

Die neue Endverbleibserklärung für den Export von 2020 G36 nach Mexiko. Die verbotenen Provinzen werden nicht mehr genannt.

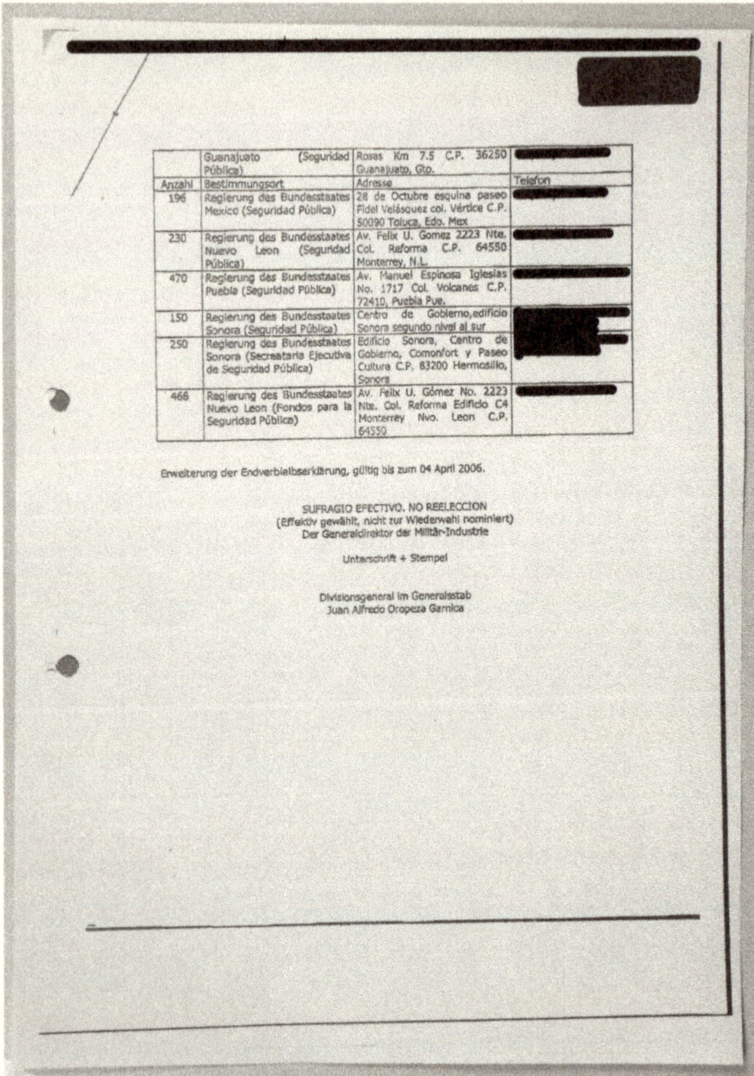

[redacted]

	Guanajuato (Seguridad Pública)	Rosas Km 7.5 C.P. 36250 Guanajuato, Gto.	[redacted]
Anzahl	Bestimmungsort	Adresse	Telefon
196	Regierung des Bundesstaates Mexico (Seguridad Pública)	28 de Octubre esquina paseo Fidel Velásquez col. Vértice C.P. 50090 Toluca, Edo. Mex	[redacted]
230	Regierung des Bundesstaates Nuevo Leon (Seguridad Pública)	Av. Felix U. Gomez 2223 Nte. Col. Reforma C.P. 64550 Monterrey, N.L.	[redacted]
470	Regierung des Bundesstaates Puebla (Seguridad Pública)	Av. Manuel Espinosa Iglesias No. 1717 Col. Volcanes C.P. 72410, Puebla Pue.	[redacted]
150	Regierung des Bundesstaates Sonora (Seguridad Pública)	Centro de Gobierno,edificio Sonora segundo nivel al sur	[redacted]
250	Regierung des Bundesstaates Sonora (Secreataria Ejecutiva de Seguridad Pública)	Edificio Sonora, Centro de Gobierno, Comonfort y Paseo Cultura C.P. 83200 Hermosillo, Sonora	[redacted]
466	Regierung des Bundesstaates Nuevo Leon (Fondos para la Seguridad Pública)	Av. Felix U. Gómez No. 2223 Nte. Col. Reforma Edificio C4 Monterrey Nvo. Leon C.P. 64550	[redacted]

Erweiterung der Endverbleibserklärung, gültig bis zum 04 April 2006.

SUFRAGIO EFECTIVO. NO REELECCION
(Effektiv gewählt, nicht zur Wiederwahl nominiert)
Der Generaldirektor der Militär-Industrie

Unterschrift + Stempel

Divisionsgeneral im Generalsstab
Juan Alfredo Oropeza Garnica

Seite 2 der EVE, die verbotenen Staaten tauchen nicht mehr auf.

Mit der gleichfalls 2005 beantragten Genehmigung für die Ausfuhr von 2020 Sturmgewehren kommen die Bedenken aus dem Auswärtigen Amt. Die Gründe dafür finden sich in der Endverbleibserklärung: Hier werden 2020 G36 für unterschiedliche Staaten bestellt. Dabei ist ein Posten von über 700 Waffen für »zukünftige Besteller« bestimmt und hat somit keinen klaren bzw. präzisen Endverbleib. Nun kommt der Situationsbericht der deutschen Botschaft ins Spiel. Die kritische Menschenrechtslage spricht nunmehr gegen den Waffenexport nach Mexiko.

Daraufhin beschließt Heckler & Koch offenbar angeregt durch das zuständige Referat im Bundeswirtschaftsministerium, die als problematisch geltenden Bundesstaaten von den Lieferungen auszuschließen und die Endverbleibserklärungen auszutauschen.

Interview mit dem früheren H&K-Handelsvertreter B. G.

Sie haben, das war 2005 oder 2006, die E-Mail nach Mexiko geschickt mit der Warnung oder der Bitte, gewisse Provinzen rauszuhalten. Wie ist das passiert, was ist da passiert?

BG: Also aus der Erinnerung heraus … Ich war mal wieder auf Familienbesuch, den alljährlichen Familienbesuch habe ich gemacht, in der Verbindung war ich einen halben Tag bei H&K, ich war beim Chef vom Anlagenbau, dann auch Chef vom Vertrieb, und da wurde dann mitgeteilt, dass es irgendwie etwas Unerwünschtes gibt in Mexiko, weil es lagen E-Mails vor, in denen drei Staaten benannt wurden, die unerwünscht waren. Und dann kam die Bitte vom Verkauf, ob es die Möglichkeit gäbe, dieses End-use zu ändern, denn offenbar bestand der Wunsch von irgendeinem Ministerium, dass diese nicht benannt werden sollten. Daraufhin habe ich eine E-Mail geschrieben, gleich von H&K aus, vom Computer von der R. E., an mein Büro, sie möchten doch bitte versuchen, mit dem Chef von der DCAM zu reden, ob die Möglichkeit bestünde, diese drei Staaten nicht zu benennen und ein neues End-use auszustellen. Die Begründung war, da kann ich mich nicht mehr genau erinnern, entweder Menschenrechtsprobleme oder irgend so etwas in der Richtung, und im Prinzip sind die Ministerien geneigt, dem Antrag zuzustimmen, den H&K gestellt hatte, aber es sollte offenbar auf Weisung von diesen Ministerien oder von irgendeinem Ministerium, das weiß ich nicht, ein neues End-use vorgelegt werden, und dieses sollte dann neu eingereicht werden.

Wurde Ihnen suggeriert, dass Sie diese E-Mail schreiben sollen?

BG: Also, ich meine, das kam vom Verkauf, wenn ich mich richtig entsinne, vom Chef vom Verkauf, also vom L. S., aufgrund von irgendwelchen Weisungen von Ministerien sollen wir das bitte veranlassen, wenn das möglich wäre. Und ich habe das dann gemacht. Ich habe die E-Mail geschrieben […], und in der DCAM gab es offenbar keine Probleme damit, weil die Antwort war: »Wir haben 32 Bundesstaaten, dann verkaufen wir halt nur in 28, das ist für uns kein Problem, weil der Bedarf ist riesig, für die Beschaffung, für die örtlichen Polizeibehörden.«. Wir haben ja auch noch acht Mitkonkurrenten, ganz speziell auf dem Sturmgewehrmarkt hier in Mexiko, und er hatte hätte da keine Probleme mit, hat der Chef von der DCAM mitgeteilt. Da kam ein neues End-use, das neue End-use wurde nach Deutschland geschickt, und Ende des Jahres 2005 kam dann eine Exportgenehmigung, offenbar, weil da hat mich der L. S. extra angerufen, ich kann mich noch gut erinnern, das war zwei Tage vor Weihnachten, da er hat mir alles Gute gewünscht und ein gutes Neues Jahr gleich, weil H&K macht üblicherweise über Weihnachten und Neujahr zwei Wochen den Laden zu, also Weihnachtsferien, die müssen dann ja stehen, und da waren wir alle happy, dass der allererste Vertrag zustande kam. Das war auch für mich ein gewisser Erfolg, weil ich hatte bisher da gar keine Erfahrungen im Waffenverkauf, weil ich habe die DCAM ja nur nebenher mitbetreut, weil meine Hauptaufgabe bestand in der Unterstützung der »Fábrica de Armas«, sowohl bei den Bedarfsermittlungen, bei den richtigen Spezifizierungen der Produkte, die gebraucht wurden, also Stahl, Werkzeuge usw., und das war praktisch mein erster Verkaufserfolg, wenn man den so nennen möchte, als neu gebackener Waffenverkäufer in Anführungszeichen.

Aber war es nicht klar, dass, auch wenn die Staaten da jetzt nicht auftauchten, die Waffen dann doch auch in die Regionen kommen?

BG: Also für mich war das unverständlich, dass es so Teilregelungen oder so etwas geben soll. Wir haben dann auch versucht, uns schlauzumachen oder ich mich, in der deutschen Botschaft in Mexiko-Stadt, ganz speziell beim Wirtschaftsbeauftragten damals und auch beim Militärattaché, ob es da irgendwelche Probleme oder Verbote gäbe oder unerwünschte Sachen. Das wurde eigentlich ganz im Gegenteil dargestellt, weil daraufhin wurde ich zum Beispiel öfters eingeladen, auch in die Residenz vom Botschafter, zu öffentlichen Einladungen. Da waren Vertreter vom Verteidigungsministerium dabei, von Mexiko, vom Innenministerium und sonstigen Regierungsbehörden. Und es wurde bei Reden von Botschaftern oder auch Staatssekretären, die aus Deutschland kamen, immer wieder betont, dass die Bundesregierung, die mexikanische Regierung, bei ihren Bemühungen zur Bekämpfung der organisierten Kriminalität in Mexiko Unterstützung findet. Das wurde in den Jahren 2005/6/7/8/9 immer wiederholt. Mehrfach in öffentlichen Reden von den Botschaftern. Das waren ja mehrere Botschafter, nicht nur einer, über die Jahre. Da kommt auch alle drei bis vier Jahre ein neuer, wie soll ich sagen …, der positive Signale setzt, nicht zuletzt auch um die Investitionen der deutschen Industrie in Mexiko mit zu beschützen. Und die Bestrebungen gingen da hin, also ganz speziell im Ballungszentrum Mexiko-Stadt, in Puebla, wo zum Beispiel das Volkswagenwerk ist, und auch in Monterrey ganz speziell, da ist sehr, sehr viel deutsche Industrie angesiedelt, Filialen usw. Und für uns war das dann klar, dass man zusammenarbeiten muss, auch im Sicherheitssektor.

Auch in der Botschaft usw. waren Sie gern gesehen?

BG: Also, ich glaube, ich war da gern gesehen in der deutschen Botschaft, bzw. auch in der Residenz vom Botschafter. Das zeigte sich an den vielen Einladungen, die wir bekamen über die Jahre. Ganz speziell anlässlich des 3. Oktober wurde traditionell im Haus vom Botschafter, sprich: in der Residenz, ein großer Empfang abgehalten, immer mit, ich schätze mal, zwischen 500 und 800 geladenen Gästen, unter anderem Verteidigungsminister, Marineminister, die ganzen Militärattachés der anderen Botschaften, sonstige Funktionäre und sehr viele Leute aus der Industrie.

War Ihnen klar, dass die Waffen, die nach Mexiko geliefert werden, in alle Bundesstaaten gehen?

BG: Ja, das ist von der Logik her abzuleiten. Weil ich ja als Staat Mexiko […] der Staat Mexiko kann nicht sagen »du, lieber Staat Puebla, du bekommst Bewaffnung, und du, böser Staat Veracruz, du bekommst halt keine Bewaffnung«. Das geht von der mexikanischen Gesetzgebung her schon gar nicht. Die können keine Diskriminierung vornehmen, das geht gar nicht.

War das H&K, L. S., bewusst?

BG: Also das müsste dem L. S. bewusst gewesen sein, dass es nicht zu verhindern ist, dass die Geräte auch in Gegenden oder Regionen oder Bundesstaaten gehen würden, die irgendwie unerwünscht sind seitens der deutschen Behörden. Das ist gar nicht machbar, da Eingrenzungen zu machen. Das kann die mexikanische Regierung erstens nicht begründen, warum da irgendwo etwas nicht hingehen darf oder soll, und zweitens könnte zum Beispiel der Polizeichef von Veracruz, der keine Waffen bekommen sollte, die DCAM verklagen, und der gewinnt dann. Aus welchem Grund soll ich keine Bewaffnung bekommen, wenn mein Auftrag ist, den Menschen im Staate Veracruz Sicherheit zu geben? Das ist gesetzlich, die müssen die Leute beschützen. Und wenn er dann keine Bewaffnung bekommt oder sonstige Ausrüstung, das geht gar nicht, das ist unmöglich.

Heute – bereuen Sie diese E-Mail, die Sie da geschrieben haben?

BG: Also, wenn mir da ein Vorwurf draus gemacht wird [...] also wir arbeiten nur auf Weisungen von irgendjemandem. Und ich habe gelernt zu gehorchen, und wenn mir jemand sagt, ich soll das bitte machen, mir war das nicht so ganz klar, warum, aber die Weisung kam offenbar von irgendeinem Ministerium. Und ich habe da ganz belanglos, also ich habe mir da keine größeren Gedanken gemacht, die E-Mail [...] geschrieben. Weil es war ja auf Weisung von höherer Stelle.

Das heißt, es gab Kontakte zwischen H&K und der BAFA und dem Bundeswirtschaftsministerium?

BG: Also davon gehe ich aus, die muss es gegeben haben.

Wie muss es funktioniert haben?

BG: Also bei H&K gibt es zunächst einmal einen sogenannten KWKG-Beauftragten [Kriegswaffenkontrollgesetz]. Und dieser Mann stellt die Verbindung zu den Ministerien her, der besucht sie auch. Aber damit haben wir gar nichts zu tun. Das ist H&K-intern, deswegen gibt es ja auch die Leute, die dafür abgestellt und verantwortlich sind, weil unser Part ist eigentlich eher die operative Geschichte.

Wie ist das abgelaufen?

BG: Also, soweit ich mich erinnere, ist das so abgelaufen. Ich war, wie gesagt, bei H&K im Zuge eines Urlaubs in Deutschland. Dann war ich beim Anlagenbau und im Vertrieb, und im Vertrieb wurde mir gesagt, ich meine, von L. S., dass es irgendwo unerwünschte Staaten gibt, die in einem End-use drin stehen. Im allerersten End-use und im allerersten Vertrag G36 Mexiko. Und diese unerwünschten Staaten, ob die Möglichkeit bestünde, eine neues End-use zu bekommen, in dem diese unerwünschten Staaten nicht mehr drin stehen. Er sagt, kann man mal versuchen. Ich weiß es nicht, ob das geht, ich habe da noch zu wenig Erfahrung, um das zu beurteilen, weil wir haben ja gerade erst in Mexiko angefangen, mit der DCAM zusammenzuarbeiten bzw. für mich war das auch relatives Neuland, was den Verkauf von Fertiggeräten betrifft. Aber ich habe das mitbetreut, schon mal aus dem Grund der Nähe, weil die »Fábrica de Armas« und die DCAM sind dreihundert Meter auseinander, also von den Örtlichkeiten her. Und somit war das eigentlich logisch, dass ich das mitbetreue, weil das war zunächst mal kein großer Aufwand. Kein großer Arbeitsaufwand. Weil das lief ja erst an, das war der allererste mögliche Auftrag. Und dann kam ich da runter, der Einkauf ist im ersten Stock, wieder runter in den Anlagenbau, und dann habe ich die R. E. gefragt, ob ich ihren Computer benützen darf, ich muss […] eine E-Mail schreiben. Ja selbstverständlich darf ich, und dann habe ich die E-Mail geschrieben. Und […] gebeten, [man] soll mit dem Colonel D. sprechen von der DCAM, ob das möglich ist, andere Kunden zu finden für […] oder im End-use festzuhalten, in diese drei Staaten, die offenbar unerwünscht waren, nicht mehr benannt sind. Das habe ich dann gemacht …

Denn sie wissen, was sie tun

Die Aussagen der zuständigen Beamten des Bundeswirtschaftsministeriums, die von Staatsanwaltschaft und ZKA nach der Strafanzeige von Jürgen Grässlin befragt wurden, klingen zynisch. Ihnen muss bewusst gewesen sein, dass die problematischen Bundesstaaten auf ihr Einwirken hin von H&K bzw. von der mexikanischen Behörde nur auf dem Papier ausgetauscht wurden. Ihnen war sicherlich klar, dass sie keinerlei Kontrolle über den tatsächlichen Endverbleib der Waffen haben.

Es bleiben Fragen über Fragen. Insbesondere: Haben sich die Behörden im juristischen Sinn strafbar gemacht? Es scheint, als sei man sich in den Ministerien seiner Sache absolut sicher gewesen. Als habe man, auch nach der Strafanzeige bei der Staatsanwaltschaft Stuttgart, so weitermachen wollen wie zuvor. Möglicherweise hatten die Beamten ebenso wie die Waffenhändler nicht damit gerechnet, dass ihre Machenschaften durch investigative journalistische Recherchen in Mexiko – unter Gefahr für Leib und Leben – jemals auffliegen könnten.

Fast erwischt. Bei Durchsicht der Akten kommen immer wieder Zweifel an der Redlichkeit der involvierten Personen. Bei einem bestimmten Vorgang läuten die Alarmglocken: Im Jahr 2006, als das Auswärtige Amt auf die geplanten Lieferungen von Ersatzteilen und Zubehör in die Unruheprovinz Chiapas aufmerksam wurde und in Abstimmung mit dem Bundeswirtschaftsministerium die deutsche Botschaft in Mexiko einschaltete, gewinnt man den Eindruck, die Ministerien/Kontrollinstanzen würden nunmehr ihren Pflichten nachkommen. Weit gefehlt. Die Ausfuhr wird bewilligt. Die fast 6000 Posten gehen unkontrolliert hinaus in die Welt, und wer weiß schon, auf welchem Schlachtfeld sie heute im Einsatz sind? In Chiapas, Sonora, Veracruz oder sonst wo auf dem gefährlichen Weg durch Mexiko in die USA, auf dem seit 2006 laut Schätzungen 70 000 Flüchtlinge verschwunden, zu Krüppeln geschossen oder von Banden wie den »Zetas« verschleppt worden sind. Warum haben sich die zuständigen

Der Kommandant der Bürgerwehr FUSDEG im Bundesstaat Guerrero zeigt ein G36-Sturmgewehr, das seine Leute dem Chef der örtlichen Drogenmafia mit dem Tarnnamen »El Taliban« abgenommen haben.

Ministerien von der fadenscheinigen Begründung, der Sachbearbeiter habe dies bei der Bearbeitung der Endverbleibserklärung »übersehen«, blenden lassen? Warum haben sie akzeptiert, dass die Lieferung in gleicher Stückzahl angeblich für den Nachbarstaat bestimmt gewesen sei? Warum hatte das von staatlicher Seite keine Konsequenzen?

Nur die Firma hat daraus gelernt: Der problematische Bundesstaat Chiapas taucht in ihren Folgeaufträgen nicht mehr auf.

Mitglieder der Bürgerwehr CRAC im Bundesstaat Guerrero patrouillieren bewaffnet mit G36-Sturmgewehren.

Ein Schreiben des AA-Ressortleiters vom 8. November 2006 an das BMWi lässt das Misstrauen des Verfassers deutlich erkennen: »AA bittet um Mitteilung, ob federführendes Ressort die Endverbleibsdokumentation zu den Anträgen [...] als hinreichend erachtet.« Doch auch das hat keine Folgen.

Von nun an werden Kriegswaffenexportgenehmigungen von Oberndorf nach Mexiko nur noch der Form halber »geprüft« und vorhandene Genehmigungen ebenso unbürokratisch im Umfang erweitert: Ein Antrag auf Ausfuhr von 1313 Sturmgewehren G36 wird verdoppelt und vervielfacht – letztendlich auf über 6000 Gewehre erhöht und prompt genehmigt.

Ein Beispiel: Im Zusammenhang mit geplanten Lieferungen von 101 Maschinenpistolen MP5, zwei Maschinenpistolen MP5k, 60 Rohren zu G36 und 30 Verschlüssen zu G36, angeblich in die mexikanischen Bundesstaaten Puebla, Baja California, Durango, Sonora und Nuevo León mit entsprechenden Endverbleibserklärungen, geschätzter Warenwert 150 000 Euro, kommentiert eine AA-Sachbearbeiterin am 21. März 2007: »Ref. 331 zeichnet mit in dem Verständnis, dass Waffen wirklich nur gegen Drogenmafia eingesetzt und

Grundsatz ›Neu für Alt‹ eingehalten wird.« Die Einreichung des Exportantrags erfolgte am 22. Januar 2007. Am 30. März 2007 erteilt das Bundeswirtschaftsministerium die schriftliche Genehmigung. Laut Stempel der Frachtgesellschaft werden Waffen und Ersatzteile am 4. April 2007 auf den Weg gebracht.

Heckler & Koch reicht weiter Anträge ein. Die Ausfuhrlisten werden immer länger.

Business as usual

Am 25. Juni 2007 stellt Heckler & Koch einen Antrag zur Lieferung von 3131 MP5-Maschinenpistolen und 5152 bzw. nach Erweiterung, 6545 G36-Sturmgewehren. Angeblich sind die Waffen für die Bundesstaaten Durango, Nuevo León und Aguascalientes bestimmt. Das Votum: positiv (NfA).

Am 13. Mai 2008 folgt der Antrag zur Lieferung von 1393 vollautomatischen Gewehren G36, 1000 G36V und 393 G36 C1, mit G36-Zubehör. Die Bestimmungsorte laut Endverbleibserklärungen sind Aguascalientes, Durango, Nuevo León, Yucatán. Votum: positiv (Bedenken zurückstellen, NfA). Der zur Mitzeichnung am 2. Juni 2008 verschickte interne Bericht des AA wird unter den SachbearbeiterInnen folgendermaßen per E-Mail diskutiert: »Da hatte ich schon beim Erfassen meine Probleme mit: ist das G36 ein halb- oder ein vollautomat. Gewehr?« Antwort: »Also, ich meine ja, es sei ein vollautomatisches Gewehr, das man aber durch Einstellung der Abzugsvorrichtung (-hebel? Wie immer man das nennt) auch auf halbautomatisch stellen kann. Also vollautomatisch – so mein Verständnis. Aber die Techniker sitzen natürlich bei BMWi.« Die Brisanz der Waffenlieferungen oder die möglichen Folgen sind kein Thema mehr. Alle Referate im Auswärtigen Amt zeichnen mit.

Bemerkenswert ist der Genehmigungsantrag der Firma Heckler & Koch vom 20. Mai 2009. Es geht um 2272 G36KV-Sturmgewehre, 2272

G36C1-Sturmgewehre, 202 MP7-Maschinenpistolen, 101 HK416- und 111 HK417-Sturmgewehre. Die Waffen sollen nach Tabasco, Puebla, Zacatecas, Tamaulipas, Durango, Sonora und Veracruz geliefert werden. Und erstmals ist wieder Jalisco als Bestimmungsort genannt. Der Antrag ist ungenehmigt. Warum?

Mehr geliefert als offiziell genehmigt?

Es ist schwierig herauszufinden, welche Mengen an H&K-Waffen für den Export genehmigt wurden. Die Stückzahlen schwanken zwischen circa 8700 und über 19600. Das sind mehr als doppelt so viele Waffen, als genehmigt wurden. Geht der Überblick über die Größe der Lieferungen irgendwann verloren?

Die dem Rechercheteam von Daniel Harrich – Katja Beck, Jan Seipel (SWR), Patricius Mayer, Tobias Bönte und Robert Schöffel (BR) – vorliegenden Unterlagen enthalten mehrere Auflistungen zur Gesamtstückzahl gelieferter G36 nach Mexiko. Welche Zahlen tatsächlich korrekt sind, lässt sich nicht mit Sicherheit sagen, da sie aus unterschiedlichen Quellen stammen. Deshalb dient als Grundlage aller Überlegungen immer der Rüstungsexportbericht der Bundesregierung. In diesem jährlich erscheinenden Bericht sind Waffenexporte nach Empfängerländern aufgeteilt, alle gelieferten Waffenarten und die Stückzahl vermerkt. In einer Position sind also Waffen der gleichen Art, aber von unterschiedlichen Herstellern, aufgeführt. Ersatzteile und Zubehör werden extra aufgelistet. Grundlage sind die Genehmigungen des entsprechenden Jahres.

Für Mexiko wird eine Gesamtzahl von 8710 Gewehren für die Jahre 2005 bis 2009 angegeben. Eine Prüfung der Genehmigungen aus dem gleichen Zeitraum, die SWR und BR vorliegen, ergibt allerdings eine höhere Zahl. Was erstaunlich ist, da es sich hier nur um die Genehmigungen eines einzigen Herstellers handelt. Insgesamt wären es 10094 Waffen alleine des Typs G36 bis einschließlich 2009. Damit wäre der Rüstungsexportbericht nicht korrekt, und man muss sich fragen, wie es zu diesem Fehler gekommen sein könnte. Wurden nicht alle Genehmigungen berücksichtigt? Gab es ein Missverständnis bei Aufträgen, die Folgelieferungen oder zusätzliche Genehmigungen erhalten haben? Wer ist für die Weitergabe dieser Informationen zuständig? Oder hat das Ganze System? In einem internen Dokument machen sich die Sachbearbeiter im Auswärtigen Amt Gedanken, dass große Liefermengen eine negative Auswirkung auf den Exportbericht haben könnten.

Nimmt man dann in einem nächsten Schritt auch noch die Vorgänge mit dazu, die nicht vollständig vorliegen, von denen es aber Verträge oder Lieferscheine gibt, so ist die Zahl noch einmal höher. Nach Berechnung des Rechercheteams wären das 16 765 H&K-Sturmgewehre G36 für den Zeitraum von 2005 bis 2009. Mehr als doppelt so viele Gewehre, wie im Rüstungsexportbericht vermerkt.

Ein Informant, der Einsicht in die Unterlagen von SEDENA hatte, spricht sogar von noch größeren Stückzahlen. Demnach sollen fast 20 000 Gewehre des Typs G36 nach Mexiko geliefert worden sein. Sollte diese Zahl stimmen, ist die große Frage, ob Heckler & Koch Genehmigungen dafür hatte. Falls nicht: Wie konnte die Waffenschmiede solche Mengen an den deutschen Behörden vorbei illegal nach Mexiko exportieren?

Sollten allerdings Genehmigungen erteilt worden sein, muss man sich fragen, warum der Öffentlichkeit im Rüstungsexportbericht nach unten korrigierte Zahlen präsentiert werden. Die Differenz beträgt immerhin fast 50 Prozent. Ließe sich dies auch auf andere Länder und Waffenarten übertragen, wäre der Rüstungsexportbericht ad absurdum geführt.

Der Nachweis dürfte allerdings sehr schwer zu erbringen sein. Über die genauen Exportzahlen scheint es keine Übersicht zu geben. Als 2011 staatsanwaltschaftliche Ermittlungen gegen Heckler & Koch durchgeführt wurden, hat das Zollkriminalamt (ZKA) genau dies vergeblich versucht und schließlich selbst Listen erstellen wollen. Dabei werteten die Beamten Unterlagen des Unternehmens aus und standen in Kontakt mit dem BAFA, der für den Export zuständigen Behörde. Trotzdem konnten auch die Ermittler am Ende nur Vermutungen anstellen. Es ist sehr erstaunlich, dass auch das BAFA keinerlei Buchführung über Exporte mit solch sensibler Fracht zu haben scheint. Umso erstaunlicher, weil jeder Waffenhersteller gehalten ist, ein Exportbuch zu führen. Dieses scheint von Heckler & Koch nie an die Behörden gegeben und auch nicht bei Hausdurchsuchungen in den Jahren 2010/11 sichergestellt worden zu sein. Dabei wäre es für Heckler & Koch die einfachste Möglichkeit zu zeigen, wie die Exportgeschäfte abgewickelt wurden. Denn genaue Stückzahlen, Empfänger und der Endverbleib sollten im Exportbuch genauestens vermerkt sein.

Wie also sind diese voneinander abweichenden Zahlen zu erklären?

Viele Theorien sind denkbar. Was auf der Hand liegt, ist der Umstand, dass Ausfuhrgüter nicht ausreichend kontrolliert werden. Laut Aussagen des Zollkriminalamtes können nur bis zu etwa drei Prozent der Warenströme kontrolliert werden. Warum aber sollte man hier die Schuldigen suchen? Schuld können nur die Initiatoren und Verantwortlichen des illegalen Mexiko-Deals sein. Jedenfalls erweist sich das Waffenkontrollsystem letztendlich als Augenwischerei. Von Waffenausfuhrkontrolle – keine Spur.

Die Lex Heckler & Koch

Als 2006 den Waffenexporten nach Mexiko nichts mehr im Wege steht, werden laufend höhere Stückzahlen an Ersatzteilen und Zubehör von mexikanischer Seite bestellt. Grund hierfür ist offiziell der angeblich enorme Materialverschleiß aufgrund der hohen Einsatzfrequenz bei der mexikanischen Polizei und Armee. Unter vorgehal-

HECKLER & KOCH GMBH

HECKLER & KOCH GMBH . POSTFACH 1329 . D-78722 OBERNDORF/NECKAR

Herrn [redacted]
c/o Bundesamt für Wirtschaft
und Ausfuhrkontrolle

Ref. 213
Postfach 5160
65726 ESCHBORN

Bundesamt für Wirtschaft
und Ausfuhrkontrolle

- 7. JULI 2006

An: | Anl.: | Tgb./Beschr.Nr.

IHRE NACHRICHT VOM   IHR ZEICHEN   [redacted]   TELEFON   TELEFAX [redacted]   DATUM 05.07.06

Antrag auf Erteilung einer Komplementärgenehmigung für Ausfuhren und Verbringungen mit Bezug zum Kriegswaffenkontrollgesetz (KWKG)

Sehr geehrter Herr [redacted]

bitte erteilen Sie uns gemäß der Kriegswaffenliste Teil B, V u. VIII und der Ausfuhrliste Teil 1 Abschnitt A eine Komplementärgenehmigung für folgende KWL-Nrn. und AL-Nrn.

KWL - NR.	**AL-NR.**
29 a,b,c,d	**0001**
30	**0002**
34	**0001/0002**
35	**0001/0002**
50	**0003**
51	**0003**

Besten Dank für Ihre Bemühungen.
Mit freundlichen Grüßen

Heckler & Koch GmbH
Exportkontrolle
[redacted]
i.A. [redacted]

GESCHÄFTSFÜHRER: JOHN G. MEYER, JR., CEO, Vorsitzender der Geschäftsleitung; DR. MICHAEL ENGESSER; DR. DIRK HOLZKNECHT; JOACHIM MEURER; MARTIN NEWTON

ANSCHRIFT: HECKLER & KOCH-STRASSE 1, 78727 OBERNDORF/NECKAR; TELEFON [redacted] TELEFAX; www.heckler-koch-de.com

SITZ DER GESELLSCHAFT: OBERNDORF/NECKAR, FED.-REP. OF GERMANY; AMTSGERICHT ROTTWEIL, HR B 125OOB

BANKVERBINDUNGEN	BLZ	KONTO-NR.	SWIFT-CODE
Baden-Württembergische Bank Stgt.	60050101	1381890	SOLADEST
	IBAN:	DE77 6005 0101 0001 3818 90	
Commerzbank Rottweil	64240071	2200368	COBADEFF642
	IBAN:	DE71 6424 0071 0220 0368 00	
Kreissparkasse Oberndorf	64250040	810300	SOLADES1RWL
	IBAN:	DE07 6425 0040 0000 8103 00	
Postbank Stuttgart	60010070	6783704	PBNKDEFF
	IBAN:	DE89 6001 0070 0006 7637 04	

HECKLER & KOCH GMBH   05/2006   USt-IdNr.: DE232899163

Heckler & Koch beantragt beim BAFA eine Komplementärgenehmigung zur Lieferung von Zubehör, Ersatz- und Bauteilen im Wert von 10 Prozent der Waffenlieferungen.

tener Hand ist zu erfahren: Die vermeintlichen Ersatzteile und das Zubehör für bereits gelieferte H&K-Waffen seien für die 2006 anlaufende Produktion (= Lizenzproduktion) des mexikanischen Sturmgewehrs FX-05 bestimmt. Dazu muss man wissen: Auch der Export von Ersatz- und Einzelteilen und Zubehör für Kriegswaffen ist eigentlich genehmigungspflichtig.

Zu diesem Zeitpunkt stellt die Firma einen Antrag für den Export von Ersatzteilen und Zubehör und erhält eine Sonderregelung (übrigens nicht nur für Mexiko): Heckler & Koch darf daraufhin Ersatzteile, Zubehör etc. im Wert von zehn Prozent aller verkauften Fertigwaffen an seine internationalen Kunden ausführen. Das ist die sogenannte Komplementärregelung. Die Genehmigung bekommt die Firma binnen acht Tagen mit Gültigkeit für drei Jahre. Zuständig für die Erteilung der Genehmigung ist in diesem Fall das BAFA in Eschborn.

Bereits 2007 wendet sich der Oberndorfer Waffenhersteller erneut an das BAFA und bittet darum, die Komplementärregelung von zehn auf 30 Prozent aufzustocken. In einem Telefonat am 28. Januar 2007 wird der Vorgang abgestimmt, eine entsprechende E-Mail am darauffolgenden Tag direkt an den Sachbearbeiter im BAFA gesandt: »… Nach Auswertung der Aufträge, welche aufgrund dieser Regelung nicht unter dieses erleichterte Genehmigungsverfahren fallen, möchten wir Sie bitten zu prüfen ob diese Freigaberegelung für H&K auf 30 % erhöht werden könnte …« Die Argumentation von H&K: Mehr Waffen brauchen eben mehr Ersatzteile. Heckler & Koch bittet um wohlwollende Prüfung. Um 15:46 Uhr wird die E-Mail seitens H&K abgeschickt, um 17:09 Uhr desselben Tages schickt der BAFA-Beamte eine E-Mail mit folgendem Wortlaut ans BMWi:

> »…die Thematik 10%-Regelung im Zusammenhang mit der Komplementärgenehmigung hatte ich schon verschiedentlich mit der Firma Heckler & Koch diskutiert. Ursprünglich sind wir – BMWi und BAFA – davon ausgegangen, dass die 10%-Regelung eine LEX

Nachricht Seite 2 von 2

[redacted]

Diese E-Mail enthält vertrauliche und/oder rechtlich geschützte Informationen. Wenn Sie nicht der richtige Adressat sind oder diese E-Mail irrtümlich erhalten haben, informieren Sie bitte sofort den Absender und vernichten Sie diese E-Mail. Das unerlaubte Kopieren sowie die unbefugte Weitergabe dieser Mail oder von Teilen dieser Mail ist nicht gestattet.

This e-mail may contain confidential and/or privileged information. If you are not the intended recipient (or have received this e-mail in error) please notify the sender immediately and destroy this e-mail. Any unauthorised copying, disclosure or distribution of the material in this e-mail is strictly forbidden.

-----Ursprüngliche Nachricht-----
Von: [redacted]
Gesendet: Donnerstag, 29. November 2007 15:46
An: [redacted]
Cc: [redacted]
Betreff: Komplementärgenehmigung 7500014 v.13.07.2006

Telefongespräch vom 28.11.07
BAFA-E-Mail vom 29.11.2007

Sehr geehrter Herr [redacted]
gemäß der Komplementärgenehmigung sind Ersatzteile, Zubehör,SBM etc., welche in unmittelbarem Zusammenhang zur genehmigten Hauptware stehen, im Rahmen von **10 %** des Wertes der Hauptware von der AG bzw. Verbringsungsgenehmigung befreit.
Nach Auswertung der Aufträge welche auf Grund dieser Regelung nicht unter dieses erleichterte Genehmigungsverfahren fallen, möchten wir Sie bitten zu prüfen ob diese Freigaberegelung für HK auf **30%** erhöht werden könnte.
Zum besseren Verständnis ein paar Vergleichszahlen.
Wert eines autom Gewehres G36 vst.mit Magazin und Tragebügel mit HKV ca.1.200,- EUR, der 10% Wert entspräche 120 ,- EUR
Wert eines zusätzlichen Magazines zB. 30,- EUR oder Tragebügel 200,-EUR, Feuerdämpfer 40,- EUR, Verschlusskopf ca.100,- EUR
Diese Wertverhältnisse können in Etwa auch bei anderen Produkten aus unserem Hause zu Grunde gelegt werden.
Nach der bisherigen Regelung ist der Spielraum der mit 10% gewährt wird, nicht sehr hoch und für unsere Produkte nicht so hilfreich wie bei Geräten mit einem höheren Grundwert.
Wir möchten Sie desshalb bitten, wie Eingangs erwähnt, wohlwollend zu prüfen ob Sie unserem Antrag stattgeben können
Sollten Sie eine andere Form unseres Antrages oder andere Konditionen wünschen stehen wir gerne für weitere Gepräche zur Verfügung
mit freundlichen Grüssen
i.A.
[redacted]
Zentrale Exportkontrollstelle

phone: [redacted]
mobile:
fax: [redacted]
mail: [redacted]
http://www.heckler-koch.com

HECKLER & KOCH GMBH, Heckler & Koch-Strasse 1, 78727 Oberndorf a.N.
Geschäftsleitung: Martin Newton (Vorsitzender / CEO), Peter Beyerle
Handelsregister: Amtsgericht Stuttgart HRB 481250, USt-IdNr. DE232899163

03.12.2007

Heckler & Koch bittet um eine Erhöhung der Komplementärgenehmigung von 10 auf 30 Prozent.

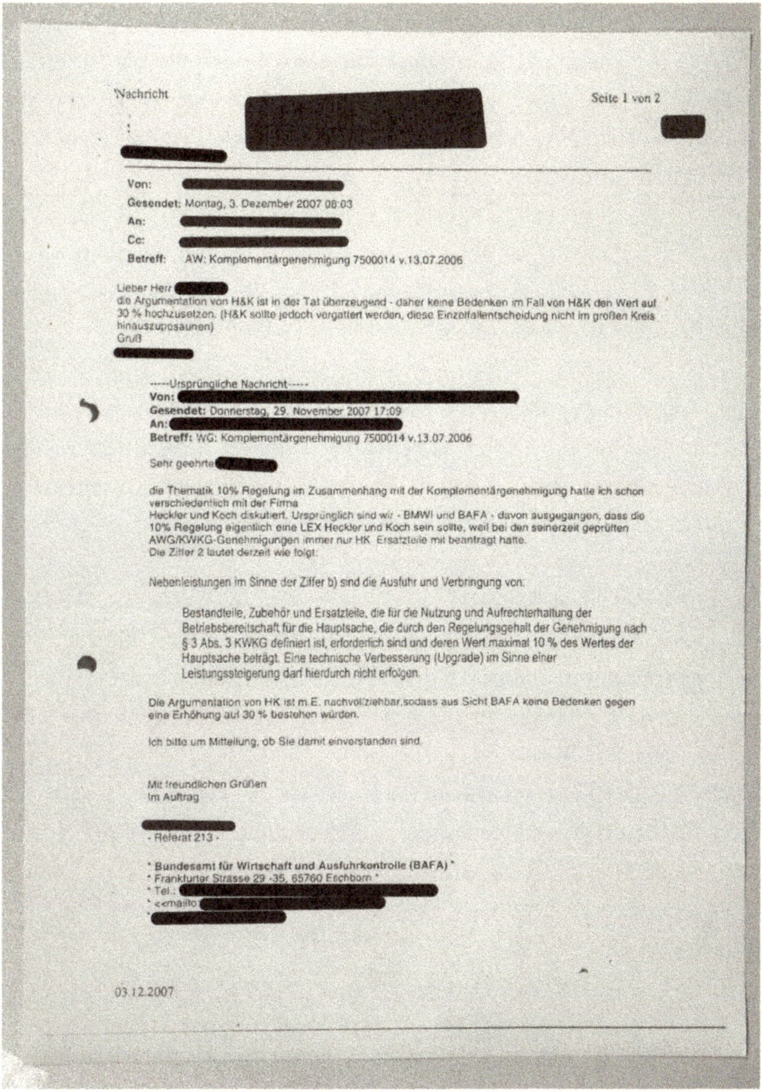
Nachricht [redacted] Seite 1 von 2

: [redacted]

[redacted]

Von: [redacted]
Gesendet: Montag, 3. Dezember 2007 08:03
An: [redacted]
Cc: [redacted]
Betreff: AW: Komplementärgenehmigung 7500014 v.13.07.2006

Lieber Herr [redacted]
die Argumentation von H&K ist in der Tat überzeugend - daher keine Bedenken im Fall von H&K den Wert auf 30 % hochzusetzen. (H&K sollte jedoch vergattert werden, diese Einzelfallentscheidung nicht im großen Kreis hinauszuposaunen)
Gruß
[redacted]

-----Ursprüngliche Nachricht-----
Von: [redacted]
Gesendet: Donnerstag, 29. November 2007 17:09
An: [redacted]
Betreff: WG: Komplementärgenehmigung 7500014 v.13.07.2006

Sehr geehrte [redacted]

die Thematik 10% Regelung im Zusammenhang mit der Komplementärgenehmigung hatte ich schon verschiedentlich mit der Firma
Heckler und Koch diskutiert. Ursprünglich sind wir - BMWI und BAFA - davon ausgegangen, dass die 10% Regelung eigentlich eine LEX Heckler und Koch sein sollte, weil bei den seinerzeit geprüften AWG/KWKG-Genehmigungen immer nur HK Ersatzteile mit beantragt hatte.
Die Ziffer 2 lautet derzeit wie folgt:

Nebenleistungen im Sinne der Ziffer b) sind die Ausfuhr und Verbringung von:

> Bestandteile, Zubehör und Ersatzteile, die für die Nutzung und Aufrechterhaltung der Betriebsbereitschaft für die Hauptsache, die durch den Regelungsgehalt der Genehmigung nach § 3 Abs. 3 KWKG definiert ist, erforderlich sind und deren Wert maximal 10 % des Wertes der Hauptsache beträgt. Eine technische Verbesserung (Upgrade) im Sinne einer Leistungssteigerung darf hierdurch nicht erfolgen.

Die Argumentation von HK ist m.E. nachvollziehbar,sodass aus Sicht BAFA keine Bedenken gegen eine Erhöhung auf 30 % bestehen würden.

Ich bitte um Mitteilung, ob Sie damit einverstanden sind.

Mit freundlichen Grüßen
Im Auftrag

[redacted]
- Referat 213 -

* **Bundesamt für Wirtschaft und Ausfuhrkontrolle (BAFA)** *
* Frankfurter Strasse 29 -35, 65760 Eschborn *
* Tel.: [redacted]
* <<mailto [redacted]
* [redacted]

03.12.2007

Die Korrespondenz des BAFA-Sachbearbeiters mit dem Ressortleiter im Bundeswirtschaftsministerium über die Lex Heckler & Koch.

Heckler und Koch sein sollte, weil bei den seinerzeit geprüften AWG/KWKG-Genehmigungen immer nur H&K Ersatzteile mit beantragt hatte. […] Die Argumentation von H&K ist m.E. nachvollziehbar, sodass aus Sicht BAFA keine Bedenken gegen eine Erhöhung auf 30% bestehen würden….«

Der 29. Januar 2007 ist ein Donnerstag. Am darauffolgenden Montag, dem 3. Dezember, um 8:03 Uhr schickt der BMWi-Ressortleiter, Ministerialrat Claus W., die Antwort an das BAFA ab:

> »… die Argumentation von H&K ist in der Tat überzeugend – daher keine Bedenken im Fall von H&K den Wert auf 30 % hochzusetzen. (H&K sollte jedoch vergattert werden, diese Einzelfallentscheidung nicht im großen Kreis hinauszuposaunen)…«

In den zuständigen Behörden wird ohne weitere Diskussion die »Lex Heckler & Koch« in schriftlicher Form mit Datum vom 3. Dezember 2007 genehmigt und abgezeichnet. Am 10. Juni 2009 beantragt Heckler & Koch eine Verlängerung um weitere drei Jahre, auch dies wird am 17. Juni 2009 bewilligt.

Die E-Mail-Korrespondenz ist ein weiterer eklatanter Beweis für die unlauteren Machenschaften zwischen dem Waffenhändler und seinem Netzwerk in den Ministerien und Ämtern.

Mexikoreisen, Präsentationen und Waffenvorführungen

Der Handelsvertreter von Heckler & Koch B. G. plant alle Waffenvorführungen bis ins Detail. Er nutzt seine ausgezeichneten Kontakte zu den mexikanischen Ministerien, um sicherzustellen, dass die Firma H&K für ihre Präsentationen immer die mit Abstand besten Vorführzeiten und -konditionen bekommt.

Waffenvorführung des H&K-Verkaufsteams in Acapulco/Guerrero.

Zweifellos haben G.s Bemühungen in vielerlei Hinsicht Erfolg. Das Verkaufsbüro von Heckler & Koch in Mexiko-Stadt befindet sich im Gebäude des Verteidigungsministeriums SEDENA, Tür an Tür mit seinen Auftraggebern. H&K gilt in Mexiko als Premiummarke. Ein Vorführmodell des Sturmgewehrs G36 ist in einer Vitrine an prominenter Stelle ausgestellt. Zu den Waffenpräsentationen und -vorführungen lädt SEDENA neben Heckler & Koch auch Wettbewerber wie Beretta, Mendoza, Ceska, Walther, Glock, Taurus ein. Doch der Oberndorfer Firma werden immer die besten Konditionen offeriert.

Ein Beispiel: Die erste Präsentation im Jahr 2006, an der H&K teilnahm, fand an zwei Tagen statt. Jede Firma hatte an einem der beiden Tage eine Stunde Zeit für ihre Vorführung. Für Heckler & Koch wurden an beiden Tagen je vier Stunden Zeit eingeplant. Keine andere Waffenfirma verkaufte unter solch guten Konditionen.

Waffenvorführung des H&K-Verkaufsteams in Manzanillo/Colima, Nachbarstaat von Jalisco.

Es war die erste offiziell organisierte Gelegenheit, das Sturmgewehr G36 allen Sicherheitsbehörden landesweit bzw. den Gouverneuren und Vertretern der Sicherheitsbehörden aller 32 mexikanischen Bundesstaaten zu präsentieren. SEDENA/DCAM (früher UCAM.) hatte ca. 300 Personen eingeladen. Bei dieser Veranstaltung waren neben H&K Taurus, Beretta, Walther, Glock, Bushmaster, Ceska Zbrojovka, Mendoza vertreten.

Nach dem erfolgreichen ersten Export wird immer mehr verkauft. B. G. nutzt jede Gelegenheit, um Vorführungen und Präsentationen der H&K-Waffenfamilie zu initiieren. Im Laufe der Jahre wird eine Reihe von Vorführungen in ganz Mexiko veranstaltet, auf Anfrage der mexikanischen Auftraggeber bzw. auf Initiative von B. G..

E-MAIL

Proveedor:	HECKLER & KOCH
At'n:	[redacted]
Fecha:	24 – FEB – 2006

RE: DEMOSTRACIÓN DE PRODUCTOS

Estimado señor:

Nos complace informar a usted que estamos haciendo una cordial invitación a los representantes de cada uno de los Gobiernos Estatales de la República Mexicana a nuestras instalaciones en Tecamachalco y de tiro en Santa Fe, México D.F. a fin de que reciban una demostración de los productos que comercializa esta dependencia a mi cargo.

Esta demostración estará a cargo de nuestros principales proveedores de materiales policiacos; en cuya lista de productos de calidad, figura el destacado nombre de su compañía. A continuación le informamos el calendario y horario de actividades:

Día 1 - 8.Mar.2006
0900-1300 hrs - Heckler & Koch
1300-1400 hrs - Taurus
1400-1500 hrs - COMIDA
1500-1600 hrs - Beretta
1600-1700 hrs - Walther
1700-1800 hrs - Bushmaster

Día 2 - 9.Mar.2006
0900-1300 hrs - Heckler & Koch
Prácticas de tiro con el fusil G-36
1300-1500 hrs - COMIDA
1500-1600 hrs - Ceska Zbrojovka
1600-1700 hrs - Glock
1700-1800 hrs - Mendoza

Por lo anterior, le pedimos que tome en cuenta los horarios que se han planeado y nos haga saber, a la mayor brevedad posible, sus propuestas para realizar la demostración de sus productos, siendo el plazo el día 3 de Marzo del presente año.

En caso de no recibir una respuesta positiva antes del plazo arriba indicado, le informamos que su horario de intervención previsto será designado a otro fabricante, o bien, será repartido con el resto de participantes, por lo que le invitamos nos informe lo conducente.

Agradecemos de antemano su atención y su gentil respuesta al particular.

Atentamente,
Cor. RICARDO MARTIN RODRIGUEZ
DIRECTOR, C.A.M.

SU CONOCIMIENTO Y MISMO FIN DEL TEXTO, SEGÚN EL HORARIO INDICADO
C.c.p. [redacted]
C.c.p. [redacted]
C.c.p. [redacted]
C.c.p. [redacted]
C.c.p. [redacted]
C.c.p. [redacted]

[redacted]

Waffenvorführungsplanung von SEDENA/DCAM.

Auflistung weiterer Waffenpräsentationen und -Einführungen

1. Geräteeinweisung
8.–9.3.2006
in Mexiko-Stadt
2. Geräteeinweisung
12.–15.3.2006
Präsentation aller gelieferten Mustergeräte für die mexikanische Marine
3. Geräteeinweisung
26.–29.6.2006
Präsentation G36, USP, USP COMPACT und P2000 in Chilpancingo/Guerrero,
4. Geräteeinweisung
5.–6.9.2007
Präsentation G36 in Puebla/Puebla.
5. Geräteeinweisung
31.1.–1.2.2008
Präsentation USP COMPACT in Puebla/Puebla.
6. Geräteeinweisung
4.–6.2.2008
Präsentation G36 in Colima/Colima.
7. Geräteeinweisung
Vorgesehen war: 8.2.2008; Durchgeführt im März 2008
Präsentation USP bei der Marine (SEMAR) in Mexiko, D.F.
8. Geräteeinweisung
ca. 23.–26.6.2008
Präsentation G36, USP COMPACT in Puebla/Puebla
9. Geräteeinweisung
8.–10.9.2008
Präsentation MP5, MP5K, MP7 für die VIPs von Verteidigungs- u. Marineministerium.

Waffenvorführung des H&K-Verkaufsteams in Manzanillo/Colima, Nachbarstaat von Jalisco.

10. Geräteeinweisung
17.–28.11.2008
Präsentation G36 für Pública Ixtapaluca/Edo. de México, 2 Tage
Präsentation G36, MP5, USP in Puebla/Puebla, 3 Tage
Präsentation G36 in Guadalajara/Jalisco, 2 Tage
11. Geräteeinweisung
10.–14.7.2009
Präsentation G36, MP5, USP in Puebla/Puebla
12. Geräteeinweisung
16.–17.7.2009
Präsentation G36, MP5 in Xalapa/Veracruz

Das System funktioniert immer besser. Polizei und Militär stehen Schlange für die Waffenvorführungen. Alle wollen H&K-Waffen haben.

Urkunden für alle

Die mexikanischen Teilnehmer erhalten jeweils eine persönliche Urkunde von Heckler & Koch. Diese Urkunden sind außerordentlich beliebt. Die deutschen Heckler & Koch-Waffen sind »die Mercedes-Klasse« in der Waffenwelt – eben »Made in Germany«. Um die Urkunden rechtzeitig anfertigen zu können, erhält B. G. vorab die Teilnehmerlisten mit Namen, Einheit, Rang, Standort der Einheit. Der H&K-Handelsvertreter leitet die Listen mit den Informationen nach Oberndorf weiter. Dort werden die Urkunden gedruckt und anschließend nach Mexiko geschickt.

Im Rahmen der staatsanwaltlichen Ermittlungen behauptet die Firma, in Oberndorf habe man keine Informationen über die Teilnehmer gehabt und insofern nicht gewusst, aus welchen Bundesstaaten die Teilnehmer kamen und welchen Einheiten sie angehörten. Aufgrund der detaillierten Listen steht jedoch eindeutig fest, dass Oberndorf von Herkunft und Standort der Einheiten aller Teilnehmer (u.a. in verbotenen Bundesstaaten) Kenntnis hatte.

Das Verkaufs- und Vorführteam von Heckler & Koch erhält wiederum Urkunden und Dankesschreiben von den mexikanischen Interessenten für die Ausbildung an der Waffenfamilie von H&K. Einige der Urkunden stammen aus verbotenen Bundesstaaten.

Selbstverständlich mussten sich die Mitarbeiter von H&K, wie in anderen Unternehmen auch, alle Reisen vorab genehmigen lassen. Flüge und Hotels wurden in Oberndorf organisiert. Vor Ort konnten die Mitarbeiter je nach Bedarf Ausgaben tätigen, die nach der Rückkehr von H&K geprüft und einem Geschäftsführer zur Abzeichnung vorgelegt werden mussten. Die Reiseunterlagen weisen nur Mexiko-Stadt und Puebla aus, obwohl nachweislich Waffenvorführungen in nicht belieferungsfähigen Provinzen stattfanden. Könnte also die Aussage des Aussteigers N. F. stimmen, dass die Reiseunterlagen manipuliert wurden?

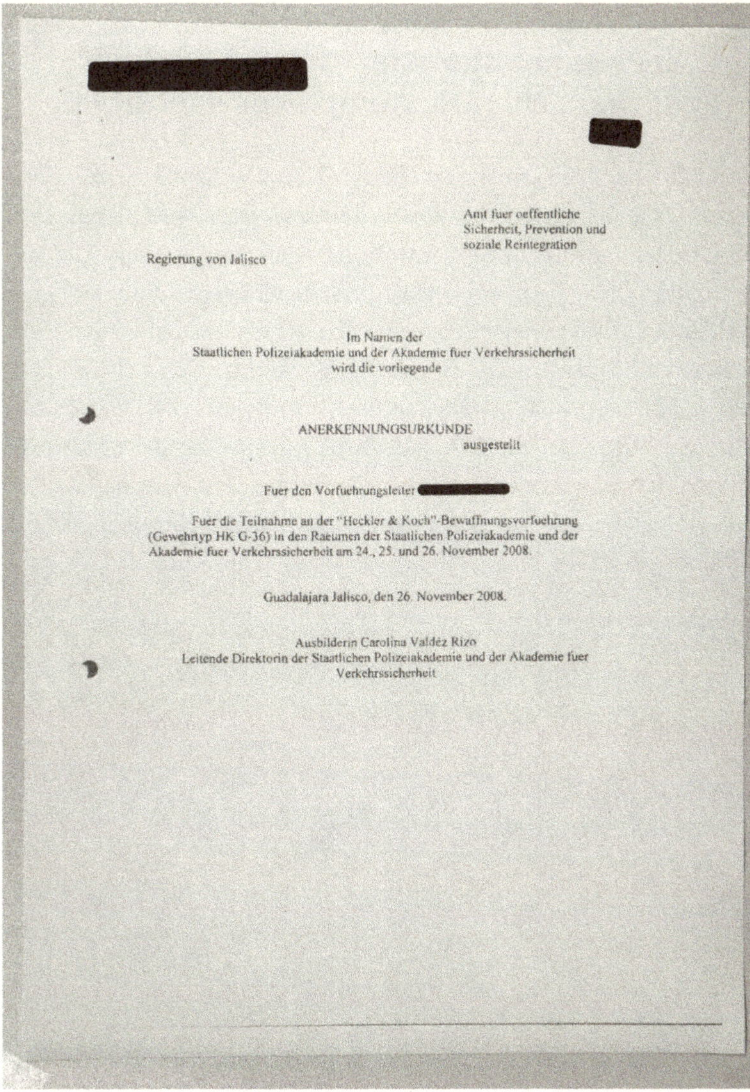

[redacted]

[redacted]

Amt fuer oeffentliche
Sicherheit, Prevention und
soziale Reintegration

Regierung von Jalisco

Im Namen der
Staatlichen Polizeiakademie und der Akademie fuer Verkehrssicherheit
wird die vorliegende

ANERKENNUNGSURKUNDE
ausgestellt

Fuer den Vorfuehrungsleiter [redacted]

Fuer die Teilnahme an der "Heckler & Koch"-Bewaffnungsvorfuehrung (Gewehrtyp HK G-36) in den Raeumen der Staatlichen Polizeiakademie und der Akademie fuer Verkehrssicherheit am 24., 25. und 26. November 2008.

Guadalajara Jalisco, den 26. November 2008.

Ausbilderin Carolina Valdéz Rizo
Leitende Direktorin der Staatlichen Polizeiakademie und der Akademie fuer Verkehrssicherheit

Anerkennungsurkunde für den H&K-Waffenvorführer und späteren Aussteiger N. F. von der Polizei im »verbotenen« Bundesstaat Jalisco.

Der FX-05-Lizenz-Deal – Technologietransfer, das Schlupfloch der deutschen Rüstungsexportkontrolle

Im September 2006 präsentiert die mexikanische Armee auf der Parade zum Unabhängigkeitstag eine neue Waffe: Es ist das Sturmgewehr FX-05. Der mexikanische Name lautet Xiuhcoatl, »Feuerschlange«. Im militärischen Fachjargon ein Schnellfeuergewehr. Eine moderne Waffe mit Leichtbauteilen. Laut mexikanischem Verteidigungsministerium: eine mexikanische Erfindung. Waffenexperten weltweit melden jedoch umgehend Zweifel an, und insbesondere in Deutschland wird man hellhörig. Es heißt, das FX-05 sei eine Kopie des Sturmgewehrs G36 von Heckler & Koch. Wie für das G36 wird das Kaliber 5,56 verwendet, wie das G36 fasst das Magazin 30 Patronen, wie das G36 gibt das FX-05 bis zu 750 Schuss in der Minute ab.

Militärparade in Mexiko-Stadt. Erstmals wird das angeblich mexikanische Sturmgewehr FX-05 öffentlich präsentiert.

Seitens Heckler & Koch reagiert man sofort. Auch die zuständigen Ministerien in Deutschland drängen auf Aufklärung. Eine Delegation aus Oberndorf reist nach Mexiko, wo man sich rasch einig ist und nach Deutschland berichtet, das FX-05 weise angeblich keinerlei Patentverletzungen bezüglich des G36 auf. Bis heute ist diese Einschätzung umstritten. Besonders kritisch wird es, wenn man die Vorgeschichte bis September 2006 und das fragwürdige Zusammenspiel von Hersteller, Ministerien und Behörden auf deutscher und mexikanischer Seite kennt.

Deutsche Kleinwaffen haben in Mexiko eine Tradition, die Jahrzehnte zurückreicht – erst Mauser, dann Heckler & Koch. So wie in vielen Ländern der Welt vertrauen die Militärs in Mexiko auf deutsche Waffentechnologie. Mexiko ist seit 40 Jahren ein guter Kunde, Partner und Abnehmer für Waffen und Waffenlizenzen. Seit 1979 wird die Produktionskapazität der staatlichen Waffenfabrik, »Fábrica de Armas«, ständig ausgebaut und optimiert. Laut Informationen des mexikanischen Verteidigungsministeriums SEDENA werden dort das Sturmgewehr G3, die Maschinenpistole MP5 sowie eine Pistole des Typ P7 gefertigt bzw. teilgefertigt. Die Produktionsanlagen in den Hallen der »Fábrica de Armas« sind größtenteils mit importierten Maschinen bestückt, besonders viele stammen aus Deutschland, Österreich und Frankreich, angeblich alles Dual-Use-Güter, zur Herstellung ziviler wie auch militärischer Produkte geeignet und daher leicht zu besorgen. Ein Insider und Informant berichtet, alle Maschinen – auch die deutschen – seien über Italien vermittelt worden. Der Vermittler sei angeblich ein Deutscher.

Seit Anfang der 1980er-Jahre hat Heckler & Koch einen fest angestellten Mitarbeiter, B. G. Er ist gelernter Anlagenbauer, betreut vor Ort die Lizenzproduktion in der »Fábrica de Armas« und betreibt das H&K Büro im Gebäude des Ministeriums. Er selbst sagt, dass er nach Mexiko geschickt worden sei, um den mexikanischen Partnern zu helfen. Personal anlernen, Bestellungen aus Oberndorf organisieren, Reparaturen optimieren gehören zu seinen Aufgaben. Die Mexikaner sind dankbar für die Hilfe und Unterstützung, B. G. wird zum Mann des Vertrauens der mexikanischen Militärs.

Als 2002/03 entschieden wird, Mexikos Militär und Polizei neu zu bewaffnen und für den Krieg gegen die Drogen hochzurüsten, setzt sich letztendlich H&K mit seiner neuen Produktlinie durch. Insbesondere das leichtere, handlichere Nachfolgemodell des G3-Sturmgewehrs – das G36 – weckt das Interesse der Mexikaner. B. G. steigt zu dieser Zeit vom fest angestellten Techniker zum exklusiven Mexiko-Vertreter von H&K auf Provisionsbasis auf.

In der mexikanischen Waffenfabrik »Fábrica de Armas« wird das G3-Sturmgewehr in Lizenz produziert.

Wie Jahrzehnte zuvor für das Vorgängermodell und für andere Waffen aus der H&K-Produktpalette bietet die Firma dem besonders guten Kunden Mexiko eine Lizenzproduktion für das G36 an. Solche Deals beinhalten üblicherweise den Kauf einer großen Stückzahl von Waffen aus Oberndorfer Produktion und parallel dazu den Aufbau eigener Kapazitäten zur Fertigung der Waffe vor Ort. Der Aufbau dieser Lizenzproduktion wird detailliert geplant und bis ins Detail verhandelt. Demnach sieht die Planung fünf Phasen vor. Der Lizenzdeal hat einen Auftragswert von rund 62 Millionen Euro. Beides dokumentieren die vorliegenden Originalverträge zwischen Heckler &

Koch und dem mexikanischen Verteidigungsministerium. Eine mexikanische Delegation reist aus Mexiko nach Oberndorf und besichtigt die H&K-Produktionsanlage. Alles wird fotografiert und dokumentiert (siehe Fotos). Die Militärs erstellen einen Bericht: Das G36 ist absolut zu empfehlen!

Der Oberndorfer Waffenhersteller investiert viel in das Lizenzgeschäft mit Mexiko. Nach langwierigen Verhandlungen über die geplante Fertigungsproduktion für das H&K-Sturmgewehr G36 kommt es zu einer Anzahlung an das Oberndorfer Unternehmen in Höhe von ca. 1,2 Millionen Euro. Dann platzt das Geschäft.

Was dann passiert, ist unklar. Offiziell heißt es von mexikanischer Seite wie von H&K, ein Lizenzvertrag sei nie zustande gekommen. Das deutsche BAFA bestätigt, dass nie eine Genehmigung für einen Technologietransfer zur Lizenzproduktion des G36 in Mexiko erteilt wurde. Ob jedoch ein solcher Antrag von H&K möglicherweise mündlich gestellt und abgelehnt oder mit Auflagen belegt wurde, wird weder bestätigt noch dementiert. Das BAFA nimmt zu solchen Fragen keine Stellung. Transparenz Fehlanzeige!

Gleichzeitig veröffentlichte die Dokumentation *Waffen für die Welt – Export außer Kontrolle* im Februar 2014 erstmals Kostenpläne der mexikanischen Regierung aus dem Jahr 2007. Dort sind für das Jahr 2007 anfallende Kosten aufgelistet sowie projektbezogene Zahlungen, die in der Vergangenheit getätigt wurden und in den kommenden Jahren noch getätigt werden müssen. Auf der Liste vermerkt sind der »Technologietransfer für die Fertigung des G36-Gewehrs Marke Heckler & Koch, Kal. 5,56 mm x 45« und von 2005 bis 2010 zur Zahlung fällige Summen. Veröffentlicht sind erfolgte Zahlungen bis zum Jahr 2009. Demnach sollen insgesamt umgerechnet ca. zehn Millionen Euro an Heckler & Koch geflossen sein.

Warum das mexikanische Verteidigungsministerium Gelder für eine Lizenzproduktion an H&K zahlen sollte, ohne eine Gegenleistung zu erhalten, erscheint, gelinde gesagt, rätselhaft. Die Waffenfirma bestreitet den Erhalt von Zahlungen in diesem Zusammenhang. Klar ist jedenfalls, dass die Verärgerung in Deutschland nicht allzu groß gewesen sein dürfte. Denn neben den bereits in diesem Buch ausgeführten Fertigwaffenexporten wurden laut Insiderinformationen bis 2010/11 Zubehör, Ersatz- und Bauteile für das G36 sowie Rohrstahl (Fertig- und/oder Vorprodukte) in großen Stückzahlen für die angeblich rein mexikanische Eigenproduktion, das Sturmgewehr FX-05, aus Oberndorf nach Mexiko geliefert.

Der Export von Waffenteilen offenbart damit ein weiteres Schlupfloch der deutschen Rüstungsexportkontrolle: Rohrstahl – ein essenzieller Bestandteil jeder Schusswaffe – gehört zu den Dual-Use-Gütern, er kann sowohl für zivile als auch militärische Zwecke verwendet werden und ist damit nicht unbedingt genehmigungspflichtig. Die Verantwortung für die Prüfung von Gütern mit doppeltem Verwendungszweck fällt in den Kontrollbereich des BAFA.

Eine andere Erklärungsmöglichkeit wäre, dass die konziliante Haltung der Oberndorfer Firma etwas mit den Waffenbestellungen der Mexikaner seit 2005 bei Heckler & Koch zu tun haben könnte, also eine Gegenleistung wäre für das entgangene Lizenzgeschäft und den Verzicht darauf, die Mexikaner auf Patentrechtsverletzungen zu verklagen. Wenn man allerdings das Auftragsvolumen der bestellten Fertigwaffen mit dem Gegenwert einer Lizenzproduktion vergleicht, spricht vieles gegen diese These.

Das wohl durchlässigste Schlupfloch im Waffenkontrollgesetz aber ist das menschliche Know-how – das Expertenwissen deutscher Mechaniker und Ingenieure. Fotos belegen, dass mindestens bis ins Jahr 2010/11 deutsche Fachleute an der Entwicklung und Produktion des mexikanischen Sturmgewehrs FX-05 mitgearbeitet haben. Es sind ehemalige und fest angestellte Mitarbeiter von Heckler & Koch, die auf den Bildern von der »Fábrica de Armas« in Mexico-Stadt bei der Arbeit am FX-05 zu sehen sind. Ein H&K-Mitarbeiter zeichnet technische Daten an die Tafel, ein anderer Experte lächelt freundlich, während er ein FX-05 beschießt. Oder: Drei deutsche Fachkräfte ste-

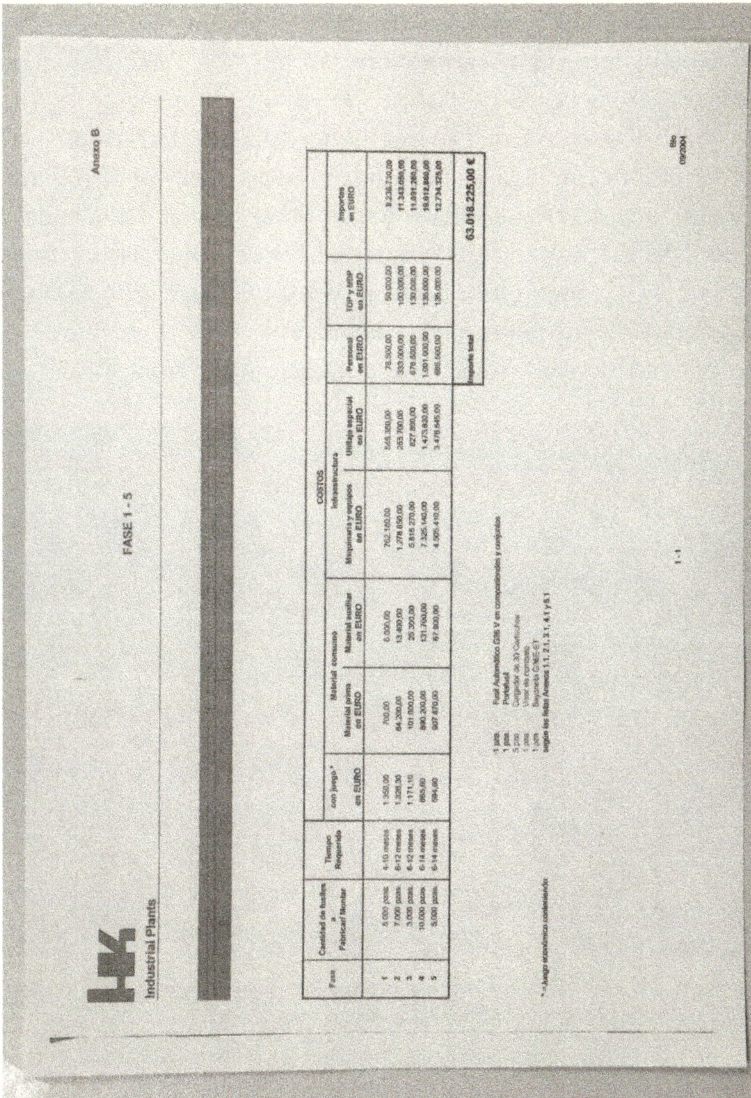

Anexo B

HK Industrial Plants

FASE 1 - 5

Fase	Cantidad de fusiles a Fabricar/ Montar	Tiempo Requerido	COSTOS con juego * en EURO	Material consumo: Material prima en EURO	Material consumo: Material auxiliar en EURO	Infraestructura: Maquinaria y equipos en EURO	Infraestructura: Utillaje especial en EURO	Personal en EURO	TOP y MDP en EURO	Importes en EURO
1	5.000 pzas.	4-10 meses	1.350,00	700,00	6.000,00	762.160,00	565.350,00	78.500,00	50.000,00	9.238.730,00
2	7.000 pzas.	6-12 meses	1.328,30	64.200,00	13.400,00	1.278.650,00	263.700,00	333.000,00	100.000,00	11.343.650,00
3	3.000 pzas.	6-12 meses	1.171,10	101.000,00	25.300,00	5.815.270,00	827.800,00	676.500,00	130.000,00	11.091.280,00
4	10.000 pzas.	6-14 meses	865,60	890.200,00	131.700,00	7.325.140,00	1.473.820,00	1.001.000,00	135.000,00	19.612.860,00
5	5.000 pzas.	6-14 meses	594,00	907.870,00	67.900,00	4.505.410,00	3.478.645,00	685.500,00	135.000,00	12.734.325,00
								Importe total		63.018.225,00 €

* = Juego económico conteniendo:

1 pza. Fusil Automático G36 V en componiondes y conjuntos
1 pza. Portafusil
5 pza. Cargador de 30 Cartuchos
1 pza. Visor de combate
1 pza. Bayoneta G36E-ET
según las listas Anexos 1.1, 2.1, 3.1, 4.1 y 5.1

1 - 1

Bio
09/2004

Auflistung der Bauphasen für die Lizenzfertigung des G36-Sturmgewehrs in Mexiko mit Finanzierungsplan.

hen um einen Tisch – sie zerlegen mit mexikanischen Kollegen ein FX-05. Auf dem Tisch liegen technische Unterlagen und ein Aktenordner mit dem handschriftlichen Vermerk »Rechnungen«.

Ob die deutschen Experten im Auftrag der Firma Heckler & Koch in der »Fábrica de Armas« tätig waren oder auf eigene Rechnung, werden möglicherweise die deutschen Staatsanwälte herausfinden, die mit der Klärung des Falls befasst sind. Ein gut informierter Insider erklärt, es sei auch aufgrund der fehlenden Genehmigung für Technologietransfer üblich gewesen, dass Mitarbeiter von H&K ihren gesetzlichen Urlaub in der Waffenfabrik in Mexiko-Stadt verbrachten.

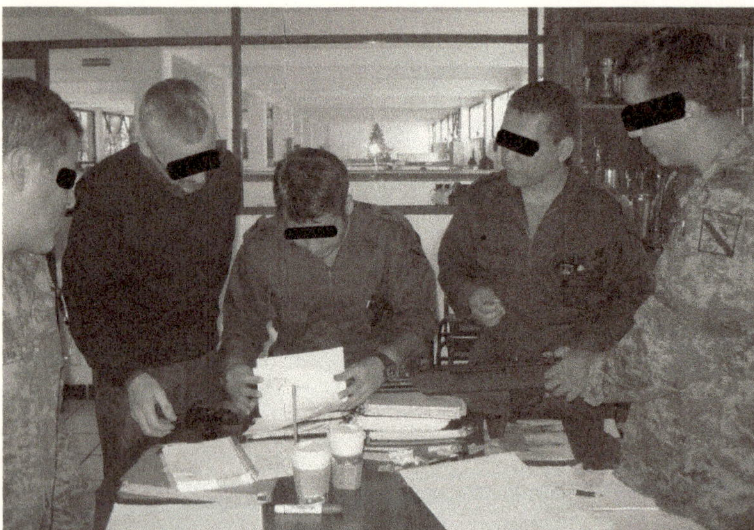

Beratungsgespräch mit einem Heckler & Koch-Mann und mexikanischen Militärs im Zusammenhang mit dem Bau des Sturmgewehrs FX-05.

Andere Informanten berichten, dass bis heute deutsche Firmen, Produzenten und Zwischenhändler immer weiter Bauteile, Plastik, Maschinen, Werkzeug und Stahl für das FX-05 nach Mexiko liefern. In einigen Fällen laufen diese Geschäfte direkt, in anderen über Zwischenhändler in Slowenien, der Tschechischen Republik und Italien.

Produktion des Sturmgewehrs FX-05 in der mexikanischen Waffenfabrik »Fábrica de Armas«.

Warum so oft Deutsche hinter diesen Geschäften stecken? Angeblich aus Tradition, alter Verbundenheit und wegen des Qualitätssiegels »Made in Germany«.

Über eine interessante Entwicklung berichten derzeit Insider aus dem mexikanischen Verteidigungsministerium. Es heißt, das FX-05 habe massive Qualitätsprobleme. Über Treffungenauigkeit und mangelhafte Teile wird berichtet. Öffentlich äußert man sich aus Kreisen des Verteidigungsministeriums nicht dazu. Es gäbe aber regelmäßig Ausschreibungen an die Rüstungsindustrie, im Auftrag des Ministeriums die problematischen Bauteile für die Produktion des FX-05 qualitativ zu verbessern. Man ist versucht zu fragen, ob es hinsichtlich der Qualitätsmängel Parallelen zwischen dem deutschen G36 und dem mexikanischen FX-05 gibt.

Die Staatsanwaltschaft Stuttgart führt unter dem Aktenzeichen »143 Js 19554/14« ein Vorermittlungsverfahren. Auslöser ist die Anzeige von Jürgen Grässlin, basierend auf den investigativen Enthüllungen der Dokumentation *Waffen für die Welt – Export außer Kontrolle.* Die Staatsanwaltschaft prüft, ob im Fall des FX-05 gegen deutsches Recht verstoßen wurde.

Das FX-05 ähnelt nicht nur stark dem Oberndorfer Sturmgewehr G36. Es wird in internen mexikanischen Kreisen unumwunden als baugleich beschrieben. Im Militärmuseum im Zentrum von Mexiko-Stadt ist das FX-05 ausgestellt und wird den Besuchern als Nachbau des deutschen Sturmgewehrs erklärt. Auch in der »Fábrica de Armas« präsentiert der leitende Ingenieur das mexikanische Gewehr als deutsches Produkt.

Eines ist sicher: Das Oberndorfer Unternehmen hat bei den deutschen Behörden nie eine Ausfuhrgenehmigung für Technologietransfer und Know-how zur Lizenzproduktion des G36 in Mexiko eingereicht.

Zweite Erweiterung der Strafanzeige: Mexiko erhält weit mehr G36-Gewehre als von der Bundesregierung genehmigt

Bezugnehmend auf die Erkenntnisse aus Daniel Harrichs Dokumentarfilm *Waffen für die Welt – Export außer Kontrolle*, dessen Erstausstrahlung zehn Tage zuvor auf *Arte* erfolgt war, sowie auf der Basis zahlreicher neuer Hintergrundinformationen legte Rechtsanwalt Rothbauer am 21. Februar 2014 juristisch zwei Tatkomplexe nach:

Beim ersten »Tatkomplex: Höhere Anzahl gelieferter G36 als genehmigt« ging der Tübinger Jurist der brisanten Frage nach, »weshalb von Heckler & Koch/von den Verdächtigten deutlich mehr als die genehmigten ca. 8000 G36 aus Deutschland nach Mexiko geliefert wurden.«. Es gäbe Hinweise darauf, »dass mindestens 883 G36 Sturmgewehre mehr als genehmigt von Deutschland nach Mexiko geliefert wurden. Somit bestehen für 883 G36 Sturmgewehre keine Liefergenehmigungen …« Rothbauers rechtliche Bewertung: »Damit liegt ein vorsätzlicher, rechtswidriger und strafbarer Verstoß gegen die in der ursprünglichen Strafanzeige vom 19.04.2010 genannten Strafvorschriften des KGWK und AWG nachweisbar, jedoch mit dem notwendigen hinreichenden Tatverdacht vor.«[11] [Zweite Erweiterung der Strafanzeige von Jürgen Grässlin vom 19.04.2010; Schreiben von Rechtsanwalt Holger Rothbauer »Ermittlungsverfahren gegen Verantwortliche der Heckler & Koch GmbH wegen des Verdachts auf Verstöße gegen das KrWaffKontrG u.a.; hier: Erweiterung der Strafanzeige; Az.: 143 Js 38100/10« an die Staatsanwaltschaft Stuttgart]

Technologietransfer für das G36/FX 05-Gewehr – eine Strafanzeigenerweiterung wird aufgewertet

Der zweite Tatkomplex der Erweiterung der Strafanzeige vom 19. April 2010 betraf die Frage der Genehmigung eines Technologietransfers bzw. einer Lizenz für das mexikanische Sturmgewehr FX 05 – auf der Basis des deutschen G36. Im Zuge seiner Recherchen war Daniel Harrich auf Dokumente gestoßen, die auf die widerrechtliche Nutzung einer womöglich erteilten und zurückgenommenen Lizenz für die Sturmgewehre schließen ließen.

Am 21. Februar 2014 schrieb Rothbauer im Namen seines Mandanten Jürgen Grässlin an den zuständigen Stuttgarter Staatsanwalt Peter Vobiller: »Seit dem Jahr 2002/2003 hat das mexikanische Verteidigungsministerium SEDENA mit Heckler & Koch über einen Lizenzvertrag für die Produktion des G36 in Mexiko verhandelt.« Die in Harrichs Dokumentarfilm gezeigten Unterlagen ließen darauf schließen, »dass die Firma Heckler & Koch mit Wissen und Wollen der in der Strafanzeige vom 19.04.2010 genannten Beschuldigten von der mexikanischen Bundesregierung 22,8 Millionen Peso (ca. 1,2 Millionen Euro) erhalten« habe. Im Zeitraum von vier Jahren ab 2003 soll ein entsprechender Betrag auf Konten von H&K überwiesen worden sein.

Heckler & Koch habe »im Gegenzug eine Lizenz für die Produktion des G36 mit dem entsprechenden Technologietransfer nach Mexiko erbracht«. Unter der Bezeichnung FX05 werde »nunmehr in

Mexiko auf Basis dieser Lizenz/Technologietransfers das mexikanische G36 (= FX05) in Mexiko, 200 km von Mexiko-City entfernt in Ceretaro gefertigt« – so der Vorwurf.[12] [Dokumentarfilm *Waffen für die Welt – Export außer Kontrolle* von Daniel Harrich, ausgestrahlt am 04.02.2014 von 20:15 bis 21:45 Uhr bei *Arte*]

Die Sachlage ist klar: Nicht nur für den Direktexport von Kriegswaffen, sondern auch für die Vergabe von Blaupausen bzw. den Export von Fabrikationsanlagen zum Nachbau von Kriegswaffen im Ausland (Lizenzen) ist eine Genehmigung der deutschen Bundesregierung vonnöten. Genau diese fehlt augenscheinlich im konkreten Fall: »Eine solche Genehmigung wurde weder von Heckler & Koch beantragt, noch wurde ein solcher Technologietransfer/Lizenzübertragung an Mexiko vom Bundeswirtschaftsministerium oder vom BAFA genehmigt.« Rothbauers Schlussfolgerung in der Erweiterung von Grässlins Strafanzeige: »Auch dies stellt einen vorsätzlich rechtswidrig und schuldhaft strafbaren Verstoß gegen die genannten Strafvorschriften des Kriegswaffenkontrollgesetzes und des Außenwirtschaftsgesetzes dar.«

Opfer in Mexiko: 43 Studenten und sechs weitere Opfer

Der 26. September 2014 ist ein Tag wie viele andere für die Studenten vom Lehrerseminar Ayotzinapa. Ein wichtiger Teil des Studiums sind die Praktika, die die jungen Leute meist in entlegenen Dorfschulen absolvieren müssen. Um dorthin und wieder zurück nach Ayotzinapa zu kommen, haben die Studenten irgendwann angefangen, städtische Busse zu kapern. Mittlerweile gehören das Kapern von Bussen ebenso wie die Demonstrationen, provokanten Parolen und Wandschmierereien zu den üblichen Protestritualen der Studenten. Die Erstsemester bekommen diese Aufgabe. Sie sollen mit Busfahrern reden, ihnen Geld anbieten, sie überreden mitzumachen. Natürlich sei das nicht legal, aber man dürfe die Aktionen nicht mit hiesigen Maßstäben messen, sagt Wolf-Dieter Vogel. Recht und Gesetz zählen nicht viel in diesen Regionen, wo die Gesetzlosen regieren. Wo laut Schätzungen von Menschenrechtsorganisationen mehr als 70 Prozent aller Gemeinden mit den Drogenkartellen zusammenarbeiten, von der Regierung bezahlte Polizisten als gedungene Killer im Auftrag der Mafia töten und korrupte Politiker Schmiergelder von Kartellen erhalten.

An diesem 26. September sammeln sich die jungen Leute – sie sind 17, 18, höchstens 22 Jahre alt – am Busbahnhof der Provinzstadt Iguala und nehmen drei Reisebusse in ihre Gewalt. Etwa hundert Studenten sind zusammengekommen. Unter ihnen sind zwei Kommilitonen, die auch bei der Autobahnblockade an der Autopista del Sol im Dezember 2011 dabei waren. Was die Studenten an diesem Septemberabend planen, ist nicht wirklich geklärt. Die einen sagen, sie wollten nach Ayotzinapa zurückfahren. Andere wiederum geben später zu, es sei die Woche vor dem 2. Oktober gewesen. Wie jedes Jahr hätten sie eine Veranstaltung zum Gedenken an das »Massaker von Tlatelolco« am 2. Oktober 1968 machen wollen. 1968 waren Hunderte Studenten während einer Demonstration in Mexiko-Stadt erschossen worden.

Als es dunkel wird, gegen 21:30 Uhr, fahren die Studenten in den drei gekaperten Bussen durch die Stadt. An diesem Abend findet am Hauptplatz von Iguala, dem Sokalo, eine gut besuchte politische Veranstaltung statt. María de los Ángeles Pineda Villa, die Ehefrau des Bürgermeisters, hält eine Rede. Angeblich wissen die linksgerichteten Lehramtsstudenten nichts von dieser Veranstaltung. Der Weg durch das Zentrum von Iguala habe zufällig an dem Veranstaltungsort vorbeigeführt, werden einige von ihnen später aussagen. Doch die Polizei stoppt die Busse, kesselt die jungen Leute mit sechs Einsatzfahrzeugen ein. Die Polizisten eröffnen sofort das Feuer auf die Studenten. Durch die Schüsse sterben am Hauptplatz von Iguala vier unbeteiligte Passanten, darunter ein Kind und ein alter Mann. Mit

Gewehren im Anschlag dringen Polizisten in die Busse ein und treiben die Insassen ins Freie. Einige Studenten wehren sich mit Steinen und Stöcken, manchen gelingt es, zu Fuß zu entkommen. Andere weigern sich, die Busse zu verlassen. Sie fallen als Erste den Polizisten in die Hände und werden verhaftet.

In einem totalen Chaos verlagert sich der Tatort an eine andere Straßenkreuzung am nördlichen Stadtrand von Iguala. Hier sterben unter den Gewehrsalven der Sicherheitskräfte zwei weitere Menschen. Diesmal trifft es zwei Studenten. Laut Zeugenaussagen wurden die tödlichen Schüsse sowohl am ersten Einsatzort als auch später an der Straßenkreuzung von Personen in Zivil abgegeben. Nach Auswertung der Ermittlungsakten weiß man, dass nicht nur die lokale Polizei, sondern auch Militär und Bundespolizei an dem Angriff auf die Studenten beteiligt waren. Außerdem wird bekannt, dass die Einheiten von der Kommandozentrale permanent darüber informiert wurden, wo die Studenten sich aufhielten, auch jene, die sich vor den Verfolgern zunächst retten konnten.

An dem zweiten Tatort, der Straßenkreuzung, verliert sich die Spur von 43 Studenten von Ayotzinapa. Die Polizei hat sie verschleppt.

Laut Generalstaatsanwaltschaft sind der Bürgermeister von Iguala und dessen Ehefrau für die Tat verantwortlich. Bürgermeister José Luis Abarca habe die örtliche Polizei und Mitglieder des Drogenkartells »Guerreros Unidos« angewiesen, die Studenten abzufangen, so Generalstaatsanwalt Jesús Murillo Karam. Die »Guerreros Unidos« zahlten dem Bürgermeister von Iguala monatlich 50 000 Euro Schmiergeld und herrschten faktisch über die mexikanische Stadt. Pineda Villa, die Ehefrau des Bürgermeisters, stamme angeblich selbst aus einer Drogenhändlerfamilie und sei nach Einschätzung der Ermittler die örtliche Chefin der »Guerreros Unidos«. Nach Darstellung des Generalstaatsanwalts habe die Bürgermeistergattin damit gerechnet, dass die Studenten gegen die Veranstaltung am 26. September demonstrieren wollten und zu diesem Zweck nach Iguala gekommen seien. Das habe sie nicht zulassen wollen.

Der Bürgermeister, seine Ehefrau und der Sicherheitschef von Iguala seien untergetaucht, heißt es. Gegen die drei werden Haftbefehle erlassen. Insgesamt sollen bislang 52 Polizisten, Verwaltungsmitarbeiter und Bandenmitglieder festgenommen worden sein.

Was aber ist mit den Studenten geschehen?

Die Ermittlungsbehörde meldet zwei Wochen nach dem Verschwinden, nahe der Stadt Iguala habe die Polizei Massengräber mit 28 Leichen entdeckt. Bei den Toten handle es sich um 28 der vermissten Studenten. Doch von Angehörigen beauftragte argentinische Rechtsmediziner widerlegen das eindeutig: Unter den Toten aus den Massengräbern sind Kinder und alte Leute. Die Rechtsmediziner finden auch die Identität einiger Opfer heraus. Bei den Toten handelt sich unter anderem um eine vermisste Familie aus Iguala.

Kurz darauf erklärt der Generalstaatsanwalt, die entführten Studenten seien zur Müllhalde von Cucula gebracht und verbrannt worden, die Asche habe man anschließend in den Fluss geworfen. Tatsächlich wurden verbrannte Leichenteile gefunden, die zur Analyse an das Gerichtsmedizinische Institut in Innsbruck geschickt werden. Ein Zahn, der sichergestellt werden konnte, bestätigt die Identität eines Studenten von Ayotzinapa: Alexander Mora Venancio, 19 Jahre alt. Kommilitonen des 19-Jährigen berichten, dass er in dem dritten Reisebus saß. Alexander Mora Venancio ist bislang der Einzige der verschleppten Studenten, dessen Identität geklärt werden konnte.

Aber der Generalstaatsanwalt geht weiterhin davon aus, dass die Vermissten nicht mehr am Leben sind. Sie seien rivalisierenden Bandenmitgliedern der »Guerreros Unidos« übergeben und von diesen getötet worden. Das hätten beschuldigte Polizisten ausgesagt. Der Generalstaatsanwalt präsentiert drei der verdächtigen Polizisten der Öffentlichkeit. Die drei Beschuldigten bestätigen die Darstellung der Generalstaatsanwaltschaft. Auf den Gesichtern der Beamten sind deutlich Spuren von Folterungen zu sehen.

Der Generalstaatsanwalt wurde mittlerweile ausgewechselt. Er hatte öffentlich bekundet, es reiche ihm, er habe »keinen Bock mehr«.

Neue Erkenntnisse zu den Hintergründen der Tat gibt es nicht. Die Ermittlungen sind ins Stocken geraten. Auch der Wechsel in der Generalstaatsanwaltschaft hat daran nichts geändert.

Interview mit Alejandro Ramon

(Anwalt/Menschenrechtsorganisation in Tixtla/Guerrero)

Konkret zu diesem Fall, welche Waffen hat die Polizei benutzt?

AR: In der Nacht vom 26. auf den 27. September 2014 hat die Staatspolizei in Iguala auch deutsche Waffen benutzt. Sie sind aber verboten in Guerrero. Weil es hier viele Konflikte und soziale Unruhen gibt. Es gibt ganz klar einen Punkt in dem Vertrag zwischen Mexiko und Deutschland zur Einführung dieser Waffen. Dass diese Waffen nicht in Bundesländern mit sozialen Unruhen benutzt werden könnten. Nichtsdestotrotz steht in der Akte, dass diese Waffen in Guerrero sind. Und dass die Stadtpolizei 56 dieser deutschen Waffen hatte. Einige davon in der Nacht vom 26. auf den 27.

Weiß man, ob mit diesen Waffen auch manche verletzt wurden, die in der Nacht starben?

AR: Man weiß, dass mindestens zwei von den verhafteten Polizisten die Waffen benutzten. Weil ihre Hände positiv bei den Natriumproben waren, das heißt, sie hatten Schießpulver an der Hand. Sie haben mit diesen Waffen geschossen. Das waren also diese Waffen. Außerdem gibt es vier weitere Polizisten, die mitgemacht haben und diese Waffen bei sich hatten. Wir wissen auch, dass laut Generalstaatsanwaltschaft der Polizist, der angeblich Julio Cesar Mondrágon Fontes getötet hat, diese deutsche Waffe hatte. Und der hat zumindest gestanden, in die Luft geschossen zu haben mit dieser Waffe. Also wurden diese Waffen am 26. September benutzt.

Von den verhafteten Polizisten trugen mehrere das G36, oder?

AR: Wir wissen von sechs Polizisten mit diesen Waffen, die benutzt wurden. Aber es gibt auch andere Waffen. Aber bestätigt sind sechs.

Leere Stühle im Lehrseminar Ayotzinapa zur Erinnerung an die 43 Studenten, die in der Nacht vom 26./27. September 2014 von der Polizei verschleppt wurden.

Sind Sie zuversichtlich, dass bei den Ermittlungen der Generalstaatsanwaltschaft herauskommt, welche Waffen in welcher Situation benutzt wurden?

AR: Es ist schwer zu sagen. Die Ermittlungen der Generalstaatsanwaltschaft zu den Waffen hätten gleich am Anfang stattfinden müssen. Aber die Ermittlungen zu den Waffen sind sehr mangelhaft.

Die Polizei ist auch durch die Mafia, die Guerreros Unidos, korrumpiert. Kann man vermuten, dass auch die Guerreros Unidos diese Waffen haben?

AR: Ob die organisierte Kriminalität, hier die Guerreros Unidos, deutsche Waffen benutzen, können wir nicht beweisen. Aber es ist üblich, dass wenn diese Waffen in Mexiko eingeführt wurden, sie dann auch in den Händen der organisierten Kriminalität sind. Wir haben den Fall in Pechaquillas. Wo die Kommunalpolizei FUSDEG einem Mitglied der organisierten Kriminalität die Waffen wegnahm. Und es war eine dieser deutschen Waffen. Das heißt, dass die organisierte Kriminalität auch diese Art von Waffen hat. Deutsche Waffen.

Weiß man, welche Waffen die Verantwortlichen für das Verschwinden der 43 trugen?

AR: Bei den Mitgliedern der organisierten Kriminalität gab es nur Verhaftungen. Weil sie von der Staatspolizei und von anderen Kriminellen angezeigt wurden. Aber man fand keine Waffen bei ihnen. Das Einzige ist, dass bei der Untersuchung auf der Mülldeponie von Cucula angeblich 43 Waffen gefunden wurden. Aber wir können nicht sagen, ob sie von der organisierten Kriminalität waren.

Sie sind lange Menschenrechtler. Wie bewerten Sie, dass über Umwege ein deutsches Unternehmen die Stadtpolizei in Guerrero mit Schnellfeuergewehren ausrüstet?

AR: Es ist kompliziert. Man muss vorher wissen, welches Ziel diese Schnellfeuerwaffen haben werden. Als Menschenrechtler kann ich nicht sagen, dass diese Waffen nötig sind gegen Gewalt. Gewalt bremst man mit mehr wirtschaftlicher Entwicklung in den Gemeinden, in den Dörfern. So, dass es nicht mehr so viel Armut gibt. Und auch keinen Hunger. Damit kann man Gewalt bekämpfen in Mexiko. Und nicht mit Waffen. Ein Land mit vielen Waffen kann viele Menschenrechtsverletzungen begehen. In Mexiko erleben wir deshalb gerade eine grundsätzliche Krise in Bezug auf Sicherheit. Wir sind in einem Bundesstaat, in einem Land, wo die Unsicherheit immer mehr zur Normalität wird. Wo dauernd Entführungen passieren. Wo Menschen gefoltert werden oder für immer verschwunden sind. Wir haben hier eine sehr komplizierte Situation, die die Menschenrechte der ganzen Gesellschaft, des ganzen Landes verletzt.

Das Massaker an den 43 Lehramtsstudenten von Ayotzinapa ist weit mehr als ein Verbrechen. Es zeigt der Welt einmal mehr die folgenschwere Verbindung zwischen korrupten Politikern, Sicherheitskräften und Kriminellen. Zum anderen versucht die mexikanische Regierung die alleinige Verantwortung für das Verbrechen vom 26. September auf das Bürgermeisterehepaar zu schieben. Doch kaum einer in der mexikanischen Bevölkerung glaubt die Darstellung der Ermittlungsbehörde. Dass die Behörden, Polizei und Regierung mit den Drogenkartellen zusammenarbeiten ist kein Geheimnis. So wie es seit Jahrzehnten gängige Praxis ist. Mexikanische Sicherheitskräfte gehen immer wieder mit exzessiver Waffengewalt gegen die Bevölkerung vor. Viele Menschen in Mexiko vermuten, dass das Verbrechen an den Studenten und die Veröffentlichung der grauenvollen Details nur dem Ziel dienen, die Studenten einzuschüchtern und damit die Bewegung zu stoppen.

Dafür spricht ein Vorfall, von dem José Adolfo de la Cruz berichtet: Am Morgen nach dem Verbrechen wurde der Leichnam eines Studenten gefunden. Bei dem Toten handelte es sich um Julio Cesar Mondrágon, 18 Jahre alt, aus Chilpancingo. Er ist einer der Studenten, die zunächst flüchten konnten. Julio sagte noch zu seinen Freunden, er müsse sich wegen seiner Frau und seines Babys in Sicherheit bringen. Wer solle für die beiden sorgen, wenn ihm etwas zustoße. Irgendwo müssen die Verfolger Julio aufgegriffen haben. Sein oder seine Mörder haben ihn gefoltert, zu Tode geprügelt, ihm die Augen ausgestochen und das Gesicht gehäutet. Wie es heißt, wollte das Kartell ein Zeichen setzen.

Sein Kommilitone, der 18-jährige José Adolfo de la Cruz, wurde von der Polizei zu der Leiche geführt. José war in der Nacht zur Polizei gegangen, um seine Freunde suchen zu lassen. Gegen sieben Uhr früh sagten ihm die Beamten, dass eine Leiche gefunden worden sei. José sagt: »Sie dachten, ich würde ihn nicht erkennen, aber ich habe ihn erkannt. Julio hatte kein Gesicht mehr. Aber ich hatte Angst. Tage-, wochen-, monatelang.«

Inzwischen gibt es eine neue Entscheidung: Die Generalstaatsanwaltschaft in Guerrero ermittelt wegen der Tötung von sechs Personen in Iguala. Die Bundesanwaltschaft in Mexiko-Stadt hat die Suche nach den 43 Studenten übernommen. Fortschritte gibt es noch keine. Von dem Einsatz deutscher Waffen gegen die Studenten in Iguala will die oberste Ermittlungsbehörde in Mexiko-Stadt nichts erfahren haben, heißt es auf Nachfrage. Obwohl die Akten es zweifelsfrei belegen: Mindestens 38 G36-Sturmgewehre befinden sich unter den bei der lokalen Polizei in Iguala sichergestellten Asservaten der Staatsanwaltschaft.

Große Teile der Bevölkerung solidarisieren sich mit den Studenten von Ayotzinapa, umso mehr als Behörden und Regierung sie öffentlich als kleinkriminelle Gewalttäter darstellen. Berichte, in denen zu lesen ist, die Studenten hätten Waffen getragen und die Gewalt sei von ihnen ausgegangen, verstärken die Wut der Bevölkerung gegen die Regierung. Bei vielen weckt die Entführung der 43 Studenten Erinnerungen an »das Massaker von Tlatelolco« am 2. Oktober 1968, als zehn Tage vor Beginn der Olympischen Spiele in Mexiko-Stadt Hunderte friedlich demonstrierender Studenten von auf Dächern postierten Scharfschützen erschossen wurden. Mit dem Massenmord trat das ein, was die damalige Regierung unter Díaz Ordaz erreichen wollte: das Ende der Studentenbewegung in Mexiko. Die wahren Hintergründe des Massakers wurden jahrzehntelang vertuscht. Erst 2006 ließ die Regierung eine juristische Aufarbeitung zu. Die Akten wurden erstmals geöffnet und der frühere Innenminister als Hauptverantwortlicher für die Morde an den Studenten verurteilt. Er hatte persönlich den Befehl zur Tötung der Demonstranten gegeben. Die mexikanische Bevölkerung traut auch heutzutage ihrer eigenen Regierung alles zu. Nicht zuletzt, weil die Regierung in Mexiko-Stadt dafür sorgt, dass die korrupten Sicherheitsbehörden mit Waffen geradezu vollgepumpt werden, obwohl die Brutalität und Skrupellosigkeit von Militär und Polizei hinlänglich bekannt sind.

Der Student José de la Cruz hat am 26. September, gleich nachdem die Einsatzkräfte verschwunden waren, Patronenhülsen vom Tatort aufgesammelt. »Da waren ca. 300 Patronenhülsen, die überall rund um die Busse herumlagen, und die Polizei hatte sogar bereits welche mitgenommen,« sagt José. Er kenne sich nicht aus, aber er habe gesehen, dass mit großkalibrigen Waffen geschossen wurde. Er habe auch gesehen, dass nicht nur Polizisten geschossen haben, sondern auch Militärangehörige. »Alle haben geschossen. Alle, die da ankamen, schossen auf uns. Alle Polizisten und auch das Militär. Sie sind auch Täter.« Die ganze Regierung habe sich mitschuldig gemacht. José macht es wütend, dass die Regierung deutsche Waffen nach Guerrero schickt: »Das ist eine Schande. Mexiko braucht keine Waffen. Wir führen keinen Krieg. Es ist traurig, dass die Regierungen von Mexiko und Deutschland Vereinbarungen über Waffen treffen, mit denen sie uns Studenten ermorden.«

Der Student Ernesto Guerrero Cano am Tatort in Iguala/Guerrero. Holzkreuze erinnern an die Ermordung von zwei Kommilitonen. Ernesto ist am 26. September 2014 der Polizei entkommen.

Das mexikanische Verteidigungsministerium SEDENA gibt zu, etwa die Hälfte der von Heckler & Koch gelieferten G36-Sturmgewehre an die Bundesstaaten Guerrero, Jalisco, Chiapas und Chihuahua verteilt zu haben. Mindestens 55 Sturmgewehre G36 wurden bislang in Iguala/Guerrero gefunden. Auch der inzwischen verhaftete Polizist und Mörder des 18-jährigen Studenten Julio Cesar Mondrágon war mit einem G36-Sturmgewehr von Heckler & Koch bewaffnet.

Die Proteste hören nicht auf. Aus Solidarität mit den Verschleppten demonstrieren in ganz Mexiko Millionen Menschen. Überall fordern die Demonstranten Aufklärung über das Schicksal der jungen Leute. Die Demonstranten entzünden Kerzen am Wegesrand und Lagerfeuer zum Gedenken an die Studenten. La Reforma, die Paradeallee der mexikanischen Hauptstadt, ist zum Protestcamp geworden. Unweit des Verteidigungsministeriums haben Menschenrechtsaktivisten vor Monaten eine riesige weiße Zeltstadt errichtet. Plantón nennen sie ihr Protestcamp und postieren sich Tag für Tag mit Bildern der in Iguala verschwundenen 43 Studenten. Die Zeltstadt ist nicht nur zur Mahnwache für die Aufklärung des Verbrechens von Iguala im Bundesstaat Guerrero geworden. Die Menschen fordern auch Gerechtigkeit und ein Ende der Korruption. Im Dezember 2014 protestierten Demonstranten vor der deutschen Botschaft in Mexiko-City gegen den Einsatz deutscher Waffen in ihrem Land. Ihr Anführer Felipe de la Cruz forderte von der deutschen Regierung, die Waffenlieferungen an Mexiko zu untersagen. Im Februar 2015 reiste der Menschenrechtsbeauftragte der Bundesregierung, Christoph Strässer, nach Mexiko. Strässer entschuldigte sich bei den Angehörigen der verschwundenen Studenten: »Wir haben ja diese Botschaften erhalten, dass bei diesen Vorfällen auch deutsche Waffen im Spiel gewesen sind.« Der Vertreter der Angehörigen hält an seiner Kritik fest: »Es gibt keine Kontrolle vonseiten der deutschen Regierung, und in Mexiko gibt es auch keine. Weder bei der mexikanischen Regierung noch bei der deutschen Vertretung.« Der Fall des mutmaßlichen Massakers an den Studenten in Mexiko werfe nicht nur ein Schlaglicht auf die Lage im Land, sondern auch auf die Praxis deutscher Waffenexporte, kommentierte die *Tagesschau* am 26. Februar 2015 den Besuch Strässers in Mexiko.

Im Dezember 2014 demonstrieren unter anderem Angehörige der 43 verschwundenen Studenten vor der deutschen Botschaft in Mexiko-Stadt. Wegen der Waffenlieferungen machen sie Deutschland mitverantwortlich für das Verbrechen am 26. September.

Interview mit dem Menschenrechtsbeauftragten der Bundesregierung Christoph Strässer nach seiner Mexikoreise im Frühjahr 2015

Wie ist es Ihnen in Mexiko, insbesondere in Guerrero gegangen?

CS: Das kann man, glaube ich, im Nachhinein gar nicht beschreiben. Wir haben in dieser Halle gesessen, die auch vorbereitet war. Da haben diese über 40 Stühle gestanden, auf denen die Bilder der Verschwundenen präsentiert waren. Mit Notizen, die sie gemacht haben, mit Dingen die halt im Gedächtnis geblieben sind. Und dann wird man konfrontiert mit den Angehörigen. Das ist mit normalen Situationen nicht vergleichbar. Ich habe so was in der langen, langen Karriere auch nicht erlebt. Bin in vielen Flüchtlingslagern gewesen. In Afrika, jetzt auch im letzten Jahr im Nordirak, wo man viele Dinge gesehen hat. Aber diese unmittelbare Konfrontation mit Leuten, die auch irgendwo immer noch Hoffnung haben, auch in uns, dass wir beitragen können im Wesentlichen zur Aufklärung dessen, was passiert ist. Das war schon eine sehr beeindruckende und auch lang anhaltende Erfahrung, die nichts mit dem normalen politischen Alltagsgeschäft zu tun hat. [...] Ich habe auch Berichte gehört, da waren auch Leute, die sie getroffen haben, von diesen beiden jungen Leuten, denen nach den Ermordung die Haut vom Gesicht abgezogen worden ist. Und all diese Dinge. Wenn man da sitzt und das hört, dann vergisst man auch die eine oder andere Spielregel, und dann macht man auch Dinge, die vielleicht nicht politisch korrekt sind, aber zu denen ich vollständig stehe. Dazu gehört eben auch, diese Entschuldigung, die ich da ausgesprochen habe. Die keine offizielle Bedeutung hat, nichts ist, was irgendwen bindet. Aber das war für mich ein ganz persönliches Anliegen. Zumindest für diese Menschen nachvollziehbar zu machen, dass uns das was angeht. Und nicht nur, weil wir mit denen Beziehungen haben, weil das deutsche Waffen möglicherweise gewesen sind. Das ist eine ganz persönliche Form der Reaktion gewesen.

Wie geht es Ihnen persönlich damit?

CS: Ich habe Nordirak angesprochen. Wenn Sie mit Familien reden, die von ISIS entführt worden sind, deren Kinder abgeschlachtet worden sind, deren Töchter auf Sklavenmärkten verkauft worden sind, wenn Sie dann in dieser Situation mit diesen Menschen reden, dann ist das etwas völlig anderes, als wenn ich hier in Berlin oder anderswo – auch in anderen Hauptstädten wird ja über diese Themen diskutiert – eine politische Frage zu entscheiden habe. Diesen Konflikt, aus meiner Sicht, den kann man nicht beschreiben, den muss man erleben. Ansonsten kann ich auch nicht eins zu eins zur Tagesordnung zurückkehren und sagen, wir machen jetzt weiter Business as usual. Das funktioniert nicht.

Also, ich bin mir ziemlich sicher, dass alle, die an einem solchen Geschäft, an einer solchen Vereinbarung beteiligt sind, irgendwo im Hinterkopf damit rechnen, dass diese Waffen auch eingesetzt werden. [...] Ich gehöre auch zu den Leuten, ich bin kein Pazifist, ich sage das auch ganz deutlich, dass es Situationen geben kann, in denen Menschenrechte auch mit Waffengewalt geschützt werden können und auch geschützt werden müssen. Aber man muss das eben immer im Kopf haben. Das ist ja, glaube ich, gerade was die Kleinwaffenproblematik angeht, eine der Kernaussagen, dass es offensichtlich weltweit nicht gelingt, den Verbleib von Kleinwaffen so zu regulieren, dass man mit hundertprozentiger Sicherheit ausschließen kann, dass sie nicht in falsche Hände geraten. Das ist aus meiner Sicht eben auch der problematischere Teil, wenn wir über Waffenlieferungen reden. Bei U-Booten und Panzern weiß ich, was damit passiert. Die sehe ich dann da. Aber der Verbleib von Kleinwaffen, den kann ich nicht hundertprozentig klären. Und deshalb muss man aus meiner Sicht ganz besonders sorgfältig damit umgehen, wenn man solche Verträge abschließt. Am Beispiel Mexiko scheint es so zu sein, dass diese Sorgfalt möglicherweise angelegt war in den Verhandlungen, aber dass eben genau das sich bestätigt hat, was ich jetzt gesagt habe. Der Endverbleib konnte nicht hundertprozentig so geklärt werden, dass man ausschließen kann, dass die Waffen in die falschen Hände geraten.

Was bedeutet das für Sie?

CS: Die eigentliche Genehmigung ist ja in diesem Bundessicherheitsrat angesiedelt. Das macht es aber nicht besser, weil dieser Bundessicherheitsrat ja nicht öffentlich tagt. Die Transparenz für Entscheidungen ist aus meiner Sicht nicht genügend. Und da sind auch die Ressorts des Auswärtigen Amtes vertreten. [...] Wir haben ja seit

2001 Rüstungsexportrichtlinien, die sehr deutlich sagen, dass in Regionen, in denen die Gefahr besteht, dass mit diesen Waffen Menschenrechte verletzt werden, keine Waffen geliefert werden dürfen. Das ist die klare Botschaft. Die umzusetzen und daran mitzuwirken ist eine der Kernaufgaben auch des Auswärtigen Amtes.

Dass das nicht unbedingt gelungen ist, haben Sie gerade selber gesehen.

CS: Was mir aufgefallen ist und worauf ich aber auch noch keine definitive Antwort habe, ist, wie gelangen dann, wenn man eine solche Vereinbarung macht, Waffen in einen Bundesstaat wie Guerrero in Mexiko. Wo international, aber auch national sehr klar ist, dort gibt es Menschenrechtsverletzungen, auch veranlasst durch lokale, regionale Polizeibehörden. Wie können die Waffen dorthin gelangen? Sind die Endverbleibsklauseln verbindlich, oder sind sie es nicht? Und wenn sie es nicht sind, das ist meine klare Erkenntnis, dann darf in ein solches Land keine Waffe geliefert werden.

Wie verliefen Ihre Gespräche mit Vertretern der mexikanischen Regierung?

CS: Sie sagen, wir haben Verträge abgeschlossen. Wir haben diese Verträge eingehalten. Sie sagen auch, selbst wenn es irgendwelche Klauseln gibt, dass sie innerhalb des Landes nicht verteilt werden dürfen, ist das eine Angelegenheit, in die hat sich ein ausländischer Staat nicht einzumischen. Das hat mir dann auch schon zu denken gegeben. Auf der anderen Seite war natürlich die Botschaft in den vielen Gesprächen mit der Zivilgesellschaft der Tenor ein ganz anderer. Es ist nachgewiesen mittlerweile, dass in Guerrero deutsche Waffen, G36, aufgefunden worden sind. Es ist, glaube ich, noch nicht ganz hundertprozentig klar, ob die bei diesem Vorfall in Iguala auch angewendet worden sind. Es sprechen viele Indizien dafür. Und wenn das so ist, ist das natürlich eine Frage, die bei uns aufgearbeitet werden muss. [...] Ich habe schon gesagt, ich bin nicht grundsätzlich gegen Waffenlieferungen. Ich habe auch gesagt, Mandate, an denen auch die Bundeswehr beteiligt ist, auch zur Absicherung von bestimmten Situationen, halte ich nach wie vor für notwendig. Ganz wesentlich geprägt hat mich im Übrigen die Entwicklung in Ruanda 1994, dieser Genozid – innerhalb weniger Monate 800 000 Tote –, der zum großen Teil hätte verhindert werden können durch den Einsatz von im Land stehenden Blauhelmsoldaten der Vereinten Nationen. Also, das hat mich schon zu der Überlegung gebracht und zu der Überzeugung, dass es eben auch Ausnahmesituationen geben kann, in denen man auch für eine bestimmte Situation Menschenrechte schützen kann und muss. Auch durch Einsatz von Gewalt.

Angehörige der 43 verschwundenen Studenten von Ayotzinapa demonstrieren in Chilpancingo/Hauptstadt von Guerrero.

Die Problematik: Exporte werden heute genehmigt. Wer weiß, wie es damit morgen und übermorgen aussieht. Welche Verantwortung trägt man dann für das, was man auch verursacht hat?

CS: Wir brauchen einen Kontrollmechanismus. Ich habe so ein bisschen die Hoffnung, dass jetzt durch diesen Kleinwaffenvertrag, der auf der Ebene der Vereinten Nationen ja auch mit ganz, ganz großer Unterstützung durch die Bundesregierung zustande gekommen ist, dass man da internationale Vereinbarungen schaffen kann. Weil bilateral kann das alles sein, aber wir wissen zum Beispiel, dass es ja auch deutsche Waffen gibt, die in Lizenzen in anderen Regionen gebaut werden. Und da wird es noch schwieriger, den Endverbleib zu kontrollieren.

Kapitel 5

Legal, illegal – Lücken im Gesetz

Mit welchen Methoden H&K neue Absatzmärkte erschließt

Die Firma Heckler & Koch stand bereits mehrfach im Verdacht, gegen die Ausfuhrbestimmungen für Waffen verstoßen zu haben. »Die Sturmgewehre und Maschinenpistolen von Heckler & Koch kommen weltweit in fast jedem Konflikt zum Einsatz,« schreibt Hauke Friederichs. Die Firma sei auf der Suche nach immer neuen Absatzmärkten, sagte ein ehemaliger Manager zu dem Journalisten, um zu ergänzen: »Heeschen macht jedes Geschäft, das irgendwie möglich ist.« Doch auch schon bevor die Investoren um Andreas Heeschen in das Oberndorfer Unternehmen einstiegen, fanden H&K-Manager fragwürdige Methoden, um ebenso fragwürdige Absatzmärkte zu erschließen.

Beispiel Kenia. Auch das kenianische Militär verfügt über Waffen der Marke Heckler & Koch. Nach Recherchen von Roman Deckert handelt es sich hierbei um Waffen aus englischer Lizenzproduktion. »Das Bundesverteidigungsministerium, das die Entwicklung des G3 finanziert hatte und die Rechte daran hielt, vergab die notwendige Lizenz«, sagt Deckert. Dass Heckler & Koch die Kooperation mit Royal Ordnance Factories einging, beweise dass H&K Märkte erschließen wollte, die zuvor von der Bundesrepublik aus nicht zugänglich waren.

Ähnlich verhalte es sich mit dem Lizenzvertrag von Heckler & Koch mit Manufacture National d'Armes in Frankreich. Laut Deckert belegen Dokumente im Auswärtigen Amt, dass Heckler & Koch in den 1970er-Jahren Uganda und seinen Diktator Idi Amin über den Umweg Frankreich hochrüstete. »Als die Bundesregierung 1971 den Verkauf von G3 an Kenias Nachbarland blockierte, lieferten die Franzosen«, sagt Kleinwaffenexperte Deckert. Die Bundesregierung wiederum bewilligte deutsche Waffenexporte in das verfeindete Tansania. Deckert: »So kämpften die Truppen Idi Amins gegen Tansanias Truppen – beide bewaffnet mit G3-Gewehren.«

Ob Tansania, Somalia, Uganda oder Kenia – auf dem gesamten afrikanischen Kontinent ist nach der Kalaschnikow vor allem das G3-Sturmgewehr von Heckler & Koch gefragt, besonders unter Milizen und Terroristen. Ein Beispiel: Einige Tage nach den Dreharbeiten für die TV-Dokumentation *Deutsche Waffen für die Welt – Export außer Kontrolle* bei Interpol wurde die Spezialeinheit »Illegal Firearms« nach Kenia entsandt. Somalische Terroristen hatten in einem Einkaufszentrum von Nairobi einen Anschlag mit 59 Toten und 175 Verletzten verübt. Die Terroristen trugen G3-Sturmgewehre. Aus Ermittlerkreisen heißt es, die Waffen stammten von korrupten Militärangehörigen im Südsudan.

Klaus-Dieter Tietz von der Polizeiakademie Niedersachsen kennt die Verhältnisse im Südsudan. Er gehörte zu einer UN-Mission, die in dem Land eine funktionierende Polizeieinheit aufbauen sollte. Tietz wurde Zeuge eines unfassbaren Verbrechens im Bundesstaat Jonglei und sollte aufklären, mit welchen Waffen die verfeindeten Stämme Murle und Lou Nuer aufeinander geschossen hatten. Im Krieg vereint gegen die Milizen aus dem Norden, wurden sie jetzt vom Sudan gegeneinander aufgehetzt. Die Murle brannten ein ganzes Dorf nieder und erschossen an einem Tag 700 Dorfbewohner. Die Lou Nuer nahmen Rache und töteten innerhalb nur weniger Tage 3000 Menschen – Frauen, Kinder, alte Dorfbewohner. Die sichergestellte Munition, sagt Polizeidirektor Tietz, könne entweder aus Kalaschnikows oder G3-Gewehren stammen.

In der Region gilt: Diejenigen, die die Waffen in Händen haben, interessiert das Leid der anderen nicht. Die Menschen fürchten keine Sanktionen. Die schier unendliche Verfügbarkeit an Waffen macht sie stark und unabhängig.

Für Klaus-Dieter Tietz war der Südsudan nicht der erste Auslandseinsatz. Zuvor war er in Bosnien-Herzegowina. Die europäische Union führte hier eine Polizeimission durch. Tietz sollte demokratische Strukturen innerhalb der Polizei in Bosnien-Herzegowina aufbauen: »Als Erstes stellte man fest, dass es in dem Land eine horrend hohe Anzahl an Waffen gab. Kalaschnikows und G3-Gewehre. Sturmgewehre also.« Das AK-47, die Kalaschnikow, war auch hier der am häufigsten verbreitete Waffentyp, an zweiter Stelle das Sturmgewehr G3.

»Als der Konflikt begann,« sagt Tietz, »hatten insbesondere die Serben Zugriff auf die Waffendepots der Ex-Jugoslawien-Armee.« Die Serben hatten noch andere Quellen: So wurden 1992 trotz des UN-Waffenembargos in Oberndorf hergestellte und vom Beschussamt Ulm markierte G3-Gewehre nach Jugoslawien geliefert und von serbischen Scharfschützen gegen muslimische Bosnier eingesetzt. Andererseits wurden Waffendepots der Serben geplündert, die erbeuteten Waffen (darunter Tausende G3-Gewehre) unter der bosnischen Bevölkerung verteilt. Ferner sind Zigtausende G3-Sturmgewehre aus pakistanischer und iranischer Lizenzproduktion sowohl nach Serbien als auch nach Bosnien-Herzegowina gelangt. Der englische Journalist Brian Johnson-Thomas wurde Augenzeuge eines illegalen iranischen Waffentransports zur Zeit des Waffenembargos.[13] Der Transport war als Teppichladung deklariert, bestand in Wahrheit aber aus 40 Tonnen iranischer G3-Gewehre im Wert von sechs Millionen US-Dollar. Die Waffen kamen 1994 von Belgien über Kroatien nach Bosnien. Für Kroatien galt das Waffenembargo zu dem Zeitpunkt nicht. Johnson-Thomas, der beobachtete, wie das russische Transportflugzeug mit der verbotenen Lieferung entladen wurde, kam vorübergehend in Haft, erkannte aber die G3-Nachbauten anhand der typischen Gravur später in der bosnischen Stadt Bihac wieder, wo laut Johnson-Thomas damals die meisten Kämpfer mit iranischen G3 bewaffnet waren.

Der militärische Informationsdienst Jane's berichtet, dass im Laufe des Bosnienkriegs insgesamt 1,298 Milliarden US-Dollar in Waffen und Munition geflossen seien. Wiederholt wurde das Embargo gebrochen, von den USA im Schulterschluss mit Iran und der Hisbollah wie auch von Deutschland. Wobei man nicht vergessen sollte, dass aufseiten aller Kriegparteien Paramilizen kämpften, die als besonders brutal galten und für eine ganze Reihe Kriegsverbrechen verantwortlich gemacht werden. Im Zusammenhang mit dem Balkankrieg zeigt sich deutlich, dass die Auslegung des Kriegswaffenkontrollgesetzes eine Ermessensfrage ist. Über Sinn und Zweck der Waffenlieferungen mag man geteilter Meinung sein. Unstrittig aber sind die Folgen der Waffenschwemme in den Balkankriegen bis auf den heutigen Tag.

Allein in Bosnien-Herzegowina gab es nach dem Ende der Kämpfe einen Überschuss von 850 000 registrierten Kleinwaffen, deren Verbleib bis heute unüberschaubar ist. Ganz zu schweigen von illegalen Waffen, die, wie ein verdeckter Ermittler der Spezialeinheit SIPA sagt, »jeder Bosnier unter dem Kopfkissen hat«. Außerdem: Welcher Bosnier hätte sein Gewehr freiwillig und ohne Geld abgeben sollen, als er sah, dass der Wert einer Kalaschnikow oder eines G3 in Friedenszeiten in die Höhe schnellte?

Schon kurz nach Kriegsende fing der organisierte Waffenschmuggel über die Grenzen des ehemaligen Vielvölkerstaats an. Im kleinen – mit Reisebussen und Personenwagen – wie im großen Stil, von diesem Konflikt in den nächsten. Klaus-Dieter Tietz berichtet von einer Lieferung mit 3000 Sturmgewehren (darunter auch G3-Gewehre) aus Bosnien-Herzegowina, die in einem europäischen Hafen verschwand. Offiziell heißt es, die Ermittlungen dauern bis heute an. Was laut vertraulichen Quellen bedeutet: Zu viele sind in den Fall verwickelt – Händler, Transporteure, aber auch Ministerien, Behörden, die Genehmigungen erteilt haben, andere Behörden, denen die Kontrolle obliegt. Und alle schweigen. Fakt ist: Die Waffen bleiben verschwunden, der Weg der Waffen ist ungeklärt.

Der Ermittler der Spezialeinheit SIPA sagt über die Situation zwei Jahrzehnte nach Kriegsende: »Viele Waffen werden jetzt zu Geld gemacht und landen auf dem Schwarzmarkt.« SIPA kämpft gegen europaweit mafiös organisierte Waffenschiebernetzwerke, die – der Polizei immer um Nasenlängen voraus – ständig neue Routen für ihre Geschäfte finden. So landen illegale Waffen unter anderem in Deutschland.

Die lizenzierten Waffenhändler in Bosnien-Herzegowina aber bedauern, dass das Waffenembargo für Waffen aus Deutschland bis heute Gültigkeit hat. So müsse man sich zum Beispiel über Zwischenhändler in Kroatien behelfen, wo das Embargo nicht gilt. Das Waffenembargo treibe aber die Preise für neuwertige deutsche Waffen in die Höhe. Deutsche Waffen seien außerordentlich beliebt in dem Land. Und nicht nur Waffen, auch die Munitionsfabrik in der kleinen, abgelegenen Ortschaft Gorazde, die während des Krieges für Nachschub sorgte. Heute stellt die Fabrik Munition für den Export her. Vier bis fünf Millionen Patronen liefert sie monatlich rund um den Globus. Die Maschinen sind seit 1983 im Land. Sie stammen von dem deutschen Unternehmen Fritz Werner.

Dass Waffen, die unerlaubterweise in eine Kriegsregion gelangt sind, entdeckt werden, ist meist ein Zufall. So war es auch im Fall der deutschen G36-Sturmgewehre in Georgien. Der Journalist Thomas Reutter berichtet, wie er auf Fotos von georgischen Spezialkräften das G36 entdeckte. Es gab nie eine offizielle Ausfuhrgenehmigung. Heckler & Koch hatte zwar einen Exportantrag gestellt, dieser war jedoch nicht bewilligt worden. Wie aber kamen die G36-Sturmgewehre nach Georgien, als 2008 Russland und Georgien im Kaukasuskrieg gegeneinander kämpfen? Über die US-Tochterfirma in Virginia, wie Insider behaupten? Thomas Reutter hat im Rahmen seiner Recherchen die Bundesregierung um Aufklärung gebeten, jedoch keine klärende Antwort erhalten. Im Fall von Georgien sei nicht mal ein Ermittlungsverfahren eröffnet worden, obwohl die Bundesregierung bestätigt hat, dass Sturmgewehre des Typs G36 in Georgien im Einsatz waren und es keine Exportgenehmigung gab. Die Bundesregierung zeige kein großes Interesse, den illegalen Waffendeal aufzuklären, sagt Reutter.

Das G36-Sturmgewehr gelangte auf ungeklärtem Weg illegal nach Georgien.

Auch von Gewehren, die in den Waffenkammern Gaddafis lagerten, liegen dem Journalisten Reutter Fotos vor. Auf den Waffen sind die Bezeichnung H&K G36 KV, Kal. 5,56 mm x 45, ein Bundesadler mit zugefügtem N, AD und die typischen Württemberger Geweihstangen zu erkennen. Das bedeutet, die Gewehre wurden im Oberndorfer Werk hergestellt. Das Beschussamt Ulm hat die Waffen geprüft. Im Bürgerkrieg in Libyen tauchte das G36 im August 2011 auf, als Rebellen in Tripolis eine Residenz des Diktators Muammar al Gaddafi stürmten. Hier erbeuteten sie die ersten G36-Sturmgewehre und später auch in weiteren Depots. Laut Auskunft der Bundesregierung wurde vom Hersteller nie ein Export für Libyen beantragt. Heckler & Koch behauptete, die Sturmgewehre seien über Ägypten nach Libyen gelangt. Beweise dafür hat die Firma nie erbracht. Bekannt ist nur, dass die Bundesregierung 2003 den Export von 608 Sturmgewehren samt Munition nach Ägypten genehmigte. Doch auch die ägyptische Regierung hätte die Bundesregierung um Erlaubnis fragen müssen, bevor sie die Waffen weiterverkauft. Das tat sie nicht. Bei Jürgen Grässlin ließen unkenntlich gemachte Seriennummern auf den Waffen den Verdacht aufkommen, dass die Gewehre über die Firma selbst oder über Zwischenhändler in großen Mengen illegal an das Gaddafi-Regime geliefert worden sein könnten.

Anfang März 2011 wird ein Video des Gaddafi-Sohnes Saif al-Islam bekannt, in dem Gaddafi junior ein G36-Sturmgewehr in Händen hält. Später versichert ein Insider an Eides statt, er habe bereits im Jahr 2005 G36-Sturmgewehre bei einer Spezialeinheit des libyschen Diktators gesehen. Damals seien Gaddafis Sicherheitskräfte von ehemaligen und aktiven deutschen Polizeibeamten, auch früheren GSG-9-Angehörigen, ausgebildet worden. Thomas Reutter, der für einen Beitrag in der ARD-Reihe *Report Mainz* recherchierte, konnte über die Herkunft der G36-Sturmgewehre trotz wiederholter Anfragen auch beim Bundestag nichts herausfinden. Jedenfalls tauchten nach dem Sturz Gaddafis die G36-Sturmgewehre bei Islamisten in der gesamten Region auf – von Mali über Gaza bis nach Syrien. Keiner kann sagen, wie viele der Waffen in die Hände der Terroristen des Islamischen Staates gelangt sind.

Das G36-Sturmgewehr aus den Waffenkammern des Diktators Muammar al Gaddafi.

Dass der NATO-Staat Türkei kein zuverlässiger Partner für den Endverbleib und die Kontrolle von Kriegswaffen ist, ist bewiesen. Beispielsweise hat die türkische Regierung trotz der Auflage, deutsche Waffen und Waffen aus deutschen Beständen nicht gegen Kurden einzusetzen, dies getan. Auch Kurden haben mit von der türkischen Armee erbeuteten deutschen Waffen auf türkische Militäreinheiten geschossen. Die Bundesregierung hat im Sommer 2014 Waffenlieferungen an die Peschmergamilizen im Nordirak bewilligt, darunter 8000 Sturmgewehre des Typs G3 und des Typs G36. Die Befürwortung der Waffenlieferungen zur Bekämpfung der Terrortruppe ISIS will die deutsche Regierung als Akt humanitärer Verantwortung verstanden wissen. Die kurdischen Peschmerga sollen damit »Räume halten und gegebenenfalls verloren gegangene Räume wiedererobern«, sagte Verteidigungsministerin Ursula von der Leyen. Doch was weiß die Bundesregierung über den Verbleib der Waffen? Amnesty International äußert scharfe Kritik. Jede Regierung, die Waffen verkauft oder kostenlos weitergibt, trage die Verantwortung dafür, den Verbleib der Waffen nachzuverfolgen. Ansonsten mache sich diese Regierung mitverantwortlich für die Verbrechen, die mit diesen Waffen begangen werden.

Wie gelangen in Saudi-Arabien gefertigte G3-Sturmgewehre in den Bürgerkrieg im Jemen? Kistenweise seien die Waffen von saudischen Militärflugzeugen über dem Flughafen der jemenitischen Hauptstadt Aden abgeworfen worden, berichtet *Der Spiegel* am 12. Juni 2015 – als Unterstützung für Milizen, die gegen die Huthi-Rebellen kämpfen. Die Bundesregierung müsse damit »eine brisante Lücke bei der Kontrolle von deutschen Rüstungsexporten einräumen«. Zwar darf Saudi-Arabien die Gewehre G3 und G36 für den eigenen Bedarf bauen, nicht aber andere Staaten damit beliefern. Eine Kontrolle vor Ort ist vertraglich nicht vorgesehen.

In Saudi-Arabien finden immer wieder Verletzungen der Menschenrechte statt – Hinrichtungen, Folter in Gefängnissen, öffentliches Auspeitschen als Strafe, Zwangsverheiratungen von jungen Mädchen, um nur einige Beispiele zu nennen. Meinungs- und Pressefreiheit gibt es nicht. Aber für die Bundesregierung ist Saudi-Arabien nach wie vor ein strategisch wichtiger Partner in der Region. Darum werden außenpolitische Überlegungen zweifellos eine Rolle gespielt haben, als die Große Koalition 2008 die Genehmigung zum Bau der schlüsselfertigen Waffenfabrik in Al-Chardsch erteilte und damit quasi selbst den Grundstein für die Lizenzproduktion des G36-Sturmgewehrs von Heckler & Koch gelegt hat. Man sollte auch nicht vergessen: Saudi-Arabien ist der beste Kunde der deutschen Rüstungsindustrie. In einem Interview mit der *WirtschaftsWoche* wies der H&K-Inhaber Andreas Heeschen die Bedenken hinsichtlich des unerlaubten Weiterverkaufs der Sturmgewehre im Jahr 2010 zurück: »Saudi-Arabien ist trotz der Fabrik nicht in der Lage, Komplettwaffen zu produzieren, da die technologischen Schlüsselkomponenten aus Oberndorf kommen.« Die Gefahr »eines verbotenen Reexports durch Saudi-Arabien« bestehe daher nicht. Doch im Frühsommer 2015 tauchen die ersten Hinweise auf mit G36-Sturmgewehren bewaffnete Milizen im Jemen auf. Die Bundesregierung muss auf Anfrage des Grünen-Abgeordneten Omid Nouripour einräumen, es lasse sich nicht prüfen, wohin die in Saudi-Arabien gefertigten Waffen exportiert würden.

G36-Sturmgewehre von Heckler & Koch in Saudi-Arabien.

Die Vereinigten Staaten von Amerika, die weltweite Nummer eins unter den Kleinwaffenexporteuren, sind gesetzlich verpflichtet, zumindest stichprobenartig zu prüfen, ob die Waffenexporte noch dort sind, wo sie laut Vertrag und Ausfuhrerlaubnis sein sollen. Solche Post-shipment-Kontrollen nach US-amerikanischem Vorbild fordern Menschenrechtsorganisationen seit Langem.

Der Weg der Waffe

Im Rüstungsexportbericht 2014 der Bundesregierung heißt es: »In internen und grenzüberschreitenden Konflikten werden die weitaus meisten Opfer durch den Einsatz von Kleinwaffen und leichten Waffen und dazugehörender Munition verursacht.« Kleinwaffen gelten als die Massenvernichtungswaffen des 21. Jahrhunderts. Mit keiner anderen Waffenart werden heutzutage in den Kriegen mehr Menschen getötet. Die meisten Genozide nach dem Holocaust wurden mit Kleinwaffen begangen. Im Vergleich zu Großwaffensystemen (U-Boote, Panzer, Fregatten etc.) sind sogenannte Kleinwaffen leicht zu bedienen, wartungsfreundlich, gut zu verstecken, und ihr Weg von einer Kriegsregion in die nächste ist fast unmöglich nachzuverfolgen.

Kleinwaffen vagabundieren kreuz und quer über Kontinente, werden wie Alltagswaren von Tatort zu Tatort weiterverkauft – Preisschwankungen wie am Aktienmarkt inklusive. Ganze Händlernetzwerke spezialisieren sich auf großangelegte Waffenspekulationsgeschäfte: Sie kaufen in Regionen mit sich abschwächender Konfliktintensität ein (Beispiel Ruanda: Hier ist ein Sturmgewehr für ca. 60 bis 80 US-Dollar zu haben) und verkaufen die Waffen in Regionen mit hohem Bedarf (Beispiel Libyen: das Sturmgewehr G36 für 500 US-Dollar). Das am weitesten verbreitete Gewehr ist das AK-47, die Kalaschnikow, an zweiter Stelle steht das G3-Sturmgewehr von Heckler & Koch. Das Sturmgewehr, das die Firma ursprünglich für die Bundeswehr entwickelt hat, wird weltweit nachgebaut, in Mittelamerika, Südostasien und im Nahen Osten. G3-Fabriken stehen unter anderem in der Türkei, im Iran, in Saudi-Arabien und Pakistan. Sicher ist: Millionen von G3-Sturmgewehren sind unkontrolliert in Kriegsgebiete weltweit gelangt, in die Hände von Sicherheitskräften, Rebellen, Terroristen und Verbrechern. Woher und wie viele genau, kann niemand sagen.

Jahrelang verkaufte und verschenkte die Bundesregierung ihre Lizenzrechte für das G3-Sturmgewehr. Im Kalten Krieg und auch später.

Das Ziel war es, verbündete Staaten zu stärken. Dass mit den in befreundeten Ländern produzierten Waffen verfeindete Nachbarn unterstützt, dass sie an Rebellen geliefert bzw. von Terrorgruppen erobert wurden, ist unstrittig. Auch die Waffen aus den von der Bundesregierung im August 2014 beschlossenen Lieferungen an die Kurden im Nordirak könnten früher oder später auf anderen Kriegsfeldern zum Einsatz kommen. Auf der Lieferliste der Bundesregierung stehen unter anderem 8000 G3 und ebenso viele G36-Sturmgewehre von H&K.

G36-Sturmgewehre bei der Bürgerwehr CRAC in Tixtla/Guerrero. Mitglieder der CRAC haben die Waffen der lokalen Polizei gewaltsam abgenommen.

Was mit den Kriegswaffen auf ihrem Weg von einem verfeindeten Land ins nächste passiert, wie viele Menschenleben damit ausgelöscht, wie viele Massaker, Anschläge, Überfälle damit verübt werden, bleibt für immer ein Geheimnis.

Die Suche nach Kriegswaffen, insbesondere sogenannten Kleinwaffen aus Deutschland, die illegal in Kriegs- und andere Krisenregionen gelangt sind, hat uns durch verschiedene Kontinente geführt. Wir sind überall fündig geworden.

Im Fall von drei Sturmgewehren des Typs G36 von H&K können wir den »mörderischen Weg der Waffe« genau rekonstruieren.

Drei Seriennummern, drei Verträge, drei Lieferchargen

Die erste Waffe
Vertragsnummer: 063/2008
Lieferumfang: 505 G36 C1
Verbindlicher Endverbleib: Aguascalientes, Durango, Nuevo León, Sonora, Yucatán
Seriennummer: 85-011991

Das Sturmgewehr 85-011991wird 2007 im Stammwerk der Firma H&K in Handarbeit gefertigt und danach auf dem unterirdischen Schießstand beschossen. Am 7. Mai 2008 beantragt H&K den Export von 1393 Sturmgewehren des Typs G36 mit Endverbleib »zukünftige Antragsteller«. Auf Einwirken der Behörden wird »zukünftige Antragsteller« durch die oben genannten Bundesstaaten ersetzt. Am 18. Juni 2008 erhält H&K die offizielle Ausfuhrgenehmigung. Auf der Exportliste ist das Sturmgewehr mit der Seriennummer 85-011991.

Am 8. April 2009 holt die Spedition MSK GmbH die Waffenlieferung bei H&K in Oberndorf ab – samt Ursprungszeugnis der Industrie- und Handelskammer Schwarzwald-Baar-Heuberg, versichert bei HDI Gerling –, verbringt die 8 Container (ca. 2203 kg) zum Flughafen Frankfurt/Main und übergibt sie an Lufthansa Cargo. Am 10. April 2009 wird die Lieferung auf den Linienflug LH498 der Lufthansa FRA–MEX geladen und kommt am späten Nachmittag (Ortszeit) am Benito Juarez International Airport in Mexiko-Stadt an.

B. G., Vertreter des mexikanischen Verteidigungsministeriums und Zollbeamte inspizieren die Waffenlieferung. Die Importunterlagen werden abgezeichnet. Anschließend folgt ein schwer bewachter Transport von Benito Juarez International Airport ins Lager von SEDENA in der Zona Industria Militar. Hier werden die Waffen ausgepackt und mit einer SEDENA-ID-Gravur gekennzeichnet.

Ein SEDENA-Konvoi transportiert einen Teil der Waffenlieferung von Mexiko-Stadt in die Hauptstadt des Bundesstaats Guerrero Chilpancingo, wo die lokale Policia Municipal (Stadtpolizei) die G36C1 entgegennimmt.

12. Dezember 2011. Studenten des Lehramtsseminars Ayotzinapa demonstrieren in Chilpancingo für bessere Studienbedingungen. Die Demonstranten blockieren die Autopista del Sol, die Autobahn von Mexiko-Stadt nach Acapulco. Die Situation eskaliert, als schwer bewaffnete Polizeieinheiten anrücken – ein Beamter trägt das G36– 85-011991, mindestens 15 weitere Sturmgewehre desselben Typs sind im Einsatz. Schüsse fallen, zwei Studenten sterben im Kugelhagel.

Das G36 mit der Seriennummer 85-011991 wird an die lokale Polizei in Tixtla, nahe Chilpancingo, weitergegeben.

August 2013 kommt es zu einer Auseinandersetzung zwischen Polizei und Menschenrechtlern, die gegen die Festnahme zweier Aktivisten protestieren. Die Demonstranten werden von der CRAC geschützt, einer Bürgerwehr, die sich als alternative Gemeindepolizei formiert hat. Polizisten rücken an. Sie sind mit G36 Sturmgewehren bewaffnet, aber zahlenmäßig unterlegen. Die Beamten werden von Mitgliedern der CRAC überwältigt, das G36 mit der Seriennummer 85-011991 von der CRAC in Besitz genommen.

September 2013: Das Reporterteam, das für ARD und Arte vor Ort recherchiert, entdeckt dieses G36 und ein weiteres G36-Gewehr bei der CRAC. Deren Anführer, Gonzalo, bietet an, die Waffen an SEDENA zurückzugeben – aber nur vor laufender Kamera. An die lokale Polizei will er die Gewehre nicht aushändigen, denn die Polizei sei korrupt und mit der Drogenmafia im Geschäft.

Wenige Tage nach dem Interview wird Gonzalo verhaftet und in ein Gefängnis nördlich von Mexiko-Stadt verbracht. Dort sitzt der Kommandant der CRAC bis heute ein. Ohne Anwalt, ohne Anklage, ohne Gerichtsverhandlung. Der Vorwurf lautet: illegaler Waffenbesitz.

Insgesamt gingen sechs H&K-Sturmgewehre G36 in die kleine Provinzstadt Tixtla: Zwei sind bis heute bei der Bürgerwehr CRAC

(SN: 85-011988 und 85-011991). Eins im Besitz des Drogenkartells. Ein Sturmgewehr G36 ist verschwunden. Zwei G36 musste die lokale Polizei im April 2015 an SEDENA zurückgeben, nachdem bekannt wurde, dass die deutschen Reporter erneut in Guerrero recherchierten.

Die zweite Waffe
Vertragsnummer: 063/2008 – 7. Teillieferung
Lieferumfang: 505 G36
Verbindlicher Endverbleib: Aguascalientes, Durango, Nuevo León, Sonora, Yucatán
Seriennummer: 85-012252

Auch dieses Sturmgewehr war bei der Stadtpolizei Chilpancingo in Guerrero, später bei der Polizei im benachbarten Tixtla, diente dann dem Drogenbaron »El Taliban« – und ist jetzt bei der Bürgerpolizei FUSDEG in Tierra Colorado.

Die dritte Waffe
Vertragsnummer: 051/2007
Lieferumfang: 1010 G36 V
Verbindlicher Endverbleib: Durango, Nuevo León, Sonora, Aguascalientes
Seriennummer: 83-012602

Das G36 mit der Seriennummer 83-012602 wird 2007 in Oberndorf gefertigt und im September 2007 an DCAM/SEDENA verkauft. Vertragsnummer: 051/2007. Als Endverbleib wird »zukünftige Antragsteller« angegeben. Die Ministerien monieren. H&K schickt ein neues Endverbleibszertifikat, darauf ist »zukünftige Antragsteller« durch die oben genannten Bundesstaaten ersetzt, Mengen und Ausstellungsdatum (22. Mai 2007) sind identisch. Der Waffenexport wird genehmigt, Lufthansa Cargo verbringt die Fracht nach Mexiko-Stadt.

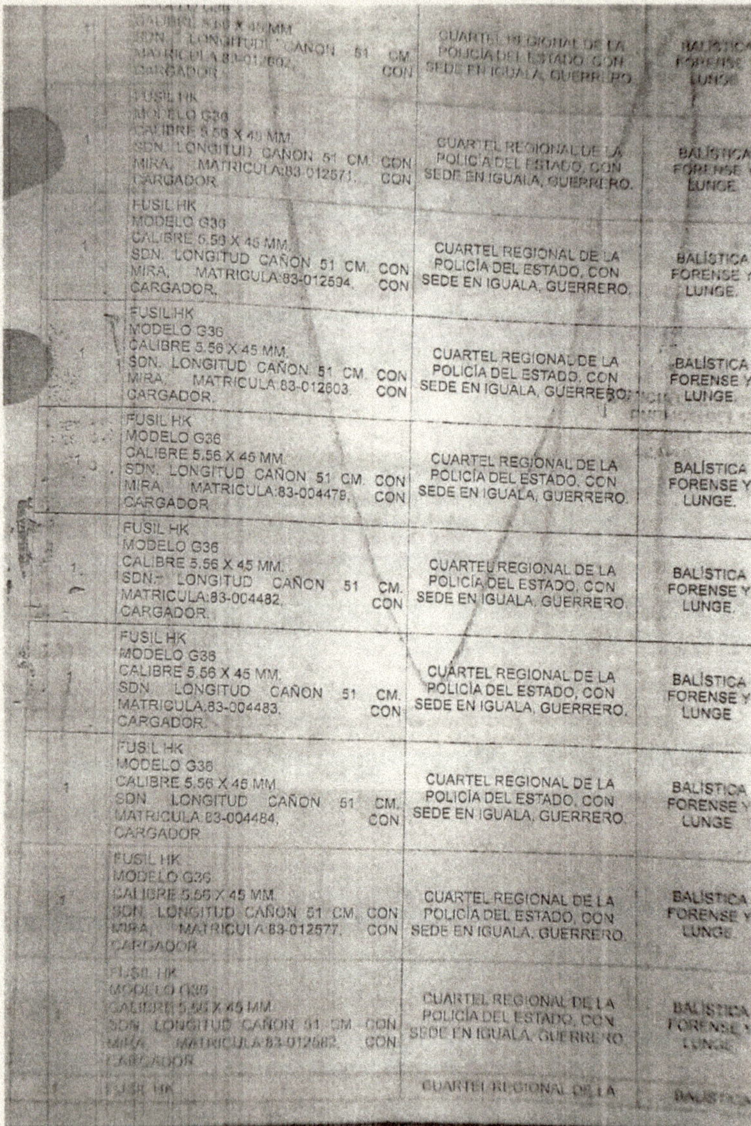

1	[illegible] G36 CALIBRE 5.56 X 45 MM. SDN. LONGITUD CAÑON 51 CM. MATRICULA 83-01[illegible], CON CARGADOR.	CUARTEL REGIONAL DE LA POLICÍA DEL ESTADO, CON SEDE EN IGUALA, GUERRERO.	BALÍSTICA FORENSE Y LUNGE.
1	FUSIL HK MODELO G36 CALIBRE 5.56 X 45 MM. SDN. LONGITUD CAÑON 51 CM. CON MIRA, MATRICULA:83-012571, CON CARGADOR.	CUARTEL REGIONAL DE LA POLICÍA DEL ESTADO, CON SEDE EN IGUALA, GUERRERO.	BALÍSTICA FORENSE Y LUNGE.
1	FUSIL HK MODELO G36 CALIBRE 5.56 X 45 MM. SDN. LONGITUD CAÑON 51 CM. CON MIRA, MATRICULA:83-012594, CON CARGADOR.	CUARTEL REGIONAL DE LA POLICÍA DEL ESTADO, CON SEDE EN IGUALA, GUERRERO.	BALÍSTICA FORENSE Y LUNGE.
1	FUSIL HK MODELO G36 CALIBRE 5.56 X 45 MM. SDN. LONGITUD CAÑON 51 CM. CON MIRA, MATRICULA:83-012603, CON CARGADOR.	CUARTEL REGIONAL DE LA POLICÍA DEL ESTADO, CON SEDE EN IGUALA, GUERRERO.	BALÍSTICA FORENSE Y LUNGE.
1	FUSIL HK MODELO G36 CALIBRE 5.56 X 45 MM. SDN. LONGITUD CAÑON 51 CM. CON MIRA, MATRICULA:83-004479, CON CARGADOR.	CUARTEL REGIONAL DE LA POLICÍA DEL ESTADO, CON SEDE EN IGUALA, GUERRERO.	BALÍSTICA FORENSE Y LUNGE.
1	FUSIL HK MODELO G36 CALIBRE 5.56 X 45 MM. SDN.- LONGITUD CAÑON 51 CM. MATRICULA:83-004482, CON CARGADOR.	CUARTEL REGIONAL DE LA POLICÍA DEL ESTADO, CON SEDE EN IGUALA, GUERRERO.	BALÍSTICA FORENSE Y LUNGE.
1	FUSIL HK MODELO G36 CALIBRE 5.56 X 45 MM. SDN. LONGITUD CAÑON 51 CM. MATRICULA:83-004483, CON CARGADOR.	CUARTEL REGIONAL DE LA POLICÍA DEL ESTADO, CON SEDE EN IGUALA, GUERRERO.	BALÍSTICA FORENSE Y LUNGE.
1	FUSIL HK MODELO G36 CALIBRE 5.56 X 45 MM. SDN. LONGITUD CAÑON 51 CM. MATRICULA:83-004484, CON CARGADOR.	CUARTEL REGIONAL DE LA POLICÍA DEL ESTADO, CON SEDE EN IGUALA, GUERRERO.	BALÍSTICA FORENSE Y LUNGE.
1	FUSIL HK MODELO G36 CALIBRE 5.56 X 45 MM. SDN. LONGITUD CAÑON 51 CM. CON MIRA, MATRICULA:83-012577, CON CARGADOR.	CUARTEL REGIONAL DE LA POLICÍA DEL ESTADO, CON SEDE EN IGUALA, GUERRERO.	BALÍSTICA FORENSE Y LUNGE.
1	FUSIL HK MODELO G36 CALIBRE 5.56 X 45 MM. SDN. LONGITUD CAÑON 51 CM. CON MIRA, MATRICULA:83-012582, CON CARGADOR.	CUARTEL REGIONAL DE LA POLICÍA DEL ESTADO, CON SEDE EN IGUALA, GUERRERO.	BALÍSTICA FORENSE Y LUNGE.
1	FUSIL HK	CUARTEL REGIONAL DE LA	BALÍSTICA

Liste mit G36-Seriennummern aus den Ermittlungsakten im Fall der verschleppten Studenten von Ayotzinapa: Nach der Tatnacht von 26./27. September 2014 in Iguala/Guerrero wurden 38 Sturmgewehre G36 beschlagnahmt.

Das G36 mit der Seriennummer 83-012602 wird direkt an die Stadtpolizei von Iguala/Guerrero geliefert.

Bei der Polizei Iguala nimmt der Beamte Luis Francisco Martínez Díaz die Waffe entgegen. Am 26. September 2014 ist er mit dem G36 im Einsatz gegen rund 100 Lehramtsstudenten von Ayotzinapa. Die Polizisten kesseln die Studenten ein, richten die Waffen gegen sie und schießen sofort. Wie es offiziell heißt, geschah dies auf Weisung des Bürgermeisterehepaars von Iguala. Sechs Menschen sterben im ersten Kugelhagel. 43 Studenten werden von der Polizei entführt.

Am Morgen danach wird die Leiche eines Studenten gefunden: Julio Cesar Mondrágon, 18, frisch verheiratet und Vater eines wenige Monate alten Babys. Der Leichnam zeigt Spuren von Folterungen, die Augen sind herausgestochen, die Gesichtshaut abgezogen. Der Polizeibeamte Luis Francisco Martínez gesteht den Mord an Julio Cesar Mondrágon. Das Sturmgewehr G36 mit der Seriennummer 83-012602 befindet sich seither bei den Asservaten der Staatsanwaltschaft.

Die drei H&K-Waffen, deren Wege anhand von Verträgen, Lieferpapieren und Seriennummern rekonstruiert werden können, stammen aus drei Lieferungen: Zwei Waffen kamen in Lieferungen des größten Exports von 6544 G36, eine weitere umfasste 1010 Sturmgewehre.

Das Netzwerk

Heckler & Koch hat ein gut funktionierendes Netzwerk mit Verbindungen, Befürwortern, Informanten und aktiven Unterstützern aufgebaut, dessen Dimensionen eigentlich unvorstellbar sind. Bis Frühjahr 2015 hätte man als verschwörungstheoretische Fantasien abgetan, was nun quasi häppchenweise zutage tritt, schockierender und dreister, als man glauben mag.

Die politische Ebene: Abgeordnete sind unabhängig von Parteizugehörigkeit quasi Schutzpatrone der Unternehmen in ihrem Wahlkreis.

Das gilt selbstverständlich auch für die Region Oberndorf am Neckar, Rottweil-Tuttlingen. So stehen Volker Kauder (CDU) ebenso wie Abgeordnete von SPD und FDP öffentlich zu der Firma H&K und vertreten damit logischerweise die Interessen ihrer Wählerschaft. Auch Parteienspenden sind nach deutschem Recht erlaubt, sofern sie nicht mit Forderungen und Vergünstigungen verbunden sind. Das ist in Deutschland strafbar.

Nach der Hausdurchsuchung bei Heckler & Koch im November 2011 gerät die Firma erneut ins Visier der Ermittlungsbehörden. Nunmehr steht Heckler & Koch auch unter Bestechungsverdacht. Die staatsanwaltschaftlichen Ermittlungen werfen Fragen hinsichtlich einer möglicherweise unerlaubten Spendenpraxis auf: Es gehe, laut Auskunft der Staatsanwaltschaft Stuttgart, um den Vorwurf der Bestechung »deutscher Mandatsträger« durch Heckler & Koch. Sichergestellte E-Mails lassen das vermuten, sagt die Staatsanwaltschaft. In dieser E-Mail gehe es um eine Parteispende. Demnach sei die Spende an die Partei eines Beamten geflossen, der im Bundeswirtschaftsministerium für die Ausfuhrgenehmigungen zuständig ist. »Es gibt interne E-Mails des Unternehmens, die den Verdacht nahelegen, dass eine Spende eingesetzt werden sollte, um die Genehmigung eines Waffenexports zu erreichen«, äußert sich die Sprecherin der Staatsanwaltschaft gegenüber dem Journalisten Thomas Reutter. Auch stehe der Vorwurf im Raum, Heckler & Koch könnte »mexikanische Amtsträger bestochen haben«.

Wollte sich das Unternehmen möglicherweise mit Parteispenden die Exportgenehmigungen nach Mexiko erkaufen? *Der Spiegel* berichtet im Zusammenhang mit den Bestechungsvorwürfen über eine Lieferung von 16 000 Maschinenpistolen des Typs MP5 nach Indien mit einem Auftragsvolumen von 25 Millionen Euro. Auch im Fall Indien soll ein zweifelhaftes Endverbleibszertifikat vorgelegen haben. Heckler & Koch bestätigte dem Nachrichtenmagazin »das Vorliegen eines Kundenauftrags nach Indien«. Der Antrag für die entsprechenden Genehmigungen sei bei den deutschen Behörden gestellt worden. Im Fall Indien hat die Staatsanwaltschaft Stuttgart keine Ermittlungen aufgenommen. Die Vorwürfe der Staatsanwaltschaft beziehen sich auf Mexiko. Mit legalen Parteispenden soll die Firma versucht haben, Einfluss auf politische Amtsträger zu nehmen.

In einer Pressemitteilung bestreitet Heckler & Koch die Vorwürfe, behauptet, »niemals« Bestechungsgelder in Mexiko gezahlt zu haben, und spricht von einer »Diffamierungskampagne«. Dem widerspricht die Staatsanwaltschaft.

In Deutschland habe die Firma die Spenden an verschiedene Parteien gezahlt und die Summen gestückelt, damit sie nicht unter die Meldepflicht des Parteiengesetzes fallen. 93 000 Euro hat Heckler & Koch in den betreffenden Jahren an Parteien überwiesen. Die Partei von Volker Kauder erhielt 70 000 Euro. Kauder gilt als Freund der Firma. H&K-Inhaber Andreas Heeschen sagt über das Engagement des CDU-Politikers, er habe »immer wieder die Hand über uns gehalten«. Weitere 20 000 Euro spendete das Unternehmen an die FDP, in der Zeit, als der FDP-Politiker Ernst Burgbacher im Jahr 2009 zum Parlamentarischen Staatssekretär im Bundeswirtschaftsministerium wurde. Nie zuvor hatte Heckler & Koch an die FPD gespendet. Auch Ernst Burgbachers Wahlkreis ist übrigens Rottweil-Tuttlingen. Burgbacher war nach eigenem Bekunden nie mit Waffenausfuhrgenehmigungen befasst. Die FDP bestreitet einen Zusammenhang.

Wie sich im Frühjahr 2015 zeigt, enden die engen Beziehungen nicht in der baden-württembergischen Provinz. In einem späteren Kapitel des Buches – aktuelle Entwicklungen – werden diese Enthüllungen ausführlich erörtert werden. Hier ein kurzer Vorgriff: In einem Bericht vom 7. Mai 2015 wundert sich *N24 Online* im Zusammenhang mit dem jüngst aufgedeckten Klüngelwerk zwischen Oberndorf und Berlin: »Man fragt sich: Wo hört Heckler & Koch auf, und wo beginnt das Verteidigungsministerium?«

Die Informanten: Über viele Jahre ist ein ständiger Informationsfluss zwischen dem Unternehmen, Ministerien und Behörden nachweisbar. Das System reicht von Schulungen der Anwender an Produkten von H&K – die wiederum diese Produkte bei ihren Beschaffungsstellen anfordern, bzw. darauf bestehen – bis hin zu Beamten im Beschaffungsapparat des Verteidigungsministeriums und zu Kriegswaffenexport-Kontrollbeamten.

H&K wurde über Bedarf, Probleme und Einschätzungen informiert und hatte somit konstant einen Wissensvorsprung gegenüber potenziellen Konkurrenten.

Das BMVg: Das Bundesverteidigungsministerium hat eine in zweierlei Hinsicht essenziell wichtige Rolle für H&K. Es ist einerseits mitverantwortlich für Kriegswaffenexporte in Drittstaaten und andererseits der wichtigste Kunde der Firma. Um es deutlich zu sagen: Ohne das Verteidigungsministerium und die Bundeswehr kein H&K!

Zudem folgt das BMVg immer noch der langjährigen Doktrin der Selbstversorgung und der Sicherung der Mindestkapazitäten für die Bundeswehr. Dazu gehören zwei Hauptaspekte: Das Standardgewehr der Bundeswehr muss von einem deutschen Hersteller kommen (Prestige, Technologie, Denken in Kategorien des Kalten Krieges). Der deutsche Hersteller kann nur wettbewerbsfähige Preise anbieten und gleichzeitig in Entwicklung investieren, wenn er durch Export Umsätze erwirtschaften kann.

Das BMWi: Das Bundeswirtschaftsministerium soll wirtschaftsfördernde Maßnahmen fördern und ist gleichzeitig genehmigende Behörde für Kriegswaffenexporte in Drittstaaten. Diese Aufgaben sind offensichtlich widersprüchlich und nachweislich problematisch. Gleichzeitig ist die Behörde für H&K die wichtigste Entscheidungsebene: Das Ministerium ist ausgesprochen einflussreich, zudem kommen bis zu 80 Prozent der Umsätze von H&K aus Exportgeschäften.

Angesichts dieses Abhängigkeitsverhältnisses und des Interessengemenges sollte man meinen, das BMWi würde in besonderem Maße

Wert auf Neutralität und professionelle Distanz gegenüber der Waffenherstellerfirma legen. Das Gegenteil ist der Fall – die Beamten stehen in engem Kontakt mit den Mitarbeitern von H&K, pflegen ein sehr gutes kollegiales Verhältnis untereinander. Informationen werden ausgetauscht, Strategien für genehmigungsfähige Exporte bzw. Umgehungen von Exportbeschränkungen entwickelt und durchgesetzt.

Das BAFA: Das Bundesamt für Wirtschaft und Ausfuhrkontrolle ist die Behörde, die die Kriegswaffen-Exportgenehmigungen verwaltungsrechtlich umsetzt – eine durchführende Behörde, die, ähnlich wie das BMWi, wirtschaftsfördernd auftritt. H&K hat auch hier zuverlässige Partner.

Das AA: Das Auswärtige Amt sollte als moralische Instanz und Regulativ fungieren, denn die Grundsätze zum Export von Kriegswaffen beinhalten insbesondere Aspekte wie Menschenrechte. Diese werden vom AA erstmalig angewendet. Gleichzeitig fungiert das AA wiederum als Handlanger – insbesondere durch das Eingreifen von höherer Ebene, die den Analysten klar zu verstehen gibt, hier nicht weiter Probleme zu machen. Die deutsche Botschaft in Mexiko-Stadt spielt hier auch eine äußerst fragwürdige Rolle.

Das AA äußert seine Bedenken hinsichtlich »Waffen für Mexiko« und lässt sich dennoch auf einen faulen Deal ein. Auch den Mitarbeitern des AA muss bewusst gewesen sein, dass die Waffen in die verbotenen Staaten gehen werden. Zudem erfolgt die Wahl der nicht belieferungsfähigen Bundesstaaten mehr oder weniger beliebig und erfüllt lediglich eine Alibifunktion. Der Grundsatz »Neu für Alt«, den das AA pro forma erwirkt, ist der Beweis der Heuchelei. Nur ein einziges Mal wurde eine Aktion »Neu für Alt« in Mexiko durchgeführt – im Beisein des Militärattachés der deutschen Botschaft wurden schrottreife Waffenteile eingeschmolzen. Direkt im Anschluss besichtigte der Repräsentant der Bundesrepublik Deutschland die neuen Waffen von H&K und die Fertigungsanlage.

Kommentar eines Kenners der Szene: »Das AA hat sich schuldig gemacht, indem es die Waffenlieferungen mehr oder weniger durchgewunken hat.«

Der Militärattaché der deutschen Botschaft in Mexiko bei SEDENA/DCAM.

Schriftlich erklärt die Botschaft später dem AA und BMWi, dass es keine weiteren Altwaffenvernichtungen geben werde. Ungeachtet dessen schreibt man weiterhin »NfA« als grundsätzliche Genehmigungsvoraussetzung in alle weiteren Kriegswaffen-Exportgenehmigungen für Mexiko.

Die Befürworter: H&K verfügt über ein Netzwerk von Fürsprechern – vorrangig Experten aus Fachkreisen (Soldaten, Polizisten, Mitarbeiter in Waffenbeschaffungsstellen), die sich dem Unternehmen und dessen Produkten moralisch verbunden fühlen. Es existiert ein Gemeinschaftsgefühl – ein Angriff auf die Firma gilt als Angriff auf die eigene Person und den eigenen Berufsstand.

Die Befürworter sind von der einzigartigen Qualität der Produkte und von der Integrität von H&K überzeugt. Im Falle eines Produktfehlers bzw. Versagens wird die eigene Verfehlungsangst auf die Firma projiziert. Gängige Argumente sind: »Jeder darf mal Fehler machen. Die Umstände waren eben früher anders.«

Das Folgende sind Äußerungen von H&K-Unterstützern im Zusammenhang mit der Qualitätsdiskussion, entnommen der Unternehmens-Homepage:

Herr K. schreibt:
»Ich möchte Ihnen meine Unterstützung aussprechen, denn als ehemaliger Angehöriger des Kommandos Spezialkräfte (KSK) kann ich nur die einwandfreie Zuverlässigkeit des Sturmgewehrs G36 bestätigen. Die Berichterstattung zum Thema verwundert mich sehr – es wird Zeit, dass die Wahrheit ans Licht kommt!«

Herr H. schreibt:
»Als ehemaliger Soldat der Deutsch-Französischen Brigade/Infanterie möchte ich mich aufgrund der aktuellen Vorwürfe gegen Heckler & Koch zur Treffsicherheit des G36 zu Wort melden. Als Zeitsoldat habe ich bei Schießübungen mit dem G36 eine extrem hohe Trefferquote und Präzision erzielt, selbst nach dreimaligem Magazinwechsel (inkl. Leuchtspurmunition)…«

Herr S. schreibt:
»… Ich möchte ihnen meine persönliche Anerkennung für ihre qualitativ hochwertigsten Produkte aussprechen: Sie stellen meiner Meinung nach die Maßstäbe für Handfeuerwaffen weltweit.«

Die meisten ermutigenden Zuschriften erhält das Oberndorfer Unternehmen von Bundeswehr, US-Army, US-Navy Seals, SWAT Teams und der GSG 9.

Das Ziel des Netzwerks: Das Netzwerk schützt die Firma, verschafft ihr immer einen Wettbewerbsvorteil gegenüber der Konkurrenz. Gleichzeitig bestätigt die Firma ihre Fangemeinde, denn diese Leute stehen häufig in ihrem beruflichen Leben in der Kritik. Ein Beispiel: Polizisten und der Gebrauch von Schusswaffen. Sie sind Feindbild und haben ein identisches Feindbild wie die Waffenverkäufer.

Interview mit dem Journalisten Thomas Reutter

Sie sagen, da sind Interessenkollisionen, es gebe Befürworter. Wen meinen Sie damit?

TR: Ja, wir waren erstaunt, als wir bei *Report Mainz* angefangen haben zu recherchieren, wie ist eigentlich das politische Umfeld aufgestellt von H&K. Und wir haben festgestellt: Der Fraktionsvorsitzende der Unionsfraktion Volker Kauder hat seinen Wahlkreis genau vor der Haustür von H&K. Und genauso Ernst Burgbacher, der Staatssekretär im Bundeswirtschaftsministerium. Und das Bundeswirtschaftsministerium ist ganz zufällig zuständig für das Bundesausfuhramt, das zuständig ist für die Genehmigungen. Und Ernst Burgbachers Wahlkreis und Volker Kauders Wahlkreis haben immer Parteispenden bekommen von H&K, und zwar immer genau unterhalb der Veröffentlichungsgrenze, also gerade so, dass man es nicht veröffentlichen muss. Und Volker Kauder und Ernst Burgbacher haben ein sehr gutes Verhältnis zu H&K und waren dort zu Besuch, wir haben auch Fotos davon, sie sind dort aufgetreten, und Volker Kauder hatte sogar auf der eigenen Homepage stehen, dass er sich dafür einsetzt, Export zu erleichtern für die Industrie in seinem Wahlkreis, und H&K ist *die* Industrie in seinem Wahlkreis. Und dann wird eben von Entbürokratisierung gesprochen, gemeint ist Erleichterung für Rüstungsexporte. Und da fragt man sich schon, wird hier mit Geld dafür gesorgt, dass die Bundesregierung und die Regierungsfraktion dem Ansehen von H&K wohlgesonnen sind, und werden hier Abgeordnete und Mandatsträger gekauft, ist das so, dass man einen Bundestagsabgeordneten, und zwar einen führenden, wichtigen – Herr Volker Kauder ist ja nicht irgendwer, er ist ja, man kann sagen, die rechte Hand der Kanzlerin –, ist es so, dass der eingekauft wird für ein paar Tausend Euro, damit solche Rüstungsexporte, die sonst vielleicht nicht stattgefunden hätten, möglich sind?

Wie sahen Ihre Recherchen dazu aus?

TR: Volker Kauder hatte ich auch selbst vor der Kamera gehabt, und er ist uns ausgewichen, und er wollte uns dazu gar nichts sagen. Ernst Burgbacher auch. Hinterher haben sie sich geäußert und haben gesagt, es sei alles korrekt gelaufen, alles sei legal, und sie wiesen sämtliche Vorwürfe von sich. Aber es ist in Deutschland auch legal, Abgeordneten Geld zu geben und zu sagen: »Vertritt meine Meinung.« In anderen europäischen Staaten ist das Abgeordnetenbestechung und verboten. In Deutschland ist das erlaubt. Das ist schon seit Jahren immer wieder im Gespräch, und immer wieder gibt es Ansätze, das zu ändern, aber es ist tatsächlich so, dass man in Deutschland Abgeordneten Geld geben darf und eine Erwartungshaltung an den Tag legen kann: »Bitte, lieber Abgeordneter, denk an unsere Interessen.« Das ist völlig legal. Das Einzige, was verboten ist, ist, dass man diese Geldgabe verbindet mit einem bestimmten Abstimmungsverhalten. Also, wenn ich jetzt schriftlich versichere: »Du bekommst 5000 Euro von uns, und dafür stimmst du bei der nächsten Abstimmung mit Nein oder mit Ja.« Das wäre verboten, das ist illegal. Aber einfach nur Geld geben und sagen: »Denk an uns«, das ist völlig zulässig. Und da fragt man sich natürlich schon, was hat H&K denn damit bezweckt, was haben sie damit gemacht, was haben sie erwartet für dieses Geld? Warum gibt ein Rüstungskonzern, der extrem exportabhängig ist, dem zuständigen Staatssekretär im Bundeswirtschaftsministerium bzw. seinem Wahlkreis, also seinem Wahlkreisbüro, so viel Geld über all die Jahre, und zwar immer knapp unter der Veröffentlichungsschwelle. Warum machen die das? Und da hat H&K uns geantwortet: »Ja, das ist die allgemeine politische Landschaftspflege.« Aber sehr gezielt, also jetzt nicht irgendwie die Grünen oder die Linksfraktion, die haben natürlich kein Geld bekommen. Da musste offensichtlich die politische Landschaft nicht gepflegt werden.

Aber hat Volker Kauder das nötig?

TR: Meine Interpretation ist, dass das Wahlkreisbüro von Volker Kauder das gerne mitgenommen hat, eingezogen hat, und Volker Kauder sich ganz selbstverständlich einsetzt für die Industrie in seinem Wahlkreis. Auch wenn es H&K ist und auch wenn die Lieferungen in Staaten gehen, wo man es vielleicht nicht so gerne sieht. Aber da wird einfach Standortpolitik gemacht, das ist wichtig, in diesem Wahlkreis ist H&K sehr wichtig. Oberndorf, da ist H&K das Wichtigste überhaupt, wie die BASF in Ludwigshafen oder so. Und da setzt sich eben Volker Kauder für die große Industrie in seinem Wahlkreis ein. Das würde er auch gar nicht bestreiten, das hat er auch gar nicht abgestritten. Er streitet nur ab, sich aktiv dafür einzusetzen, dass Rüstungsexporte auch dahin gehen, wo sie eigentlich nicht hinsollen. Das hat er abgestritten. Das können wir ihm auch nicht nachweisen, aber umgekehrt ist die Frage, warum spendet H&K Tausende von Euro über Jahre hinweg immer wieder diesem Wahlkreis. Warum machen die das? Und warum ausgerechnet dem Wahlkreisbüro von Ernst Burgbacher? Der an so einer Schaltstelle sitzt, an so einer wichtigen.

Das betrifft jetzt das Bundeswirtschaftsministerium. Da gibt es das Zitat: »Man fragt sich, wo hört H&K auf, und wo fängt das Verteidigungsministerium an.« Was ist mit dem Verteidigungsministerium?

TR: Ja, das ist eine legitime Frage in dem Fall, ja. Es gibt schon auffällig viele Kontakte, und wir kriegen das ja auch mit, diese parlamentarischen Abende zum Beispiel, wo Lobbyarbeit betrieben wird und Rüstungskonzerne direkt an die Entscheidungsträger rangehen und direkt mit den Entscheidungsträgern diskutieren und in einem vertrauten Verhältnis zueinander stehen und vertrauensvolle Absprachen treffen. Was machen die da genau? Es ist völlig intransparent. Es ist der Öffentlichkeit nicht zugänglich, wie diese Gespräche ablaufen, was da genau ausgehandelt wird, wie die Informationswege sind, wer da genau was über wen weiß, also, jetzt haben wir ja erfahren, dass H&K sogar dabei war, bei Personalgesprächen, wo es um Personal ging im Bundesverteidigungsministerium. Wie kann das sein, dass da eine externe Firma mit am Tisch sitzt, wenn es um so etwas Internes geht. Das zeigt ja, dass da ganz seltsame Verstrickungen ablaufen, wo man nur den Kopf schüttelt und sich wundert, wie dicht und wie eng die da zusammensitzen.

Wie kann das wirklich sein?

TR: Es kommt einfach daher, dass die dieselbe Haltung haben zu Waffen, also Militärs und Waffenhersteller haben schon mal ein grundsätzlich gleiches Verhältnis zu Waffen und ein grundsätzlich gleiches Verhältnis zu Kritikern wie Jürgen Grässlin zum Beispiel, da sind die sich sehr einig und führen den Schulterschluss und fühlen sich im selben Boot.

Wir wissen, dass es einen intensiven Austausch gab darüber, dass diese Leaks, wo also Informationen an Presse lanciert werden oder an unsere Informanten gehen, geschlossen werden müssen. Da wollte H&K die Bundesanwaltschaft dransetzen, also nicht irgendeine Staatsanwaltschaft. Und genauso die Sache mit dem militärischen Abschirmdienst. Da arbeitet also H&K, der Geschäftsführer, Hand in Hand mit dem Abteilungsleiter für Ausrüstung im Bundesverteidigungsministerium. Das zeigt ja, wie eng die miteinander vertraut sind und wie kollegial die zusammenarbeiten. Dabei müsste es eigentlich von der Rollenverteilung her so sein, hier der Staat, der unabhängig mit seinen Beamten kontrolliert und Ausschreibungen macht, und auf der anderen Seite der, der ordentliche Ware liefern muss und ein entsprechendes Verhältnis zu seinen Kunden hat. Das ist aber offensichtlich ein ganz anderes Verhältnis.

Hat das Ihre Redaktion betroffen? Sie und Ihre Kollegen betroffen?

TR: Ja, wie H&K sich uns gegenüber verhalten hat, dass sie immer die Taktik hatten, alles zu bestreiten, was noch nicht bewiesen ist, und dann einzuräumen, wenn es bewiesen ist, und grundsätzlich zumindest uns, aber auch vielen anderen kein Interview zu gewähren und dann aber hinterher eine Pressemitteilung rauszuhauen, wo sie alles bestreiten. Also das ist so die Öffentlichkeitsarbeit von H&K.

Hat die Bedeutung von H&K damit zu tun, dass die Standardwaffen der Bundeswehr von der Firma stammen, oder auch umgekehrt? Ist das der entscheidende Punkt?

TR: Ich glaube, dass H&K sich sowieso gerne staatstragend sieht und dass sie der Ausrüster der Bundeswehr sind und dass sie irgendwie praktisch zur Bundeswehr dazugehören, die haben so ein Selbstverständnis, wir liefern die Qualität für die Soldaten, die Bundeswehrsoldaten im Einsatz, und wir sorgen für die Sicherheit dieser Soldaten, das ist deren Selbstverständnis. Und nebenbei machen sie auch Profit und Geld damit, aber sie verstehen sich praktisch als Sicherheitsunternehmen der Bundesregierung, so kann man das, glaube ich, zusammenfassen. Und umgekehrt versteht die Bundesregierung H&K als »unser Unternehmen« und fördert dieses Unternehmen als Träger von Schlüsseltechnologie und scheint eine panische Angst davor zu haben, dass diese Schlüsseltechnologie an andere abwandern könnte. Da gibt es auch verschiedene, sag ich mal, Verschwörungstheorien, dass H&K von ausländischen Unternehmen aufgekauft werden könnte, damit dann diese Schlüsseltechnologie abfließen könnte, und es gilt nach wie vor mehr oder weniger diese Staatsdoktrin, dass das Standardgewehr der Bundeswehr von einem deutschen Lieferanten, und das kann ja dann eigentlich nur H&K sein, stammen muss. Es wäre praktisch eine Schmach für Deutschland, für die Bundesregierung, für diesen Staat, wenn die Standardwaffe der Bundeswehr von einem österreichischen Unternehmen oder von einem anderen Unternehmen käme. Ich kann das jetzt nicht so nachvollziehen, aber ich bin ja auch kein Militär, ich sehe nur, dass da andere Staaten nicht so viel Wert drauf legen. Dass das also wirklich historisch so gewachsen ist aus der Zeit des Kalten Krieges und, sagen wir mal, die Bundesregierung sehr stolz ist auf H&K, und umgekehrt H&K sehr stolz ist, die Bundeswehr auszustatten, das ist denen sehr, sehr wichtig und ist für sie Renommee. Deswegen hat sich der Geschäftsführer von H&K auch tatsächlich bei Volker Kauder und Ernst Burgbacher persönlich bedankt dafür, dass sie die schützenden Hände über sie gehalten haben. So stand es in der Lokalzeitung dort.

Wenn dieses Unternehmen eine solche Schlüsselfunktion hat für die Bundesrepublik, für das Verteidigungsministerium, müsste es dann nicht besonders unter die Lupe genommen werden?

TR: Es gibt offensichtlich auch im Bundesverteidigungsministerium und bundeswehrintern unterschiedliche Gruppen. Die, die tatsächlich die schützenden Hände halten, und andere, die also offensichtlich festgestellt haben, es gibt ein Problem mit dem G36, und die da kritischer sind und nachgefragt haben. Und im Moment haben sich die Kritiker bis an die Spitze des Ministeriums, bis zur Verteidigungsministerin von der Leyen durchgesetzt. Vorher, all die Jahre vorher, waren die schützenden Hände überwiegend vertreten und haben sich durchgesetzt. Das ändert sich jetzt offensichtlich gerade, und Frau von der Leyen ist ja offensichtlich auf dem Vormarsch, sag ich mal, und versucht, dem Bundesrechnungshof zuvorzukommen mit der Aufklärung, denn der Bundesrechnungshof wird ja sowieso mit seinem Bericht kommen, und da steht ja, das kann man aus dem Zwischenbericht schon sehen, da wird drin stehen, wie verheerend die Bundesregierung umgegangen ist mit diesem Gewehr und wie schlecht dieses Gewehr ist. Und um dem zuvorzukommen, musste Frau von der Leyen jetzt so vorpreschen und sich als Aufklärerin präsentieren, denn der Bericht wird kommen, und dann ist es besser, jetzt schon darauf einzugehen und sich als Aufklärerin zu zeigen, als später danach gefragt zu werden. Das ist der Hintergrund.

Kapitel 6

Das Netzwerk der Bundeswehr mit Heckler & Koch – juristischer Doppelschlag

Die Qualitätsdiskussion

Schließlich noch die Qualitätsdiskussion: das G36-Sturmgewehr und die Treffungenauigkeit. Heckler & Koch – der Mercedes der Waffenindustrie, im oberen Preissegment, absolut zuverlässig, ein Statussymbol. Die Premiummarke unter den deutschen Waffenschmieden, die seit Jahrzehnten weltweit für ihre hochwertigen Produkte steht, gerät nun auch noch wegen technischer Mängel in die Kritik. Am 22. April 2015 tritt Verteidigungsministerin Ursula von der Leyen vor die Presse und verkündet nach ihrem fast dreistündigen Auftritt im Verteidigungsausschuss des Bundestages, das Sturmgewehr G36 habe »in der Bundeswehr keine Zukunft«.

Die Vorwürfe lauten: »Treffungenauigkeit«, »Verlagerung des Zielpunkts im heißgeschossenen Zustand nach nur wenigen aufeinanderfolgenden Schuss« – »In der Sonne verbiegt sich das G36 wie eine Banane.« – »Bei Dauerfeuer schmilzt der Handgriff.« Diese Horrormeldungen befördern den Skandal um die Oberndorfer Waffenhersteller in eine neue Dimension. Es geht nicht mehr »nur« um mögliche illegale Kriegswaffenexporte in Krisenregionen und zweifelhafte Geschäfte mit fragwürdigen Kunden. Es geht ums Eingemachte: die Qualität und das Image der Produkte von Heckler &

Koch. Und noch viel mehr: Dem Unternehmen wird vorgeworfen, von den Qualitätsproblemen des G36, der Standardwaffe der Bundeswehr, seit vielen Jahren gewusst zu haben. Der Vorwurf klingt ungeheuerlich. Eigentlich unglaublich. Ist es denn überhaupt vorstellbar, dass die Experten von Heckler & Koch wissentlich junge Soldaten und Soldatinnen, Polizisten und Polizistinnen auf der ganzen Welt mit Waffen in den Einsatz schickten und schicken, die weder zur Verteidigung noch zum Angriff tauglich sind?

Zunächst wird der Diskurs zwischen Heckler & Koch und dem Verteidigungsministerium ungewohnt – und überraschend – öffentlich ausgetragen. Die Firma verteidigt die Qualität und Einsatztauglichkeit der Waffen, während das Ministerium immer mehr Details über Waffen- und Materialtests veröffentlicht. Als man bereits meint, die Situation könne nicht mehr schlimmer werden, kommen aus dem Verborgenen Berichte und Informationen über ein eng verflochtenes Netzwerk aus Waffenproduzenten und Ministeriumsmitarbeitern ans Licht: Offensichtlich wurde schon zur Zeit der Entwicklung und Erstbeschaffung des Sturmgewehrs G36 gekungelt, wurden Testergebnisse uminterpretiert und wurde für H&K interveniert. Es scheint, als ob von Anfang an feststand, dass Heckler & Koch den Auftrag für das neue Standardgewehr der Bundeswehr erhalten sollte – obwohl bereits damals bekannt war, dass es erhebliche technische Probleme haben könnte. Der Deal kam dennoch zustande. Insgesamt hat das Verteidigungsministerium bis zum 13. April 2015 – eine Woche bevor Verteidigungsministerin von der Leyen vor die Presse trat – 181 773 G36-Sturmgewehre gekauft. Die Ausgaben beliefen sich auf 197 471 119,84 Euro. Dazu kommen 5716 Ergänzungssätze für 6 529 707,35 Euro und 14 647 Übungsverschlüsse für 3 368 150,38 Euro.

Wie sich nun zeigt, wurde in den letzten 20 Jahren seitens des Verteidigungsministeriums und Heckler & Koch immer wieder fragwürdig gehandelt, interveniert und fehlinformiert. Das ganze Ausmaß der engen Verbindungen zwischen der Firma und dem Verteidi-

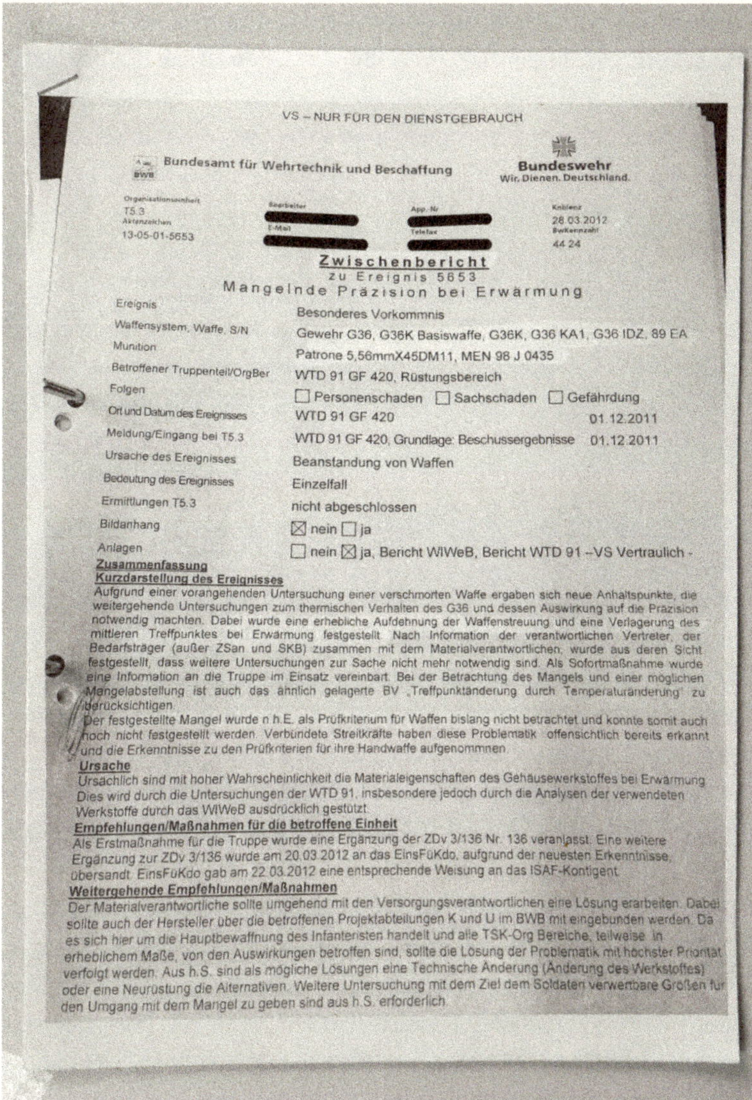

VS – NUR FÜR DEN DIENSTGEBRAUCH

Bundesamt für Wehrtechnik und Beschaffung — BWB

Bundeswehr
Wir. Dienen. Deutschland.

Organisationseinheit
T5.3
Aktenzeichen
13-05-01-5653

Bearbeiter [redacted] E-Mail [redacted] App.-Nr [redacted] Telefax [redacted]

Koblenz
28.03.2012
BwKennzahl
44 24

Zwischenbericht
zu Ereignis 5653
Mangelnde Präzision bei Erwärmung

Ereignis	Besonderes Vorkommnis
Waffensystem, Waffe, S/N	Gewehr G36, G36K Basiswaffe, G36K, G36 KA1, G36 IDZ, 89 EA
Munition	Patrone 5,56mmX45DM11, MEN 98 J 0435
Betroffener Truppenteil/OrgBer	WTD 91 GF 420, Rüstungsbereich
Folgen	☐ Personenschaden ☐ Sachschaden ☐ Gefährdung
Ort und Datum des Ereignisses	WTD 91 GF 420 01.12.2011
Meldung/Eingang bei T5.3	WTD 91 GF 420, Grundlage: Beschussergebnisse 01.12.2011
Ursache des Ereignisses	Beanstandung von Waffen
Bedeutung des Ereignisses	Einzelfall
Ermittlungen T5.3	nicht abgeschlossen
Bildanhang	☒ nein ☐ ja
Anlagen	☐ nein ☒ ja, Bericht WIWeB, Bericht WTD 91 –VS Vertraulich -

Zusammenfassung

Kurzdarstellung des Ereignisses

Aufgrund einer vorangehenden Untersuchung einer verschmorten Waffe ergaben sich neue Anhaltspunkte, die weitergehende Untersuchungen zum thermischen Verhalten des G36 und dessen Auswirkung auf die Präzision notwendig machten. Dabei wurde eine erhebliche Aufdehnung der Waffenstreuung und eine Verlagerung des mittleren Treffpunktes bei Erwärmung festgestellt. Nach Information der verantwortlichen Vertreter, der Bedarfsträger (außer ZSan und SKB) zusammen mit dem Materialverantwortlichen, wurde aus deren Sicht festgestellt, dass weitere Untersuchungen zur Sache nicht mehr notwendig sind. Als Sofortmaßnahme wurde eine Information an die Truppe im Einsatz vereinbart. Bei der Betrachtung des Mangels und einer möglichen Mangelabstellung ist auch das ähnlich gelagerte BV „Treffpunktänderung durch Temperaturänderung" zu berücksichtigen.

Der festgestellte Mangel wurde n.h.E. als Prüfkriterium für Waffen bislang nicht betrachtet und konnte somit auch noch nicht festgestellt werden. Verbündete Streitkräfte haben diese Problematik offensichtlich bereits erkannt und die Erkenntnisse zu den Prüfkriterien für ihre Handwaffe aufgenommnen.

Ursache

Ursächlich sind mit hoher Wahrscheinlichkeit die Materialeigenschaften des Gehäusewerkstoffes bei Erwärmung. Dies wird durch die Untersuchungen der WTD 91, insbesondere jedoch durch die Analysen der verwendeten Werkstoffe durch das WIWeB ausdrücklich gestützt.

Empfehlungen/Maßnahmen für die betroffene Einheit

Als Erstmaßnahme für die Truppe wurde eine Ergänzung der ZDv 3/136 Nr. 136 veranlasst. Eine weitere Ergänzung zur ZDv 3/136 wurde am 20.03.2012 an das EinsFüKdo, aufgrund der neuesten Erkenntnisse, übersandt. EinsFüKdo gab am 22.03.2012 eine entsprechende Weisung an das ISAF-Kontigent.

Weitergehende Empfehlungen/Maßnahmen

Der Materialverantwortliche sollte umgehend mit den Versorgungsverantwortlichen eine Lösung erarbeiten. Dabei sollte auch der Hersteller über die betroffenen Projektabteilungen K und U im BWB mit eingebunden werden. Da es sich hier um die Hauptbewaffnung des Infanteristen handelt und alle TSK-Org Bereiche, teilweise in erheblichem Maße, von den Auswirkungen betroffen sind, sollte die Lösung der Problematik mit höchster Priorität verfolgt werden. Aus h.S. sind als mögliche Lösungen eine Technische Änderung (Änderung des Werkstoffes) oder eine Neurüstung die Alternativen. Weitere Untersuchung mit dem Ziel dem Soldaten verwertbare Größen für den Umgang mit dem Mangel zu geben sind aus h.S. erforderlich.

Interner Bericht des Bundesamts für Wehrtechnik und Beschaffung vom 28.03.2012 informiert über festgestellte Mängel beim Sturmgewehr G36, die bislang nicht betrachtet wurden.

gungsministerium kann möglicherweise nicht mal ein Untersuchungsausschuss klären, so eng verbandelt, so loyal scheint das Netzwerk aus Beamten und Waffenhändlern zu sein.

Zur Verdeutlichung hier noch eine Auswahl von Meldungen, auf denen die Erkenntnisse über die Qualitätsmängel des G36 beruhen (in chronologischer Reihenfolge):

1994 – Probleme beim G36-Test der Gebirgsjäger: Anfang 1994 wird das G36 bei einem Testschießen der Gebirgsjäger als »nicht truppenverwendbar« eingestuft. Ein Gewehr des österreichischen Herstellers Steyer wird empfohlen und als Standardgewehr favorisiert.

11. August 1994 – Volker Kauder greift ein: Der damalige Generalsekretär der baden-württembergischen CDU und heutige CDU-Fraktionsvorsitzende, in dessen Wahlkreis Rottweil-Tuttlingen die Firma H&K angesiedelt ist, schreibt an den Abteilungsleiter Rüstung im Verteidigungsministerium und setzt sich für den »Aufschub einer Vergabeentscheidung« der Beschaffungsentscheidung zum Standardgewehr der Bundeswehr ein. Damit wollte er angeblich erreichen, dass sich »die Arbeitsgruppe Verteidigung« noch einmal mit der anstehenden Vergabe beschäftigen kann. Nach eigenem Bekunden ging es Kauder um »die Erörterung der Arbeitsmarktsituation in der Region Oberndorf«, weil sich bei H&K »in einem absehbaren Zeitraum die Existenzfrage« stelle, wenn der Auftrag nicht an das Unternehmen vergeben würde.

24. Juli 1996 – Meldung der Luftlande-/Lufttransportschule über Probleme mit G36: Oberleutnant S. von der Luftlande-/Lufttransportschule im Kempten berichtet über Beobachtungen bei Schießübungen am 4. Juli 1996. Hinsichtlich aufgetretener Probleme mit dem Sturmgewehr G36 betont er: »Es handelt sich hierbei um keine Einzelfeststellung, auch bei anderen Schützen der FschJg-L/VsuKp 909 trat dieser Mangel auf.« Ferner bittet Oberleutnant S. um nähere Untersuchungen seiner Beobachtungen.

1. Oktober 1996 – Meldung der Infanterieschule Hammelburg: Unter Leitung eines Hauptmanns wird das G36 einem Belastungs-

schießen unterzogen. Die Teilnehmer kommen aus dem »Dezernat Technik«, dem »Dezernat Taktik« und dem »Dezernat Luftwaffe«. Die Experten stellen fest, dass nach 90 Schuss Dauerbelastung in 2,5 Minuten »eine starke Wärmestrahlung vom Rohr« einsetzt. Nach 150 Schuss Dauerbelastung ist »die weitere Handhabung nur noch mit Handschuhen möglich«.

5. Oktober 2009 – Meldung Ereignis »5615«: Während eines Übungsmanövers mit dem Namen »Blauer Merkur« wird ein »Gewehr G36 zum Schießen von Deckungsfeuer« eingesetzt. Dabei »wird die Waffe derart stark belastet, dass diese unbrauchbar wird«. Die Experten der Wehrtechnischen Dienstelle 91 glauben den Ausführungen der Kollegen nicht und lassen den Schützen vernehmen. Dieser sagt aus: »Während des Schießens ist der Handschutz geschmolzen, das Plastik berührte das Rohr und begann zu brennen.«

Die Wehrtechnische Dienststelle 91 stellt letztendlich fest, dass die Schuld nicht bei der Waffe liege, vielmehr seien »Zweifel am Sachverstand und Materialbewusstsein der Betroffenen aufgekommen«. Der Umgang mit der Waffe sei »insbesondere durch das Handeln der Vorgesetzten des Verursachers in unakzeptabler Weise missachtet« worden.

6. Oktober 2009 – Meldung eines besonderen Vorfalls mit Waffen der Kampfschwimmer: Während Einsatztruppenübungen in Norwegen zwischen dem 7. September und 25. September 2009 werden von der Kampfschwimmerkompanie – einer Eliteeinheit der Bundeswehr – »aufgrund gravierender Sicherheitsmängel 4 EA von 18 EA G36k stillgelegt«. Sie beobachten bei einer Zielentfernung von 100 Metern »eine Abweichung von bis zu drei Metern« – das Trefferbild sei »durch den Schützen nicht beeinflussbar«. Das Fazit: »Demzufolge bewertet KpfSchwKp den weiteren Gebrauch der Waffen G36k als ein massives Sicherheitsrisiko«, und »eine Ersatzgestellung, bzw. eine Neubeschaffung der Waffen G36k ist aus Sicht KpfSchwKp unausweichlich und unter Berücksichtigung der momentanen Auftragslage für Spezialkräfte Marine / KpfSchwKp dringend erforderlich.«

21. Januar 2011 – Anonyme Strafanzeige löst Betrugsermittlungen aus: Die anonyme Anzeige geht am 21. Januar 2011 im Referat »Ermittlung Sonderfälle« (ES) des damaligen Staatssekretärs Rüdiger W. im Verteidigungsministerium ein. Der allerdings nicht durch weitere Belege unterfütterte Vorwurf lautet: »Bei der Abnahme des G36 durch die Bundeswehr im Hause H&K hat die Abteilung Qualitätssicherung die Mängel wissentlich überspielt und damit die Bundeswehr bewusst getäuscht. Das Gewehr wurde vom Haltepunkt her anders eingerichtet. Damit hat man die Treffgenauigkeit nur vorgetäuscht.« Dies sei auch der Geschäftsleitung von Heckler & Koch bewusst gewesen. Der damalige Geschäftsführer soll sogar ein »Urgent Secret Meeting« einberufen haben, nachdem der Waffenhersteller Reklamationen von Soldaten aus Afghanistan erhalten hatte. Mit Nachbesserungen habe man in Oberndorf versucht, die Mängel zu beseitigen. Dafür soll Heckler & Koch Anlagen und Technologie im Wert von rund 500 000 Euro angeschafft haben. Die Firma habe damit hohe Regressforderungen vermeiden wollen. Die Bemühungen seien allerdings ohne Erfolg geblieben. Firmenintern soll der damalige Geschäftsführer davor gewarnt haben, dass »die Öffentlichkeit von den technischen Mängeln der an die Bundeswehr gelieferten G36 und der damit verbundenen Täuschung erfahre«.

Die für den Oberndorfer Waffenhersteller zuständige Staatsanwaltschaft Rottweil leitet daraufhin ein Ermittlungsverfahren ein. Der Vorwurf: Verdacht auf Betrug. Daraufhin fordert die Behörde Informationen und Unterlagen – explizit die Verträge zum Kauf der G36-Sturmgewehre – beim Verteidigungsministerium an.

15. Juli 2011 – Unterlagen für die Staatsanwaltschaft: Am 15. Juli 2011 sendet Ministerialdirigent W. (geschäftsführender Beamter in der Abteilung Rüstung im Verteidigungsministerium) einen Kaufvertrag vom 11. Juli 1995, der Grundlage der Beschaffung des Sturmgewehrs G36 sein soll, an den Referatsleiter »Ermittlung Sonderfälle« des Verteidigungsministeriums. Diese Unterlagen werden am 26. Juli 2011 an die Staatsanwaltschaft Rottweil weitergeleitet.

Der Kaufvertrag vom 11. Juli 1995 ist jedoch nur einer von insgesamt 51 Kaufverträgen zur Beschaffung des G36, Ersatzteilen und Zusatzausrüstung. Der aktuellste Vertrag ist, wie bereits erwähnt, datiert auf den 3. September 2014. Die Staatsanwaltschaft wird hiervon nicht informiert.

1. August 2011 – Die Staatsanwaltschaft stellt ein: Am 1. August 2011 stellt die Staatsanwaltschaft Rottweil ihre Ermittlungen wegen Verdachts des Betrugs in besonders schwerem Fall ein. Die Begründung: Verjährung. Betrug im besonders schweren Fall verjährt laut § 78 StGB jedoch erst nach zehn Jahren.

Wären außerdem die Vertragsunterlagen des Verteidigungsministeriums vollständig vorgelegen, dann hätten die Ermittlungen höchstwahrscheinlich weiterlaufen müssen. Zum Zeitpunkt der Anzeigeerstattung wären möglicherweise mindestens 40 Verträge für das Ermittlungsverfahren »Betrug« relevant gewesen. Warum das Verteidigungsministerium diese Verträge nicht anführte, bleibt offen.

19. August 2011 – Weitere Konsequenzen werden verhindert: Obwohl die anonyme Anzeige vom 21. Januar 2011 nahelegt, dass der Verfasser über Insiderwissen und detaillierte technische Kenntnisse verfügt, werden offensichtlich keine Konsequenzen gezogen. Auf Empfehlung eines Mitarbeiters von Staatssekretär W., eine Überprüfung einzuleiten, antwortet Ministerialdirigent W. am 19. August 2011, die Fachaufsicht Rü V4 könne keinen der angeblichen Mängel bestätigen. Ministerialdirigent W.: »Die Bundeswehr hatte damit keine Veranlassung, Mängel bzw. Abweichungen von vertraglichen Vereinbarungen zu behandeln oder Gewährleistungen anzumelden. Weiterer Handlungsbedarf zur Überprüfung des Sturmgewehrs G36 besteht nicht.«

Zum Zeitpunkt der Anzeige und der darauffolgenden behördlichen Vorgänge war Thomas de Maizière Verteidigungsminister.

27. Dezember 2011 – Warnung vor G36 an die ISAF-Truppen: Obwohl im Verteidigungsministerium angeblich feststeht, dass das G36-Sturmgewehr einwandfrei für den Einsatz geeignet sei, werden

die Verbündeten im Afghanistan-Einsatz, die ISAF-Truppen, vor dem Einsatz der Waffen und vor möglichen Problemen damit gewarnt.

März 2012 – Der Verteidigungsminister wird informiert: Thomas de Maizière wird spätestens im März 2012 über die G36-Problematik informiert. Die für die Prüfung des G36 zuständige Abteilung im Verteidigungsministerium, Rü V 4, hält in einem internen Schreiben für Thomas de Maizière fest: »Alle bisher untersuchten G36 zeigen eine Veränderung des mittleren Treffpunkts und eine Aufweitung des Streukreises derart, dass ein Gegner in einer Entfernung von 200 Metern nicht mehr sicher bekämpft werden kann.« Die Prüfer kommen zu dem Schluss, dass das G36 »aus militärischer Sicht einen erheblichen Mangel« darstellt.

April 2012 – Der Verteidigungsminister unternimmt nichts: Im April 2012 fragt eine Mitarbeiterin de Maizières einen weiteren Bericht über die Probleme mit dem Sturmgewehr G36 an. Die Anfragen gehen sowohl an die Bundeswehrbeschaffungsbehörde als auch an die zuständigen Abteilungen im Verteidigungsministerium. »Der Minister hat nach Vorlage des letzten Sachstands weiteren Informationsbedarf«, heißt es in dem internen E-Mail-Verkehr. Zehn Tage später antwortet eine andere Abteilung (Fü SK III 1) und kommt zu einem gegensätzlichen Ergebnis. Obwohl die Überprüfungen weiter durchgeführt werden müssten, heißt es jetzt: »Das Sturmgewehr G36 wird als grundsätzlich tauglich für die Erfordernisse der laufenden Einsätze bewertet. […] Konkrete Meldungen der Truppe über die Treffleistung« lägen weder aus dem Einsatz noch aus dem Ausbildungsbetrieb vor.

Während man sich in der Behörde über Zuständigkeiten streitet, läuft die Beschaffung ungehindert weiter. Seit de Maizières Kenntnisnahme im März 2012 bis zum Ende seiner Amtszeit werden mit Sicherheit vier weitere Verträge über G36-Gewehre und Zubehör abgeschlossen. Recherchen legen nahe, dass dabei mindestens 3770 Gewehre mit einem Wert von ca. 4 Millionen Euro beschafft wurden.

März 2013 – Weitere Ermittlungen/Korruptionsverdacht im Ministerium: Die Staatsanwaltschaft Koblenz ermittelt in Zusammenhang mit der Beschaffung von Sturmgewehren des Typs G36K wegen des Verdachts der Korruption gegen mindestens einen Beamten des Bundesamts für Ausrüstung, Informationstechnik und Nutzung der Bundeswehr (BAAINBw). Ermittler führen in den Diensträumen des Amts für Bundeswehrbeschaffungsvorhaben eine Razzia durch und beschlagnahmen Unterlagen. Die Ermittlungen der Staatsanwaltschaft richten sich unter anderem gegen Ministerialrat Gerhard C., General im Verteidigungsministerium und Referatsleiter des BAAINBw, sowie gegen Verantwortliche von H&K.

Der Vorwurf: Gewehre sollen für die Bundeswehr beschafft und an die Truppe geliefert worden sein, obwohl es beim Einsatz der Waffen zu Problemen gekommen war. Bei den Gewehren sollen unter anderem ungenügende Treffgenauigkeit und zu hoher Verschleiß aufgetreten sein. Es geht um den Verdacht der Untreue im Zusammenhang mit der Beschaffung von mindestens 3770 G36.

Doch damit nicht genug.

Verteidigungsministerium soll den MAD einschalten

20. November 2013 – Andreas Heeschen und Niels Ihloff wenden sich an den Präsidenten des Militärischen Abschirmdienstes (MAD). Ihr Anliegen: Seit April 2012 gibt es in den Medien vermehrt Berichte über die mangelnde Qualität des Sturmgewehrs Typ 36, die sich auf »VS-Geheim« eingestufte Dokumente des Verteidigungsministeriums beziehen. Die Geschäftsführer von Heckler & Koch wollen wissen, wer die Quelle im Verteidigungsministerium ist. Sie fürchten um den guten Ruf des Rüstungsunternehmens, nachdem bekannt wurde, dass es erhebliche Zweifel an der Treffgenauigkeit des Sturmgewehrs G36 gibt.

Der Präsident des MAD Birkenheier lehnt ein Eingreifen ab. Detlef Selhausen, damaliger Abteilungsleiter beim Verteidigungsministerium, versucht den MAD-Chef zwar noch schriftlich umzustimmen, jedoch macht dieser in einem Schreiben – datiert auf den 23.12.2013 – deutlich: Er sehe »keine begründete Besorgnis einer Gefahr für ein Schutzgut des MAD. [...] Ein Tätigwerden des MAD in dieser Angelegenheit verbietet sich daher«.

28. November 2013 – MAD lehnt ab/Staatsanwaltschaft Bonn springt ein: Wenige Tage nach der Absage des MAD, am 28. November 2013, erstattet H&K bei der Staatsanwaltschaft Bonn Anzeige gegen unbekannt. Gesucht wird der Whistleblower im Verteidigungsministerium. Im Rahmen der Verfahrensprüfung erbittet die Staatsanwaltschaft beim Verteidigungsministerium eine »Entscheidung über die Erteilung der zur Verfolgung der Straftat erforderlichen Ermächtigung«. Diese Zustimmung ist laut § 353b Absatz 4 Nr. 4 StGb. zwingend notwendig, um Ermittlungen zu führen, die Geheimnisverrat in einem Bundesministerium betreffen.

Der mit der Prüfung beauftragte Referatsleiter ist Ministerialrat Dr. Christian R. Er empfiehlt Staatssekretärin Dr. Katrin S. dringend »eine Erteilung der Ermächtigung zur Strafverfolgung«. Die Begründung zeigt, wie eng die Verbindungen zwischen Ministerium und Rüstungsfirma sind: Das Ministerium befürchtet, eine Ablehnung könnte »bei der Firma Heckler und Koch zu Irritationen führen, die als Vertragspartnerin der Bundeswehr durch die Veröffentlichung der Vorlage ebenfalls geschädigt wurde«. Außerdem »besteht im BMVg ein erhebliches Interesse daran, einen möglichen Geheimnisverrat im eigenen Haus bzw. nachgeordneten Bereich aufzuklären, um mögliche Sicherheitslecks zu schließen und künftige Taten durch Abschreckung zu verhindern«.

März 2014 – Die Ermittlungen der Staatsanwaltschaft Koblenz gegen Ministerialrat Gerhard C. sowie gegen Verantwortliche von H&K wegen des Verdachts auf Untreue werden eingestellt: Die Munition ist schuld. Die Begründung lautet: Testergebnisse und ein externes

Gutachten im Auftrag des Verteidigungsministeriums beweisen, nicht das Sturmgewehr G36 ist am mangelnden Treffverhalten schuld, sondern die verwendete Munition.

Nachdem am 22. April 2015 die Treffungenauigkeit des G36 definitiv durch das Verteidigungsministerium bestätigt worden ist, stellt sich nun die Frage, ob die Ermittlungen nicht wieder aufgenommen werden müssen. Zumal es ausgerechnet Ministerialrat Gerhard C. war, der das Gutachten in Auftrag gab, das ihn später wiederum entlastete.

Zuvor, am 16. Februar 2015 – Das Verteidigungsministerium ermächtigt die Staatsanwaltschaft: Staatssekretär Gerd H. stimmt der Erteilung der Ermächtigung zur Strafverfolgung zu. Staatssekretärin Dr. Katrin S. schließt sich am 17. Februar 2015 der Entscheidung an. Das Verteidigungsministerium unterstützt somit aktiv die Ermittlungen gegen einen Whistleblower, der vor den Gefahren mangelhafter Waffen der Firma Heckler & Koch gewarnt hat.

Es klingt merkwürdig: Das Verteidigungsministerium hat 2011 darauf verzichtet, mögliche Regressforderungen gegen den Waffenhersteller H&K geltend zu machen. Dann wurden mittels offensichtlich fehlerhafter Studien zum Treffverhalten des G36 die Ermittlungen gegen Beamte wegen des Verdachts auf Untreue verhindert. Und anstatt gegen Heckler & Koch vorzugehen, unterstützte das Verteidigungsministerium am Ende die Staatsanwaltschaft bei der Jagd auf den Whistleblower.

Der Stand heute (Sommer 2015): Thomas de Maizière, Ursula von der Leyen, die Staatssekretäre und Ministerialdirigenten? Man fragt sich: Wer hat wann von was gewusst? Ob Konsequenzen folgen bleibt abzuwarten. Offenbart worden ist auf jeden Fall ein unheimliches Netzwerk aus Verbindungen und Seilschaften, es besteht Betrugs- und möglicherweise Korruptionsverdacht.

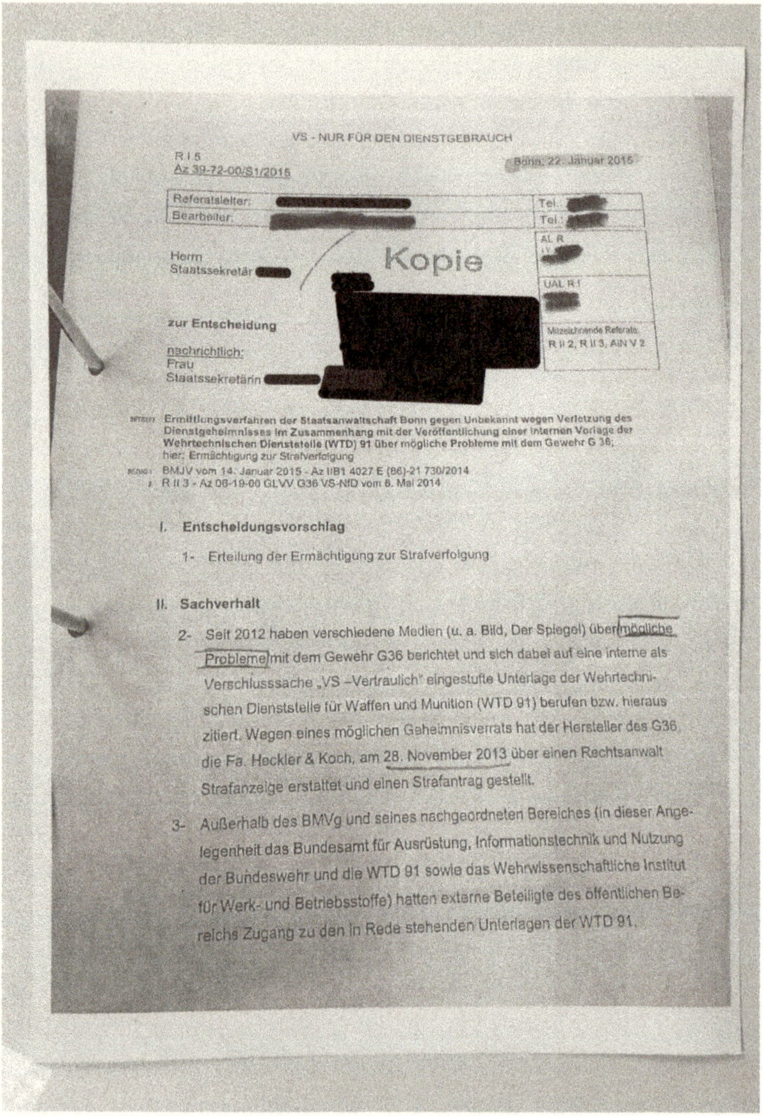

VS - NUR FÜR DEN DIENSTGEBRAUCH

R I 5
Az 39-72-00/S1/2015

Bonn, 22. Januar 2015

Referatsleiter: [redacted]	Tel.: [redacted]
Bearbeiter: [redacted]	Tel.: [redacted]

AL R
i.V. [redacted]

UAL R I
[redacted]

Mitzeichnende Referate:
R II 2, R II 3, AIN V 2

Herrn
Staatssekretär [redacted]

Kopie

[redacted]

zur Entscheidung

nachrichtlich:
Frau
Staatssekretärin [redacted]

BETREFF: **Ermittlungsverfahren der Staatsanwaltschaft Bonn gegen Unbekannt wegen Verletzung des Dienstgeheimnisses im Zusammenhang mit der Veröffentlichung einer internen Vorlage der Wehrtechnischen Dienststelle (WTD) 91 über mögliche Probleme mit dem Gewehr G 36;**
hier: Ermächtigung zur Strafverfolgung

BEZUG: BMJV vom 14. Januar 2015 - Az II B1 4027 E (86)-21 730/2014
R II 3 - Az 06-19-00 GLVV G36 VS-NfD vom 8. Mai 2014

I. Entscheidungsvorschlag

1- Erteilung der Ermächtigung zur Strafverfolgung

II. Sachverhalt

2- Seit 2012 haben verschiedene Medien (u. a. Bild, Der Spiegel) über mögliche Probleme mit dem Gewehr G36 berichtet und sich dabei auf eine interne als Verschlusssache „VS –Vertraulich" eingestufte Unterlage der Wehrtechnischen Dienststelle für Waffen und Munition (WTD 91) berufen bzw. hieraus zitiert. Wegen eines möglichen Geheimnisverrats hat der Hersteller des G36, die Fa. Heckler & Koch, am 28. November 2013 über einen Rechtsanwalt Strafanzeige erstattet und einen Strafantrag gestellt.

3- Außerhalb des BMVg und seines nachgeordneten Bereiches (in dieser Angelegenheit das Bundesamt für Ausrüstung, Informationstechnik und Nutzung der Bundeswehr und die WTD 91 sowie das Wehrwissenschaftliche Institut für Werk- und Betriebsstoffe) hatten externe Beteiligte des öffentlichen Bereichs Zugang zu den in Rede stehenden Unterlagen der WTD 91.

Ein internes Schreiben (Verschlusssache nur für den Dienstgebrauch) von Referatsleiter Ministerialrat Dr. Christian R. an die Staatssekretärin Dr. Katrin S. vom 22.01.2015. Darin geht es um die Frage, ob eine Ermächtigung zur Strafverfolgung gegen den unbekannten Whistleblower im Bundesamt für Wehrtechnik erfolgen soll.

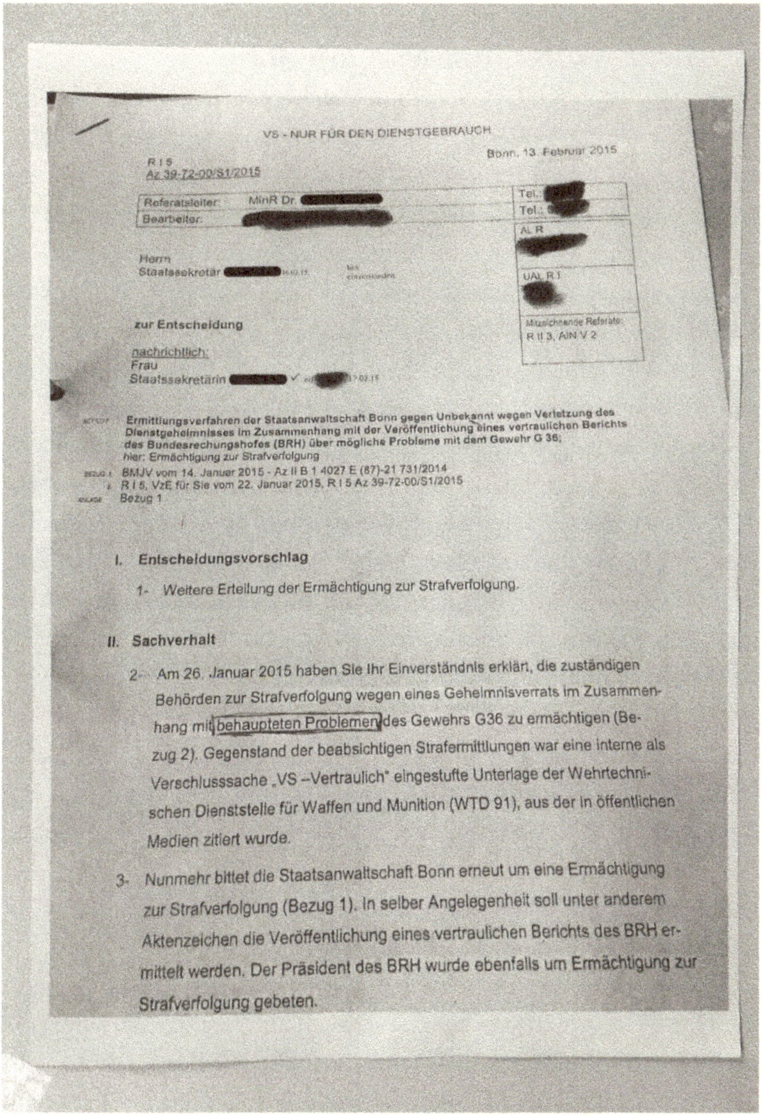

VS - NUR FÜR DEN DIENSTGEBRAUCH

Bonn, 13. Februar 2015

R I 5
Az 39-72-00/S1/2015

Referatsleiter:	MinR Dr. [redacted]	Tel.: [redacted]
Bearbeiter:	[redacted]	Tel.: [redacted]

AL R [redacted]

UAL R I [redacted]

Mitzeichnende Referate: R II 3, AIN V 2

Herrn
Staatssekretär [redacted]

zur Entscheidung

nachrichtlich:
Frau
Staatssekretärin [redacted] ✓ [redacted] 02.15

Ermittlungsverfahren der Staatsanwaltschaft Bonn gegen Unbekannt wegen Verletzung des Dienstgeheimnisses im Zusammenhang mit der Veröffentlichung eines vertraulichen Berichts des Bundesrechungshofes (BRH) über mögliche Probleme mit dem Gewehr G 36;
hier: Ermächtigung zur Strafverfolgung

BEZUG: 1. BMJV vom 14. Januar 2015 - Az II B 1 4027 E (87)-21 731/2014
2. R I 5, VzE für Sie vom 22. Januar 2015, R I 5 Az 39-72-00/S1/2015

ANLAGE: Bezug 1

I. Entscheidungsvorschlag

1- Weitere Erteilung der Ermächtigung zur Strafverfolgung.

II. Sachverhalt

2- Am 26. Januar 2015 haben Sie Ihr Einverständnis erklärt, die zuständigen Behörden zur Strafverfolgung wegen eines Geheimnisverrats im Zusammenhang mit behaupteten Problemen des Gewehrs G36 zu ermächtigen (Bezug 2). Gegenstand der beabsichtigen Strafermittlungen war eine interne als Verschlusssache „VS –Vertraulich" eingestufte Unterlage der Wehrtechnischen Dienststelle für Waffen und Munition (WTD 91), aus der in öffentlichen Medien zitiert wurde.

3- Nunmehr bittet die Staatsanwaltschaft Bonn erneut um eine Ermächtigung zur Strafverfolgung (Bezug 1). In selber Angelegenheit soll unter anderem Aktenzeichen die Veröffentlichung eines vertraulichen Berichts des BRH ermittelt werden. Der Präsident des BRH wurde ebenfalls um Ermächtigung zur Strafverfolgung gebeten.

In dem internen Schreiben vom 13.02.2015 rät Referatsleiter Dr. Christian R. der Staatssekretärin Dr. Katrin S. der Strafverfolgung gegen den unbekannten Whistleblower im Bundesamt für Wehrtechnik zuzustimmen.

Das Projekt »Infanterist der Zukunft« – der Megadeal

In Anbetracht des hohen Imageschadens und öffentlichen Schlagabtauschs zwischen der Firma Heckler & Koch und einem der wichtigsten Auftraggeber, dem Verteidigungsministerium, stellt sich die Frage, warum hier ein so hohes Risiko eingegangen wurde? Man darf spekulieren, ob nicht ein größeres Anliegen, ein besonderer wirtschaftlicher Anreiz die Manager der Waffenfirma dazu motiviert hat, sogar beim Präsidenten des MAD vorstellig zu werden. Das Großprojekt »Infanterist der Zukunft« könnte ein solcher Faktor sein.

Der »Infanterist der Zukunft« – abgekürzt: IDZ. Ein riesiges Modernisierungsvorhaben, bei dem Deutschland und einige andere NATO-Partner ihre Infanterie komplett neu ausrüsten und mit moderner Technik ausstatten wollen. Dabei wurde das G36 als Standardwaffe für den Infanteristen der Zukunft festgelegt. Zudem entschied man sich für die Nahbereichsverteidigungswaffe H&K MP7 sowie das leichte Maschinengewehr H&K MG4 und den für das G36 ausgelegten Granatwerfer H&K AG36 – alles aus der Produktion von Heckler & Koch. Ein Großauftrag für Oberndorf – zehn Jahre in Planung, die Umsetzung hat 2013 begonnen. Ein Prestigeprojekt. Ein komplettes System für jeweils zehn Soldaten kostet ca. 1,4 Millionen Euro. Auch das jetzt beschlossene bodengestützte, voll bewegliche, milliardenteure Flugabwehrraketensystem MEADS gehört zu dem Großprojekt »Infanterist der Zukunft«.

Ministerialrat und Referatsleiter Gerhard C., der eine Schlüsselfigur in der G36-Affäre gewesen zu sein scheint, spielt gleichzeitig eine wichtige Rolle bei dem Großprojekt »Infanterist der Zukunft« und der Entscheidung für Produkte von Heckler & Koch. Während im Hintergrund die Testreihen zu den Mängeln des G36-Gewehrs liefen, ging parallel dazu die Beschaffung neuer Gewehre ungehindert weiter, als gäbe es keine Probleme. Dabei wurden in erster Linie neue Waffen für das Projekt »Infanterist der Zukunft« gekauft. Neben anderen Beamten im Bundesverteidigungsministerium und der Bundeswehrbeschaffungsstelle scheint Ministerialrat C. maßgeblich an der Planung und Realisierung beteiligt gewesen zu sein.

Könnte jetzt die Rolle von Ministerialrat Gerhard C. geklärt werden? Als sich der Beamte 2013 vor dem Landgericht Koblenz verantworten musste, lautete der Vorwurf: Untreue. Ministerialrat C. habe wissentlich mangelhafte Gewehre gekauft. Auslöser für die Verdachtsmomente gegen C. war ein anonymes Schreiben vom Mai 2012 an den Oberstaatsanwalt des Landgerichts in Koblenz. Neben Betrug warf man C. zu viel Nähe zur Firma Heckler & Koch vor, und es wurden Korruptionsvorwürfe erhoben. Wie bereits erwähnt, wurden die Ermittlungen gegen Gerhard C. seinerzeit eingestellt.

Könnten die Vorwürfe gegen den Ministerialrat und Ressortleiter im Verteidigungsministerium doch berechtigt sein? Interne Dokumente belegen, dass innerhalb des Bundesverteidigungsministeriums und des Bundesamtes für Wehrtechnik und Beschaffung (früher BWB) bestimmte Interessensgruppen versucht haben, die Ermittlungen zum G36 zu verhindern oder zumindest zu verzögern. Beispielsweise änderten sich plötzlich die Zuständigkeiten bei den internen Ermittlungen. Anweisungen für die Weitergabe von Meldungen wurden nicht mehr eingehalten. Kritischen Mitarbeitern wurde mit disziplinarischen Maßnahmen gedroht, ein Teamleiter wurde sogar mit einem Redeverbot gegenüber einem seiner Mitarbeiter belegt.

Ferner wurde das Gutachten zur Prüfung der Treffsicherheit des G36 ohne Absprache mit den internen Prüfstellen bei einem externen Institut in Auftrag gegeben. Verantwortlich für diesen Vorgang ist die Abteilung von Ministerialrat Gerhard C. Beauftragt wurde das zur Fraunhofer-Gesellschaft gehörende Ernst-Mach-Institut (EMI). Dieses kam zu dem Schluss, dass die bei den bisherigen Tests verwendete Munition das Problem verursache und somit das G36 keine Mängel aufweise. Die bei den internen Tests verwendete NATO-Munition habe keinen Blei-, sondern einen Zinnmantel enthalten (besser für die Umwelt). Die aufgetragene Zinnschicht sei zu dünn gewesen, das habe die Streuung verursacht. Nach Übersendung der Munitionsstudie an die Staatsanwaltschaft Koblenz wurde das Verfahren gegen Gerhard C. nach § 170 StgB Abs. 2 im März 2014 mangels Tatverdachts eingestellt. Da kein Mangel an den Gewehren vorliege, sondern an der Munition, habe C. vollkommen korrekt gehandelt, so die Argumentation.

Die Beauftragung des Ernst-Mach-Instituts ist ohnehin ein fragwürdiger Vorgang. Denn nicht nur das Verteidigungsministerium unterhält enge Kontakte zu dem Träger des Instituts, dem Fraunhofer-Verbund Verteidigungs- und Sicherheitsforschung, auch Gerhard C. saß schon zu dem Zeitpunkt (2013/14) im Programmkomitee der Sicherheitsforschungskonferenz »Future Security«, die der Fraunhofer-Verbund VVS jährlich veranstaltet. Das Projekt steht unter anderem unter der Schirmherrschaft des Bundesverteidigungsministeriums. Zudem hat auch die Fraunhofer-Gesellschaft im Zusammenhang mit dem Projekt »Infanterist der Zukunft« geforscht und publiziert.

Spätestens mit dem Eingeständnis von Verteidigungsministerin Ursula von der Leyen (CDU), dass beim G36-Sturmgewehr von Heckler & Koch sehr wohl technische Mängel vorlägen und nun auch überlegt werde, die Bundeswehr mit anderen Waffen neu auszustatten, müsste das Strafverfahren wieder aufgenommen werden.

Schaden in Millionenhöhe – Strafanzeige gegen de Maizière und von der Leyen

Die Schlussfolgerungen, die Rechtsanwalt Holger Rothbauer und Jürgen Grässlin anhand der Schrift- und E-Mailwechsel innerhalb des BMVg und mit der Staatsanwaltschaft Rottweil ziehen können, bergen gleichermaßen juristischen wie politischen Sprengstoff. Diesmal geht es nicht um den Handel mit Kriegswaffen, sondern um deren Fertigung, um den Verdacht von Untreue und um Betrug – so der Vorwurf. Und es geht um den Einsatz von Sturmgewehren durch

Bundeswehrsoldaten – beim Auslandseinsatz, in Gefechten an der Front, im Krieg –, um Gewehre, die treffen sollten, denn es geht um Leben und Tod. Im Netzwerk des Todes erfolgten augenscheinlich widerrechtliche Handlungen. Beteiligt bzw. informiert waren nicht allein nachgeordnete Beamte des Ministeriums der Verteidigung, sondern womöglich auch Staatssekretär und Minister.

Am 5. Juni 2015 stellt Rechtsanwalt Rothbauer Strafanzeige beim Leitenden Oberstaatsanwalt Lorscheid von der Bonner Staatsanwaltschaft. Zu den Verdächtigen in Bonn bzw. Berlin gehören der ehemalige Bundesverteidigungsminister und derzeitige Bundesinnenminister Thomas de Maizière, die amtierende Bundesverteidigungsministerin Ursula von der Leyen, der damalige Verteidigungsstaatssekretär Rüdiger Wolf, ein Ministerialdirigent sowie weitere Verantwortliche im BMVg und im Bundesamt für Wehrbeschaffung. Dabei geht es um Beamte, »die im entsprechenden Referat verantwortlich und zuständig für die Beschaffung von Kriegswaffen mit der Rüstungsindustrie im vorliegenden Fall der Fa. Heckler & Koch, Oberndorf, sind«. Verdacht besteht »wegen besonders schwerem Fall der Untreue sowie aller sonst in Betracht kommender Straftatbestände und Ordnungswidrigkeitentatbestände«. Zugleich stellen die beiden Anzeigeerstatter »STRAFANTRAG gem. § 77 StGB hinsichtlich aller in Betracht kommender Antragsstrafdelikte«.

Die Schlussfolgerungen liegen auf der Hand: Angesichts der klar festgestellten Sachmängel hätten die Sturmgewehre »nicht den vertraglich vereinbarten Wert. Damit hat die öffentliche Hand – der Steuerzahler – einen Schaden in Millionenhöhe erlitten«. Ab Januar 2011 hätten keinerlei Folgeverträge für die Beschaffung neuer Gewehre dieses Bautyps mehr abgeschlossen werden dürfen. Zumindest nicht, ohne dass sich die bekannten Mängel im Kaufpreis niedergeschlagen hätten. Im Übrigen hätten korrekterweise auch die Kunden des G36-Gewehrs in zahlreichen Ländern ab diesem Zeitraum auf die waffentechnischen Defizite hingewiesen oder Waffenexporte gleich gänzlich untersagt werden müssen.

Aus rechtlicher Sicht liege, so schlussfolgerte Rechtsanwalt Rothbauer, beim gegebenen Sachverhalt eine Untreue im besonders schweren Fall gemäß § 266a Abs. 1, 266 Abs. 2 des Strafgesetzbuches in Verbindung mit § 263 Abs. 3 Ziffer 2, 4 des StGB vor. Zudem verweist Rothbauer sowohl auf den Missbrauchs- als auch auf den Treubruchtatbestand des § 266 Abs. 1 StGB. Die die Angezeigten treffende Schadensminderungspflicht, bei der es sich um eine Treuepflicht handle, sei »im vorliegenden Fall von den Angezeigten bewusst und willentlich nicht wahrgenommen« worden.

Es sei auch juristisch zu prüfen, ob sich die Angezeigten aus dem BMVg durch die Weigerung, selbst Strafanzeige gegen die Verantwortlichen bei der Firma Heckler & Koch zu stellen, »nicht auch einer Strafvereitelung im Amt« gemäß § 158 a des Strafgesetzbuchs strafbar und schuldig gemacht haben.

Strafanzeige gegen Heeschen und Newton

Am 5. Juni 2015 stellte Rechtsanwalt Rothbauer im Namen seines Mandanten Jürgen Grässlin eine weitere Strafanzeige, diesmal wegen des Verdachts des »Betrugs in besonders schwerem Fall sowie aller anderen in Betracht kommender Straf- und Ordnungswidrigkeitsvorschriften«. Gleichzeitig stellten die beiden Anzeigeerstatter Rothbauer und Grässlin »STRAFANTRAG gem. § 77 StGB hinsichtlich aller in Betracht kommender Antragsstrafdelikte«.

Verdächtigter ist Andreas Heeschen. Heeschen lenkt als Hauptanteilseigner der H&K-Beteiligungsgesellschaft bzw. seit Februar 2015 als Geschäftsführer der Heckler & Koch GmbH die Geschäfte des Oberndorfer Kleinwaffenproduzenten. Ein weiterer Verdächtiger ist der frühere H&K-Geschäftsführer Martin Newton.

Wie bei den juristischen Schritten gegen die Verantwortlichen im Bundesverteidigungsministerium verweist Rothbauer auch bei der

Strafanzeige gegen die Topmanager von Heckler & Koch auf die Ergebnisse der technischen Gutachten im BMVg und auf die enormen Probleme der Treffgenauigkeit der G36-Sturmgewehre bei größerer Hitze. In der Strafanzeige gegen den Gewehrhersteller H&K wirft der Anzeigeerstatter den beiden Unternehmensführern vor, dass die bereits bekannten Mängel beim G36 wissentlich überspielt worden seien. Somit sei die Bundeswehr hinsichtlich der vorgegebenen Qualitätsanforderungen bzw. Profilanforderungen an ein Sturmgewehr bewusst getäuscht worden.

In der Begründung dieses schwerwiegenden Verdachts berufen sich Grässlin und Rothbauer unter anderem auf das Schreiben des BMVg mit der beigefügten anonymen Anzeige, das erst beim BMVg eingegangen und noch im Januar 2011 an die Staatsanwaltschaft Rottweil weitergeleitet worden war. Wobei das BMVg damals keine eigene Strafanzeige gegen Verantwortliche bei Heckler & Koch gestellt hatte.

»Wenn G36-Gewehre der Firma Heckler & Koch, Oberndorf, Hitze ausgesetzt werden und die Waffen damit unter erhöhter Umgebungstemperatur stehen, kommt es bereits ab 100 Metern zu einer erheblichen Treffpunktabweichung«, so die Behauptung des Whistleblowers. In der Geschäftsführung von Heckler & Koch »ist dieser Tatbestand bekannt«. Der Insider wird noch konkreter: »Unter Herrn Newton ist ein Urgent Secret Meeting einberufen worden. Anlass waren u.a. Reklamationen von Soldaten im Afghanistan-Einsatz.« Heckler & Koch habe »intern versucht, das G36-Polymergehäuse mit einem Metalleinlegeteil, vergleichbar einem Skelett, auszustatten«. Das aber habe nur teilweise funktioniert. »Unter Einfluss der Hitze in der Wüste krümmt sich das G36 wie eine Banane.« Soldaten seien nicht in der Lage zu treffen, wenn die Waffe nicht nachjustiert werde. Entgegen der zuweilen öffentlich diskutierten Behauptung habe Heckler & Koch »nicht gespart«. Die Produktion sei eingerichtet, Werkzeuge für etwa eine halbe Million Euro aufgesetzt worden. Aber das Konstruktionsprinzip basiere auf einem Polymergehäuse. Der Informant kennt die technische Lösung: »Man hätte die Waffe im Prinzip anders aufbauen müssen.« Man hätte einen Metallkäfig schaffen sollen, demnach »eine andere Struktur der Waffe«.

Eigentlich ist alles gesagt, aber der Whistleblower legte nochmals nach: Bei der Wärmeabnahme habe man die Fehler, wie den Verzug des Gehäuses, gekannt. Bei der Abnahme des G36 durch die Bundeswehr im Hause H&K habe »die Abteilung Qualitätssicherung die Mängel wissentlich überspielt und damit die Bundeswehr bewusst getäuscht«. Das Gewehr sei vom Haltepunkt her anders eingerichtet worden. Damit habe man »die Treffgenauigkeit nur vorgetäuscht«, so die Behauptung des Insiders.

Wie aber hat Heckler & Koch auf die massiven Probleme reagiert? Hat man die womöglich hitzeanfälligen und damit fehlerhaften Sturmgewehre zurückgerufen? Hat die Geschäftsführung aufgeklärt? Schenkt man dem anonymen Informanten Glauben, dann besteht der Verdacht, dass das Gegenteil der Fall war: »H&K behauptete, die Mängel lägen an der Optik und am einfachen Einschießen der Waffe – was falsch ist.« Das seien lediglich Ausflüchte gewesen.

Martin Newton habe firmenintern die Aussage getroffen, »dass wenn die Öffentlichkeit von den technischen Mängeln der an die Bundeswehr gelieferten G36 und der damit verbundenen Täuschung erfahre, auf H&K unweigerlich Regressforderungen in dreistelliger Millionenhöhe zukämen«.

Es geht um die wahrheitswidrige Mitteilung des BMVg zur G36-Vertragslage (Vgl. S. 283). Zum anderen muss die Frage geklärt werden, wer bei der Firma Heckler & Koch die Schuld am Verschweigen des G36-Qualitätsdesasters trägt. Geht es dabei um Schludrigkeit und Schlampigkeit oder um rechtswidriges Verhalten in Form von Betrug in einem schweren Fall? »Die oben genannte Täuschung über die Qualität und Treffsicherheit des G36«, so Rothbauer, »war der Geschäftsleitung von Heckler & Koch bewusst«. Sie habe »willentlich zumindest in Kauf genommen, dass bei der Abnahme des Sturmgewehrs G36 die Vertreter der Bundeswehr/des Bundesministeriums der Verteidigung über die tatsächliche Qualität des Gewehrs sich in einem Irrtum befunden haben«.

Der H&K-Geschäftsleitung »war spätestens zu diesem Zeitpunkt bewusst, dass die Mängel am G36 so erheblich sind, dass die Firma mit enormen Regressforderungen vonseiten des Bundes rechnen musste«, so Rothbauer, bezugnehmend auf das anonyme Schreiben des Insiders.

Die finanziell aufwendigen Bemühungen – 500 000 Euro – zur technischen Nachbesserung der Sturmgewehre zeigten nicht den gewünschten Erfolg. Die H&K-Geschäftsleitung habe zu diesem Zeitpunkt davor gewarnt, dass die Öffentlichkeit auf keinen Fall etwas von den technischen Mängeln an den G36 erfahren dürfe, die an die Bundeswehr ausgeliefert worden waren. Der Vorwurf, den Rothbauer nach Einsicht in vertrauliche und geheime Dokumente mit der Strafanzeige erhebt, offenbart das Verhalten des H&K-Managements in dieser Lage: »Trotz Kenntnis dieser möglicherweise für die Soldaten der Bundeswehr mit tödlichen Folgen verbundenen Mängel am G36 schloss die Firma auch nach dem Jahr 2011 weitere Lieferverträge zum G36 bzw. zu dessen Variationen wie dem G36K mit der Bundeswehr/Bundesministerium für Verteidigung ab.«

Abgesehen von der Frage der Gefährdungslage von Soldaten beim Auslandseinsatz stellt sich auch die der Kosten beim Verkauf nicht in allen Gefechtsfeldsituationen voll funktionsfähiger G36-Gewehre an die Bundeswehr. »Auch bei diesen Lieferungen nach dem Januar 2011 wurden die vollen Kosten wie vertraglich vereinbart für die mangelhaften G36-Sturmgewehre bezahlt«, stellen die Anzeigeerstatter fest. Zum Beweis verweisen sie auf die Liste sämtlicher 51 bis 2014 abgeschlossenen G36-Verträge.

Die juristische Bewertung von Holger Rothbauer ist klar: In rechtlicher Hinsicht handle es sich »bei dem vorgetragenen Sachverhalt um einen besonders schweren Fall des fortgesetzten Betruges« gemäß § 263 Abs. 3 Ziff. 2 des Strafgesetzbuches. Rothbauer weist ergänzend darauf hin: Aus – seinem Wissens nach – vom Bundesverteidigungsministerium den Abgeordneten des Verteidigungsausschusses vorgelegten Akten ergäbe sich »ebenfalls, dass Mitarbeiter der Fa. Heckler & Koch, die von den Mängeln beim G 36 wussten und von einem Verschweigen gegenüber der Bundeswehr abgeraten hatten, massiv unter Druck bin hin zu Ankündigung von Entlassungen gesetzt wurden«. Rechtsanwalt Rothbauer ergänzte dementsprechend die Strafanzeige um die möglichen Straftatbestände der Nötigung gemäß § 240 StGB wie auch um den Straftatbestand der Erpressung gemäß § 254 StGB. Eine Verjährung der Straftaten, wie sie aufgrund der vom Bundesverteidigungsministerium unvollständig vorgelegten G36-Verträge seitens der Staatsanwaltschaft Rottweil in der Einstellung des Ermittlungsverfahrens am 1. August 2011 verfügt worden war, »ist nicht erkennbar«.

Angesichts der vorliegenden und nachweisbaren Erkenntnisse zum Sachverhalt sei eine einfache Wahrscheinlichkeit der Begehung von Straftaten gemäß § 152 Strafprozessordnung und somit ein Anfangsverdacht zur Aufnahme staatsanwaltschaftlicher Ermittlungen gegeben.

Schwerwiegende Vorwürfe – Untreue, Betrug und die Gefährdung des Lebens von Soldaten

»Der Wahlspruch von Heckler & Koch ›Keine Kompromisse‹ spiegelt die selbst auferlegte Verpflichtung wider, durch den Einsatz der besten Materialien und der modernsten Technologie jederzeit die höchste Qualität der Produkte zu gewährleisten«, verkündete das Unternehmen bereits 2012 auf seiner Homepage.[14]

Als Markt- und Technologieführer setzt Heckler & Koch – so das Selbstverständnis der Firma – »Maßstäbe bei der Herstellung innovativer und zuverlässiger Handfeuerwaffen«. Dabei stehe Heckler & Koch »für höchste Qualität«. Das ganzheitliche Qualitätsverständnis beginne bei der Entwicklung neuer Produkte, erstrecke sich über den Einkauf der Rohmaterialien und ende bei der finalen Abnahme der fertigen Waffensysteme – so die Versprechen vom Sommer 2015 auf der Firmenwebsite.[15] In eben diesem Sommer hatten der H&K-Slogan »Keine Kompromisse« (in den USA »No compromise«) und das Versprechen höchster Qualität bezüglich der G36-Gewehre massiv an Glaubwürdigkeit eingebüßt. Vor allem für Soldaten der Bundeswehr im Auslandseinsatz.

Wer kann vertrauliche interne Vorgänge in der Führungsebene der Firma Heckler & Koch derart detailliert beschreiben? Wer kennt die Reaktion der H&K-Topmanager, die von Soldaten erfahren haben sollen, dass sich die Läufe von G36-Gewehren unter Hitzeeinfluss in der Wüste angeblich krümmen wie Bananen? Wer weiß, dass unter der Führung des damaligen H&K-Geschäftsführers Martin Newton ein Urgent Secret Meeting einberufen wurde? Wer kennt die technischen Details des Betrugsmanövers gegenüber der Bundeswehr?

Wohl nur einer, der direkten Kontakt zur Führungsebene von Heckler & Koch hatte. Einer, dem es um die Wahrheit geht. Einer, der sich Sorgen um das Überleben von Bundeswehrsoldaten macht, die im Vertrauen auf die Qualität von H&K-Sturmgewehren an der Front gegen Taliban kämpfen. Einer, der weiterhin bei Heckler & Koch arbeitet und um seinen Job fürchten muss. Einer, der weiß, dass dieses Unternehmen nicht lange fackelt, wenn es darum geht, Unternehmenskritiker mundtot zu machen. Einer, der sich vor Verfolgung und Rache fürchtet, falls er sich outet.

Die Vergangenheit verfolgt Rüdiger Wolf. Mitte Dezember 2013 war der beamtete Staatssekretär von Bundesverteidigungsministerin Ursula von der Leyen entlassen worden. Nur zwei Monate danach, im Februar 2014, wurde bekannt, dass neben Staatssekretär Stéphane Beemelmans auch Wolf im Dezember des Vorjahres eine Ausgleichszahlung an den zivilmilitärischen Motoren- und Turbinenhersteller MTU genehmigt hatte. Die 55 Millionen Euro galten als Ausgleichszahlung für die Minderung der Bestellungen beim Kauf von Kampfflugzeugen des Typs Eurofighter. Wolf und Beemelmans hatten versäumt, den Haushaltsausschuss des Deutschen Bundestages über die Millionenzuwendungen an die Friedrichshafener MTU in Kenntnis zu setzen.

Mit dem Bekanntwerden von Wolfs Verwicklung in den Skandal um die nicht vorgelegten G36-Kaufverträge holt Wolf die Vergangenheit erneut ein. Diesmal allerdings geht es um mehr als einen Rücktritt. Der Vorwurf der Untreue in einem besonders schweren Fall sowie aller sonst in Betracht kommenden Straftatbestände könnte bei Aufnahme der Ermittlungen massive juristische Folgen nach sich ziehen.

Und zwar auch für den damaligen Bundesverteidigungs- und heutigen Bundesinnenminister. Was wusste der am 3. März 2011 zum Verteidigungsminister ernannte Thomas de Maizière vom Vorgehen seines Ministeriums gegenüber der Staatsanwaltschaft Rottweil? Wann erhielt er Kenntnis vom Vorwurf des Versagens der G36-Sturmgewehre unter Hitzeeinfluss? Hat er bei seiner Befragung im Verteidigungsausschuss im Juni 2015 Fakten verschwiegen? Warum hat de Maizière trotz des vorliegenden anonymen Schreibens eines Insiders aus dem Hause Heckler & Koch die wiederholte Bestellung weiterer G36-Sturmgewehre veranlasst bzw. gebilligt? Warum hat die derzeit amtierende Bundesverteidigungsministerin Ursula von der Leyen 2014 den Kauf weiterer G36-Gewehre nicht unterbunden? Wie viele Millionen Euro an Steuergeldern wurden von 2011 bis 2014 durch den Kauf weiterer Sturmgewehre verschwendet – wie viele davor? Dass G36-Gewehre unter Hitzeeinfluss – Dauerfeuer und erhöhte Außentemperatur – immense Treffbildabweichungen zeigen, ist bereits seit langen Jahren bekannt, seit 2011 allerdings dank eines fachmännischen anonymen Schreibens eines Insiders. Bleibt zu hoffen, dass die Ermittlungen der Staatsanwaltschaften in Bonn und Rottweil Licht ins Dunkel des G36-Desasters bringen.

Kapitel 7

Dabeisein ist alles

Grenzenlose Waffenexportpolitik, professionelle Medienstrategie

Einblick in den Rüstungsexportbericht 2014 – den ersten, den die CDU/CSU/SPD-geführte Bundesregierung verantwortete – erhielt die Öffentlichkeit nach dem Beschluss des Bundeskabinetts am 24. Juni 2015. Das war zweifelsfrei ein Beitrag zu mehr Transparenz.[16]

Begleitet wird das alljährliche Ritual der Veröffentlichung der Rüstungsexportberichte von einer bewertenden Stellungnahme. Dass das den Waffenhandel verantwortende Bundeswirtschaftsministerium dabei die zu würdigenden Aspekte in den Fokus rückt, ist legitim. Ganz anders die Stellungnahme der »Aktion Aufschrei – Stoppt den Waffenhandel!«, dem breitesten Bündnis der Friedens-, Menschenrechts- und Entwicklungsbewegung sowie der evangelischen und katholischen Kirche. »Die real erfolgten Kriegswaffenexporte wurden von 957 Millionen Euro im Jahr 2013 auf 1,823 Milliarden Euro 2014 verdoppelt. Unter den Bestimmungsländern finden sich erneut zahlreiche menschenrechtsverletzende und kriegführende Staaten«, so »Aufschrei«-Sprecher Jürgen Grässlin.

Bislang in der öffentlichen Diskussion – zu Unrecht – selten beachtet, erfolgen Waffenlieferungen an die menschenrechtsverletzenden Drittländer Brasilien und Katar. Beide Staaten werden in den nächsten Jahren aufgrund der dort stattfindenden globalen Sportereignisse zu den meistbeachteten weltweit zählen.

Deutschlands Waffenexporte im Vorfeld der Olympischen Spiele 2016 in Brasilien

Mehr Tote als Tore – fader Nachgeschmack einer fulminanten Fußball-WM. Wie viele Menschen wurden 2013 von staatlichen Sicherheitskräften mit aus Deutschland gelieferten Kleinwaffen und Munition erschossen? Eine Frage, die unbeantwortet bleibt. Beantwortbar ist dagegen die Frage, wie viele Kriegswaffen im direkten Vorfeld der Fußballweltmeisterschaft in Brasilien mit Zustimmung der deutschen Rüstungsexport-Kontrollbehörden an den größten lateinamerikanischen Staat ausgeführt werden durften.

Ein Jahr vor der Fußball-WM und drei Jahre vor den Olympischen Sommerspielen setzte Brasilien seine Hochrüstung fort: 2000 Stück Munition für Maschinenpistolen und 108 000 Teile für Gewehrmunition, Maschinengewehre und Teile für Maschinengewehre sowie Infrarot- und Wärmebildausrüstung, gepanzerte Fahrzeuge, Teile für Panzer und einiges mehr fanden ihren Weg zu den brasilianischen Militärs.

An das Waffenregister der Vereinten Nationen meldete die Bundesrepublik Deutschland zudem den Export von zehn Flugabwehrpanzern des Typs Gepard. Anders als die Rüstungsexportberichte der Bundesrepublik Deutschland weisen die Berichte der Vereinten Nationen Waffensysteme konkret aus – womit Rückschlüsse auf die jeweilige Herstellerfirma ermöglicht werden.

Im Rüstungsexportbericht für 2013 veröffentlichte die Bundesregierung Waffentransfers im Gesamtvolumen von 53,3 Millionen Euro nach Brasilien.[17] Bestens gerüstet ging das Land in das Jahr der Fußballweltmeisterschaft.

Brasilien bleibt auch in der Ära der Staats- und Regierungschefin Dilma Rousseff ein Land, in dem Menschenrechte von staatlichen Sicherheitskräften massiv verletzt werden. Wie in den Jahren zuvor diente die öffentliche Sicherheit »als Vorwand für weitreichende Menschenrechtsverletzungen«, analysieren Menschenrechtler. Offizielle Statistiken belegen, dass in Rio de Janeiro bei Sicherheitseinsätzen 424 Menschen von Polizisten getötet wurden – wohlgemerkt allein im Jahr 2013.

Nur allzu gerne erinnert sich Fußball-Deutschland an die tollen Tage der Weltmeisterschaft in Brasilien und den vierten deutschen Titelgewinn. Vergessen und verdrängt werden dagegen jene Ereignisse dieser Tage, die die Menschenrechtsorganisation Amnesty International wie folgt analysiert: »Im Vorfeld und während der Fußballweltmeisterschaft im Juni und Juli 2014 gingen Tausende Menschen auf die Straße, um zu protestieren.« Diese Proteste folgten den Großdemonstrationen vom Vorjahr, die sich bereits damals gegen Tariferhöhungen im öffentlichen Verkehr, überteuerte sportive Großereignisse bei zugleich unzureichenden Investitionen im öffentlichen Dienstleistungssektor gerichtet hatten.

Laut Untersuchungen des brasilianischen Verbands für investigativen Journalismus wurden »mindestens 18 Journalisten während ihrer Arbeit bei der Fußballweltmeisterschaft in Städten wie São Paulo, Porto Alegre, Rio de Janeiro, Belo Horizonte und Fortaleza angegriffen«. Am 13. Juli 2014, dem Tag als sich die Fußballer Deutschlands und Argentiniens im Endspiel gegenüberstanden, griffen Polizeikräfte in Rio de Janeiro mindestens 15 Journalisten an. Sie hatten es gewagt, über eine Demonstration zu berichten.

Im Laufe der Fußball-WM wurden Rekordwerte bei Tortreffern gemeldet. Auch die Polizei Brasiliens konnte zu diesem Zeitpunkt einen Rekordwert vermelden: Von Januar bis Ende Juni waren 285 Menschen durch Polizeieinsätze gestorben, eine Steigerung um 37 Prozent im Vergleich zu den ersten sechs Monaten des Vorjahres.[18]

Zwei Jahre nach der Fußballweltmeisterschaft steht das größte aller globalen Sportereignisse an: Vom 5. bis zum 21. August 2016 kommen Athletinnen und Athleten aus aller Welt in Rio de Janeiro zusammen, um sich bei den Olympischen Sommerspielen bei 306 Wettbewerben in 28 verschiedenen Sportarten im fairen Wettstreit miteinander zu messen. Wieder werden Hunderttausende von Menschen in den Stadien mitfiebern, Experten rechnen mit einem Milliardenpublikum vor den Fernsehschirmen. Die Eröffnungs- und die Schlussfeier werden im Maracanã-Stadion stattfinden. Auch wenn es um Medaillen geht, sollte der olympische Geist über allem schweben: »Dabeisein ist alles.« Doch die Voraussetzungen für festliche Spiele der Freude und des Friedens sind zurzeit in Brasilien schwerlich gegeben. So laufen nicht nur die Vorbereitungen für das größte Sportfest der Welt auf Hochtouren, sondern auch die Planungen für weitere Waffenbeschaffungen.

Die für die Waffenimporte benötigten finanziellen Mittel hatte die linksgerichtete brasilianische Regierung von Staats- und Regierungschefin Dilma Rousseff längst bewilligt: 31,7 Milliarden US-Dollar. Beachtlich sind derlei milliardenschwere Summen für Militäreinsätze und Waffenbeschaffungen seitens eines Landes, dessen Infrastruktur völlig unzureichend ist und dessen soziale Lage einem Pulverfass gleicht.

Wie schon während der Fußballweltmeisterschaft 2014 wird auch bei den Olympischen Sommerspielen 2016 die Meinungsfreiheit auf der Strecke bleiben, werden Journalistinnen und Journalisten massiv von staatlichen Sicherheitskräften bei ihren Recherchen behindert, werden Hunderte von Menschen erschossen werden – auch unter Einsatz von Militärfahrzeugen, Kleinwaffen und Munition aus Deutschland.

Katar 2022 – Fußballweltmeisterschaft mit florierendem Waffenbasar

Aus Menschenrechtssicht ist die Wahl Katars eine krasse Fehlentscheidung. Als die FIFA am 2. Dezember 2010 das Emirat zum Austragungsort der Fußball-WM 2022 erklärte, wusste die Führung um ihren Präsidenten Sepp Blatter um die massive Missachtung der Bürger- und Menschenrechte in dem arabischen Land.

Amnesty International dokumentiert seit Jahren schwere Menschenrechtsverletzungen in dem Wüstenstaat. »Frauen waren 2010« – dem Jahr des FIFA-Entscheids pro Katar – »weiterhin Diskriminierung und Gewalt ausgesetzt.« Sie würden »weiterhin durch Gesetze sowie im täglichen Leben diskriminiert«. Auch gebe es für sie »keinen wirksamen Schutz gegen familiäre Gewalt«. Das Recht auf freie Meinungsäußerung bleibe massiv eingeschränkt. »Mindestens sechs ausländische Staatsbürger wurden 2010 wegen Blasphemie verurteilt. Vier von ihnen erhielten die Höchststrafe von sieben Jahren Haft.« Ein weiteres, Abertausende von Arbeitnehmern betreffendes Problem, seien die menschenunwürdigen Arbeitsbedingungen im Land. »Ausländische Arbeitsmigranten, die mehr als 80 % der Bevölkerung Katars stellen, wurden trotz der jüngsten Änderungen der Arbeitsgesetze weiterhin von ihren Arbeitgebern misshandelt und ausgebeutet.«

Zudem wurden mutmaßliche Straftäter »Berichten zufolge 2010 ohne Anklageerhebung oder Gerichtsverfahren in Haft gehalten«. Grund für schwere Bestrafungen waren auch unerlaubte sexuelle Beziehungen. »Zwei Männer wurden der Homosexualität für schuldig befunden.« AI konnte nachweisen, dass mindestens 21 Personen, zumeist ausländische Staatsbürger, wegen ihrer »unerlaubten sexuellen Beziehungen« oder »Alkoholkonsum« zu 30 bis 100 Peitschenhieben verurteilt wurden.

Ein Berufungsgericht bestätigte Todesurteile gegen mindestens drei Personen. »Mindestens 17 Personen sollen sich Ende 2010« – exakt der Zeitpunkt der FIFA-Verkündung pro Fußball-WM in Katar – »in den Todeszellen befunden haben.« Und noch ein Ereignis fällt exakt mit dem Zeitpunkt des Entscheids pro FIFA World Cup in Katar zusammen: »Im Dezember gehörte Katar zu den wenigen Staaten, die gegen die Resolution der UN-Generalversammlung für ein weltweites Hinrichtungsmoratorium stimmten«, dokumentiert die Menschenrechtsorganisation Amnesty International.[19]

Diese Menschenrechtsbilanz ist keine einseitige Momentaufnahme, sondern die Beschreibung der langjährigen politischen Lage in einem Land, das mit diktatorischen Mitteln regiert wird. Sowohl die Amnesty-Jahresberichte vor 2010 als auch die späteren Berichte sprechen eine klare Sprache. Marginalen rechtlichen Verbesserungen – die zumeist noch nicht einmal umgesetzt wurden – stehen schwere Menschenrechtsverletzungen gegenüber.

Daran geändert hat sich bis heute kaum etwas. So weist auch der AI-Menschenrechtsbericht 2014/15 darauf hin, dass Arbeitsmigranten trotz langjähriger Kritik »nach wie vor keinen ausreichenden gesetzlichen Schutz gegen Ausbeutung und Misshandlungen durch ihre Arbeitsgeber« genössen. Nach katarischem Recht ist der Beitritt oder gar die Gründung von Gewerkschaften für Arbeitsmigranten noch immer verboten. Zugleich würden lautstarke Proteste unmöglich gemacht, Katars Behörden schränkten das Recht auf freie Meinungsäußerung weiterhin »drastisch« ein. Sowohl im Alltag als auch durch Gesetze würden Frauen benachteiligt, viele von ihnen erlitten Gewalt.

Gerichte missachteten Standards für faire Verfahren. Eine Sonderberichterstatterin der Vereinten Nationen über die Unabhängigkeit von Richtern und Anwälten beklagte »Verstöße gegen rechtsstaatliche Grundsätze und die Nichteinhaltung internationaler Standards für faire Gerichtsverfahren«. Die Schuldsprüche eines Gerichtsverfahrens in der Landeshauptstadt Doha »stützten sich weitgehend auf ›Geständnisse‹, die unter Folter erpresst worden sein sollen«. Mindestens zwei Todesurteile wurden verhängt, Hinweise auf Hinrichtungen gab es allerdings nicht. Katar hat eine Regierung, die Menschenrechte mit Füßen tritt.

Im Jahr 2010 – dem Jahr des FIFA-Zuschlags für Katar – lag der Genehmigungswert für deutsche Kriegswaffen an das Emirat bei vergleichsweise geringen 272 715 Euro. Das Kritikwürdige: Die Ausfuhrgenehmigungen betrafen die besonders problematischen Kleinwaffen. Katar konnte legal mit 103 Maschinenpistolen sowie

593 Bestandteilen beliefert werden. Zudem wurde der Export von 50 000 Stück Munition von Regierungsseite gestattet.[20]

Was in den Jahren danach geschah, ist beispiellos in der deutschen Rüstungsexporthistorie. 2011 wuchsen die Waffenbedürfnisse des Golfanrainerstaates stark an. Die Bundesregierung genehmigte den Transfer von Kriegswaffen und Rüstungsgütern im Volumen von 6,1 Millionen Euro: Software für Führungs- und Informationssysteme, Betankungsgeräte, Bodenstartgeräte sowie Teile für Hubschrauber.[21] Der Exportwert des Vorjahres war damit um das mehr als Zweiundzwanzigfache übertroffen worden.

Im Jahr 2012 waren Ausfuhrgenehmigungen in einem Gesamtvolumen von mehr als 17,5 Millionen Euro für Hubschraubertriebwerke, Fallschirmsysteme und Teile für Hubschrauber erteilt worden. Zudem erteilten die Ausfuhrbehörden, wenn auch in vergleichsweise geringem Umfang, Einzelexportgenehmigungen für Kleinwaffen in das Drittland Katar.[22] Insgesamt umfassten die Rüstungsexportgenehmigungen 2012 etwa die dreifache Summe des Wertes von 2011.

Mit dem Jahr 2013 brachen alle Dämme. Die Bundesregierung genehmigte Waffenausfuhren im Volumen von gut 673,3 Millionen Euro nach Katar. Ende des Jahres belegte das Emirat vor den USA Rang 2 bei den Empfängerländern bundesdeutscher Kriegswaffen – zu diesem Zeitpunkt einzig übertroffen von Algerien. Ausfuhrerlaubnisse wurden seitens des Bundes unter anderem erteilt für Feuerleiteinrichtungen, Radargeräte, elektronische Ausrüstung und Kommunikationsausrüstung, gepanzerte Fahrzeuge und militärische Lkws, Kranwagen, Teile für Panzer und Panzerhaubitzen sowie für Teile von Maschinenpistolen.[23] Allein von 2012 auf 2013 hatte die Bundesregierung den Wert der Waffenausfuhrgenehmigungen an Katar um das Achtundreißigfache gesteigert.

Im April 2013 meldete der Münchener Konzern Krauss-Maffei Wegmann den Abschluss eines Rüstungscoups in Milliardenhöhe. Mit Unterzeichnung eines entsprechenden Vertrages mit Katar werden 24 Panzerhaubitzen 2000 sowie 62 Leopard-2-Panzer an die Militärs des Emirats ausgeliefert werden. Mit diesem schweren Gerät sollen die 8500 Mann starken Landstreitkräfte modernisiert werden. Deutsches Kriegsgerät verfügt im Nahen und Mittleren Osten über einen mehr als guten Ruf. Seit Jahrzehnten werden damit sowohl auf sunnitischer als auch auf schiitischer Seite erfolgreich Schlachten geschlagen und Kriege geführt.

Sowohl der Kampfpanzer Leopard 2 als auch die PzH 2000 gelten als äußerst effektive Kriegswaffen, Letztere gilt als modernstes Artilleriesystem weltweit. Die 155-mm-Kanone ermöglicht einen Beschuss auf 40 Kilometer Entfernung bei einer Treffgenauigkeit von 30 Metern. »Combat proven« wurde die PzH jahrelang im Afghanistankrieg. Unter der Führung von Bundeskanzlerin Angela Merkel mache sich Deutschland »zum Hoflieferanten des Nahen Ostens«, wetterte Jan van Aken, Experte für Außenpolitik der Fraktion der Linken im Deutschen Bundestag. Die Grünen-Fraktionsgeschäftsführerin Katja Keul kritisierte, die Bundesregierung setze »ihre Politik fort, die Spannungsregion am Persischen Golf hochzurüsten«.[24]

Dabei agiert in Katar ein diktatorisches Regime, das Abertausende von Menschen unterdrückt, ausbeutet und deren Tod in Kauf nimmt. Wer es wagt, in Doha seinen Protest kundzutun, blickt in Gewehrläufe aus deutscher Produktion und – mit der zukünftigen Lieferung von Leopard-2-Panzern – in Kanonenrohre »Made in Germany«. Widerstand ist lebensbedrohlich, auch aufgrund der Waffenexporte aus Deutschland. Waffenlieferungen nach Katar sind unter demokratischen Gesichtspunkten moralisch und ethisch unvertretbar. Denn dadurch wurde und wird das diktatorische Herrscherhaus in Doha bis an die Zähne hochgerüstet und an der Macht stabilisiert.

Unter dem neuen Bundeswirtschaftsminister Sigmar Gabriel (SPD) weiten CDU/CSU und SPD ihre Rüstungsexportpolitik qualitativ nun auch auf schweres Gerät aus: Im Juni 2015 wandte sich Gabriel an Peter Ramsauer in dessen Funktion als Vorsitzender des Wirtschaftsausschusses. Das Schreiben mit »Informationen über abschließende Genehmigungsentscheidungen des Bundessicherheitsrates und des Vorbereitenden Ausschusses« hatte es in sich: In 15 Fällen hatten der BSR und der VBA ausnahmslos Kriegswaffen und Rüstungsgüter an Drittländer abgesegnet (siehe Infokasten).

Abschließende Genehmigungsentscheidungen des Bundessicherheitsrates und des Vorbereitenden Ausschusses an menschenrechtsverletzende und kriegführende Staaten vom Juni 2015

Nr.	Art des Exportgutes	Anzahl	End-empfängerland
1	Wärmebildkamera und Software-Paket zur Kampfwertsteigerung von Swingfire-Panzerabwehrraketen	1 1	Ägypten
2	HF-Kommunikationssysteme inkl. Zubehör zum Einbau in Fregatten	2	Ägypten
3	Verlängerung einer Genehmigung: Ausrüstung zur Montage von Radfahrzeugen »FUCHS 2« und zur Fertigung einzelner Teile hierfür	für 1 Fertigungsstraße	Algerien
4	Vorübergehende Ausfuhr: Radpanzer BOXER	1	Algerien
5	Abfeuereinrichtungen für Waffensystem MILAN	15	Botsuana
6	Lenkflugkörper (Luft-Luft) – SIDEWINDER	90	Irak
7	vollautomatische Gewehre	526	Jordanien
8	Vorübergehende Ausfuhr: Kettensatz zur Erprobung auf Kampfpanzer T72 Kettensatz zur Erprobung auf Schützenpanzer BMP 1/2	1 1	Kasachstan

Nr.	Art des Exportgutes	Anzahl	End-empfängerland
9	Mehrfache vorübergehende Ausfuhr: Kampfpanzer LEOPARD 2 Bergepanzer WISENT 2 gepanzertes Fahrzeug DINGO 2 gepanzertes Fahrzeug FENNEK Maschinengewehre Kal. 7,62 und 12,7 mm Panzerhaubitze 2000	 1 1 1 1 2 1	Katar
10	Multifunktionszünder Artillerie	8.265	Libanon
11	Vorübergehende Ausfuhr: Kampfpanzer LEOPARD 2A7	 1	Oman
12	Patrouillenboote 44 m	15	Saudi-Arabien
13	Mobile 3D – Luftraumüberwachungsanlage integriert in Fahrzeugshelter auf Lastkraftwagen (8x8) nebst Zubehör	1 System	Thailand
14	Vorübergehende Ausfuhr: gepanzertes Kettenfahrzeug	 1	Ver. Arab. Emirate
15	Zünder für Infanteriemunition 40 mm	6.500	Ver. Arab. Emirate

Quelle: Schreiben von Sigmar Gabriel an Dr. Peter Ramsauer, Ausschussdrucksache 18(9)500 vom 29. Juni 2015.

Rüstungsexporte an menschenrechtsverletzende Staaten, pars pro toto Algerien

»Algerien ist eine Scheindemokratie mit verheerender Menschenrechtslage«, schreibt Thorsten Knuf am 19. Juni 2014 in der *Frankfurter Rundschau* unter der Schlagzeile »Waffen für Erdgas«. Die Politik helfe den deutschen Waffenschmieden nach Kräften, die seit einigen Jahren verstärkt Geschäfte mit dem nordafrikanischen Land machen.

Dabei habe man stets im Hinterkopf, dass Algerien auch über enorme Erdgasreserven verfügt.

Die Organisation »Reporter ohne Grenzen« zählt Algerien zu den Staaten, in denen die Pressefreiheit am geringsten ist. Freie Presse ist nur eingeschränkt möglich, es gibt Zensur, Demonstrationen sind seit 2001 verboten. Menschenrechtsorganisationen berichten, dass zahlreiche Journalisten Opfer von Einschüchterungen geworden seien, es gebe viele Berichte über Folterungen und Misshandlungen durch den Militärgeheimdienst DRS. Sie nennen Algerien ein »autoritäres Regime, in dem die Armee das Sagen hat«.

Deutschland verkauft Waffen, Waffensysteme, Technologie und Know-how im großen Stil in das nordafrikanische Land: Im Jahr 2011 genehmigte die deutsche Regierung Rüstungsexporte nach Algerien im Wert von 217 Millionen Euro, 2012 waren es 287 Millionen Euro. Aus dem Jahr 2011 stammt auch die Genehmigung für einen milliardenschweren Panzerauftrag für das Düsseldorfer Rüstungsunternehmen Rheinmetall. Dieser Auftrag umfasst auch den Aufbau einer ganzen Fabrik in Algerien durch Rheinmetall, in welcher der Fuchs-Spürpanzer gefertigt werden soll. Ferner soll ThyssenKrupp zwei Fregatten und Hubschrauber bauen, EADS eine Grenzschutzanlage errichten und der Autokonzern Daimler die LKW und Militärfahrzeuge herstellen. In dem Deal ist auch die entsprechende Schulung und Ausbildung algerischer Militärangehöriger durch deutsche Soldaten inbegriffen. Es geht um Aufträge in Höhe von insgesamt zehn Milliarden Euro.

Der Verkauf ganzer Waffenfabriken sei der Gipfel der Verantwortungslosigkeit, kritisiert Jan van Aken, Bundestagsabgeordneter der Linken, den geplanten Aufbau der Panzerfabrik in Algerien. Damit würden Länder in die Lage versetzt, diese Rüstungsgüter dauerhaft selber zu produzieren und weltweit in Umlauf zu bringen. Ohne jede Kontrolle und Einflussnahme. »Frühere Beispiele, wie der Aufbau von Sturmgewehrfabriken in Pakistan oder Iran, sollten eine dramatische Warnung sein: Diese Waffen werden bis heute weltweit verkauft und töten in vielen Kriegen dieser Welt.«

Wirtschaftminister Sigmar Gabriel, zu dessen Wahlversprechen eine restriktivere Exportpolitik für Rüstungsgüter gehörte, verweist Kritiker darauf, dass die Genehmigung für den Deal mit Algerien von der früheren schwarz-gelben Koalition erteilt wurde. Aus Regierungskreisen heißt es, das umstrittene Waffengeschäft könne nicht gestoppt werden, weil andernfalls »erhebliche Schadenersatzansprüche« in Milliardenhöhe entstehen würden. Es gebe keinen Anlass, die Genehmigungen zurückzuziehen, da sich Algerien verpflichtet habe, die Waffen nicht an andere Länder weiterzuverkaufen. Auch habe sich die Lage in dem Land nicht verändert. Richtig, sie ist seit Erteilung der Genehmigung gleich verheerend geblieben.

Schon die ersten Lieferungen in Erfüllung der Verträge mit Algerien haben das Land an die Spitze der von Deutschland belieferten Empfängerstaaten katapultiert.

Auf halber Strecke verendet: Die neuen Grundsätze der Bundesregierung für die Lieferung von kleinen und leichten Waffen

Mehr als die Hälfte der deutschen Kleinwaffenexporte geht in Länder außerhalb von EU und NATO. In vielen dieser Länder oder in den Nachbarländern gibt es bewaffnete Konflikte. »Kleinwaffen und Munition aus deutscher Produktion werden mit Genehmigung unserer Regierung in Kriegs- und Krisengebiete geliefert und gelangen dann – legal oder auch illegal – in die Hände von Kindern und Jugendlichen«, sagt der Kinderschutzbeauftragte Ralf Willinger. Dass Kinder durch Waffen aus deutschen Exporten sterben und mit deutschen Waffen kämpfen müssen, davor könne die Regierung nicht weiter die Augen verschließen. Insofern sei deutsche Rüstungsexportpolitik nicht restriktiv, wie es die Bundesregierung nach wie vor behaupte. »Sie ist menschen(rechte)verachtend. Sie wird nicht nur von Menschenrechtsorganisationen und Vertretern der Vereinten

Nationen kritisiert, sondern auch von erfahrenen deutschen Außenpolitikern wie Hans-Dietrich Genscher und Exkanzler Helmut Schmidt«, so Willinger.

Kapitel 8
Handeln gegen Waffenhandel

Wer sich eine Waffe besorgt, will damit schießen. Diese drastische, aber wahre Logik lernte die Koautorin dieses Buches, Danuta Harrich-Zandberg, bereits in der Stunde null als Polizeireporterin bei der Mordkommission. Nicht der Mensch ist das Problem, wie Lobbyisten der Rüstungsbranche und Waffensammler, Vertreter von Schützenvereinen und andere behaupten, sondern die Verfügbarkeit von Waffen. Die Recherchen für dieses Buch in verschiedenen Ländern und Kontinenten haben vor Augen geführt, welche Folgen die grenzenlose Verfügbarkeit von Waffen in der Realität hat und welche Staaten es zum Teil sind, die sich die Waffen besorgen. Wer einmal vor Ort war – ob in Darfur, Juba, Bogotá, Ciudad Juárez oder Iguala –, begreift: Waffen werden dorthin verkauft, wo sie auch eingesetzt werden. Wer sonst würde ständig aufrüsten, bräuchte so viele Sturmgewehre, Maschinenpistolen etc.? Welche Staaten sonst würden die Rüstungsbranche interessieren als diejenigen, die immer mehr kaufen wollen? Auch dies wieder eine drastische, aber wahre Logik. Die Waffen gelangen meist in Staaten, in denen Menschenrechte mit Füßen getreten werden. Waffenlieferungen in Konfliktländer und Länder mit massiven Menschenrechtsverletzungen, wie Kolumbien, Brasilien, Indien, Pakistan, Thailand oder Saudi-Arabien, widersprechen den Politischen Grundsätzen der Bundesregierung und dem Gemeinsamen Standpunkt der EU zu Waffenexporten, dennoch finden sie in jedem Jahr in großem Ausmaß statt. Diese Leitlinien müssten deshalb dringend Gesetzesstatus bekommen, denn nur dann seien sie einklagbar, sodass die Bundesregierung vor Gericht zur Einhaltung verurteilt werden könne, so Ralf Willinger von »terre des hommes«.

Weil Waffenexporte in Länder wie die oben genannten zur Eskalation von bewaffneten Konflikten beitragen und, besonders im Fall von Kleinwaffen, mitverantwortlich für unzählige Tote und Verletzte unter Zivilisten sind, fordern viele Menschenrechtsorganisationen und Rüstungsgegner für diese besonders tödlichen Waffen einen sofortigen Exportstopp. Denn ihre Verwendung und Weitergabe sei überhaupt nicht kontrollierbar, und selbst Lieferungen in NATO-Länder wie die USA würden zum Teil direkt und systematisch in Konfliktländer wie Kolumbien weitergeleitet, wie die Beispiele Walther und Sig Sauer zeigen.

Statt massenweise Waffen in Länder mit Kriegen und Menschenrechtsverletzungen zu liefern, sollte Deutschland sich für Abrüstung, die zivile Lösung von Konflikten und für ein friedliches Zusammenleben einsetzen. Bundeswirtschaftsminister Gabriel hat eine Kehrtwende in der deutschen Rüstungsexportpolitik versprochen, die Bundesregierung und er sind in der Pflicht.

Das scharfe Schwert der Strafanzeigen: Interview mit dem Rechtsanwalt Holger Rothbauer

Wie sind Sie zum Thema Waffenhandel gekommen?

HR: Zum Thema Rüstungsexport bin ich als ganz junger Kerl gekommen. Kurz nach dem Abitur hat mich mal ein katholischer Pfarrer zu einer internationalen Konferenz nach Kenia mitgenommen. Und wir haben dann neben der Konferenz eine Leprastation in Uganda, damals noch im Bürgerkrieg und mit verheerenden Verhältnissen, auf den Weg gebracht. Und in Uganda, in Kampala, gingen auf einmal um 5 Uhr abends die Läden runter. Es war noch nicht ganz dunkel. Und am nächsten Morgen dann hörten wir Schüsse. Ein gut behüteter Junge aus einem gut behüteten Stuttgarter Elternhaus ist da das erste Mal in der weiten Welt und hört das erste Mal in seinem Leben Gewehrsalven. Und am nächsten Tag liegt vor uns im Eingangsbereich des Hauses ein Toter mit so einer Halbuniform. Daneben liegt ein Gewehr, das ich natürlich überhaupt nicht erkannt habe. Bei näherem Hinsehen und dann auch Angucken stelle ich fest, da ist was mit einem Symbol aus Deutschland drauf. Eine Waffe, die also hier hergestellt worden ist. Es war, wie sich nachher herausstellte, ein G3 von Heckler & Koch. Ich war völlig vor dem Kopf gestoßen. Es kann ja wohl nicht wahr sein. Wir wollen hier leprakranken Menschen in Afrika helfen, und stattdessen finden wir hier Tote mit Gewehren oder einem Gewehr aus Baden-Württemberg. Aus unmittelbarer Heimatnähe. Das ist das, was prägt und was mich bis heute umtreibt. Dass Waffenhandel und Leben so eng miteinander verbunden sind. Dass ich es einfach nicht ertrage. Dass Deutschland an so hervorgehobener Stelle im internationalen Waffenhandel steht.

Sie haben einen Mitstreiterkreis. Wie hat sich das entwickelt in den letzten Jahren? Wie ist es heute?

HR: Das Thema Rüstungsexport war sicher am Anfang, gerade noch in Zeiten des Ost-West-Konflikts und auch kurz danach, geprägt von politischen Einsätzen. Ja, das sind hier die Kommunisten, die Linken, die irgendwie an allem und auch an unserer Bundeswehr rumnörgeln. Das hat sich aber komplett gedreht. Es ist überhaupt kein, – und da bin ich wirklich sehr froh drum – parteipolitisches Thema. Ich habe die Vertreter der eher exportfreundlichen Seite in allen Parteien, und ich habe die massiven Gegner des Rüstungsexports ebenfalls in allen Parteien. Ich bin gerne auf CDU-Veranstaltungen. Und die Leute dort sagen, das gibt's doch nicht. Bis hin natürlich auch zu Grünen und Linken, die das Thema schon etwas länger mit sich herumtragen. Man sieht, wie sich das in ein weites, weites zivilgesellschaftliches, bürgerliches Bündnis ausgedehnt hat mit allem, was

Rang und Namen hat. Das spiegelt sich auch in der Gesellschaft wider. Ich bin in so gut wie keiner Veranstaltung, wo ich mal argumentativ mit Leuten konfrontiert bin, die diese Form des Rüstungshandels und -exports für nun ganz wichtig und ganz vertretbar und für ethisch geboten halten. Sondern die Empörung macht sich breit, und der normale Anstand eines ganz anständigen, durchschnittlichen Bürgers sagt, das gibt's doch nicht. Das kann doch nicht sein. Das darf doch nicht in unserem Namen hier passieren. Und natürlich kommen dann auch die Journalisten. Daniel Harrich, der das Thema dann wirklich medial gut aufarbeitet. Und sachlich rüberbringt und einfach schildert, was passiert. Was passiert mit einer Waffe, die in Oberndorf hergestellt und in Mexiko oder im Kongo oder im Sudan abgeliefert wird. Was passiert mit der? Die steht eben nicht in einem Museum, und die ist auch nicht irgendein Abschreckungsmodell, sondern gerade die Kleinwaffen, die werden eben eingesetzt. Und Tote und Tote und Tote. Und Verletzte, Verletzte, Verletzte. Sinnlos. Aber das ist die Konsequenz, wenn man so etwas herstellt und exportiert, dass genau das passiert.

Und trotzdem geht der Waffenhandel weiter.
Auch aus Deutschland.

HR: Der Waffenhandel hat eben wie manch anderer Handel einfach den Aspekt, hier wird Geld verdient. Hier wird einfach mit einem Einsatz-Warenwert von 200 bis 300 Euro ein Umsatz von 2000 Euro gemacht. Und das ist einfach eine Gewinnmarge, die man hier erwirtschaften kann. Die sich ein rein ökonomisch Denkender nicht einfach so entgehen lässt. Aber mit der gleichen Begründung kann man dann natürlich sagen, könnten wir Kinderhandel machen, könnte man Menschenhandel machen. Machen wir Drogenhandel. Also da wird ja auch Geld verdient. In die gleiche Kategorie gehört für mich der Waffenhandel. Deswegen muss man sagen, hier ist Schluss. Wer mit Menschenleben Geld verdienen will, das machen wir nicht mit.

Es geht um viel Geld. Es geht um mächtige und einflussreiche Konzerne. Und, wie es immer mehr scheint, um eine sehr enge Verquickung auch mit der politischen Ebene und mit den Behörden, die das ja eigenlich kontrollieren sollen. Haben Sie sich das überhaupt so vorstellen können?

HR: Eine Verquickung der handelnden Akteure, sprich: der Rüstungsindustrie und der Politik, ich würde da sagen: Politik bitte in der Form, dass die Politik hier in Legislative und in Exekutive aufzuteilen ist. Und gewählte Abgeordnete können ja bei uns Minister werden. In dem Moment wechseln sie sozusagen die Seiten. Sie sind dann zwar immer noch Mitglied der Legislative, führen aber in der Exekutive beispielsweise ein Ministerium oder sind Staatssekretäre, dort sind sie in der ausführenden Gewalt. Und genau da besteht das Problem beim Thema Rüstungsexport und Waffenhandel. Dass nicht mehr auf der Basis des Grundgesetzes gehandelt wird, wie es ursprünglich gedacht war. Ich zitiere hier in Tübingen bei uns Carlo Schmidt, der klar gesagt hat: »Wir wollen keine Kanonen, und wir wollen schon gar keine für die ganze Welt.« Und genau das ist eigentlich die Basis für den Artikel 26, Abs. 2.

Und wir haben weder eine Legislative, also ein Parlament, das da herankommt, noch eine Judikative, sprich: rechtsprechende Gewalt, die diese Geschäfte aus Sicht des Bürgers, des Wählers, des Volkes, überprüfen könnte. Und das ist immer schlecht in einer Demokratie. Wenn die ›checks and balances‹ nicht mehr gegeben sind. Dann sind einem hochspekulativen, hochbrisanten und ich sage auch hochkorrupten Bereich Tür und Tor geöffnet. Ich meine, Transparency International wird nicht umsonst gesagt haben, dass neben der Baubranche die Rüstungsbranche mit die korruptionsanfälligste Branche ist. Und die Skandale, die wir ja alle kennen, sprechen da eine deutliche Sprache. Also wenn Sie mich fragen, wie diese Verquickung ist, dann muss ich einfach sagen, ja diese Verquickung ist auch deswegen so, weil immer dann, wenn ich Menschen die Möglichkeit gebe, dass sie unkontrolliert und ohne fürchten zu müssen, dass da viel ruchbar wird, handeln können und Geschäfte machen können, seien es machtpolitische Geschichten, sei es rein pekuniäres Interesse. Dann ist Missbrauch und Vetternwirtschaft Tür und Tor geöffnet. Und so sehe ich das in der Rüstungsindustrie. Und auch hier in unserem Fall Heckler & Koch.

Im Fall Heckler & Koch stoßen wir auf immer neue, man möchte fast sagen, Aktenberge. Und darin immer wieder auf Unregelmäßigkeiten. Konnten Sie sich dieses Ausmaß vorstellen?

HR: Es geht vielen, vielen Menschen so, dass sie sagen, das kann doch in unserem Staatssystem, in unserem Verständnis nicht wahr sein, dass hier unkontrolliert Geschäfte laufen. Und dass, obwohl wir immer gesagt bekommen, wir hätten die restriktivsten Gesetze für den Rüstungsexport, es werde alles genau angeschaut. Es werde geguckt, dass der Endverbleib der Waffen gesichert ist. Dass die ja nicht in die falschen Hände kommen. Und im Praktischen ist das krasse Gegenteil der Fall. Jetzt haben manche ironisch gesagt, es heißt ja auch: Bundesamt *für* Wirtschaft. Also sprich: auch *für* die Außenwirtschaft. Das Bundesamt für Wirtschaft und Ausfuhrkontrolle. Dann ist es wie ganz oft im Leben. Der kennt den aus dem BMWi, und der kennt wiederum den aus der Exportabteilung der Rüstungsfirma. Und über die Jahre kennt man sich besser und noch besser. Dann kommen Anfragen: »Du, meinst du, wir könnten da in den Kongo, wir könnten da nach Somalia oder wir könnten da nach Saudi-Arabien exportieren? Ja. Schick mal rüber. Wir gucken mal. Werden wir schon irgendwie. Und den im Auswärtigen Amt. Das kriegen wir schon irgendwie hin. Formulier es mal so und schick es mal rüber. Wir gucken es uns dann mal an.« So laufen die Dinge. Wir haben Gesetze. Nach außen hin Saubermann. Und im Hintergrund läuft ganz, ganz vieles schief. Bis hin zur Inkaufnahme von Tausenden und Abertausenden von Toten.

Was hat sich in den letzten Wochen, Monaten, Jahren verändert? Wie hat sich dieses Thema entwickelt?

HR: Das Thema Rüstungsexport hat sich durch, ich denke mal, so Graswurzelarbeit verändert. Seit vielen, vielen Jahren sind wir ja in Kampagnen unterwegs gegen den Waffenhandel, da hat sich was getan. Die Leute sind trotz Reizüberflutung, medialer Überflutungen immer noch wach für solche Themen, und dann muss man natürlich auch die Zusammenarbeit von Kampagnen, von Aktion Aufschrei mit den Medien hervorheben. Und so hat sich in den letzten Jahren einfach entwickelt, dass viele, viele Bürger – wir sehen das bei unseren Unterschriftenaktionen, wir sehen das bei Einschaltquoten, wir sehen das bei Online-Klicks auf zum Beispiel Meldungen von Familie Harrich, von SWR und BR, was sich da in Sachen Heckler & Koch wieder weiter tut […]. Das ist ein sehr, sehr gutes und, ich finde, auch sehr demokratiefreundliches Zusammenspiel einer wachsamen Öffentlichkeit, dass man sich das nicht mehr gefallen lässt und das Thema auch innerhalb der Politik durch die Abgeordneten nach oben gesetzt worden ist. Das ist wirklich die Entwicklung der letzten, ich sage es jetzt mal vorsichtig, vier, fünf Jahre ganz stark.

Was wünschen Sie sich?

HR: Wir hier in Deutschland leben doch wirklich auf einer Insel der Glückseligen. Also bei allen sozialen Problemen, die auch wir haben. Aber auf dieser Insel der Glückseligen haben wir es doch nicht nötig, uns mit Blut und Mord und sonst was zu beflecken und in 160 Länder der Welt Tötungsmaschinerie zu liefern. Wir haben doch Umwelttechnologie. Wir können wirklich der Welt was Gutes tun mit Windenergie, mit Recycling, mit allen möglichen wirklich guten Sachen. Wir haben es gar nicht nötig, Rüstung zu exportieren. Das muss nicht sein. Das wünsche ich mir.

Entstehung der Filme gegen Waffenhandel: *Waffen für die Welt, Meister des Todes* und *Tödliche Exporte* von Daniel Harrich

Die Idee zu der Fernsehdokumentation *Waffen für die Welt* für Arte und ARD entstand während eines Treffens in der Arte-Redaktion des Senders RBB in Potsdam. Thematisch ging es um Waffen in Kinderhänden oder, präzise gesagt, um Kindersoldaten. Daniel Harrich, Koautor des Buches und Regisseur, hatte als Master-Arbeit im Rahmen seines Studiums am American Film Institute (AFI) in Los Angeles den Kurzfilm *Acholiland* produziert. Der Film spielt in Norduganda im Jahr 1999, wo damals ein brutaler Bürgerkrieg wütete. Der Film erzählt die wahre Geschichte von Kindern, die zwischen die Fronten geraten. Vor diesem Hintergrund war Daniel Harrich sofort interessiert, den Weg der unzähligen deutschen Waffen in Kriegsgebieten zu verfolgen. Soeren Schumann und Christian von Behr von RBB-Arte und die SWR-Verantwortlichen Martina Zöllner, Hans-Michael Kassel und Thomas Reutter waren sofort dabei.

Anfangs gingen Daniel Harrich und sein Vater, der Kameramann Walter Harrich, davon aus, dass es sich bei den Waffen, die auf dubiosem Wege über kriminelle Waffenschieber aus Deutschland in Krisenregionen geschmuggelt wurden und die sie aufspüren würden, um illegale Waffen handle. Doch schon während ihrer ersten Reise durch den Sudan, nach Darfur, in den Südsudan, stellten sie fest, dass die meisten Waffen aus legalen Lieferungen stammten. Das G3-Sturmgewehr, die neben dem AK-47 (Kalaschnikow) zweithäufigste Schnellfeuerwaffe, wurde in der von Deutschen gebauten Waffenfabrik im Sudan gefertigt oder direkt vom deutschen Hersteller Heckler & Koch geliefert. Halb legal waren die Lieferungen aus den Waffenfabriken aus Pakistan und Iran. Aber auch diese Waffenfabriken waren mit Genehmigung der Bundesregierung, mit deutschen Technikern und Technologietransfer gebaut worden und werden auch heutzutage zum Teil noch mit Ersatzteilen usw. aus Deutschland versorgt.

Das G3-Sturmgewehr bei der Guerillaorganisation FARC in Kolumbien.

Die nächste Station war Kolumbien. Hierher hat die EU Waffenexporte uneingeschränkt untersagt. In dem von Bürgerkrieg und Vertreibungen gezeichneten und zwischen Drogenkartellen zerrissenen Land fanden Daniel Harrich und sein Vater heraus, dass in der staatlichen Waffenfabrik von Indumil (von Deutschen gebaut) neben ganz legalen Lizenzproduktionen von Heckler & Koch-Waffen auch Waffen der deutschen Hersteller Carl Walther und Sig Sauer verkauft werden. Beispielsweise ist die für ihre Gewalttätigkeit berüchtigte Policia National mit Sig-Sauer-Pistolen ausgerüstet. Nicht nur das: Originalprodukte der beiden deutschen Waffenschmieden werden nach Kolumbien geliefert. Obwohl weder das eine noch das andere Unternehmen entsprechende Genehmigungsanträge bei den deutschen Behörden gestellt hat.

Von Kolumbien ging es weiter nach Mexiko. Das Journalistenteam aus Deutschland traf Studenten des Lehramtsseminars Ayotzinapa. Sie hatten an einer Demonstration auf der Autobahn teilgenommen, zeigten Handyvideos, die den Tod von zwei Kommilitonen dokumentierten. Die Studenten von Ayotzinapa im Bundesstaat Guerrero versicherten, dass sie die G36-Gewehre in den Händen der Polizei gesehen hätten. Fast genau ein Jahr später waren diese Studenten unter den 43 Vermissten, die am 26. September 2014, von der Polizei verschleppt wurden. Inzwischen gibt es Beweise dafür, dass auch bei dem Verbrechen vom 26. September G36-Sturmgewehre von Heckler & Koch im Einsatz waren. Die Waffen des Oberndorfer Herstellers waren mit Endzertifikaten und offiziellen Genehmigungen nach Mexiko exportiert worden. Erfolgten die Lieferungen legal, halb legal, illegal? Und das angeblich mexikanische Sturmgewehr FX-05, das Daniel und Walter Harrich in einer Vitrine des Militärmuseums im Zentrum von Mexiko-Stadt entdeckten? Die Museumsdirektorin und hohe Offizierin in der mexikanischen Marine erklärte, das FX-05 sei ein Nachbau des deutschen G36-Gewehrs. Der Chefingenieur in der »Fábrica de Armas« stellte das mexikanische Sturmgewehr als Nachbau des modernen G36 von Heckler & Koch vor. Wie ist das alles möglich? Wie streng sind die deutschen Rüstungsexportgesetze wirklich? Wie engmaschig sind die Ausfuhrkontrollen?

Vorläufig letzte Station der Suche nach den Wegen deutscher Waffen – bevor es erneut nach Mexiko ging, um Überlebende des Massakers vom 26. September, Angehörige und deren Anwälte zu treffen – war Bosnien-Herzegowina. Die frühere Kriegsregion, nur eine Flugstunde von München entfernt, ist bis heute »vollgepumpt« mit Waffen, darunter auch Zigtausende aus deutscher Produktion. Der Großteil ist auf abenteuerlichen Wegen und Umwegen in den mit einem Waffenembargo belegten Balkanstaat gelangt. Ein anderer Teil ging legal oder halb legal nach Bosnien-Herzegowina, als die Bundesregierung gemeinsam mit anderen verbündeten Staaten das Embargo brach, um den Krieg mit militärischen Mitteln zu beenden.

Diese vorerst letzte Station ihrer Rechercheise hatte das Filmemacherteam bewusst gewählt, um aufzuzeigen, wie viele dieser Kriegswaffen heutzutage peu à peu von Waffenschmugglerringen in europäische Staaten geschleust werden. Doch gerade der Aufenthalt in der Balkanregion, die Gespräche mit betroffenen Zeitzeugen, das anhaltende Trauma der Menschen, die von Einschusslöchern gezeichneten Häuserfassaden, die Gräber der Opfer, führten den Journalisten deutlich vor Augen, wie groß das Dilemma ist. Der Vorwurf vieler Überlebender gilt noch immer den Deutschen, die lange – sie sagen, viel zu lange – zögerten, militärische Maßnahmen zu ergreifen.

Als Konsequenz aus der eigenen Geschichte und den Verbrechen der Nationalsozialisten galt für viele Deutsche die Parole »Nie wieder Krieg«. Völlig zu Recht. Denn wie sollte eine Nation, von der innerhalb eines Jahrhunderts zwei Weltkriege ausgegangen waren, militärische Maßnahmen zur Beendigung eines Krieges befürworten? Zumal auf dem Balkan wieder Nationalisten gegeneinander kämpften und eine ganze Region in Schutt und Asche legten. Wie sollte sich Deutschland in diesem Krieg vor der eigenen Haustür verhalten? Sollte es, wenn von den NATO-Partnern gefordert, eingreifen? Sich möglicherweise sogar aktiv an den Missionen der Vereinten Nationen beteiligen? Krieg führen zum Schutz der Menschenrechte?

Die Pazifisten erteilten denjenigen, die sich für eine militärische Intervention aussprachen, eine Absage und plädierten für weitere Verhandlungen. Den unterlegenen Bosniaken wurden Waffenlieferungen verweigert. Erst das Massaker von Srebrenica 1995 brachte viele Menschen in Deutschland zum Umdenken. Joschka Fischer, damals Fraktionsvorsitzender der Grünen, besuchte das vom Krieg in großen Teilen zerstörte Sarajevo und erklärte, er hätte sich schon viel früher für eine militärische Intervention einsetzen müssen.

Waren die Balkankriege die gesetzlich verankerte Ausnahme, die Kriegswaffenexporte möglicherweise sogar unumgänglich macht, um Menschenleben zu retten und weitere Verbrechen gegen die Menschlichkeit zu unterbinden? Diplomatische Bemühungen hatten zuvor zu Waffenstillstandsvereinbarungen geführt. Diese Waffenstillstände wurden gebrochen, noch ehe die Tinte auf den Vereinbarungen getrocknet war. Das Ganze war eine Gewissensfrage.

Ein Beispiel: Muamer Sehic, heute Polizeibeamter, der sich an internationalen UN-Friedensmissionen beteiligt, war 16 Jahre alt, als aus dem Nichts die ersten Schüsse fielen, er Menschen auf der Straße sterben sah. Kinder, jünger als er, verbluteten in den Armen ihrer toten Mütter, alte Menschen, Nachbarn, die eigene Familie. Dann wurden Waffen aus der ganzen Welt geliefert – auch Muamer Sehic bekam ein Sturmgewehr. Auch er ein Kindersoldat. Vier Jahre lang herrschte Krieg, ebenso lang kämpfte Muamer Sehic mit der Waffe in der Hand. Dann kam – dank des militärischen Eingreifens verbündeter Staaten – der Waffenstillstand. Mindestens 100 000 Menschen wurden in diesem Krieg getötet. Auf den Grabsteinen liest man: 1992, 1993, 1994 – die Kriegsjahre. Ein Krieg mitten in Europa. »Im Krieg gibt es keine Gewinner. Es gibt nur Opfer«, sagt Muamer Sehic. Aber ohne militärische Maßnahmen, ohne Waffenlieferungen durch die Verbündeten, nur mit diplomatischen Mitteln, hätte das Blutvergießen nicht gestoppt werden können.

Die Massen an Waffen, die seither vom Balkanraum aus von einer Konfliktregion zur nächsten wandern oder über ebenso dunkle Kanäle in andere europäische Staaten geschmuggelt werden, sind unkontrollierbar, und die einzigen Profiteure sind, wie immer, diejenigen, die ihre schmutzigen Geschäfte damit machen.

Während der Produktion beschließen die Senderverantwortlichen von Arte, SWR und ARD, den Titel der Fernsehdokumentation zu erweitern. Er lautet nun: *Waffen für die Welt – Export außer Kontrolle*. Der Titel trifft den Kern des Themas.

Am Morgen nach Ausstrahlung der Dokumentation auf Arte klingelt das Telefon. Ein Insider aus der Waffenbranche bittet um ein Treffen und übergibt dem Filmemacher Daniel Harrich wenige Tage später aktenweise Unterlagen. Interne Berichte, Fotos und Filme. Die Dokumente beweisen, dass auch über vermeintlich legale Waffenlieferungen mit unrechten Mitteln entschieden wird und sie ohne Letztere nicht möglich gewesen wären.

Die Folge dieser Erkenntnis ist der Spielfilm *Meister des Todes*. Regisseur und Produzent des Filmes ist wieder Daniel Harrich, als Koautor für das Drehbuch gewinnt er den renommierten Schriftsteller und Freund der Filmemacherfamilie Gert Heidenreich. Als sich Heidenreich erstmals mit den Originaldokumenten befasst, lautet sein Kommentar: »Als Autor denkt man, solche Verflechtungen gibt es nur in der Fantasie von Schriftstellern. Hier aber ist es die Realität.«

Der Spielfilm *Meister des Todes* erzählt die Geschichte eines Insiders und Waffenvorführers der fiktiven Firma HSW, der zum ersten Mal in seinem Leben mit eigenen Augen sieht, was mit den aus Deutschland gelieferten Sturmgewehren vor Ort in Mexiko angerichtet wird, und beschließt, aus dem System von Korruption und Skrupellosigkeit auszusteigen. Der sowohl in Deutschland als auch in Mexiko mit hochkarätigen Darstellern besetzte Spielfilm hat Ende Juni 2015 auf dem Filmfest München Kinopremiere und wird im September 2015 im Ersten mit einer anschließenden Fernsehdokumentation über die wahren Begebenheiten ausgestrahlt.

Selten zuvor haben sich Fernsehverantwortliche so mutig und entschlossen hinter ein Projekt gestellt, mit in diesem Fall drei Produktionen – Spielfilm, Dokumentation und Webfeature. Der SWR als federführender Sender, der BR und die ARD Degeto erwiesen sich von Anfang an als verlässliche Partner gegenüber dem jungen Regisseur und seinem durchaus riskanten Thema. Aufseiten des SWR sind es die Hauptabteilungsleiterin Film und Kultur Martina Zöllner, in der Filmredaktion Manfred Hattendorf und Michael Schmidl, in der Abteilung Dokumentation Hans-Michael Kassel und Thomas Reutter, in der Online-Redaktion des SWR Jürgen Ebenau, Johannes Kaufmann, Sophie von Glinski, Marion Dilg, Katja Beck und Jan Seipel. Im BR seien an der Stelle die Spielfilm-Seriechefin Bettina Ricklefs, die Spielfilm- und Dokumentarredakteurin Claudia Gladziejewski sowie die frühere Fernsehdirektorin Bettina Reitz genannt, ferner die für das Online-Feature mitverantwortlichen Thomas Sessner, Volker Matthies, Patricius Mayer, Tobias Bönte, Robert Schöffel und

Rebecca Smit. Christine Strobl, die Degeto-Geschäftsführerin, ließ sich sofort für das Spielfilmprojekt begeistern. Last but not least Dietmar Pretzsch, Dr. Lars Jacob und Annette Gilcher für Marketing und Presse. Jürgen Grässlin stand dem Regisseur beratend zur Seite. Ohne das Engagement dieser Partner wären die Projekte kaum realisierbar gewesen, insbesondere nicht in der kurzen Zeit.

Die Drehorte für den Anfang des Spielfilms waren das ruhige, beschauliche München und Umgebung. Am Vorabend des ersten Drehtages bekam Daniel Harrich die Nachricht aus Mexiko, dass unter den 43 von der Polizei verschleppten Studenten wahrscheinlich auch die beiden sind, die er ein Jahr zuvor im Lehramtsseminar von Ayotzinapa kennengelernt und befragt hatte.

Ende 2014 ziehen Hunderttausende Demonstranten durch Mexiko-Stadt. Sie wollen an das Verbrechen vom 26. September erinnern. Zugleich fordern sie Gerechtigkeit und ein Ende der Korruption.

Für die Dreharbeiten des Handlungsstrangs Mexiko kehrte das Team zurück in das Land, in dem für Daniel und Walter Harrich die Geschichte der illegalen G36-Sturmgewehre begann. Es war Ende 2014. In Mexiko-Stadt gingen tagtäglich Hunderttausende Menschen auf die Straße, erinnerten an die 43 vermissten Studenten, forderten Gerechtigkeit und ein Ende der Korruption. Die mexikanischen Hauptdarsteller des Films protestierten in vorderster Reihe mit. Zugleich wurden die Demonstrationen live im Fernsehen übertragen. Die Bilder zeigen, wie bewaffnete Polizisten gewaltsam gegen unbewaffnete Demonstranten vorgehen und auch immer wieder Festnahmen erfolgen. Nach seiner Meinung über die Folgen der Proteste befragt, antwortet ein junger Mexikaner aus der Oberschicht: »Die sind wie Kinder, die laut aufschreien, wenn ihnen etwas wehtut. Kindern gibt man Süßigkeiten. Denen hier gibt man ein paar Dollar, dann hören sie auf zu schreien.«

Nachwort

Bundesregierung und Justiz müssen handeln, damit sie nicht weiter Handlager der Rüstungsindustrie bleiben

Wir hoffen, mit diesem Buch aufzurütteln und zu erreichen, dass die Kontrollbehörden Waffenhandel strikt überwachen und – wo geboten – konsequent unterbinden. Dass Staatsanwaltschaften ernsthaft ermitteln und bei Rechtsbruch zeitnah Anklage erheben, und dass Gerichte Rechtsbrecher bestrafen. Das sind die Ziele der Veröffentlichung der brisanten Dokumente in diesem Buch und in den genannten Filmen. Wir werden weitere Strafanzeigen einbringen – diesmal auch gegen Beamte in Behörden. Denn Gewalt erzeugt Gegengewalt.

Das ist der verhängnisvolle Teufelskreis, in dem sich Regierungen bewegen, die Waffen in eine Region liefern, ohne zu wissen, bei wem sie am Ende landen. Waffen gibt es in diesen Regionen ohnehin mehr als genug. Ältere, gebrauchte Waffen ebenso wie hochmoderne Waffen fallen unkontrolliert und unkontrollierbar in die Hände von Terroristen und anderen Killerbanden. Jahrelang waren Waffenlieferungen aus Deutschland in Spannungsgebiete mit einem gewissen Tabu belegt. Dieses Tabu wurde immer wieder von Waffenherstellern und -händlern, Mittelsmännern und kriminellen Netzwerken gebrochen.

Dass die Bundesregierung mit diesem Tabu brach, war eher die Ausnahme als die Regel. Nun aber zeigt der Trend in eine fatale Richtung: Von der Bundesregierung genehmigte Waffenlieferungen in den Nordirak, milliardenschwere Rüstungsdeals mit Algerien, forcierte Rüstungsgeschäfte mit Indien. »Ertüchtigung« heißt das Konzept der Bundesregierung, Waffen statt Soldaten in die Krisenregionen zu schicken. Die dabei verwendeten Argumente verwundern immer wieder. Deutschland würde »erwachsen werden« und endlich aus dem »Schatten der Vereinigten Staaten treten«. Bemerkenswert ist nun auch die Geschwindigkeit, mit der die Entscheidungen über Rüstungsdeals mit sogenannten Drittländern fallen, siehe 19 Tage für Krauss-Maffei-Wegmann und Katar! Bedenken werden zaghaft erhoben und bald wieder »zurückgestellt«. Argumente, die gerade eben noch gegen die Waffenlieferungen sprachen, werden leichtfertig über Bord geworfen. Die Beurteilung der Lage geht mal mit den Eindrücken der Reise des Außenministers in das Krisengebiet einher – siehe die Reise von Außenminister Frank-Walter Steinmeier (SPD) 2014 in den Nordirak –, mal, und häufiger, mit wirtschaftlichen, strategischen, politischen Interessen, siehe die Reise von Verteidigungsministerin Ursula von der Leyen im Frühjahr 2015 nach Indien.

Will Wirtschaftsminister Sigmar Gabriel sein Wahlversprechen einlösen, muss er auch veranlassen, dass bereits geschlossene Verträge der Vorgängerregierung mit Militärs in den Krisen- und Kriegsregionen der Welt gekündigt werden. Gemäß § 7 des Kriegswaffenkontrollgesetzes kann eine bereits erteilte Genehmigung »jederzeit widerrufen werden«. Der vertraglich vereinbarte Empfänger ist allerdings gemäß § 9 »vom Bund angemessen in Geld zu entschädigen«.

Oder wie wäre es, deutsche Rüstungsunternehmen auf eine verantwortbare Fertigung ziviler Produkte, beispielsweise in der Medizin- und Umwelttechnik, umzustellen? Damit entfiele zum einen das Totschlagargument der mächtigen Waffenlobby, die Erhaltung von Arbeitsplätzen, zum anderen können in diesen innovativen Bereichen weitaus mehr Arbeitsplätze geschaffen werden als die vergleichsweise geringe Zahl von rund 100 000 in der Rüstungsindustrie.

Dank

Danuta Harrich-Zandberg

Unser Dank gilt den Verantwortlichen in den Fernsehsendern, die uns seit Jahrzehnten vertrauen. Ohne diese Menschen wäre es nicht möglich, schwierige, unbequeme Themen aufzugreifen. Es geht nicht darum anzuprangern. Mein Mann Walter Harrich und ich wollen Probleme aufzeigen und die Welt Stück für Stück ein wenig besser machen. Wir sind unendlich dankbar, dass unsere Kinder – jedes auf seine Weise – diesen Weg weitergehen.

Jürgen Grässlin

Von Herzen danke ich meiner geliebten Ehefrau Eva. Sie stand mir als persönliche Erstlektorin und nimmermüde Ratgeberin rund um die Uhr hilfreich zur Seite. Sie hat mir während der Schreibzeit dieses Buches einmal mehr auf allen Ebenen den Rücken frei gehalten. Ohne sie hätte ich meinen Beitrag zu dieser Publikation nicht leisten können.

Ebenso herzlich danke ich meinem Rechtsanwalt Holger Rothbauer, der mich sehr sachkundig, äußerst engagiert und erfreulich erfolgreich durch alle juristischen Prozesse der Gegenseite (bis September 2009) geleitete und der seit 2010 meine Strafanzeigen gegen Heckler & Koch, Sig Sauer, Carl Walther und die Bundeswehr eingebracht hat. Die Wirkung der Strafanzeigen, die teilweise mit Christine Hoffmann, Paul Russmann und Holger Rothbauer als Mitantragsteller eingereicht wurden, ist immens.

Mein Dank gilt »terrre des hommes«, den vielen Freundinnen und Freunden in der Friedens- und Menschenrechtsbewegung, bei der Deutschen Friedensgesellschaft – Vereinigte KriegsdienstgegnerInnen, dem RüstungsInformationsBüro, den Kritischen AktionärInnen, »pax christi« und ohne Rüstung Leben. Zusammen haben wir die Kampagne »Aktion Aufschrei – Stoppt den Waffenhandel!« ins Leben gerufen, die schon jetzt immense Erfolge feiert. Dank Euch kommen wir auf unserem Weg hin zu einer friedlicheren und gerechteren Welt bestens voran.

Daniel Harrich

Dieses Projekt konnte nur im Rahmen des öffentlich-rechtlichen Rundfunksystems entstehen. Die Dokumentationen *Waffen für die Welt* und *Tödliche Exporte*, der Spielfilm *Meister des Todes*, die Web- und Hörfunkfeatures wurden zusammen mit dem Südwestrundfunk, Bayerischen Rundfunk und der ARD Degeto entwickelt, finanziert und realisiert. Ich danke meinen Partnern, Kollegen, Mentoren und Freunden von ganzem Herzen. Mein Dank gilt auch dem großartigen Kreativteam vor und hinter der Kamera.

Und: Dank an meine Eltern, Marek, Roberta und Joelle. Danke, dass es Euch gibt!

Wir danken allen helfenden Mitarbeiterinnen und Mitarbeitern in rüstungsproduzierenden und -exportierenden Unternehmen sowie allen Beamtinnen und Beamten in den Rüstungsexport-Kontrollbehörden und bei der Bundeswehr, die anonym bleiben wollen bzw. müssen.

Der gemeinsame Dank des Autorenteams gilt den immens engagierten Mitarbeiterinnen und Mitarbeitern des Heyne-Verlags in München. Und wir danken sehr herzlich Thomas Bertram für das engagierte Lektorat dieses Buches. Sie alle haben tatkräftig dabei mitgeholfen, dass dieses Werk in rekordverdächtigem Tempo und damit zur richtigen Zeit erscheinen konnte.

Wir drei haben die Zusammenarbeit untereinander und mit dem Verlag – trotz des Zeitdrucks – genossen.

Anhang
mit Grundlagentexten

Auszüge zum Thema Waffenhandel

Grundlagentext 1

Außenwirtschaftsgesetz (AWG),
Ausfertigungsdatum: 28. April 1961

Textauszug § 34 Straftaten

Anm. JG: Unsere Strafanzeige gegen Heckler & Koch vom 19. April 2010 wegen des Verdachts der Verletzung des Außenwirtschaftsgesetzes im Fall von G36-Gewehrlierferungen nach Mexiko bezieht sich u.a. Paragraf 34 AWG. Dort wird das das Strafmaß für Straftaten festgelegt.

§ 34 Straftaten
(1) Mit Freiheitsstrafe bis zu fünf Jahren oder mit Geldstrafe wird bestraft, wer ohne Genehmigung

1. in Teil I Abschnitt A oder

2. in Teil I Abschnitt C Kategorie 0, Kategorie 1 Nummer 1C350, 1C351, 1C352, 1C353, 1C354, Kategorie 2 Nummer 2B350, 2B351 oder 2B352

der Ausfuhrliste (Anlage AL zur Außenwirtschaftsverordnung) genannte Güter ausführt oder verbringt. Ebenso wird bestraft, wer ohne Genehmigung in Satz 1 Nummer 2 genannte Güter aus einem anderen Mitgliedstaat der Europäischen Union versendet, wenn der Ausführer im Wirtschaftsgebiet niedergelassen ist.

(2) Mit Freiheitsstrafe bis zu fünf Jahren oder mit Geldstrafe wird bestraft, wer eine in § 33 Absatz 1 oder 4 bezeichnete vorsätzliche Handlung begeht, die geeignet ist,

1. die äußere Sicherheit der Bundesrepublik Deutschland,

2. das friedliche Zusammenleben der Völker oder

3. die auswärtigen Beziehungen der Bundesrepublik Deutschland erheblich

zu gefährden, wenn die Tat nicht in Absatz 1 oder 4 mit Strafe bedroht ist.

(3) Ebenso wird bestraft, wer in den Fällen des Absatzes 1 oder 2 die Ausfuhr oder die Verbringung dadurch fördert, dass er die Güter zur Verfügung stellt.

(4) Mit Freiheitsstrafe von sechs Monaten bis zu fünf Jahren wird bestraft, wer

1. einer Rechtsverordnung nach § 2 Absatz 1 in Verbindung mit § 5 oder § 7 Absatz 1 oder 3 Satz 1 zuwiderhandelt, die der Durchführung

a) einer vom Sicherheitsrat der Vereinten Nationen nach Kapitel VII der Charta der Vereinten Nationen oder

b) einer vom Rat der Europäischen Union im Bereich der Gemeinsamen Außen- und Sicherheitspolitik beschlossenen wirtschaftlichen Sanktionsmaßnahme dient, soweit die Rechtsverordnung für einen bestimmten Tatbestand auf diese Strafvorschrift verweist und die Tat nicht in Absatz 6 Nummer 3 mit Strafe bedroht ist,

2. einem im Bundesanzeiger veröffentlichten, unmittelbar geltenden Ausfuhr-, Einfuhr-, Durchfuhr-, Verbringungs-, Verkaufs-, Liefer-, Bereitstellungs-, Weitergabe-, Dienstleistungs-, Investitions-, Unterstützungs- oder Umgehungsverbot eines Rechtsaktes der Europäischen Gemeinschaften oder der Europäischen Union zuwiderhandelt, der der Durchführung einer vom Rat der Europäischen Union im Bereich der Gemeinsamen Außen- und Sicherheitspolitik beschlossenen wirtschaftlichen Sanktionsmaßnahme dient oder

3. einer im Bundesanzeiger veröffentlichten unmittelbar geltenden Vorschrift eines Rechtsaktes der Europäischen Gemeinschaften oder der Europäischen Union zuwiderhandelt, die eine Genehmigungspflicht für eine Ausfuhr, Einfuhr, Durchfuhr, Verbringung, einen Verkauf, eine Lieferung, Bereitstellung, Weitergabe, Dienstleistung, Investition oder Unterstützung vorschreibt und die der Durchführung einer vom Rat der Europäischen Union im Bereich der Gemeinsamen Außen- und Sicherheitspolitik beschlossenen wirtschaftlichen Sanktionsmaßnahme dient.

(5) In den Fällen der Absätze 1, 2 und 4 ist der Versuch strafbar.

(6) Mit Freiheitsstrafe nicht unter zwei Jahren wird bestraft, wer

1. durch eine in Absatz 1 oder 2 bezeichnete Handlung

a) die Gefahr eines schweren Nachteils für die äußere Sicherheit der Bundesrepublik Deutschland herbeiführt,

b) das friedliche Zusammenleben der Völker stört oder

c) die auswärtigen Beziehungen der Bundesrepublik Deutschland erheblich stört,

2. eine in Absatz 1, 2 oder 4 bezeichnete Handlung gewerbsmäßig oder als Mitglied einer Bande, die sich zur fortgesetzten Begehung solcher Straftaten verbunden hat, unter Mitwirkung eines anderen Bandenmitglieds begeht,

3. eine in Absatz 1 Satz 1 Nummer 1 bezeichnete Handlung begeht und dadurch einem im Bundesanzeiger veröffentlichten Ausfuhrverbot der dort genannten Güter zuwiderhandelt, das in

a) einer Resolution des Sicherheitsrates der Vereinten Nationen nach Kapitel VII der Charta der Vereinten Nationen oder

b) einem Rechtsakt der Europäischen Union im Bereich der Gemeinsamen Außen- und Sicherheitspolitik enthalten ist oder

4. eine in Absatz 4 bezeichnete Handlung begeht, die geeignet ist,

a) die äußere Sicherheit der Bundesrepublik Deutschland,

b) das friedliche Zusammenleben der Völker oder

c) die auswärtigen Beziehungen der Bundesrepublik Deutschland erheblich

zu gefährden.

(7) Handelt der Täter in den Fällen der Absätze 1, 2 oder 4 fahrlässig, so ist die Strafe Freiheitsstrafe bis zu drei Jahren oder Geldstrafe.

(8) Ohne Genehmigung im Sinne des Absatzes 1 handelt auch, wer auf Grund einer durch Drohung, Bestechung oder durch Zusammenwirken eines Amtsträgers mit dem Antragsteller zur vorsätzlichen Umgehung der Genehmigungsvoraussetzung erwirkten oder durch unrichtige oder unvollständige Angaben erschlichenen Genehmigung handelt. Satz 1 gilt in den Fällen der Absätze 2 und 4 entsprechend.

Grundlagentext 2

Gesetz über die Kontrolle von Kriegswaffen
(KrWaffKontrG), Ausfertigungsdatum: 20. April 1961

Textauszüge
§ 6 Versagung der Genehmigung
§ 22a Sonstige Strafvorschriften und
§ 22b Verletzungen von Ordnungsvorschriften

KWKG § 6 Versagung der Genehmigung
(1) Auf die Erteilung einer Genehmigung besteht kein Anspruch.
(2) Die Genehmigung kann insbesondere versagt werden, wenn
1. Grund zu der Annahme besteht, dass ihre Erteilung dem Interesse der Bundesrepublik an der Aufrechterhaltung guter Beziehungen zu anderen Ländern zuwiderlaufen würde,
2. a) der Antragsteller, sein gesetzlicher Vertreter, bei juristischen Personen das vertretungsberechtigte Organ oder ein Mitglied eines solchen Organs, bei Personenhandelsgesellschaften ein vertretungsberechtigter Gesellschafter, sowie der Leiter eines Betriebes oder eines Betriebsteiles des Antragstellers,
b) derjenige, der Kriegswaffen befördert,
c) derjenige, der die tatsächliche Gewalt über Kriegswaffen dem Beförderer überlässt
oder von ihm erwirbt,

nicht Deutscher im Sinne des Artikels 116 des Grundgesetzes ist oder den Wohnsitz
oder gewöhnlichen Aufenthalt außerhalb des Bundesgebietes hat,

3. eine im Zusammenhang mit der genehmigungsbedürftigen Handlung nach anderen Vorschriften erforderliche Genehmigung nicht nachgewiesen wird.

(3) Die Genehmigung ist zu versagen, wenn

1. die Gefahr besteht, dass die Kriegswaffen bei einer friedensstörenden Handlung, insbesondere bei einem Angriffskrieg, verwendet werden,
2. Grund zu der Annahme besteht, daß die Erteilung der Genehmigung völkerrechtliche
Verpflichtungen der Bundesrepublik verletzen oder deren Erfüllung gefährden würde,
3. Grund zu der Annahme besteht, dass eine der in Absatz 2 Nr. 2 genannten Personen die für die beabsichtigte Handlung erforderliche Zuverlässigkeit nicht besitzt.

(4) […]

KWKG § 22a Sonstige Strafvorschriften und § 22b Verletzungen von Ordnungsvorschriften

Anm. JG: Unsere Strafanzeige gegen Heckler & Koch vom 19. April 2010 wegen des Verdachts illegaler Gewehrlieferungen in Unruheprovinzen Mexikos begründete Rechtsanwalt Rothbauer wie folgt: »Nach § 22 a Abs. 1 Nr. 2 und Nr. 7 KrWaffG wird derjenige bestraft, der die tatsächliche Gewalt über Kriegswaffen (das G36 ist gemäß § 1 KrWaffG i. V. m. KWL ohne Zweifel eine Kriegswaffe) ohne Genehmigung einem anderen überlässt sowie ein Vertrag über das Überlassen einer Kriegswaffe ohne Genehmigung vermittelt bzw. abschließt. Der besonders schwere Fall nach § 22 a Abs. 2 KrWaffG dürfte durch das gewerbsmäßige Handeln der Beschuldigten ebenfalls erfüllt sein.«

§ 22a Sonstige Strafvorschriften

(1) Mit Freiheitsstrafe von einem Jahr bis zu fünf Jahren wird bestraft, wer

1. Kriegswaffen ohne Genehmigung nach § 2 Abs. 1 herstellt,

2. die tatsächliche Gewalt über Kriegswaffen ohne Genehmigung nach § 2 Abs. 2 von einem anderen erwirbt oder einem anderen überlässt,

3. im Bundesgebiet außerhalb eines abgeschlossenen Geländes Kriegswaffen ohne Genehmigung nach § 3 Abs. 1 oder 2 befördern lässt oder selbst befördert,

4. Kriegswaffen einführt, ausführt, durch das Bundesgebiet durchführt oder sonst in das Bundesgebiet oder aus dem Bundesgebiet verbringt, ohne daß die hierzu erforderliche Beförderung genehmigt ist,

5. mit Seeschiffen, welche die Bundesflagge führen, oder mit Luftfahrzeugen, die in die Luftfahrzeugrolle der Bundesrepublik Deutschland eingetragen sind, absichtlich oder wissentlich Kriegswaffen ohne Genehmigung nach § 4 befördert, die außerhalb des Bundesgebietes ein- und ausgeladen und durch das Bundesgebiet nicht durchgeführt werden,

6. über Kriegswaffen sonst die tatsächliche Gewalt ausübt, ohne dass

a) der Erwerb der tatsächlichen Gewalt auf einer Genehmigung nach diesem Gesetz

beruht oder

b) eine Anzeige nach § 12 Abs. 6 Nr. 1 oder § 26a erstattet worden ist, oder

7. einen Vertrag über den Erwerb oder das Überlassen ohne Genehmigung nach § 4a Abs. 1 vermittelt oder eine Gelegenheit hierzu nachweist oder einen Vertrag ohne Genehmigung nach § 4a Abs. 2 abschließt.

(2) In besonders schweren Fällen ist die Strafe Freiheitsstrafe von einem Jahr bis zu zehn Jahren. Ein besonders schwerer Fall liegt in der Regel vor, wenn der Täter in den Fällen des Absatzes 1 Nr. 1 bis 4, 6 oder 7 gewerbsmäßig oder als Mitglied einer Bande, die sich zur fort-

gesetzten Begehung solcher Straftaten verbunden hat, unter Mitwirkung eines anderen Bandenmitglieds handelt.

(3) In minder schweren Fällen ist die Strafe Freiheitsstrafe bis zu drei Jahren oder Geldstrafe.

(4) Wer fahrlässig eine in Absatz 1 Nr. 1 bis 4, 6 oder 7 bezeichnete Handlung begeht, wird mit Freiheitsstrafe bis zu zwei Jahren oder mit Geldstrafe bestraft.

(5) Nach Absatz 1 Nr. 3 oder 4 wird nicht bestraft, wer Kriegswaffen, die er in das Bundesgebiet eingeführt oder sonst verbracht hat, freiwillig und unverzüglich einer Überwachungsbehörde, der Bundeswehr oder einer für die Aufrechterhaltung der öffentlichen Sicherheit zuständigen Behörde oder Dienststelle abliefert. Gelangen die Kriegswaffen ohne Zutun desjenigen, der sie in das Bundesgebiet eingeführt oder sonst verbracht hat, in die tatsächliche Gewalt einer der in Satz 1 genannten Behörden oder Dienststellen, so genügt sein freiwilliges und ernsthaftes Bemühen, die Kriegswaffen abzuliefern.

§ 22b Verletzung von Ordnungsvorschriften

(1) Ordnungswidrig handelt, wer vorsätzlich oder fahrlässig

1. eine Auflage nach § 10 Abs. 1 nicht, nicht vollständig oder nicht rechtzeitig erfüllt,

2. das Kriegswaffenbuch nach § 12 Abs. 2 nicht, unrichtig oder nicht vollständig führt,

3. Meldungen nach § 12 Abs. 5 oder Anzeigen nach § 12 Abs. 6 nicht, unrichtig, nicht vollständig oder nicht rechtzeitig erstattet oder eine Auflage nach § 12 Abs. 6 Satz 4 oder 5 nicht erfüllt,

3a. einer nach § 12a Abs. 1 oder § 13a erlassenen Rechtsverordnung zuwiderhandelt, soweit sie für einen bestimmten Tatbestand auf diese Bußgeldvorschrift verweist,

4. Auskünfte nach § 14 Abs. 5 nicht, unrichtig, nicht vollständig oder nicht rechtzeitig erteilt,

5. Betriebsaufzeichnungen und sonstige Unterlagen entgegen § 14 Abs. 5 nicht, nicht vollständig oder nicht rechtzeitig vorlegt,

6. der Pflicht nach § 14 Abs. 5 zur Duldung des Betretens von Räumen und Grundstücken zuwiderhandelt.

(2) Die Ordnungswidrigkeit kann mit einer Geldbuße bis zu fünftausend Euro geahndet werden.

(3) Ordnungswidrig handelt ferner, wer vorsätzlich oder fahrlässig entgegen § 12 Abs. 3 bei der Übergabe zur Beförderung von Kriegswaffen eine Ausfertigung der Genehmigungsurkunde nicht übergibt oder entgegen § 12 Abs. 4 bei der Beförderung eine Ausfertigung der Genehmigungsurkunde nicht mitführt. Die Ordnungswidrigkeit kann mit einer Geldbuße bis zu fünfhundert Euro geahndet werden.

Grundlagentext 3

Politische Grundsätze der Bundesregierung
für den Export von Kriegswaffen und sonstigen Rüstungsgütern
vom 19. Januar 2000

Berlin, den 19. Januar 2000

Politische Grundsätze der Bundesregierung für den Export von Kriegswaffen und sonstigen Rüstungsgütern

In dem Bestreben,

- ihre Rüstungsexportpolitik restriktiv zu gestalten,
- im Rahmen der internationalen und gesetzlichen Verpflichtungen der Bundesrepublik Deutschland den Export von Rüstungsgütern am Sicherheitsbedürfnis und außenpolitischen Interesse der Bundesrepublik Deutschland zu orientieren,
- durch seine Begrenzung und Kontrolle einen Beitrag zur Sicherung des Friedens, der Gewaltprävention, der Menschenrechte und einer nachhaltigen Entwicklung in der Welt zu leisten,

- dementsprechend auch die Beschlüsse internationaler Institutionen zu berücksichtigen, die eine Beschränkung des internationalen Waffenhandels unter Abrüstungsgesichtspunkten anstreben,
- darauf hinzuwirken, solchen Beschlüssen Rechtsverbindlichkeit auf internationaler Ebene, einschließlich auf europäischer Ebene, zu verleihen,

hat die Bundesregierung ihre Grundsätze für den Export von Kriegswaffen und sonstigen Rüstungsgütern wie folgt neu beschlossen:

I. Allgemeine Prinzipien

1. Die Bundesregierung trifft ihre Entscheidungen nach dem Gesetz über die Kontrolle von Kriegswaffen (KWKG) und dem Außenwirtschaftsgesetz (AWG) über Exporte von Kriegswaffen1) und sonstigen Rüstungsgütern2) in Übereinstimmung mit dem von dem Rat der Europäischen Union (EU) angenommenen »Verhaltenskodex der Europäischen Union für Waffenausfuhren« vom 8. Juni 1998[3]) bzw. etwaigen Folgeregelungen sowie den von der Organisation für Sicherheit und Zusammenarbeit in Europa (OSZE) am 25. November 1993 verabschiedeten »Prinzipien zur Regelung des Transfers konventioneller Waffen«. Die Kriterien des EU-Verhaltenskodex sind integraler Bestandteil dieser Politischen Grundsätze. Soweit die nachfolgenden Grundsätze im Verhältnis zum EU-Verhaltenskodex restriktivere Maßstäbe vorsehen, haben sie Vorrang.

2. Der Beachtung der Menschenrechte im Bestimmungs- und Endverbleibsland wird bei den Entscheidungen über Exporte von Kriegswaffen und sonstigen Rüstungsgütern besonderes Gewicht beigemessen.

3. Genehmigungen für Exporte von Kriegswaffen und sonstigen Rüstungsgütern werden grundsätzlich nicht erteilt, wenn hinreichender Verdacht besteht, dass diese zur internen Repression im Sinne des EU-Verhaltenskodex für Waffenausfuhren oder zu sonstigen fortdauernden und systematischen Menschenrechtsverletzungen miss-

braucht werden. Für diese Frage spielt die Menschenrechtssituation im Empfängerland eine wichtige Rolle.
4. In eine solche Prüfung der Menschenrechtsfrage werden Feststellungen der EU, des Europarates, der Vereinten Nationen (VN), der OSZE und anderer internationaler Gremien einbezogen. Berichte von internationalen Menschenrechtsorganisationen werden ebenfalls berücksichtigt.
5. Der Endverbleib der Kriegswaffen und sonstigen Rüstungsgüter ist in wirksamer Weise sicherzustellen.

II. NATO-Länder4), EU-Mitgliedstaaten, NATO-gleichgestellte Länder5)

1. Der Export von Kriegswaffen und sonstigen Rüstungsgütern in diese Länder hat sich an den Sicherheitsinteressen der Bundesrepublik Deutschland im Rahmen des Bündnisses und der EU zu orientieren.

Er ist grundsätzlich nicht zu beschränken, es sei denn, dass aus besonderen politischen Gründen in Einzelfällen eine Beschränkung geboten ist.

2. Kooperationen sollen im bündnis- und/oder europapolitischen Interesse liegen.

Bei Koproduktionen mit in Ziffer II. genannten Ländern, die Gegenstand von Regierungsvereinbarungen sind, werden diese rüstungsexportpolitischen Grundsätze soweit wie möglich verwirklicht. Dabei wird die Bundesregierung unter Beachtung ihres besonderen Interesses an Kooperationsfähigkeit auf Einwirkungsmöglichkeiten bei Exportvorhaben von Kooperationspartnern nicht verzichten (Ziffer II. 3).

3. Die exportpolitischen Konsequenzen einer Kooperation sind rechtzeitig vor Vereinbarung gemeinsam zu prüfen.

In jedem Fall behält sich die Bundesregierung zur Durchsetzung ihrer rüstungsexportpolitischen Grundsätze vor, bestimmten Exportvorhaben des Kooperationspartners im Konsultationswege entgegenzutreten. Deshalb ist bei allen neu abzuschließenden Kooperationsvereinbarungen für den Fall des Exports durch das Partnerland grundsätzlich ein solches Konsultationsverfahren anzustreben, das der Bundesregierung die Möglichkeit gibt, Einwendungen wirksam geltend zu machen. Die Bundesregierung wird hierbei sorgfältig zwischen dem Kooperationsinteresse und dem Grundsatz einer restriktiven Rüstungsexportpolitik unter Berücksichtigung des Menschenrechtskriteriums abwägen.

4. Vor Exporten von Kriegswaffen und sonstigen Rüstungsgütern, bei denen deutsche Zulieferungen Verwendung finden, prüfen AA, BMWi und BMVg unter Beteiligung des Bundeskanzleramtes, ob im konkreten Einzelfall die Voraussetzungen für die Einleitung von Konsultationen vorliegen.

Einwendungen der Bundesregierung gegen die Verwendung deutscher Zulieferungen werden – in der Regel nach Bundessicherheitsrats-Befassung – z.B. in folgenden Fällen geltend gemacht:

- Exporte in Länder, die in bewaffnete Auseinandersetzungen verwickelt sind, sofern nicht ein Fall des Artikels 51 der VN-Charta vorliegt,
- Exporte in Länder, in denen ein Ausbruch bewaffneter Auseinandersetzungen droht oder bestehende Spannungen und Konflikte durch den Export ausgelöst, aufrechterhalten oder verschärft würden,
- Exporte, bei denen hinreichender Verdacht besteht, dass sie zur internen Repression im Sinne des EU-Verhaltenskodex für Waffenausfuhren oder zu sonstigen fortdauernden und systematischen Menschenrechtsverletzungen missbraucht werden, – Exporte, durch die wesentliche Sicherheitsinteressen der Bundesrepublik Deutschland gefährdet werden,
- Exporte, welche die auswärtigen Beziehungen zu Drittländern so erheblich belasten würden, dass selbst das eigene Interesse an der Kooperation und an der Aufrechterhaltung guter Beziehungen zum Kooperationspartner zurückstehen muss.

Einwendungen werden nicht erhoben, wenn direkte Exporte im Hinblick auf die unter Ziffer III. 4 – 7 angestellten Erwägungen voraussichtlich genehmigt würden.

5. Für die Zusammenarbeit zwischen deutschen und Unternehmen der in Ziffer II. genannten Länder, die nicht Gegenstand von Regierungsvereinbarungen ist, sind Zulieferungen, entsprechend der Direktlieferung in diese Länder, unter Beachtung der allgemeinen Prinzipien grundsätzlich nicht zu beschränken. Die Bundesregierung wird jedoch in gleicher Weise wie bei Kooperationen, die Gegenstand von Regierungsvereinbarungen sind, auf Exporte aus industriellen Kooperationen Einfluss nehmen.

Zu diesem Zweck wird sie verlangen, dass sich der deutsche Kooperationspartner bei Zulieferung von Teilen, die nach Umfang oder Bedeutung für eine Kriegswaffe wesentlich sind, vertraglich in die Lage versetzt, der Bundesregierung rechtzeitig die nötigen Informationen über Exportabsichten seiner Partner geben zu können und vertragliche Endverbleibsklauseln vorzusehen.

6. Für deutsche Zulieferungen von Teilen (Einzelteilen oder Baugruppen), die Kriegswaffen oder sonstige Rüstungsgüter sind, ist das Kooperationspartnerland ausfuhrrechtlich Käufer- und Verbrauchsland. Wenn diese Teile durch festen Einbau in das Waffensystem integriert werden, begründet die Verarbeitung im Partnerland ausfuhrrechtlich einen neuen Warenursprung.

III. Sonstige Länder

1. Der Export von Kriegswaffen und sonstigen Rüstungsgütern in andere als in Ziffer II. genannte Länder wird restriktiv gehandhabt. Er darf insbesondere nicht zum Aufbau zusätzlicher, exportspezifischer Kapazitäten führen. Die Bundesregierung wird von sich aus keine privilegierenden Differenzierungen nach einzelnen Ländern oder Regionen vornehmen.

2. Der Export von Kriegswaffen (nach KWKG und AWG genehmigungspflichtig) wird nicht genehmigt, es sei denn, dass im Einzelfall

besondere außen- oder sicherheitspolitische Interessen der Bundesrepublik Deutschland unter Berücksichtigung der Bündnisinteressen für eine ausnahmsweise zu erteilende Genehmigung sprechen. Beschäftigungspolitische Gründe dürfen keine ausschlaggebende Rolle spielen.

3. Für den Export sonstiger Rüstungsgüter (nach AWG genehmigungspflichtig) werden Genehmigungen nur erteilt, soweit die im Rahmen der Vorschriften des Außenwirtschaftsrechts zu schützenden Belange der Sicherheit, des friedlichen Zusammenlebens der Völker oder der auswärtigen Beziehungen nicht gefährdet sind.

In diesen Fällen überwiegen diese Schutzzwecke das volkswirtschaftliche Interesse im Sinne von § 3 Abs. 1 AWG.

4. Genehmigungen für Exporte nach KWKG und/oder AWG kommen nicht in Betracht, wenn die innere Lage des betreffenden Landes dem entgegensteht, z.B. bei bewaffneten internen Auseinandersetzungen und bei hinreichendem Verdacht des Missbrauchs zu innerer Repression oder zu fortdauernden und systematischen Menschenrechtsverletzungen. Für diese Frage spielt die Menschenrechtssituation im Empfängerland eine wichtige Rolle.

5. Die Lieferung von Kriegswaffen und kriegswaffennahen sonstigen Rüstungsgütern wird nicht genehmigt in Länder,

- die in bewaffnete Auseinandersetzungen verwickelt sind oder wo eine solche droht,
- in denen ein Ausbruch bewaffneter Auseinandersetzungen droht oder bestehende Spannungen und Konflikte durch den Export ausgelöst, aufrechterhalten oder verschärft würden.

Lieferungen an Länder, die sich in bewaffneten äußeren Konflikten befinden oder bei denen eine Gefahr für den Ausbruch solcher Konflikte besteht, scheiden deshalb grundsätzlich aus, sofern nicht ein Fall des Artikels 51 der VN-Charta vorliegt.

6. Bei der Entscheidung über die Genehmigung des Exports von Kriegswaffen und sonstigen Rüstungsgütern wird berücksichtigt, ob die nachhaltige Entwicklung des Empfängerlandes durch unverhältnismäßige Rüstungsausgaben ernsthaft beeinträchtigt wird.

7. Ferner wird das bisherige Verhalten des Empfängerlandes im Hinblick auf

- die Unterstützung oder Förderung des Terrorismus und der internationalen organisierten Kriminalität,
- die Einhaltung internationaler Verpflichtungen, insbesondere des Gewaltverzichts, einschließlich der Verpflichtungen aufgrund des für internationale und nicht internationale Konflikte geltenden humanitären Völkerrechts,
- die Übernahme von Verpflichtungen im Bereich der Nichtverbreitung sowie in anderen Bereichen der Rüstungskontrolle und der Abrüstung, insbesondere die Unterzeichnung, Ratifizierung und Durchführung der im EU-Verhaltenskodex für Waffenausfuhren aufgeführten Rüstungskontroll- und Abrüstungsvereinbarungen,
- seine Unterstützung des VN-Waffenregisters,

berücksichtigt.

IV. Sicherung des Endverbleibs

1. Genehmigungen für den Export von Kriegswaffen und sonstigen Rüstungsgütern werden nur erteilt, wenn zuvor der Endverbleib dieser Güter im Endempfängerland sichergestellt ist. Dies setzt in der Regel eine entsprechende schriftliche Zusicherung des Endempfängers sowie weitere geeignete Dokumente voraus.

2. Lieferungen von Kriegswaffen sowie sonstigen Rüstungsgütern, die nach Umfang oder Bedeutung für eine Kriegswaffe wesentlich sind, dürfen nur bei Vorliegen von amtlichen Endverbleibserklärungen, die ein Reexportverbot mit Erlaubnisvorbehalt enthalten, genehmigt werden. Dies gilt entsprechend für Exporte von kriegwaffennahen sonstigen Rüstungsgütern, die im Zusammenhang mit einer Lizenzvergabe stehen. Für die damit hergestellten Kriegswaffen sind wirksame Endverbleibsregelungen zur Voraussetzung zu machen.

An die Fähigkeit des Empfängerlandes, wirksame Ausfuhrkontrollen durchzuführen, ist ein strenger Maßstab anzulegen.

3. Kriegswaffen und kriegswaffennahe sonstige Rüstungsgüter dürfen nur mit dem schriftlichen Einverständnis der Bundesregierung in dritte Länder reexportiert bzw. im Sinne des EU-Binnenmarktes verbracht werden.

4. Ein Empfängerland, das entgegen einer abgegebenen Endverbleibserklärung den Weiterexport von Kriegswaffen oder kriegswaffennahen sonstigen Rüstungsgütern genehmigt oder einen ungenehmigten derartigen Export wissentlich nicht verhindert hat oder nicht sanktioniert, wird bis zur Beseitigung dieser Umstände grundsätzlich von einer Belieferung mit weiteren Kriegswaffen und kriegswaffennahen sonstigen Rüstungsgütern ausgeschlossen.

V. Rüstungsexportbericht

Die Bundesregierung legt dem Deutschen Bundestag jährlich einen Rüstungsexportbericht vor, in dem die Umsetzung der Grundsätze der deutschen Rüstungsexportpolitik im abgelaufenen Kalenderjahr aufgezeigt sowie die von der Bundesregierung erteilten Exportgenehmigungen für Kriegswaffen und sonstige Rüstungsgüter im Rahmen der gesetzlichen Bestimmungen aufgeschlüsselt werden.

1) In der Kriegswaffenliste (Anlage zum KWKG) aufgeführte Waffen (komplette Waffen sowie als Waffen gesondert erfasste Teile)
2) Waren des Abschnitts A in Teil I der Ausfuhrliste - Anlage zur AWV - mit Ausnahme der Kriegswaffen
3) als Anlage beigefügt
4) Geltungsbereich des NATO-Vertrages, Artikel 6
5) Australien, Japan, Neuseeland, Schweiz
6) Anlagen und Unterlagen zur Herstellung von Kriegswaffen
Grundlagentext 3

GEMEINSAMER STANDPUNKT 2008/944/GASP DES RATES
vom 8. Dezember 2008 betreffend gemeinsame Regeln

für die Kontrolle der Ausfuhr von Militärtechnologie und Militärgütern
Textauszug Kriterium 2 bis 4
(Amtsblatt der Europäischen Union L 335/99)

Artikel 2 Kriterien

(2) **Kriterium 2:** Achtung der Menschenrechte und des humanitären Völkerrechts durch das Endbestimmungsland

Die Mitgliedstaaten bewerten die Haltung des Empfängerlandes zu den einschlägigen Grundsätzen der internationalen Menschenrechtsübereinkünfte und

a) verweigern eine Ausfuhrgenehmigung, wenn eindeutig das Risiko besteht, dass die Militärtechnologie oder die Militärgüter, die zur Ausfuhr bestimmt sind, zur internen Repression benutzt werden könnten;

b) lassen besondere Vorsicht und Wachsamkeit bei der Erteilung von Ausfuhrgenehmigungen an Länder walten, in denen von den zuständigen Gremien der Vereinten Nationen, der Europäischen Union oder des Europarates schwerwiegende Menschenrechtsverletzungen festgestellt wurden, und nehmen dabei eine Einzelfallprüfung unter Berücksichtigung der Art der Militärtechnologie oder der Militärgüter vor.

Hierfür gelten als Militärtechnologie oder Militärgüter, die zu interner Repression benutzt werden könnten, unter anderem Militärtechnologie oder Militärgüter, die vom angegebenen Endverwender in dieser oder einer ähnlichen Form nachweislich zu interner Repression benutzt worden sind oder bei denen Grund zu der Annahme besteht, dass sie an der angegebenen Endverwendung bzw. am angegebenen Endverwender vorbeigeleitet werden und zu interner Repression genutzt werden. Gemäß Artikel 1 ist die Art der Militärtechnologie oder der Militärgüter sorgfältig zu prüfen, insbesondere wenn sie für Zwecke der inneren Sicherheit bestimmt sind. Interne

Repression umfasst unter anderem Folter sowie andere grausame, unmenschliche und erniedrigende Behandlung oder Bestrafung, willkürliche oder Schnellhinrichtungen, das Verschwindenlassen von Personen, willkürliche Verhaftungen und andere schwere Verletzungen der Menschenrechte und Grundfreiheiten, wie sie in den einschlägigen Menschenrechtsübereinkünften, einschließlich der Allgemeinen Erklärung der Menschenrechte und des Internationalen Pakts über bürgerliche und politische Rechte, niedergelegt sind.

Die Mitgliedstaaten bewerten die Haltung des Empfängerlandes zu den einschlägigen Grundsätzen der Übereinkünfte des humanitären Völkerrechts und

c) verweigern eine Ausfuhrgenehmigung, wenn eindeutig das Risiko besteht, dass die Militärtechnologie oder die Militärgüter, die zur Ausfuhr bestimmt sind verwendet werden, um schwere Verstöße gegen das humanitäre Völkerrecht zu begehen.

(3) Kriterium 3: Innere Lage im Endbestimmungsland als Ergebnis von Spannungen oder bewaffneten Konflikten Die Mitgliedstaaten verweigern eine Ausfuhrgenehmigung für Militärtechnologie oder Militärgüter, die im Endbestimmungsland bewaffnete Konflikte auslösen bzw. verlängern würden oder bestehende Spannungen oder Konflikte verschärfen würden.

(4) Kriterium 4: Aufrechterhaltung von Frieden, Sicherheit und Stabilität in einer Region Die Mitgliedstaaten verweigern eine Ausfuhrgenehmigung, wenn eindeutig das Risiko besteht, dass der angegebene Empfänger die Militärtechnologie oder die Militärgüter, die zur Ausfuhr bestimmt sind, zum Zwecke der Aggression gegen ein anderes Land oder zur gewaltsamen Durchsetzung eines Gebietsanspruchs benutzt. Bei der Abwägung dieser Risiken berücksichtigen die Mitgliedstaaten unter anderem

a) das Bestehen oder die Wahrscheinlichkeit eines bewaffneten Konflikts zwischen dem Empfängerland und einem anderen Land;

b) Ansprüche auf das Hoheitsgebiet eines Nachbarlandes, deren gewaltsame Durchsetzung das Empfängerland in der Vergangenheit versucht bzw. angedroht hat;

c) die Wahrscheinlichkeit, dass die Militärtechnologie oder die Militärgüter zu anderen Zwecken als für die legitime nationale Sicherheit und Verteidigung des Empfängerlandes verwendet wird;

d) das Erfordernis, die regionale Stabilität nicht wesentlich zu beeinträchtigen.

Grundlagentext 4

Grundsätze der Bundesregierung für die Ausfuhrgenehmigungspolitik bei der Lieferung von Kleinen und Leichten Waffen, dazugehöriger Munition und entsprechender Herstellungsausrüstung in Drittländer[1]

vom 18. März 2015

Geleitet von den Prinzipien und Erwägungen, die in dem Vertrag über den Waffen-handel (ATT), dem Gemeinsamen Standpunkt 2008/944/GASP des Rates betreffend gemeinsame Regeln für die Kontrolle der Ausfuhr von Militärtechnologie und Militärgütern vom 8. Dezember 2008 und den Politischen Grundsätzen der Bundesregierung für den Export von Kriegswaffen und sonstigen Rüstungsgütern vom 19. Januar 2000 zum Ausdruck kommen, hat die Bundesregierung am 18. März 2015 auch mit Blick auf das grundsätzlich weltweit bestehende Risiko der Weiterleitung insbesondere von Kleinwaffen folgende Grundsätze für die Erteilung von Genehmigungen für die Ausfuhr von Kleinen und Leichten Waffen, dazugehöriger Munition und entsprechender Herstellungsausrüstung in Drittländer beschlossen:

1. Die Grundsätze orientieren sich bei dem Begriff von »Kleinen und Leichten Waffen« an der Definition im Anhang der Gemeinsamen Aktion der EU vom 12. Juli 2002 und beziehen dabei auch Scharfschützengewehre und Vorderschaftrepetierflinten (hIPumpGunsu) ein.[2]

2. Es werden grundsätzlich keine Genehmigungen für die Ausfuhr von Komponenten und Technologie in Drittländer (z. B. im Zusammenhang mit Lizenzvergaben) erteilt, die in dem betreffenden Land eine neue Herstellungslinie für Kleine und Leichte Waffen oder entsprechende Munition eröffnen.

3. Bei Ersatz- und Verschleißteilen, gleichartigen Ersatzmaschinen sowie Verbrauchsmaterialien für in der Vergangenheit gelieferte Herstellungslinien, wird der Rechtsgrundsatz des Vertrauensschutzes berücksichtigt. Genehmigungen werden daher grundsätzlich auch in Zukunft erteilt. Dies gilt nicht für Lieferungen, mit denen eine Erhöhung der Kapazität oder Erweiterung des Produktspektrums beabsichtigt ist (sog. Up-grading).

[1] Drittländer sind alle Länder außer den EU-Mitgliedstaaten, den NATO-Ländern und den NATO-gleichgestellten Ländern (Australien, Japan, Neuseeland und Schweiz).

[2] Dies umfasst Kriegswaffen der Nummern 10 und 11 (sofern es sich um tragbare Waffen handelt), 29, 30, 31 (sofern es sich um tragbare Waffen handelt), 32 (sofern es sich um tragbare Waffen handelt), 34, 35 und 37 der Kriegswaffenliste, Waffen für hülsenlose Munition, Scharfschützengewehre und Vorderschaftrepetierflinten (»Pump-Guns«).

4. Genehmigungen für die Lieferung von Scharfschützengewehren und Vorderschaftrepetierflinten (»Pump-Guns«) an private Endempfänger in Drittländern werden grundsätzlich nicht erteilt.[3]

5. Genehmigungen für die Lieferung von Kriegswaffen an nichtstaatliche Stellen in Drittländern werden grundsätzlich nicht erteilt.

6. Der Exportgrundsatz »Neu für Alt« wird grundsätzlich bei Genehmigungen von Kleinen und Leichten Waffen angewendet.[4] Das heißt: staatliche Empfänger von Kleinen und Leichten Waffen haben grundsätzlich eine Verpflichtungserklärung dahingehend abzuge-

ben, dass sie die durch die Neubeschaffung zu ersetzenden Kleinen und Leichten Waffen vernichten. Sofern die Neubeschaffung einen plausiblen Mehrbedarf deckt und deshalb Altwaffen nicht vernichtet werden, wird ersatzweise grundsätzlich die Verpflichtung gefordert, die jetzt zu liefernden neuen Waffen bei einer späteren Außerdienststellung zu vernichten (Variante »Neu, Vernichtung bei Aussonderung«). Die Bereitschaft zur Abgabe und Einhaltung einer derartigen Erklärung ist entscheidungserheblich für die Genehmigung der Ausfuhr. Die Bundesregierung trägt dafür Sorge, dass die Umsetzung des Exportgrundsatzes »Neu für Alt« sowie dessen Variante »Neu, Vernichtung bei Aussonderung« überwacht wird.

7. In der Endverbleibserklärung ist zudem – über die schon jetzt übliche Reexportklausel hinaus – die Zusage zu machen, dass Kleine und Leichte Waffen, dazugehörige Munition oder Herstellungsausrüstung im Empfängerland nicht ohne Zustimmung der Bundesregierung weitergegeben werden.

8. Die Bundesregierung wird sich international für die Verbreitung des Exportgrundsatzes »Neu für Alt« sowie dessen Variante »Neu, Vernichtung bei Aussonderung« einsetzen.

9. Kleine und Leichte Waffen sind mit Kennzeichen zu versehen, die leicht erkennbar, lesbar, dauerhaft und nach Maßgabe der technischen Möglichkeiten wiederherstellbar sind. Die umfassende Kennzeichnung von in Deutschland hergestellten Kleinen und Leichten Waffen wird rechtsverbindlich geregelt und erfolgt unter Berücksichtigung internationaler Verpflichtungen.

10. Die Bundesregierung bekräftigt in diesem Zusammenhang, dass überschüssige Kleine und Leichte Waffen im Verantwortungsbereich der Bundeswehr grundsätzlich vernichtet werden.

[3] Dies gilt nicht für Jagd- und Sportwaffen.

[4] Dies gilt fallweise auch für andere Rüstungsgüter.

Wichtige Websites

1. Frieden, Friedensforschung, Entwicklungshilfe, Gerechtigkeit und Menschenrechte

Aktion Aufschrei – Stoppt den Waffenhandel, Berlin/bundesweit – www.aufschrei-waffenhandel.de

Amnesty International, Deutsche Sektion, Berlin – www.amnesty.de

Arbeitsgemeinschaft Kriegsursachenforschung (AKUF), Forschungsstelle Kriege, Rüstung und Entwicklung, Institut für Politische Wissenschaft der Universität Hamburg, Hamburg – www.sozialwiss.uni-hamburg.de/publish/Ipw/Akuf/index.htm

Berliner Informationszentrum für Transatlantische Sicherheit (BITS), Berlin – www.bits.de

Dachverband der Kritischen Aktionärinnen und Aktionäre e.V., Köln – www.kritischeaktionaere.de

Deutsche Friedensgesellschaft – Vereinigte KriegsdienstgegnerInnen (DFG-VK), Stuttgart – www.dfg-vk.de

Gemeinsame Konferenz Kirche und Endwicklung (GKKE), Träger: Evangelische Entwicklungsdienst (EED) und Deutsche Kommission Justitia et Pax, Ev. Geschäftsstelle, Berlin, und Kath. Geschäftsstelle, Bonn – www3.gkke.org [sic!]

Initiative gegen Waffen vom Bodensee, Lindau – www.waffenvombodensee.com

Internationale katholische Friedensbewegung pax christi, Berlin – www.paxchristi.de

Internationales Konversionszentrum Bonn, Bonn International Center for Conversion (BICC) GmbH, Bonn – www.bicc.de

Ohne Rüstung Leben, Stuttgart – www.ohne-ruestung-leben.de

RüstungsInformationsBüro e.V. (RIB e.V.), Freiburg im Breisgau – www.rib-ev.de

Stockholm International Peace Research Institute (SIPRI), Solna (Schweden) – www.sipri.org

Small Arms Survey, Genf – www.smallarmssurvey.org
terre des hommes Deutschland e.V., Hilfe für Kinder in Not, Osnabrück – www.tdh.de
Waffenexporte.org, Berlin – www.waffenexporte.org

2. Rüstungsindustrie

AIRBUS GROUP SE, Leiden (Niederlande) – www.airbus.com
AIRBUS HELICOPTERS, Marignane (und Donauwörth) – www.airbushelicopters.com.
CARL WALTHER GmbH, Ulm/Arnsberg – www.carl-walther.de
Diehl BGT Defence GmbH & Co. KG, Tochterunternehmen Diehl-Gruppe, Überlingen – www.diehl-bgt-defence.de
Diehl Defence Holding GmbH, Überlingen – www.diehl.com
Diehl Stiftung & Co. KG, Nürnberg – www.diehl.com
FRITZ WERNER Industrie-Ausrüstungen GmbH, Geisenheim – www.fritz-werner.com
HECKLER & KOCH GmbH, Oberndorf a.N. – www.heckler-koch.com
HECKLER & KOCH Defence (USA), H&K Ashburn (Virginia) und H&K Columbus (Georgia) – www.hk-usa.com
H&KPRO (USA) – www.hkpro.com/forum
Krauss-Maffei Wegmann GmbH & Co. KG (KMW), München – www.kmweg.de
Rheinmetall AG Corporate Sector Defence, Düsseldorf – www.rheinmetall-defence.com
Rolls-Royce Power Systems (ehemals MTU), Friedrichshafen – www.rrpowersytems.com
SIG SAUER GmbH & Co. KG, Eckernförde – www.sigsauer.de (Sportwaffen) und www.sigsauer.com (Kriegswaffen in den USA)
ThyssenKrupp Marine Systems AG, Hamburg – www.tk-marinesystems.de

Glossar

AK-47 Das mit geschätzten 100 Mio. Exemplaren weltweit meistverbreitete Sturmgewehr, entwickelt von Michail Timofejewitsch Kalaschnikow. Dem Prototyp *Awtomat Kalaschnikowa obrasza* (AK) folgten zahlreiche waffentechnisch optimierte Versionen (AKM, AK-74 etc.).

Aktion Aufschrei – Stoppt den Waffenhandel! Gemeinsame Kampagne der Friedens-, Entwicklungs- und Menschenrechtsbewegung sowie der evangelischen und katholischen Kirche, deren Mitgliedsorganisationen sich für ein grundsätzliches Rüstungsexportverbot im Grundgesetz einsetzen.

Arms Trade Treaty Multilateraler Vertrag über den internationalen Handel mit konventionellen Waffen (ATT). Verabschiedet wurde das Vertragswerk am 2. April 2013, u.a. mit der Stimme Deutschlands. Am 24. Dezember 2014 trat der ATT-Vertrag in Kraft.

Ausfuhrliste Die AL ist eine Anlage zur Außenwirtschaftsverordnung der Bundesregierung. Sie listet diejenigen Güter auf, deren Verbringung aus der EU der Exportkontrolle unterliegt und die somit genehmigungspflichtig ist.

Außenwirtschaftsgesetz Das 1961 in Kraft getretene AWG wurde, wie das KWKG, vom Gesetzgeber als ein Ausführungsgesetz zum Grundgesetz, Art. 26 (2), verabschiedet. Es regelt den Handel mit Waren, Dienstleistungen, Devisen und Kapitel mit Geschäftspartnern im Ausland. Im Gegensatz zum KWKG fördert es den Waffenhandel und fungiert damit als Türöffner.

Außenwirtschaftsverordnung Als Verordnung zur Durchführung des Außenwirtschaftsgesetzes enthält die AWV Genehmigungs-, Verfahrens- und Meldebestimmun-gen sowie Straf- und Bußgeldvorschriften. Sie regelt den Export von Waffen außerhalb des Territoriums der Bundesrepublik Deutschland.

Blaupausen Bläuliche Kopien auf lichtempfindlichem Papier; auch Baupläne, nach denen Waffen gefertigt werden können.

Bundesausfuhramt Das Bundesamt für Wirtschaft und Ausfuhrkontrolle (BAFA) mit Sitz in Eschborn ist eine Bundesoberbehörde zur Exportkontrolle, deren Geschäftsbereich dem Bundesministerium für Wirtschaft und Technologie (BMWi) zugeordnet ist. Das BAFA übt auch Aufgaben für andere Ministerien aus.

Bundessicherheitsrat BSR; geheim tagender Kabinettsausschuss der Bundesregierung, der über die Genehmigung besonders sensibler Waffengeschäfte in »Sonstige Länder« (außerhalb von NATO und EU) entscheidet. Geführt von der Kanzlerin, hat der BSR weitere acht Mitglieder: sieben Bundesminister sowie den Chef des Bundeskanzleramtes. Dem Bundessicherheitsrat vorgeschaltet ist der Vorbereitende Ausschuss (VBA).

Drittstaaten Auch »Drittländer« oder »Sonstige Staaten« genannt; dabei handelt es sich um Staaten, in die der Export von Kriegswaffen und sonstigen Rüstungsgütern gemäß den Politischen Grundsätzen der Bundesregierung zum Rüstungsexport vom 19. Januar 2000 »restriktiv« zu handhaben ist.
Der Export von Kriegswaffen »wird nicht genehmigt, es sei denn, dass im Einzelfall besondere außen- oder sicherheitspolitische Interessen der Bundesrepublik Deutschland unter Berücksichtigung der Bündnisinteressen für eine ausnahmsweise zu erteilende Genehmigung sprechen«.

Einzelausfuhrgenehmigung Die Grundform einer Ausfuhr- bzw. Verbringungsgenehmigung zur Lieferung eines oder mehrerer Güter nach Auftrag an einen Empfänger. Als Sonderform kann eine »Höchstbetragsgenehmigung« erteilt werden, welche die Lieferung aufgrund mehrerer Aufträge erlaubt.[25]

Embargo Ein Embargo begründet ein allgemeines Exportverbot, das in der Regel nach Beschlüssen der UN, OSZE oder EU (Gemeinsamen Standpunkt des Rates) erfolgt. Seine Umsetzung erfolgt durch Verordnungen, die Unternehmen unmittelbar betreffen. Sie geschieht auf der Grundlage nationaler Exportkontrollvorschriften.

Endverbleibserklärung Mit der Antragstellung zur Ausfuhr genehmigungspflichtiger Waffen ist, abgesehen von Ausnahmen, ein Endverbleibsdokument vorzulegen (siehe AWV). Dabei wird zwischen privaten und amtlichen Endverbleibserklärungen (EVE) auf der einen und staatlichen International Import Certificates (IC) auf der anderen Seite unterschieden. EVE sind vonnöten, wenn die Lieferung an einen staatlichen Empfänger und Endverwender erfolgt. Die jeweilige Bundesregierung und nachgeordnete Behörden zeigten sich als verantwortliche Institutionen bislang weitgehend desinteressiert an bzw. überfordert mit der Kontrolle des Endverbleibs exportierter Waffen und vergebener Lizenzen.

Gemeinsamer Standpunkt der EU Vormals EU-Verhaltenskodex; der »Gemeinsame Standpunkt vom 8. Dezember 2008/944 GASP des Rates betreffend gemeinsamer Regeln für die Kontrolle der Ausfuhr von Militärtechnologie und Militärgütern« schreibt Kriterien zur Entscheidung über Exportanträge vor, beispielsweise die »Achtung der Menschenrechte und des humanitären Völkerrechts durch das Endbestimmungsland« (Kriterium 2). Der Gemeinsame Standpunkt ergänzt und aktualisiert den EU-Verhaltenskodex von 1998. Er ist rechtlich verbindlich.

Kadenz Feuerrate bzw. Schussfrequenz einer halbautomatischen Handfeuerwaffe oder eines Geschützes; Maschinengewehre erzielen eine Kadenz von über 1000 Schuss pro Minute.

Kleinwaffen Zu ihnen zählen Pistolen, Maschinenpistolen, Sturm-, Scharfschützen- und Maschinengewehre sowie leichte Mörser. Auf den Einsatz von Gewehren sind zwei Drittel aller Kriegstoten zurückzuführen.

Konventionelle Waffen Sammelbegriff für Waffen und Kampfmittel, die nicht zu den atomaren, biologischen und chemischen Waffen gezählt werden, z.B. Pistolen und Gewehre als Kleinwaffen sowie Kriegsschiffe, Kampfpanzer und Militärflugzeuge als Großwaffensysteme.

Kriegswaffenkontrollgesetz Das 1961 in Kraft getretene KWKG wurde, wie das AWG, vom Gesetzgeber als ein Ausführungsgesetz zum Grundgesetz, Art. 26 (2), verabschiedet. Es regelt Produktion, Inverkehrbringung, Erwerb und Transport von Kriegswaffen. Zuständige Genehmigungsbehörde ist das Bundeswirtschaftsministerium.

Kriegswaffenliste In der KWL werden als Anlage zum KWKG in Teil A ABC-Waffen und in Teil B (sonstige Kriegswaffen) Flugkörper, Kampfflugzeuge und -hubschrauber, Kriegsschiffe und schwimmende Unterstützungsfahrzeuge, Kampffahrzeuge, Rohrwaffen, Leichte Panzerabwehrwaffen, Flammenwerfer, Minenleg- und Minenwurfsysteme, Torpedos, Minen, Bomben, eigenständige Munition, sonstige Munition, sonstige wesentliche Bestandteile und Dispenser aufgelistet. Deren Export ist genehmigungspflichtig.

Lizenz Recht zum Nachbau von Waffen im Land des Lizenznehmers; genehmigt wird seitens des Bundes nicht die eigentliche Lizenzvergabe, sondern die damit verbundene Ausfuhr von Blaupausen und Produktionsmaschinen.

Politische Grundsätze Die »Politischen Grundsätze der Bundesregierung für den Export von Kriegswaffen und sonstigen Rüstungsgütern« wurden erstmals am 16. Juni 1971 verabschiedet und seither in den Fassungen vom 28. April 1982 und vom 19. Januar 2000 überarbeitet und erweitert. Sie gelten als politische Absichtserklärung einer Bundesregierung zum Waffenhandel, sind juristisch damit nicht einklagbar und oftmals Makulatur.

Reexport Bezeichnung für den Export einer zuvor importierten Ware, z.B. einer Waffe, in ein weiteres Land (Drittland); häufig auch Bezeichnung für den Export einer in Lizenz im Land hergestellten Waffe, die anschließend in ein Drittland geliefert wird.

Rüstungsgüter in der Rechtsprechung »sonstige Rüstungsgüter« genannt. Sie betreffen die Ausfuhr der in Teil I Abschnitt A der Ausfuhrliste aufgeführten Rüstungsgüter, die keine Kriegswaffen sind. Ihr Export setzt lediglich eine Genehmigung nach AWG und AWV voraus.

Rüstungskonversion Umstellung eines rüstungsproduzierenden Unternehmens auf zivile Fertigung.

Sammelausfuhrgenehmigung Bei Erfüllung bestimmter Voraussetzungen besteht auf Antrag die Möglichkeit der Erteilung einer SAG. Dabei handelt es sich um ein Verfahren für zuverlässige Exporteure in großem Umfang. Mit der SAG wird die Ausfuhr einer Gruppe von Gütern, beispielsweise Waffen, an mehrere Empfänger genehmigt.

Small Arms Survey Unabhängiges Forschungsprojekt am Graduate Institute of International and Development Studies, u.a. unter Beteiligung von Deutschland und der EU; Herausgeber des gleichnamigen Kleinwaffenjahrbuchs *Small Arms Survey.*

UN-Waffenregister Auch VN-Waffenregister genannt; diese Institution wurde mit der Resolution 46/36L vom 6. Dezember 1991 geschaffen. Die Mitgliedstaaten der Vereinten Nationen haben sich verpflichtet, den Import und Export meldepflichtiger Großwaffensysteme zu veröffentlichen. Genannt werden Stückzahlen gelieferter Waffentypen, z.B. »Kampfpanzer Leopard 2«, nicht aber finanzielle Werte.

Vorbereitungsausschuss Dieses Gremium ist dem Bundessicherheitsrat vorgeschaltet. De facto dient es dazu, unliebsame bzw. unpopuläre Rüstungsexportentscheidungen vom BSR – und damit von der Kanzlerin, dem Vizekanzler und den Ministern – fernzuhalten.

Abkürzungen

AA	Auswärtiges Amt mit Hauptsitz in Berlin
AI	Amnesty International; Menschenrechtsorganisation mit Sitz in London
AK	Awtomat Kalaschnikowa obrasza, russisches Sturmgewehr
AL	Ausfuhrliste; Anlage zur Außenwirtschaftsverordnung älteste deutsche Friedensorganisation mit Sitz in Stuttgart
ATT	Arms Trade Treaty; Vertrag zur Begrenzung des weltweiten Waffenhandels
AWG	Außenwirtschaftsgesetz
AWV	Außenwirtschaftsverordnung; Verordnung zur Durchführung des Außenwirtschaftsgesetzes
BAAINBw	Bundesamt für Ausrüstung, Informationstechnik und Nutzung der Bundeswehr
BAFA	Bundesamt für Wirtschaft und Ausfuhrkontrolle in Eschborn, auch Bundesausfuhramt genannt
BICC	Bonn International Center for Conversion
BMVg	Bundesministerium der Verteidigung mit Dienstsitzen in Bonn und Berlin; mit Wirkung vom 1. April 2012 Festlegung der Neustruktur
BMWi	Bundesministerium für Wirtschaft und Technologie
BMZ	Bundesamt für Zusammenarbeit und Entwicklung
BND	Bundesnachrichtendienst; Auslandsnachrichtendienst Deutschlands mit Sitz in Pullach und Berlin
BSR	Bundessicherheitsrat, zentraler Ausschuss des Bundeskabinetts als Kontroll- und Koordinationsgremium in Sicherheitsfragen
BWB	Bundesamt für Wehrtechnik und Beschaffung; größte technische Behörde Deutschlands mit Hauptsitz in Koblenz; die BWB-Dienststellen sind der Hauptabteilung

	Rüstung im BMVg unterstellt; seit 1. Oktober 2012 überführt in das BAAINBw
DAKS	Deutsches Aktionsnetz Kleinwaffen Stoppen mit Sitz in Freiburg beim RüstungsInformationsBüro; Herausgeber des monatlich erscheinenden DAKS-Newsletters zur Kleinwaffenproblematik
DCAM	Dirección de Comercialización de Armamento y Municiones; staatliche Direktion zum Vertrieb von Waffen und Munition in Mexiko, sie untersteht dem Verteidigungsministerium
DFG-VK	Deutsche Friedensgesellschaft – Vereinigte KriegsdienstgegnerInnen
DRS	Département du Reseignement et de la Sécurité
EADS	European Aeronautic Defence and Space Company
ES	Referat Ermittlungen Sonderfälle im Bundesverteidigungsministerium
EMI	Ernst-Mach-Institut
EU	Europäische Union mit Sitz in Brüssel (Europäischer Rat) und Straßburg (Europäisches Parlament)
EUC	End User Cerficate
EVB	Endverbleibserklärung
FAGECOR	Fábrica General Cordoba; zu Indumil gehörende staatliche kolumbianische Waffenfabrik
FARC	Fuerzas Armadas Revolucionarias de Colombia, Rebellengruppe in Kolumbien
FIFA	Fédération Internationale de Football Association, Verein nach Schweizer Recht mit Sitz in Zürich
FUSDEG	Einheitsfront für Sicherheit und Entwicklung
G3	Sturmgewehr von Heckler & Koch, entwickelt in den Fünfzigerjahren und produziert seit den Sechzigerjahren des vorigen Jahrhunderts für die Bundeswehr und den Export

G36/G36K	Modernes Sturmgewehr von Heckler & Koch, entwickelt in den Neunzigerjahren des vorigen Jahrhunderts für die Bundeswehr und den Export: Produziert werden verschiedene Versionen, u.a. das G36K in der Kurzversion.
H&K	Heckler & Koch GmbH mit Sitz in Oberndorf am Neckar, Stadtteil Lindenhof
IDZ	Infanterist der Zukunft
IGFM	Internationale Gesellschaft für Menschenrechte
Indumil	Industria Militar de Colombia, staatlicher Rüstungskonzern in Kolumbien, verkauft u.a. Kleinwaffen von Carl Walther
IS	Islamischer Staat
ISAF	International Security Assistance Force
ISIS	Islamischer Staat im Irak und in Syrien
KSK	Kommando Spezialkräfte; Bundeswehreinheit für Spezialeinsätze mit Sitz in Calw (Baden-Württemberg)
KWKG	auch KrWaffKontrG abgekürzt, Kriegswaffenkontrollgesetz
KWL	Kriegswaffenliste; Anlage zum KWKG; z.B. Gewehre mit KWL-Nummer
MAD	Amt für den Militärischen Abschirmdienst mit Sitz in Köln
MEADS	Medium Extended Air Defence System
MIC	Military Industries Corporation; saudi-arabischer Hersteller bzw. Vertriebsfirma der in Lizenz gefertigten Kleinwaffen von Heckler & Koch, z.B. G36-Sturmgewehre, mit Sitz auf den Prince Sultan Military Camps (Al-Khardi-Arsenal)
MP5	Maschinenpistole MP5, entwickelt von Heckler & Koch
MP7	Maschinenpistole MP7, entwickelt von Heckler & Koch
NATO	North Atlantic Treaty Organisation, westliches Militärbündnis mit Sitz in Brüssel
PKK	Partîya Karkerên Kurdistan, Arbeiterpartei Kurdistans

PP	Polizeipistole
PzH 2000	Artilleriesystem Panzerhaubitze 2000
SAS	»Small Arms Survey«, Friedensforschungsprojekt mit Sitz in Genf
SEDENA	Secretaría de la Defensa National, Verteidigungsministerium Mexikos
SEMAR	Secretaría de Marina
SIPA	State Investigation and Protection Agency
SIPRI	Stockholm International Peace Research Institute; Friedensforschungsinstitut mit Sitz in Stockholm
StGB	Strafgesetzbuch
StPO	Strafprozessordnung
SWAT	Special Weapons and Tactics
TACOM	Tank-automotive and Armaments Command
UMP	Maschinenpistole, entwickelt von Heckler & Koch
UN	United Nations, Vereinte Nationen; Weltfriedensorganisation mit Sitz in New York
UNICEF	United Nations International Children's Emergency Fund
USA	Vereinigte Staaten von Amerika
VBA	vorbereitender Ausschuss des Bundessicherheitsrates
VVS	Fraunhofer-Verbund Verteidigungs- und Sicherheitsforschung
ZKA	Zollkriminalamt in Köln

Bildnachweis

S. 22, links oben: © Carsten Rehder, dpa
S. 22, oben rechts: Quelle: http://www.heckler-koch.com/de/produkte/militaer/sturmgewehre/g36/g36/produktbeschreibung.html
S. 22, unten links: Quelle: http://www.carl-walther.de/cw.php?lang=-de&content=products&sub=2&subsub=22&product=815
S. 22, unten rechts: Quelle: https://www.sigsauer.com/CatalogProductDetails/sp2022.aspx
S. 26: © Imago
S. 27: © SWR
S. 28: Quelle: www.mic.sd/idex/en/products
S. 29: © diwafilm
S. 36: © diwafilm
S. 40: © diwafilm
S. 41: © diwafilm
S. 43: © diwafilm
S. 44: © diwafilm
S. 46: Quelle: http://www.infoarmas.com.co/armasimportadas.html (zwischenzeitlich entfernt)
S. 48: Quelle: https://www.youtube.com/watch?v=fgLWttHm9Vc
S. 55: Quelle: https://www.youtube.com/watch?v=I8NcVav2fi0
S. 66: © Centro de Derechos Humanos de las Mujeres, Chihuahua, Chihuahua
S. 67: © Centro de Derechos Humanos de las Mujeres, Chihuahua, Chihuahua
S. 70: © diwafilm
S. 72: Lehramtsseminar Ayotzinapa
S. 74, Lehramtsseminar Ayotzinapa
S. 74, Lehramtsseminar Ayotzinapa
S. 77: © diwafilm
S. 78: Quelle: https://www.youtube.com/watch?v=rRfIAMCwT9w
S. 83: © diwafilm

S. 93: Quelle: anonym
S. 105: © SWR
S. 115: Quelle: anonym
S. 123: Quelle: anonym
S. 138: Quelle: anonym
S. 140 Quelle: anonym
S. 141: Quelle: anonym
S. 167: Quelle: anonym
S. 202: © diwafilm
S. 203: © diwafilm
S. 213: Quelle: anonym
S. 214: Quelle: anonym
S. 217: Quelle: anonym
S. 220: © diwafilm
S. 222: Quelle: anonym
S. 226: Quelle: anonym
S. 227: © diwafilm
S. 235: © diwafilm
S. 239: © diwafilm
S. 241: © @Yosoy132SC
S. 245: © diwafillm
S. 252: © Reuters
S. 254: © Reuters
S. 256: © Reuters
S. 258: © diwafilm
S. 268: Quelle: anonym
S. 323: © SWR
S. 328: © diwafilm

Bibliografie

AMNESTY INTERNATIONAL REPORT 2014/15. ZUR WELTWEITEN LAGE DER MENSCHENRECHTE, Frankfurt am Main, Mai 2015

AMNESTY INTERNATIONAL REPORT 2013. ZUR WELTWEITEN LAGE DER MENSCHENRECHTE, Frankfurt am Main 2013

AMNESTY INTERNATIONAL REPORT. ZUR WELTWEITEN LAGE DER MENSCHENRECHTE 2012, Frankfurt am Main 2012

AMNESTY INTERNATIONAL REPORT 2011. ZUR WELTWEITEN LAGE DER MENSCHENRECHTE, Frankfurt am Main 2011

AMNESTY INTERNATIONAL REPORT 2010. ZUR WELTWEITEN LAGE DER MENSCHENRECHTE, Frankfurt am Main 2010

Bundesregierung (Hrsg.): *Bericht der Bundesregierung über ihre Exportpolitik für konventionelle Rüstungsgüter im Jahr 2014* vom 24. Juni 2015

Bundesregierung (Hrsg.): *Bericht der Bundesregierung über ihre Exportpolitik für konventionelle Rüstungsgüter im ersten Halbjahr 2014*, Stand: Oktober 2014

Bundesregierung (Hrsg.): *Bericht der Bundesregierung über ihre Exportpolitik für konventionelle Rüstungsgüter im Jahr 2013*, Stand: Mai 2014

Bundesregierung (Hrsg.): *Bericht der Bundesregierung über ihre Exportpolitik für konventionelle Rüstungsgüter im Jahr 2012* vom Oktober 2013

Bundesregierung (Hrsg.): *Bericht der Bundesregierung über ihre Exportpolitik für konventionelle Rüstungsgüter im Jahr 2011* vom 14. November 2012

Bundesregierung (Hrsg.): *Bericht der Bundesregierung über ihre Exportpolitik für konventionelle Rüstungsgüter im Jahr 2010* vom 7. Dezember 2011

Bundesregierung (Hrsg.): *Bericht der Bundesregierung über ihre Exportpolitik für konventionelle Rüstungsgüter im Jahr 2009* vom 15. Dezember 2010

(und vorhergehende Jahrgänge)
[in Kurzform:]
Bundesregierung (Hrsg.): *Rüstungsexportbericht 2008*, vom 31. März 2010
Bundesregierung (Hrsg.): *Rüstungsexportbericht 2007*, vom 17. Dezember 2008
Bundesregierung (Hrsg.): *Rüstungsexportbericht 2006*, vom 7. November 2007
Bundesregierung (Hrsg.): *Rüstungsexportbericht 2005*, vom 27. September 2006
Feinstein, Andrew: *Waffenhandel. Das globale Geschäft mit dem Tod*, Hamburg 2012
Friederichs, Hauke: *Bombengeschäfte. Tod Made in Germany*, St. Pölten/Salzburg/Wien 2012
Gemeinsame Konferenz Kirche und Entwicklung, GKKE (Hrsg.): *Rüstungsexportbericht 2014 der GKKE*, vorgelegt von der GKKE-Fachgruppe; Bonn/Berlin 2015
Gemeinsame Konferenz Kirche und Entwicklung, GKKE (Hrsg.):
Rüstungsexportbericht 2014 der GKKE, vorgelegt von der GKKE-Fachgruppe Rüstungsexporte; Bonn/Berlin, Januar 2015
Rüstungsexportbericht 2011 der GKKE, vorgelegt von der GKKE-Fachgruppe Rüstungsexporte; Vorabdruck für die Bundespressekonferenz am 12. Dezember 2011 in Berlin
Gemeinsame Konferenz Kirche und Entwicklung, GKKE (Hrsg.): *Rüstungsexportbericht 2010 der GKKE*, vorgelegt von der GKKE-Fachgruppe
Grässlin, Jürgen: *Den Tod bringen Waffen aus Deutschland. Von einem, der auszog, der Rüstungsindustrie das Fürchten zu lehren*, München 1994
Grässlin, Jürgen: *Versteck dich, wenn sie schießen. Die wahre Geschichte von Samiira, Hayrettin und einem deutschen Gewehr*, München 2003

Grässlin, Jürgen: *Schwarzbuch Waffenhandel. Wie Deutschland am Krieg verdient*, München 2013

Jane's Infantry Weapons 2011–2012, Coulsdon, Surrey UK 2011

Politische Grundsätze der Bundesregierung für den Export von Kriegswaffen und sonstigen Rüstungsgütern vom 19. Januar 2000

Anmerkungen

1 Süddeutsche Zeitung, 15.09.2000

2 Rüstungsexportbüro, 04.04.2015

3 Siehe http://www.carl-walther.de/cw.php?lang=de&content=products&sub-=2&subsub=23

4 Industria Militar de Precios vom 22.9.2008, S. 1ff. und S. 19f.

5 *Bericht der Bundesregierung über ihre Exportpolitik für konventionelle Rüstungsgüter im Jahr 2012*, S. 101.

6 *Bericht der Bundesregierung über ihre Exportpolitik für konventionelle Rüstungsgüter im Jahr 2014*, S. 149f.

7 E-Mail des Rechtsanwalts der L&O Holding GmbH & Co.KG vom 28.4.2011 in Kopie als Anlage A3 der Strafanzeige beigefügt.

8 Protokoll mit Tagesordnung einer Videokonferenz vom 18.4.2011 als Anlage A6 der Strafanzeige beigefügt.

9 Firmeninternes Protokoll vom 12. Januar 2011.

10 Fabrique National Herstal, belgischer Waffenhersteller.

11 Verbindungsoffizier im mexikanischen Verteidigungsminsterium.

12 Dokumentarfilm *Waffen für die Welt – Exporte ohne Grenzen* von Daniel Harrich, ausgestrahlt am 4. Februar 2014 auf Arte.

13 Die Zeit, 6.7.2007 *Planet der Waffen*, Kerstin Kohlenberg

14 Dokumentarfilm *Waffen für die Welt – Exporte ohne Grenzen* von Daniel Harrich, ausgestrahlt am 4. Februar 2014 auf Arte.

15 Website des Unternehmens, siehe http://www.heckler-koch.com/de/militaer/unternehmen.html; Stand: 22. Juli 2012 (Anm. JG: Link heute nicht mehr ladbar – Originalausdruck als Beleg liegt vor).

16 Website des Unternehmens, siehe http://www.heckler-koch.com/de/unternehmen/qualitaetsverstaendnis.html; Stand: 15. Juni 2015.

17 Bundesregierung (Hrsg.): *Bericht der Bundesregierung über ihre Exportpolitik für konventionelle Rüstungsgüter im Jahr 2014* vom 24.6.2015; siehe http://www.bmwi.de/DE/Themen/Aussenwirtschaft/ruestungsexportkontrolle,did=716882.html

18 *Rüstungsexportbericht 2013*, S. 29, 32 und 101.

19 *AI REPORT 2014/15*, a.a.O., S. 113ff.

20 *AMNESTY INTERNATIONAL REPORT 2011*, S. 246ff.

21 *Bericht der Bundesregierung über ihre Exportpolitik für konventionelle Rüstungsgüter im Jahr 2010*, S. 32, 37f. und 42

22 *Rüstungsexportbericht der Bundesregierung 2011*, a.a.O., S. 99

23 *Rüstungsexportbericht der Bundesregierung 2012*, a.a.O., S. 29 und 101

24 *Rüstungsexportbericht der Bundesregierung 2013*, a.a.O., S. 29, 82 und 105

25 »Deutschland liefert Panzer nach Katar«, *Badische Zeitung* vom 19.4.2013.

Verzeichnis der Interviews

Personenregister

Stichwortregister

www.toedliche-exporte.de